本书受中国历史研究院学术出版经费资助

学 术 出 版 资 助

覃于风教

唐王朝的政治秩序

王义康 著

社会科学文献出版社
SOCIAL SCIENCES ACADEMIC PRESS (CHINA)

中国历史研究院学术出版资助项目
出版说明

为了贯彻落实习近平总书记致中国社会科学院中国历史研究院成立贺信精神，切实履行好统筹指导全国史学研究的职责，中国历史研究院设立"学术出版资助项目"，面向全国史学界，每年遴选资助出版坚持历史唯物主义立场、观点、方法，系统研究中国历史和文化，深刻把握人类发展历史规律的高质量史学类学术成果。入选成果经过了同行专家严格评审，能够展现当前我国史学相关领域最新研究进展，体现我国史学研究的学术水平。

中国历史研究院愿与全国史学工作者共同努力，把"中国历史研究院学术出版资助项目"打造成为中国史学学术成果出版的高端平台；在传承、弘扬中国优秀史学传统的基础上，加快构建具有中国特色的历史学学科体系、学术体系、话语体系，推动新时代中国史学繁荣发展，为实现"两个一百年"奋斗目标、实现中华民族伟大复兴的中国梦贡献史学智慧。

中国历史研究院

2020 年 3 月

目　录

绪　论

一　研究缘起

首先，从事唐与四夷政治秩序的研究对于了解唐代政治文化具有积极意义。西周以来，随着王权逐渐加强，中央王朝征服了许多四夷部落，随之产生了中央王权及于天下和四夷慕天子之德而来朝贡、服属的思想。春秋战国时代，华夏在形成过程中逐渐产生了以文化为最高标准将人类共同体区分为华夏与四夷的世界观。先秦时期产生的王权及于天下思想及华夷观，经儒家的阐释与发挥，成为各王朝处理与四夷关系的指导思想和建立政治秩序的原则。在这一理念、原则下形成的中国古代国家是以中国的天子或皇帝为中心统于其下的领土，天子必须是包含四夷的整个世界的统治者，他不仅要统治华夏族居住的中国中心部分，还必须使周边四夷臣服。即天下秩序体现在族群层面便是无论华夏还是夷狄，都要被纳入王朝主导的政治秩序。这样中国传统的政治文化呈现三种秩序：天子与官僚的君臣秩序，天子与郡县的大一统秩序，天子与四夷的天下秩序。其中王朝与四夷建立的政治秩序是王朝政治生活的重要内容。对于中国皇帝来说，四夷宾服、万国来朝是不可或缺的。这不仅事关皇帝权威，而且是关涉王朝生死存亡的重大问题。显而易见，为了比较系统、深化地认识唐代政治文化的内涵，从事这一方面的研究是必要的。

其次，从事该研究对于了解唐代多民族国家的形成与唐代对外关系体制的形成有积极意义。事实上，历代王朝不可能将所知四夷都纳入中国统治体制内，中华天子面临着如何统治四夷以及如何处理与统治体制外四夷之间关系的问题。因此，古代王朝与四夷建立的关系，因四夷政治归属不同，诸种关系又为不同性质的政治关系。也就是说，中央王朝与四夷建立的关系，既存在建立中央王朝内部政治秩序的问题，又面临建立对外关系体制问题。虽然西周以来古代王朝追求的政治秩序的理想状态是建立以华夏为中心的一元化天下秩序，但是现实中存在着落差，王朝与四夷政治秩序的结构并非单一性质的。

基于以上原因，在古代国家形成与发展的过程中，或者说在中央王朝处理与四夷关系、建立政治秩序的实践中，形成了一些固有的特征。中央王朝强调华夷之分，但是从来都不拒绝四夷成为中央王朝的成员，这是中央王朝的特性。然而由于中央王朝强调华夷之分，成为中央王朝成员后的四夷，虽然在政治上与内地华夏同属一个政治共同体，但是在文化分野上仍属于夷的范畴，具有双重性。中央王朝处理与四夷关系的指导思想，以及政治秩序的运作过程中与四夷建立的诸种关系的形态或方式，不仅适用于境内四夷，而且适用于境外四夷，于是不同政治归属的四夷又具有一致性。即王朝与四夷建立关系，处理与四夷关系均属于"理蕃"的范畴，王朝与四夷的政治秩序运行过程中又呈现出共性的一面。这就决定了研究者必须从全局高度出发，而不是从一时一地孤立地审视王朝与四夷的政治秩序。在中国历史上，唐王朝是继秦汉王朝之后，统一国家发展的第二高峰时期。唐前期疆域辽阔，统治的四夷地区广阔，域外交往频繁。唐王朝有一定的国力推动实践天下秩序的运作，唐王朝不仅兼容并蓄，建立了一个多民族的国家，而且运用礼规范王朝与四夷的政治关系，使王朝建立的东亚世界政治秩序跃上了新的台阶，且进入成熟阶段。因此，只有具体梳理唐代华夷政治关系史，探讨唐与四夷的政治秩序，才有可能为认识唐代多民族国家体制与对外关系体制的形成提供坚实的基础。

二　研究现状

中国古代王朝与四夷关系的重要表现形式之一是朝贡活动。1910 年，英国学者马士在其著作《中华帝国对外关系史》中将其视为对外关系。① 之后中外学界又将其称为"中国的世界秩序""华夷秩序""天朝礼制体系""中华朝贡贸易体系""宗藩体制（体系）"等。美国、日本、韩国学者在这一领域的研究起步较早，但他们通常从中外关系的角度进行探讨。

至于唐王朝与四夷关系，与本书内容相关的研究主要涉及以下内容。

从 20 世纪 30 年代开始，中国学者就开始关注唐王朝与四夷关系的结构特征。早年雷海宗提出唐王朝为"二元帝国"，并描述了此种结构下唐与四夷政治关系的形态。② 谷霁光也认为唐王朝为"二元帝国"，唐太宗一方面为中国皇帝，一方面为西北诸蕃天可汗。隋唐二代以中国皇帝兼外蕃可汗，其重心在中国，其目的在于恩抚外人而使之渐行同化。后因国力顿减，此举收效甚微，是则"圣人莫缘可汗""皇帝天可汗""仅视为隋唐盛世之表征可耳"。③

---

① 马士：《中华帝国对外关系史》，张汇文等译，上海书店出版社 2006 年版。
② 朱延辉笔记：《唐二元帝国——雷海宗先生讲授的"中国通史"片段》，载南开大学历史学院编《雷海宗与二十世纪中国史学——雷海宗先生百年诞辰纪念文集》，中华书局 2005 年版，第 4—7 页。
③ 谷霁光：《唐代"皇帝天可汗"溯源》，载谷霁光史学文集编辑委员会编《谷霁光史学文集》第 4 卷，江西人民出版社、江西教育出版社 1996 年版，第 170—176 页。原载天津《益世报》1936 年 2 月 18 日。

罗香林将天可汗作为一种制度来考察，具体阐述了天可汗制度的职能、演变及范围。他认为，天可汗负有解决诸国之间纠纷的职责和使诸蕃国免遭外敌入侵的责任。同时，天可汗有权征调诸蕃国兵；诸蕃君主继位，亦由天可汗册立。罗氏将天可汗制度演变分为三期。第一期为太宗至高宗显庆二年（657），参与天可汗组织诸蕃以防御突厥再起为意向。第二期为高宗龙朔元年（661）至玄宗天宝十一载（752），参与诸蕃联结唐军以抵御大食侵凌或防范吐蕃寇略为意向。第三期为天宝十四载至德宗建中二年（781），天可汗制度解体，参与天可汗组织者吐火罗、昭武九姓地区诸蕃胡国以外，不同时期的吐蕃、大食也参与其中。① 章群对天可汗制度说提出质疑，他指出唐与属国之间并不存在一个共同依存的军事同盟，并非所有属国称唐帝为天可汗，国际性军事行动影响不大，所谓天可汗制度说，"既嫌据西域一隅立论，而且也不是历史的真相"。②

从羁縻府州制度探讨唐王朝构建的一元化政治秩序。高明士认为羁縻府州体制实际上是内地州县制度的延伸。羁縻府州大部分建于边地，除郡县制属性、由都护府军事监控等特征之外，仍保全其部族或国家，其酋长被任命为都督、刺史，并得世袭，但有华官参治。这种体制，实兼官僚制与部族制，所以说是"外臣的内臣化"。易言之，唐朝在建立一元化天下秩序的过程中，将外臣地区又具体划为三个层次，一为"有贡无封"者，二为"有贡有封"者，三为"有贡有封"同时又是建置羁縻府州者。随着羁縻府州的建立，唐朝的国家疆域由正州边界推广至羁縻府州边境。唐维持天下秩序的基本原理一为德，一为力，即礼、刑的运用。唐王朝的天下秩序，可谓礼、刑世界的典范。③

唐礼在维系东亚政治秩序中的作用。唐礼被用来作为理解唐代

---

① 罗香林：《唐代文化史》，商务印书馆1955年版，第54—66页。

② 章群：《唐代蕃将研究》，台北：联经出版事业公司1986年版，第366页。

③ 高明士：《东亚古代的政治与教育》上篇叁《羁縻府州制度》，台北：喜玛拉雅基金会2003年版，第62—63页。

的"东亚世界"诸国间政治秩序的原理。一般情况下学者认为东
亚世界诸国间的政治秩序的原理是册封与朝贡关系，亦即透过册封
与朝贡之礼而缔结彼此之间的政治关系。故东亚诸国间的关系或可
谓礼的关系。高明士对隋唐天下秩序与礼的关系进行了系列论述。
高明士阐述了秦汉之间基于周封建制度思想的礼制如何被作为以中
国天子为中心的天下秩序，故东亚诸国的政治秩序是以天子为中心
的礼的秩序。在此前提下，中国所发动的战争也被统治者解释为
"刑"。故礼与刑是维系"天下秩序"的两项制度与原理。[1] 此外，
高明士研究了隋唐使臣赴日本（倭）时，在当地所行之礼。借此
礼的关系说明当时中日之间存在着君臣关系，但有贡无封，故中日
关系相对疏远。[2] 以礼与刑维系天下秩序当然是有时空限制的，有
学者指出，历史上东亚国际体系存在等级制度是人们的误解，认为
朝贡制度主要是权力在发挥作用。在权力的支持下，儒家的规范和
规则成为制度中的游戏规则。权力不对称的结果是外交关系中的等
级制度，权力对称的结果是大国之间的外交平等。10—13 世纪的
东亚是一个没有区域霸权的多国家体系。在宋辽国际体系（960—
1125）中，由于权力对称，两个大国在形式平等的基础上开展外交
政策。在宋金国际体系（1127—1234）中，实力较弱的宋成为金
的附庸国，承认其在金等级制度中的劣势地位。此外还强调研究历
史上的东亚问题时，儒家的修辞学需要与权力现实做比较。只有认
真对待权力，才能更好地了解东亚国际体系、贡品制度、等级制
度、儒学、权力不对称、历史中国。[3] 王贞平则强调东亚诸国加入

---

① 高明士：《东亚古代的政治与教育》中篇肆《隋唐时期的中韩渤海关系》，第
142—175 页。

② 高明士：《东亚古代的政治与教育》中篇陆《隋唐使臣赴倭及其礼仪问题》，
第 206—254 页。

③ Wang Yuankang, "Explaining the Tribute System: Power, Confucianism, and War in Medieval East Asia," *Journal of East Asian Studies*, Vol. 13, No. 2, 2013, pp. 207 – 232.

中国主导的世界秩序的自主性，认为汉唐之间的中国为亚洲国家间的外交信函设计了双方都能接受的格式。虽然这种通信看似是以中国为中心的世界秩序的体现，但事实上，中国和其他亚洲国家都利用这种通信作为在国内外实现各自目标的工具。因此，交换外交信函是一种互惠程序。① 也就是说，周边诸国加入中国主导的世界秩序并非强制的结果。

从华夷关系探讨世界体系的形成原因。谷川道雄的著作虽以中国的中世为范围，但它秉持内藤湖南的看法，将中国中世的发展，放在以中国社会为中心的东亚世界史的视角来看。他们认为，中国社会内部的发展必然扩展至周边各部族的世界，而周边各部族的发展又会影响中国社会的历史本质。谷川道雄从汉唐王朝与周边部族（四夷）关系的角度，比较了汉唐两个朝代之间的异同及其转变过程。他认为，汉代征服四夷、开疆拓土所建立的世界体系是中国内地郡县制的延伸，胡汉两世界存在着互相排斥、相互对立的关系，而其间的矛盾成为王朝灭亡的重要原因。历经五胡十六国之胡汉二元体制，唐代的世界体系则是采取羁縻政策，任命原部族酋长为汉族式的地方长官，统领诸部，此为胡汉并存的统治方式，亦乃唐世界体系得以成立和维系的关键之一。②

从世界史的角度探讨唐代东亚政治秩序。日本学界在这方面不乏力作。20 世纪 60 年代，西嶋定生提出册封体制论。一方面，所谓册封，如果仅就周边诸国而言，就是中央王朝运用汉代完善起来的华夷思想和封建思想，将中央王朝的官爵赐封给诸国君主，使之成为外臣。于是通过周边诸国和中央王朝结成的君臣关系，出现了"东亚世界"，即统一的政治世界。册封关系起源于汉代，但当时只是部分地建立了

---

① Wang Zhenping, "Speaking with a Forked Tongue: Diplomatic Correspondence between China and Japan, 238 – 608 A. D. ," *Journal of the American Oriental Society*, Vol. 114, No. 1, 1994, pp. 23 – 32.

② 『世界帝国の形成—后漢—隋・唐』講談社、1977。中文版见谷川道雄《世界帝国的形成》，耿立群译，台北：稻乡出版社 1987 年版。

这种关系。将其全面推广至整个东亚,则是在六朝时期。汉王朝实行郡县制,刺激了东亚各民族,同时也引发反抗,于是采取册封形式实现中央王朝间接统治的体制,便在东亚全面推行开来。这种册封体制一直存续到唐朝。另一方面,唐朝国力的衰退推动了周边部族的独立,从而出现了所谓征服王朝的时代。宋王朝虽然已经不再是这些周边部族的宗主国,但东亚世界仍然以中国为中心保持着某种统一体的格局,而保持统一的关键是中国经济和文化的发展,到了明王朝,则再度恢复了中国的宗主地位。① 册封体制论将以中国为中心的世界(东亚世界)的结构作为研究对象,其实质是华夷秩序论。西嶋定生的东亚世界论重点在于阐明历史上日本与中国、朝鲜半岛的关系,但是中央王朝与周边地区的关系并非仅限于东亚各国,如匈奴、突厥、回纥等北亚、中亚地区与中央王朝的关系不在西嶋定生的讨论之中。故考察以中国为中心的国际关系时,仅凭西嶋定生的册封体制及东亚世界论,很多问题都得不到充分解释。册封体制论虽有其局限性,但随着对历史上册封存在模式多维度研究的积累,越来越多的研究者认同册封关系的历史性意义。②

西嶋定生指出册封体制仅存在于魏晋到唐代,此后他以册封体制为理论性支柱,主张在广泛的时代范围内存在东亚世界,故而研究者对其论述方法提出了质疑。③ 针对西嶋定生册封体制论的不足,堀敏一对唐代的羁縻府州体制进行了探讨,以揭示东亚世界联系的多样性。他认为中国同东亚各国之间的关系不仅仅局限于册封,还包括从羁縻府州到单纯的朝贡等多种形式,它们随着中国与各族之间的势力关系而呈现多种形态。唐在征服之地上多设羁縻府州。与以往册封制相比较,册封是针对统一并统治其部族的君主而实施的,使其君主与中国皇帝结成君臣关系,而羁縻府州体制继承

① 西嶋定生『中国古代国家と東アジア世界』東京大学出版会、1983、395—461頁。

② 金子修一「ワセダアジアレビュー」(16)、2014、18—23頁。

③ 李成市『東アジア文化圏の形成』山川出版社、2000。

羁縻的传统，保存其下层社会，有时也废除其统一的君主，将其部族分而治之，通过都督府监视下的州县制，将系统化官僚统治渗透进去。① 此外，堀敏一还关注唐内政与四夷的互动关系，将唐内地府州与羁縻府州进行比较，探讨唐对境外人的各种待遇措施，从唐内政方面寻找对四夷政策的根源，以加深对唐王朝世界体系性质的认识。堀敏一在另一篇文章中论述了魏晋隋唐中央王朝对四夷的统治及其与诸族政治关系的模式，指出虽然中央王朝思想观念上以华夏为中心，但现实中也经常出现四夷与中央王朝对抗形成对等关系的情况，甚至双方根据其需要进行会盟、和亲等，建立了多种政治关系。② 堀敏一的论述是将与唐王朝有密切关系的北亚细亚、中亚细亚等地区都包括在东亚世界中来考虑，虽然存在着将东亚世界扩展得过于宽泛的问题，但这些地区在思考唐王朝与周边关系时是不可或缺的。故而论者指出西嶋定生的东亚世界是重视日本与东亚诸国关系的产物，而堀敏一的东亚世界则是以中国为中心来考虑中国与周边之秩序的产物。③

　　石见清裕的《唐代北方问题与国际秩序》以唐朝的北方问题与国际秩序为主题，将视角聚焦于唐王朝的国际性。该书第一部分分析了北方问题尤其是突厥在唐朝走向国际道路上扮演的角色，继而讨论了唐朝对内附诸族的管理方式。第二部分以个案展示胡族在唐体制下的真实存在形态。第三部分全面探讨了唐朝对各国使节入朝法令规定以及礼仪安排。④ 如评论者所说，作者将日本近半个世

---

① 堀敏一『中国と古代東アジア世界——中華的世界と諸民族——』岩波書店、1993、212頁。中文版见堀敏一《隋唐帝国与东亚》，韩昇、刘建英译，云南人民出版社2002年版，第7页。

② 堀敏一：《中华世界》，载谷川道雄主编《魏晋南北朝隋唐史学的基本问题》，李凭等译，中华书局2010年版。

③ 金子修一：《册封体制论与北亚细亚·中亚细亚》，载杜文玉主编《唐史论丛》第10辑，三秦出版社2008年版，第201页。

④ 石见清裕『唐の北方問題と国際秩序』汲古書院、1998。中文版见石见清裕《唐代北方问题与国际秩序》，胡鸿译，复旦大学出版社2019年版。

纪对东亚国际关系探讨中的"册封体制论"、"羁縻体制论"乃至
"朝贡贸易"等各种理论熔为一炉，试图从具体存在形态到法治形
态进行多视角、多方面的探讨，把隋唐时代的东亚世界具体鲜明地
勾勒出来，将国际关系的外部考察推进至内部机制的深层研究。①
石见清裕另一著作以大唐王朝是怎样形成的、其实际状况又是如何
为出发点，对唐代四夷民族问题、唐与四夷交聘文书及在唐外国人
的史料进行了分析研究。该著作主要从欧亚史的视角探讨唐王朝的
建立过程及其背景，分析唐代民族管理及边境的结构，以及当时唐
王朝与东亚地区政治关系的实际状态。②

　　金子修一以隋唐时代礼在处理华夷关系中的运用与外交政策为
主要研究内容，具体梳理了唐王朝与四夷之间往来文书，册封四夷
君主，授予王号、爵位，遣使以及确定被册封国在中央王朝的名分
地位等问题，通过构建华夷秩序的表现形式，探讨以中国为中心的
国际关系。金子修一的论述虽然多处涉及突厥、奚、契丹甚至远至
西域，但主要强调的还是东亚历史，是对日本学界所谓的"东亚
世界"政治秩序、政治关系的研究。③ 将西嶋定生的东亚世界论
（东亚册封体制论）与堀敏一所提倡的中国中心国际秩序论（重视
北亚、中亚诸国与东亚的联系）结合是其最为核心的理论尝试，
虽然没有达成逻辑周全的理论建构，但是对各种问题的梳理还是有
相当价值的。

　　以上涉及唐王朝与四夷政治秩序的论述极具启发性，有极高的
学术价值，主要强调了华夷关系的国际性、世界性，是对唐与四夷

---

　　① 韩昇：《书评：石见清裕〈唐の北方問題と国際秩序〉》，载荣新江主编《唐研究》第5卷，北京大学出版社1999年版，第508—514页。

　　② 石见清裕：《唐代的民族、外交与墓志》，王博译，西北大学出版社2019年版。

　　③ 金子修一『隋唐の国際秩序と東ァヅァ』名著刊行会、2001；马一虹：《书评：金子修一〈隋唐の国際秩序と東ァヅァ〉》，载荣新江主编《唐研究》第7卷，北京大学出版社2001年版，第524—531页。

关系一个侧面或局部的探讨。以近现代民族国家视角认识近代以来的国家体制与国际秩序无疑是恰当的。然而如上所述，由于四夷政治归属不同，中央王朝与四夷建立的政治关系性质不同，天子与四夷的天下秩序非单一性结构，其中既存在建立内部政治秩序，又存在建立对外关系体制。唐与四夷政治秩序的国际性、世界性是唐内部政治秩序的延伸，两者既有区别又有联系。即古代王朝并非现代民族国家，如果以单一的现代民族国家内部的民族关系为视角，或者以现代国际关系为视角，认识中国古代的华夷关系或王朝与四夷的政治秩序，尤其是理解中国古代的国家体制与国际秩序，难免有古今错位之嫌。以往的研究较少关注这一点，甚至有忽视的倾向。因此，通过具体分析唐王朝的政治秩序运行过程中唐与四夷建立的诸种关系的性质，认识唐王朝与四夷政治秩序的形成与发展及其结构是必要的。因此，唐王朝与四夷建立的政治秩序，由于唐王朝与四夷政治关系性质不同，形成了不同的层级结构。如今理解唐王朝与四夷的政治秩序，应充分观照这一历史特征。

三　本书结构

本书以唐与四夷政治秩序为研究对象，但既不是对唐王朝与四夷政治秩序形成和发展过程的全面描述，也不是对其运行过程的系统陈述，而是针对这一秩序形成或运行中的相关议题进行重点讨论。主要包括四个方面的内容，一是唐与四夷建立的政治关系的性质，二是唐内部政治秩序与对外关系区分的标志及体现，三是唐统治体制内四夷的待遇与义务，四是唐与四夷建立政治秩序的途径。基本思路是通过具体分析唐王朝的政治秩序运行过程中唐与四夷建立的诸种关系的性质，明确不同性质的诸种关系形成的层级以及唐王朝与四夷政治秩序的结构，理解唐王朝的国家体制与国际秩序。

在以上研究对象、议题范围内，本书的整体结构如下。

　　"绪论"部分针对本书的研究缘起、相关问题的研究现状以及本书的结构进行了介绍。

　　第一章"唐与四夷关系的类型以及政治秩序的结构"。本章分析了唐代四夷内附的内涵，明确唐代周边四夷内附，与唐建立的关系性质不同，是一个多层次的政治圈层，唐与四夷建立的政治秩序呈现层级结构。同时说明唐王朝国家体制内四夷与外部世界四夷，唐王朝与两者关系的表现形式的区别与联系。

　　第二章"唐代的化外与化内"。第一章阐明唐王朝与四夷建立的政治秩序，由于唐王朝与四夷政治关系性质不同，形成了不同的层级结构。本章主要探讨不同性质华夷关系形成的政治圈层在法律方面的体现及意义。通过化外、化内的内涵，明确唐王朝在法律上如何界定与唐关系不同的四夷的政治归属以及国家体制或多民族国家体制内涵。本章旨在说明唐王朝由华夏本土与属唐四夷构成的国家体制与外部世界、境内与境外的区别。

　　第三章"声教所暨：羁縻州或内附诸族与唐王朝政令、法令"。本章主要考察唐王朝在统治体制内四夷中推及政令、法令的具体情况。唐代在周边内附诸族置羁縻州，实现了内地与非汉地区行政体制的一体化，原则上羁縻州与经制州同为唐推及政令、法令的区域，只不过唐在羁縻州推及政令、法令是分层次进行的。本章旨在说明在以唐王朝为中心的天下秩序中，四夷与唐王朝政治关系的性质不同，亲疏远近不同，相应地承担的义务也不同。

　　第四章"唐代册封与授受四夷官爵"。唐王朝与四夷之间以册封和授受四夷官爵为途径建立政治关系，构建以唐为中心的政治秩序。本章对唐册封与授受四夷官爵的类型予以区分，并分析各种类型的册封与授受四夷官爵的基本情况，说明唐代册封与授受四夷官爵的性质、意义、目的。

　　最后，"结论"部分对以上诸章考论所获予以综合概述。

第一章

唐与四夷关系的类型以及
政治秩序的结构

　　唐代是继秦汉以后中国历史上统一国家发展的第二个高峰时期。唐太宗、高宗之世，致力于统一汉代旧疆，解除来自北方、西北游牧族的威胁。在东方灭高句丽、百济；在北方先后灭东突厥、薛延陀，役属于漠北政权的东北诸族转而附唐；在西北征服吐谷浑；在西域灭高昌，平西突厥。在东起朝鲜半岛，西至锡尔河、阿姆河流域的广大区域内，仿照内地府州的形式，在附唐部落置羁縻府州。由于统治区域的扩大，唐与周边四夷的联系加强，交往日趋频繁，从而结成了不同的关系，呈现出不同的方式。

　　关于唐王朝与周边四夷的关系，雷海宗曾指出，唐为"二元帝国"，唐朝皇帝兼为中央本部与外蕃之主。[1] 谷霁光亦有类似的说法，认为隋唐二代以皇帝兼外蕃可汗，其重心在中央。[2] 日本学者谷川道雄认为唐朝为世界帝国。[3] 堀敏一用羁縻体制论来解释唐

---

　　[1]　朱延辉笔记：《唐二元帝国——雷海宗先生讲授的"中国通史"片段》，载南开大学历史学院编《雷海宗与二十世纪中国史学——雷海宗先生百年诞辰纪念文集》。

　　[2]　谷霁光：《唐代"皇帝天可汗"溯源》，载谷霁光史学文集编辑委员会编《谷霁光史学文集》第4卷，第170—176页。

　　[3]　谷川道雄：《世界帝国的形成》，第167—171页。

与周边国家、地区、部落的关系。① 金子修一探讨以唐代中国为中心的国家关系、国际秩序。②

以上论述，或是将唐代华夷关系纳入现代法律意义上的国际关系中进行考察，或是将其视为王朝内政，或是以一种理论来概括这一关系。然而唐王朝周边四夷政治归属非一，四夷与唐关系基本性质不同，分为若干不同类型。以往研究习惯于探寻华夷关系的一致性，缺乏分类考察与具体分析。这样一来，难以明确唐代不同类型、不同性质华夷关系的区别与联系。本章试图从唐与四夷关系的形态、类型、性质划分入手，对不同关系的基本状况及不同类型、性质的华夷关系进行分析，以便从唐内部政治秩序和对外关系体制两个方面认识唐代华夷关系的内涵与实质，以及唐与四夷政治秩序的结构。

一　唐与四夷关系的类型

了解唐与四夷关系的实质，首先需要明确唐与四夷的关系层次。四夷与唐王朝建立的关系通常被称为内附或内属，概括地讲，由于四夷内附与唐建立的关系不同、政治归属非一，因而诸种关系的类型、基本性质有别。

（一）通贡

贞观二十年（646）正月，"吐谷浑、吐蕃、高丽、石国，三月，西蕃似檠国王、瑟匿国，闰三月，悉立国、章求拔国、俱兰国并遣使贡献。章求拔国或云章揭拔，本西羌种也。在悉立西南，闻

---

① 堀敏一『中国と古代東アジア世界—中華的世界と諸民族—』岩波書店、1993。

② 金子修一『隋唐の国際秩序とァヅ』名著刊行会、2001。

悉立内附，其王罗利多菩伽遣使因悉立以朝献"。① 章求拔与东天
竺接壤，附于东天竺；悉立位于吐蕃西南，吐蕃强大后，"羁属吐
蕃"。② 贞观二十年唐统治并未到达葱岭以西及南，所谓悉立、章
求拔国内附只是与唐建立联系，所谓朝贡只是先秦以来朝贡理念在
唐与周边国家关系上的推及。整个唐代，与唐交往的大食、日本以
及南海、南亚诸国被视为朝贡国，均是如此。

（二）亲属或兼君臣

贞观时唐与吐蕃和亲，赞普上表称太宗为"天子"，以"奴"
"臣""子婿"自称。③ 唐太宗与赞普个人为翁婿关系，唐与吐蕃
为君臣关系。高宗永徽以后，由于吐蕃势力不断增强，双方在西
域、青海等地不断发生战争。开元初期，吐蕃自恃兵强，要求与唐
成为对等的"敌国"关系。开元十五年（727），玄宗准备继续进
行大规模讨伐，张说鉴于长期战争致使陇右诸州虚耗，主张"许
其稽颡内属"，④ 使沿边诸州获得休养的机会。而吐蕃由于在战场
上连连失败，也主动求和。皇甫惟明又建议"因与赞普面相约，
使之稽颡称臣"。于是玄宗遣使吐蕃，赞普遣使朝贡，上表称玄宗
为舅，以甥自称，并愿修好，"自是吐蕃复款附"。⑤ 上述张说等人
希望吐蕃"内属"或"称臣"，实际上是希望吐蕃与唐停战讲和。
赞普的表文具有法律效力，表明为了达成和解，唐放弃让吐蕃公开
称臣，最终双方约定以舅甥关系相处。此种关系的性质唐诏书有明
确说明。唐德宗给吐蕃赞普书言："国家与大蕃，亲则舅甥，义则

---

① （宋）王钦若等：《册府元龟》卷 970《外臣部·朝贡》，中华书局明本影印本
2005 年版，第 11399 页。

② （宋）欧阳修等：《新唐书》卷 221《西域传》，中华书局 1991 年版，第 6240 页。

③ （后晋）刘昫：《旧唐书》卷 196《吐蕃传》，中华书局 1975 年版，第 5222
页；《新唐书》卷 216《吐蕃传》，第 6074 页。

④ 《旧唐书》卷 196《吐蕃传》，第 5230 页。

⑤ （宋）司马光：《资治通鉴》卷 213，中华书局 1992 年版，第 6791 页。

临援。"① 唐与吐蕃为舅甥，有尊卑等级关系，吐蕃是与唐同时代之邻蕃。

以亲属或兼以君臣关系与唐相处的邻蕃还有后突厥和天宝以后的回纥。后突厥是东突厥降户叛唐后建立的政权。在奚、契丹叛乱之际，后突厥默啜主动请求为武则天子，既而接受武周册封，又成为蕃臣，② 以便获得武周对突厥降户复国独立事实的承认，并乘机从武周处谋取物质利益。后突厥毗伽可汗继位后为了避免与唐发生正面冲突，选择与唐玄宗结成父子之国。毗伽可汗虽以子事玄宗，③ 但是玄宗给毗伽可汗的信中希望他能仿效奚、契丹等与唐建立关系，④ 这表明唐与后突厥关系已不同于唐与奚、契丹之间的关系，且性质有别。开元四年，奚、契丹重新附唐，唐为其置府州，玄宗援引奚、契丹例说明，虽然其时唐与后突厥结成父子、君臣关系，但是后突厥仍为唐邻蕃，非如奚、契丹为唐统治体制内蕃夷。天宝时回纥崛起，取代后突厥统治漠北。回纥为了取得统治的合法性，接受由唐册封其首领为可汗，而唐也承认回纥统治漠北的既成事实。唐将回纥置于从属地位，以此结成君臣关系。安史之乱后唐国力失坠，在双方关系中唐的地位下降，唐与回纥一度由君臣关系转变为兄弟关系。唐德宗时，唐出于制御吐蕃的目的，而回纥骨咄禄可汗出于稳定其政权局势及汗位的需要，求娶唐公主，双方达成协议，回纥向唐称臣，可汗为唐德宗子，⑤ 唐重新改变了在双方关系中的地位。虽然天宝以后唐与漠北回纥关系屡有变化，但直至灭亡前回鹘为唐邻蕃。

---

① （清）董诰等编：《全唐文》卷 464《赐吐蕃将书》，中华书局影印本 1983 年版，第 4739 页。
② （宋）李昉等编：《文苑英华》卷 647《为河内郡王武懿宗平冀州贼契丹等露布》，中华书局影印本 2001 年版，第 3329 页。
③ 《册府元龟》卷 975《外臣部·褒异》，第 11455 页。
④ 《册府元龟》卷 980《外臣部·通好》（第 11510 页）载："今契丹、奚等，输款入朝，皆封郡王，各赐公主，放归所部，以息其人。卿若能来，此是成例。"
⑤ 《资治通鉴》卷 233"德宗贞元三年"，第 7504 页。

（三）册封朝贡

唐高祖武德七年（624）二月，"高句丽遣使内附，受正朔，请颁历"。① 高祖同时遣使册封高句丽王为辽东郡王、百济王为带方郡王、新罗王为乐浪郡王。② 既而高祖鉴于隋亡教训，认为何必令其称臣。裴矩、温彦博告诫高祖："辽东之地，周为箕子之国，汉家玄菟郡耳！魏晋以前，近在提封之内，不可许以不臣。且中国之于夷狄，犹太阳之对列星，理无降尊，俯同藩服。"③ 在裴矩、温彦博看来，高句丽之地本是汉玄菟郡，魏晋以前是中原王朝统治的版图，不能不让其称臣。同时，以华夏为中心来说，高句丽更应被列为藩服，臣事于唐。所谓高句丽内附，只是奉唐正朔、求唐颁历、受唐册封、向唐进贡、与唐结成君臣关系。这种关系的基本性质唐高祖在诏书中说得很清楚，为"二国通好"。④ 此时，虽然唐授予高句丽、百济、新罗王爵位和官职的形式一如唐国内大臣，但其并不在唐王朝的统治范围内，均只是确立了唐与周边国家之间的尊卑等级关系、将其贬为从属地位的体现。如西汉初年的闽越王、东海王，虽然是西汉在越地册立的蛮夷王，但是不同于西汉初分封的同姓诸侯王，"自秦时弃弗属"⑤，不在西汉的统治版图之内。南粤王由汉高祖册立，定期朝贡，纳质子，但是南粤仍为"蛮夷外粤"。如颜师古所说："言非中国，故云外夷。"南粤不在西汉统治之下。后来汉武帝欲使其成为内臣，同内诸侯，其王朝贡，保留原政权形式，除丞相、内史、中尉、太傅由中央任命外，其他官吏可以自置。而南粤废弃因防御汉而设置的缘边关塞，推行汉法，汉留

---

① 《册府元龟》卷 977《外臣部・降附》，第 11483 页。

② 《资治通鉴》卷 190 "高祖武德七年"，第 5976 页；《旧唐书》卷 1《高祖纪》，第 14 页。

③ 《旧唐书》卷 149《东夷・高丽传》，第 5321 页。

④ 《册府元龟》卷 170《帝王部・来远》，第 2050 页。

⑤ （汉）司马迁：《史记》卷 114《东越传》，中华书局 1982 年版，第 2980 页。

使镇抚。① 虽然南粤最终成为汉郡县，但是此例很好地说明了封建王朝统治体制内外蕃夷或同为册封朝贡国而性质却不同。汉武帝设想的南粤与汉关系，虽呈现为册封朝贡形式，但已是汉政令、法令所及，而在此之前，西汉并不干涉南粤内政。唐军事征服、占领以前的高句丽、百济，以及终唐一代受唐册封、向唐朝贡的新罗，与唐结成的君臣关系的内涵概无例外。即使清代周边册封朝贡的藩属朝鲜等相较于清朝境内蕃部区别仍在于不干内政。

除此之外，贞观三年唐为了联合薛延陀灭东突厥，册立夷男为可汗，承认其在漠北的统治。贞观年间，在西突厥分裂过程中，各派为了增强实力，取得地位的合法性，纷纷要求唐册封其首领为可汗。② 尽管唐通过册封朝贡与其确立君臣名分，在双方关系中将其置于从属地位，然而唐在征服薛延陀、西突厥政权前，并未改变其政治归属。

（四）羁縻州

《新唐书》卷 43《地理志》"羁縻州"序言：

> 唐兴，初未暇于四夷，自太宗平突厥，西北诸蕃及蛮夷稍稍内属，即其部落列置州县。其大者为都督府，以其首领为都督、刺史，皆得世袭。虽贡赋版籍，多不上户部，然声教所暨，皆边州都督、都护所领，著于令式。今录招降开置之目，以见其盛。其后或臣或叛，经制不一，不能详见。突厥、回纥、党项、吐谷浑隶关内道者，为府二十九，州九十。突厥之别部及奚、契丹、靺鞨、降胡、高丽隶河北者，为府十四，州四十六。突厥、回纥、党项、吐谷浑之别部及龟兹、

---

① （汉）班固：《汉书》卷 95《南粤传》，中华书局 1962 年版，第 3852、3854 页。

② （唐）杜佑：《通典》卷 199《边防十五》，王文锦等点校，中华书局 2003 年版，第 5457 页；吴玉贵：《突厥汗国与隋唐关系史研究》，中国社会科学出版社 1998 年版，第 293—298 页。

于阗、焉耆、疏勒，河西内属诸胡、西域十六国隶陇右者，为府五十一，州百九十八。羌、蛮隶剑南者，为州二百六十一。蛮隶江南者，为州五十一，隶岭南者，为州九十二。又有党项州二十四，不知其隶属。大凡府州八百五十六，号为羁縻云。①

上述唐周边诸族内附的背景极为复杂，涉及地域极为广大。在东北地区，唐灭高句丽、百济后于其地置府州统治。突厥强大时奚、契丹诸族附属于突厥。薛延陀统治漠北后东北诸族部分又归附薛延陀。唐灭突厥后东北诸族部分内附，直至薛延陀灭亡，唐彻底取代了漠北游牧族在东北诸族中的统治权，将府州推及至奚、契丹等族本部。漠北铁勒诸部在薛延陀灭亡后内附，唐在诸部中列置府州分而治之。在西方，龟兹、于阗、焉耆、疏勒与西突厥属部处密、处月、葛逻禄等，以及西突厥诸部、昭武九姓诸国、西域十六国内附的原因，是唐在削弱西突厥过程中，乃至于消灭阿史那贺鲁后，逐步取得了在西突厥属部、属国及本部的统治权，置府州进行管理。党项诸部在东突厥衰弱乃至灭亡以及唐平定吐谷浑之际归属于唐。东突厥内附则是在颉利可汗败亡后唐将其迁入内地州安置。岭南、剑南、江南地区少数族内附置府州，则是唐王朝建立后继前朝重新实现对郡县内少数族的统治，以此为基础，又继续向郡县边缘开拓。

这些以周边内附部落、民族或政权设置的羁縻州在两唐书《地理志》中多有记载，特别是《新唐书·地理志》专辟一卷，比较完整地开列了羁縻州的总目，甚至部分述及其沿革。此种记述体例表明了内附后唐设置羁縻州的部族或政权的属性，以及与上述三种周边关系的不同。

春秋战国时代产生了以文化为最高标准将人类共同体区分为华夏与四夷的世界观。两唐书继承《史记》以来的传统，虽然记载

---

① 《新唐书》卷43《地理志》"羁縻州"序言，第1119页。

的是唐王朝近三百年的中国历史，但是从文化的角度来看，它记载的又是当时人观念中的一部世界历史；从华夷世界观出发，分别记载了华的世界与夷的世界。其中四夷列传是对夷的世界的集中描述，它记述的对象，近至秦汉以来传统版图内的夷，即秦汉设置郡县以来在郡县内与华共处的夷、僚、蛮，远至从传闻中得知的西方世界（如今天西亚、北非等地）的夷。这种不以唐王朝这一政治体为限，将不同地区、不同归属的蛮夷归为一类记述的方式，显然是文化分野的体现。而两唐书《地理志》的性质则不同，它记载的是唐王朝的行政区划、统治范围。虽然在管理方式上以周边内附诸族设置的羁縻州与正州有差异，但是两唐书将羁縻州载入《地理志》表明它与正州的性质是相同的，羁縻州与正州都是唐王朝的行政区划，是行使统治权力的区域。① 它们隶属边州都督府、都护府，归属唐。

尽管如此，新罗却是一个例外。唐高宗龙朔三年以新罗为鸡林州都督府，但并不在唐边州都督府、都护府统摄之列，不属唐版图，所以两唐书《地理志》不予录列。这与唐在中亚昭武九姓地区所置府州名目两唐书《地理志》失载不同。中亚昭武九姓诸国役属于西突厥，平定阿史那贺鲁叛乱后，唐不仅在西突厥部落中置府州，"其所役属诸胡国，皆置州府，西尽波斯，并隶安西都护府"。② 唐不仅直接统治了西突厥本部，也获得了西突厥在吐火罗与昭武九姓地区属国的统治权。虽然两唐书《地理志》失载昭武九姓府州名目，但其隶属安西都护府是清楚的。相反，唐授予新罗鸡林州都督府，并未改变其政权属性。谭其骧认为，此府号只是一

---

① 刘统根据羁縻府州与唐隶属关系是否稳定，将其分为三类。（刘统：《唐代羁縻府州研究》，西北大学出版社 1998 年版，第 110 页）尽管羁縻州隶属唐的时间长短不一，但当羁縻州隶属唐时即为其行政区划，反之则非。这应是时人的判断，后来才由欧阳修等将其录入《地理志》。

② （宋）王溥：《唐会要》卷 73《安西都护府》，中华书局 1998 年版，第 1323 页。

个与唐有朝贡关系的邻国的别称，① 其说甚是。今人将鸡林州都督府及属州列入河北道，② 实属误解。唐代的道是监察区域，鸡林州都督府既不在河北道边州都督府或都护府的统摄之列，也不在唐版图之内，自不在河北道监察范围之内。以为鸡林州都督府由唐统辖，③ 更属误解。虽然唐后期由平卢节度使押领新罗，但那只是负责新罗朝贡事务，④ 而非新罗隶属平卢节度使。

（五）以内附部落置正州

此为唐安置内附部落的方式之一。典型如剑南道西部的当、悉、拓、静、真、恭、维、翼、保、霸十州，它们是以郡县缘边的生羌、党项部落分置的。虽为正州，但以部落首领世为刺史、司马。⑤

（六）迁入内地

东突厥灭亡后，降众入居长安者近万家。⑥ 唐大多设府州安置内迁四夷，然而雍州无蕃州设施。可见将归降四夷迁入内地州，由所在州直接管理也是安置内附部落的方式之一。

以内附部落置正州或迁入内地由所在州府管理，相对于羁縻州，唐对其统治更为直接。因此，以周边内附诸族置羁縻州、正州或迁入内地后，他们皆归属唐，且其与唐的关系属于唐国家内政的

---

① 谭其骧：《唐代羁縻州述论》，载氏著《长水集续编》，人民出版社 1994 年版，第 164 页。

② 刘统：《唐代羁縻府州研究》，第 174—176 页。

③ 都兴智：《唐政权与朝鲜半岛的关系述论》，《史学集刊》2001 年第 3 期。

④ 王義康「唐代羈縻府州研究述評」『中國史學』第 20 卷（魏晉隋唐史專號）、朋友書店、2010、69 頁。

⑤ 《旧唐书》卷 41《地理志》，第 1672—1675 页。《新唐书》卷 42《地理志》，第 1084—1088 页。（宋）乐史：《太平寰宇记》卷 78《剑南西道》，王文楚等点校，中华书局 2007 年版，第 1576—1577 页；卷 80《剑南西道》，第 1612—1623 页；卷 81《剑南西道》，第 1637—1640 页。（唐）李吉甫：《元和郡县图志》卷 32《剑南道》，贺次君点校，中华书局 2005 年版，第 816、820 页。

⑥ （唐）吴兢撰，谢保成集校：《贞观政要集校》，中华书局 2009 年版，第 499 页。

范畴。

综上所述，四夷内附与唐结成的关系是多重的，根据其政治归属，诸种关系可分为性质不同的两种类型。唐与四夷建立的通贡、亲属或兼君臣、册封朝贡关系属于唐与邻蕃之间的关系，为唐对外关系，即近现代法律意义上的国际关系。羁縻州、以内附部落置正州、迁入内地则是唐与纳入其统治体制内的四夷之间的关系，为唐内部政治秩序，即近现代法律意义上的国家内政的范畴。这是两个不同性质的政治圈层，于是唐代以华夏为中心的华夷秩序呈现这种情形：华夏扩张所至，那些承认华夏统治地位、归属华夏统治的非华夏各族群、各政治体，成为唐统治体制内四夷，唐与其建立的关系形成了唐内部政治秩序，唐王朝的国家体制由华夏本土与政治上归属王朝的四夷构成；除此以外，那些与唐有明确君臣等级关系，但是尚未归属唐进入其统治体制的非华夏各族群、各政治体，为唐统治体制外四夷，他们与唐王朝建立的诸种关系构成了唐王朝对外关系体制。

唐王朝与四夷政治关系的多重性，以及唐王朝以华夏为中心构建的华夷秩序，上承早期两汉王朝，下及清王朝。道光皇帝时代担任过内阁中书和礼部主事等官的龚自珍，曾就清王朝与四夷关系做过如下的阐述："我朝藩服分二类：其朝贡之事，有隶理藩院者，有隶主客司者。其隶理藩院者，蒙古五十一旗、喀尔喀八十二旗，以及西藏、青海，西藏所属之廓尔喀是也。隶主客司者，曰朝鲜，曰越南（即安南），曰南掌，曰缅甸，曰苏禄，曰暹罗，曰荷兰，曰琉球，曰西洋诸国。西洋诸国，一曰博尔都嘉利亚，一曰意达里亚，一曰博尔都噶尔，一曰英吉利。自朝鲜以至琉球，贡有额有期，朝有期。西洋诸国，贡无定额，无定期。朝鲜、越南、琉球，皆有册封之礼。"① 清王朝与四夷有多重关系，根据其政治归属，诸种关系可分为性质不同的两种类型。其一，清王朝统治体制内诸蕃

---

① 《龚自珍全集》，上海人民出版社1975年版，第118页。

部，即隶属理藩院蒙古、西藏、青海等地蕃部，为清王朝境内蕃夷，清王朝与其建立的政治关系乃是建立内部政治秩序。清王朝的国家体制依次由华夏本土与隶属理藩院的蒙古、西藏、青海等地蕃部构成。其二，由主客司负责相关迎送、册封事务的与国、邻蕃，包括与清王朝同时代的不定期通贡的东南亚、西方诸国蕃夷，以及册封朝贡的周边藩属国——邻蕃，均为清王朝境外蕃夷，清王朝与其建立的诸种关系从中心至外围构成了清王朝的对外关系体制。

二　唐统治体制内四夷与王朝的政权边界

上述已明确唐王朝是以建立羁縻州、正州、迁入内地的形式将周边内附诸族纳入其统治体制，其中以羁縻州为主。羁縻州，隶属边州都督府、都护府，由性质相同的机构管辖。虽然人们注意到地域的差异，[①] 但是在不同区域，诸族进入唐统治体制的背景不一，唐对其的管理方式不同，与唐关系的类型不同。以下根据不同的管理方式，对各类内附部族基本状况与唐的关系进行逐一分析。当然，以其地为正州与内迁诸族作为内附诸族的一类一并述及。

（一）内迁型

内迁型是指脱离本土进入唐普通州县境内的周边部族。唐对这类部族的安置方式大多数情况下是在其部落设置府州管理即以侨治蕃州的形式管理，但也不乏将其纳入普通州县管理的案例。唐代河北、河东、关内、陇右等道均安置有大量的周边内迁部落，包括突厥、铁勒、党项以及东北的奚、契丹、室韦、靺鞨等族。其中以贞

---

① 谭其骧指出，因地域的差异，羁縻州可分为两种，一种设置于边外诸族原住地，一种设置于边外各族迁入内地的侨居地。（谭其骧：《唐代羁縻州述论》，载氏著《长水集续编》，第 133—155 页）章群在地域分布上将其分为边内与边外。（章群：《唐代蕃将研究》，第 135—140 页）

观四年东突厥灭亡后的内迁突厥降户规模为大。由于内迁部落进入唐王朝直辖领土范围之内，所以在各种类型的内附部族当中，唐王朝对其管理最为有效。概括起来内迁部落有以下特点。

唐通常按编户齐民的形式将迁入内地的部族编入户籍、登记人口。这有两种情况，一种是直接编入正州。东突厥灭亡后，"擢酋豪为将军、郎将者五百人，奉朝请者且百员，入长安自籍者数千户"。① 这些迁入长安的数千户突厥移民在雍州入籍附贯。高句丽灭亡后一部分民户迁往唐内地州县，仪凤二年（677）唐命令"先有编附诸州高句丽，悉放还本蕃"。② 这部分高句丽民众在迁入州是附户贯的。开元二年，后突厥默啜可汗之婿火拔颉利发石阿毕失降唐，封燕山郡王，授左卫员外大将军，"许于泽潞州编附"，③ 即在泽州、潞州编籍。这些部民如果不再迁徙，所在州则为他们的籍贯。如阿史那忠，"其先代人，今为京兆之万年人也"。④ 阿史那忠是突厥沙钵略可汗之孙，贞观四年归降，入居长安，是附籍长安的突厥数千户之一。所谓"其先代人"是指其出身；"今为京兆之万年人也"，是说阿史那忠归降后的籍贯为京兆万年县。阿史那忠当时虽是朝廷高官，但按属地管理原则，又是雍州万年县百姓。《游城南记》云："长安县有高丽曲，因高丽人居之而名也。"⑤ 高玄本为高句丽人，随泉男生降唐，"因而家贯西京，编名赤县"，⑥ 既是朝廷官员，又是长安县百姓。"高丽曲"的"高丽人"是编籍在长安县的民户。可见周边部族脱离本土迁入唐正州境内后，即使是第一代移民也要附贯，成为州县掌握的编籍之民。

---

① 《新唐书》卷 215《突厥传》，第 6038 页。

② 《册府元龟》卷 170《帝王部·来远》，第 2051 页。

③ 《册府元龟》卷 170《帝王部·来远》，第 2053 页。

④ 吴钢主编：《全唐文补遗》第 1 辑，三秦出版社 1994 年版，第 50 页。

⑤ （宋）张礼撰，史念海、曹尔琴校注：《游城南记校注》，三秦出版社 2003 年版，第 127 页。

⑥ 吴钢主编：《全唐文补遗》第 2 辑，三秦出版社 1995 年版，第 318 页。

以内迁部落设置的蕃州同样要在所在州附贯编籍。贞观六年，铁勒契必部落酋长何力率众内附，唐以其部置贺兰州都督府，处于甘、凉之间，自此凉州为契必家族之籍贯。何力女墓志云："本阴山贵种，今为凉州姑臧人也。"① 后来何力子孙因出仕迁徙的缘故，凉州姑臧成为郡望，京兆、洛阳又为其籍贯。② 圣历二年（699）吐蕃论氏家族降唐，论氏子孙附籍银州于京兆之间。③

以上是部落酋长内迁后的情况，对于部民来说，同样要附贯登记户口。开元二年，后突厥默啜可汗之婿率部归降，"许于泽潞州编附"，其所率部民当然也随之登记入籍泽潞。六胡州是以突厥降户中的胡部所置，这些胡户置州当初就是编籍之民，"兰池胡旧从编附，皆是淳柔百姓，乃同华夏四人"。④ 以其所置宥州有户籍在册。⑤ 经康待宾之乱，胡户逃散，朝廷遣人安辑，唐玄宗指出："河曲之北，先有六州，群胡编列，积有年序。往缘康待宾等，辄构凶党，自取诛夷，诖误蕃落，损污良善，因兹移隶。令其失业，永言恋本，宁不怀归。朕每念及昆虫，犹虑失所，况于此辈，岂忘安辑。如闻已有逃在关内诸州，及先招携在灵庆州界者，宜委并侍中牛仙客，于盐、夏等州界内，选土地良沃之处，都置一州，兼量户多少置县。其有先所隶州未来者，亦放归。各令据簿籍勘会，勿容虚假，处置讫闻奏。"⑥ 再次置州时，朝廷要求按户多少置县，

---

① 吴钢主编：《全唐文补遗》第 2 辑，第 442 页。

② 《契必明墓志》："本出武威，姑臧人也。圣期爰始，赐贯神京，而香逐芝兰，莘随姜桂。今属洛州永昌县。"《全唐文》卷 187，第 1897 页。《契必嵩墓志》："祖何力……将部落入朝，姑臧安置。后移京兆，望乃万年。"吴钢主编：《全唐文补遗》第 6 辑，三秦出版社 1999 年版，第 413 页。

③ 《全唐文》卷 479《骠骑大将军论公神道碑铭（并序）》，第 4891 页。

④ 《册府元龟》卷 986《外臣部·征讨》，第 11584 页。

⑤ 《新唐书》卷 37《地理志》（第 975 页）记载，宥州宁朔郡户七千八十三，口三万二千六百五十二；《通典》卷 173《州郡三》（第 4524 页）记载，宥州改宁朔郡后，户七千五百九十，口三万四千三百二十。

⑥ （宋）宋敏求：《唐大诏令集》卷 128《遣牛仙客往关内诸州安辑六州胡敕》，中华书局 2008 年版，第 690 页。

之前已隶属他州的胡户，也要按簿籍勘会，不得弄虚作假，隐瞒迁入胡户。可见突厥降户中的胡部，自置六胡州以来，即使迁入他州也都是要登记户籍的。索葛、安庆源于六胡州残部，[①] 与唐后期东迁的沙陀人具称"沙陀三部落"，唐末五代时所谓的"沙陀"实际上包括来自索葛、安庆二府的昭武九姓。[②] 安从进是振武索葛部人，[③] 宋白注云："安从进本贯振武军索葛府索葛村。"[④] 安叔千，《旧五代史》本传言"其先沙陀三部人"，应为出自索葛、安庆二部的昭武九姓，宋白注云："安叔千本贯云州界，户属奉诚军灰泉村。"[⑤] 这些以六胡州残部设置的羁縻州不但要在所在军州编籍附贯，也要按照汉民族的形式建立基层社会组织。

沙陀，唐前期置金满州安置，贞元年间，西域失陷附于吐蕃，元和时酋长执宜率部东迁，置阴山都督府安置，其后唐分沙陀部隶诸州，建十府安置其部众。[⑥] 后汉高祖刘知远，《新五代史·汉高祖纪》记载："其先沙陀部人也，其后世居于太原。"所谓世居太原，是说其先世东迁后于太原落籍为民。

党项，唐武宗会昌四年（844）诏书云："自贞观五年，诏开河曲地为六十州，内附者三十万口。有大酋长拓拔赤词者与诸首领归款，朝廷以为松州都督，赐姓李氏。自是从大积石山已东，并为中国之境，岁来朝觐。"由于党项内附后已并入唐统治版图，所以诏书又指出，"自尔祖归款国家，依附边塞。为我赤子，编于黔黎"[⑦]，即党项自内附以来已是唐王朝百姓，因而告诫党项诸部既

①　张广达：《唐代六胡州等地的昭武九姓》，载氏著《西域史地丛稿初编》，上海古籍出版社 1995 年版。

②　王义康：《后唐、后晋、后汉王朝的昭武九姓胡》，《西北民族研究》1997 年第 2 期。

③　（宋）欧阳修：《新五代史》卷 51《安从进传》，中华书局 1974 年版，第 586 页。

④　《资治通鉴》卷 278"明宗长兴四年"，第 9082 页。

⑤　《资治通鉴》卷 279"潞王清泰元年"，第 9126 页。

⑥　《新唐书》卷 218《沙陀传》，第 6154—6155 页。

⑦　《册府元龟》卷 996《外臣部·责让》，第 11696—11697 页。

然是国家百姓务必遵守国家典章。吐蕃崛起以后，党项诸部受到侵逼，保留府州建制迁往陇右道东部及关内道。迁往内地正州的党项羁縻州民，唐以属地原则管理，成为当管州百姓。元和五年（810）五月，"盐州奏：渭北党项拓跋公政等一十三府连状称，管渭北押下帐幕牧放经今十五余年在盐州界，今准敕割属夏州，情愿依前在盐州充百姓"。①

内迁后设置府州的部落，他们的所在州或所置蕃府州号也就成为其新的籍贯。敦煌出土文献《唐景云二年张君义勋告》所记唐诸道、诸州受勋兵募中，其中河北道有慎州李噎塞一人、夷宾州莫失一人、玄州屈去住一人、燕州于同进一人；关内道有含州安神庆一人、契州康丑胡一人、依州曹饭陀一人、鲁州康□一人。② 慎、夷宾、玄、燕等州，是唐高祖武德以来分别以内迁营州境内的契丹、靺鞨部落所置，万岁通天元年（696）以后南迁于幽州境内。含、契、依、鲁四州，是高宗调露元年（679）于灵夏南境以突厥降户中胡部所置六州中的四州。兵募是征发制兵役，由州郡差发，是唐前期征行和远镇的主力。③ 唐从关内道、河北道蕃州差发兵募不仅说明这些蕃州与正州具有相同的一面，而且说明附贯后的部民与正州汉人编民一样需要承担相应的义务。

由于内迁后所置蕃州行政关系隶属正州，所以部民所在正州或蕃州都可以作为其籍贯。安禄山是来自后突厥的移民，《安禄山事迹》云"营州杂种胡人也"，④ 而《新唐书》卷225《史思明传》云"宁夷州突厥种""与安禄山共乡里"。⑤ 安、史二人是出自后

---

① 《册府元龟》卷977《外臣部·降附》，第11483页。

② 朱雷：《跋敦煌所出〈唐景云二年张君义勋告〉——兼论"勋告"制度渊源》，载氏著《敦煌吐鲁番文书论丛》，甘肃人民出版社2000年版，第225—243页。

③ 唐长孺：《魏晋南北朝隋唐史三论》，武汉大学出版社1993年版，第412—413页。

④ （唐）姚汝能：《安禄山事迹》卷上，曾贻芬校，上海古籍出版社1983年版，第1页。

⑤ 《新唐书》卷225《史思明传》，第6426页。

突厥的杂种胡人，故而称其为"突厥种"。史思明既与安禄山同乡里，则宁夷州在营州柳城县，是隶属营州的蕃州。安、史二人均为宁夷州居民，所以二人籍贯既可以泛指营州，又可确切地说是宁夷州。

由于内迁部落附籍为民，所以史书多记载其户口数。河北道所置顺、威、燕、崇、师、昌、瑞等州有旧领、天宝两组户口数。归义州有旧领户口数。归顺、慎、玄、夷宾、鲜、带、黎、沃、信、青山、凛等州有天宝户口数。《旧唐书·地理志》所记旧领户与天宝户据考证分别是贞观十三年与天宝十二载户部大簿的内容。除归顺州、凛州之外，以上诸州是武德年间以来，于营州境内以内迁的奚、契丹、靺鞨、突厥等部落分别设置的州。万岁通天元年开始南迁，神龙年间安置于幽州。据史料记载，上述诸州于贞观十三年前所置州中，除慎州户口数失载，其他诸州都有贞观十三年的户口数。[①] 可见上述诸州自设置以来，就要向户部申报户籍。关内道的宥州是以六胡州设置，文献记载有两组户口数。[②] 关内道夏州界内以突厥部落设置的蕃府——云中都督府（管小州五）、呼延都督府（管小州三）、桑干都督府（管小州四）、定襄都督府（管小州四），与以薛延陀部落设置的达浑都督府（管小州五），都有所管小州的户口总数。[③] 夏州境内以铁勒部落设置的安化州都督府、宁朔州都督府、仆骨都督府，与灵州境内以铁勒部落设置的燕然、鸡鹿、鸡田、东皋兰、燕山、烛龙等州都有户口统计数。

这些户口数虽是内迁部落附贯的标志，但并不是部落民附贯户数的全部，只是一部分。内迁部族是唐王朝的重要兵源，唐代历次战争都有大量的蕃兵参加，《旧唐书·地理志》保留的内迁部落民

---

① 《旧唐书》卷 39《地理志》，第 1521—1526 页。

② 户七千五百九十，口三万四千三百二十，引自《通典》卷 173《州郡》，第 4524 页；户七千八百一十三，口三万二千六百五十二，引自《新唐书》卷 37《地理志》，第 975 页。

③ 《旧唐书》卷 38《地理志》，第 1383 页。

的户口数难以与唐调发的蕃兵数量或他处保留的部落民户数相匹配。唐高宗开耀元年（681），"薛延陀达浑等五州四万余帐来降"。[①] 五州为姑衍州、步讫若州、嵎弹州、鹘州、低栗州，为高宗永徽中收薛延陀散亡部落置。此时来降，是受突厥降户叛乱的影响，原本脱离边州都督府控制的阿史那伏念大势将去之际又再度归附唐。而《旧唐书》记载达浑都督府户仅百余、口仅四百余。这种差异关键在于羁縻州，"贡赋版籍，多不上户部"。这条规定，一般被理解为羁縻州民大多不纳赋税，不向户部申报户口。这对于由于种种原因而缺乏编户齐民基础的地区来说是可以的，但对于内迁部落来说并不适用。首先，内迁部落在正州安置州县必须要掌握其户口数，以便量户安置。其次，只有边州都督府掌握内迁部落的户口数，朝廷才能有调发蕃兵的依据。从原则上来说，内迁部落既要承担赋税，又要承担兵役。羁縻州的税收多不上解中央政府，不在中央财政预算之内，故而也就无须向户部申报户口。

内迁诸族是周边内附诸族中管理最为有效且与唐关系最为密切的一类，也是对唐政治、军事、文化影响最为直接的一类。进入唐核心地区的诸部族人最终融入汉民族社会。关于这一问题，相关研究较多，不再赘述。居于唐核心地区外缘的内迁诸族，当唐中央力量式微之际，便会脱离控制向不同方向发展。如唐末，党项部作为地方势力崛起，成为割据一方的强藩。[②] 沙陀人在唐后期长期为藩镇军队的一部分，也在唐末迅速崛起，成为强藩，五代时凭借其军事实力入主中原。

（二）漠北分治型

这种类型的内附部族以铁勒诸部为主，尚有薛延陀、车鼻可汗

---

① 《资治通鉴》卷 202 "高宗开耀元年"，第 6402 页。

② 李鸿宾：《唐末的形势与党项势力的崛起》，《宁夏社会科学》2009 年第 2 期。

灭亡后的余众、葛逻禄部落,[①] 唐置都护府监临其上。

唐对漠北部落的统治始于薛延陀灭亡以后。贞观二十一年正月,铁勒回纥等十三部内附,置六都督府、七州,各以酋长为都督、刺史。以回纥部为瀚海都督府、仆骨为金微都督府、多览葛为燕然都督府、拔野古部为幽陵都督府、同罗部为龟林都督府、思结部为卢山都督府、浑部为皋兰州、斛薛部为高阙州、奚结部为鸡鹿州、阿跌部为鸡田州、契苾部为榆溪州、思结别部为蹛林州、白霤部为寘颜州。[②] 同年四月,置燕然都护府于故单于台(在后置西受降城之东北四十里),统回纥等府州,以导宾贡。其后又以骨利干部为玄阙州,坚昆部为坚昆都督府。永徽元年(650)破车鼻可汗后,以其降众置府州,又置单于、瀚海都护府(单于都护府可能治云中古城,瀚海都护府治所不详),与燕然都护府分统大漠南北府州。龙朔三年讨平回纥诸部叛乱后,虑其再叛,移燕然都护府于回纥本部,以便直接控制,更名为瀚海都护府;旧瀚海都护府,移至云中古城,更名为云中都护府。两府以碛为界,分统大漠南北。大体云中都护府统突厥,瀚海都护府统铁勒等部,旧单于都护府废省。麟德元年(664),复改云中都护府为单于都护府,依旧与瀚海都护府分统大漠南北。总章元年(668),瀚海都护府更名为安北都护府。垂拱三年(687),以漠北诸部叛及铁勒诸部遭受叛唐的突厥骨咄禄的攻击,徙安北都护府于大同镇,[③] 以招抚流亡。至

---

① 薛延陀、车鼻可汗余众、葛逻禄部落在漠北置府州。《通典》卷198《边防十四》(第5433页)记载:"贞观二十三年,遣右骁卫郎将高侃潜引回纥、仆骨等兵众袭击之。其酋长歌逻禄泥熟阙俟利发及拔塞匐处木昆莫贺咄俟斤等率部落背车鼻,相继来降……处其余众于郁督军山,置狼山都督以统之。车鼻长子羯漫陁先统拔悉密部,车鼻未败前,遣其子庵铄入朝,太宗嘉之,拜左屯卫将军,更置新黎州以统其众。"参见刘统《唐代羁縻府州研究》,第80—81页。

② 《旧唐书》卷195《回纥传》,第5196页。

③ 关于燕然、瀚海、单于都护府的建置沿革,参见严耕望《唐代安北单于两都护府考》,载氏著《唐代交通图考》第1卷,上海古籍出版社2007年版,第323—340页;谭其骧《唐北陲二都护府沿革与治所迁移》,载氏著《长水集》下册,人民出版社1987年版,第263—277页。

此，唐结束了在漠北 40 年（647—687）的统治。漠北诸部部分迁入唐内地缘边州郡，留在原地者役属于后突厥。

唐统治漠北诸部的基本特征是分而治之，平衡各部力量，防止兼并，确保北疆安全。贞观四年，颉利可汗败后，曾获唐册封、被唐承认其可汗地位的薛延陀统一了漠北诸部。统一漠北的薛延陀政权出现后，与唐的矛盾也接踵而至，双方都为遏制对方和扩大自己的势力展开了激烈的斗争。如何安置东突厥政权灭亡后的余部以及拥有西域控制权成为双方矛盾的焦点，[1] 最终薛延陀在回纥等部与唐军的联合打击下灭亡。东突厥灭亡后，统一漠北的薛延陀政权对唐北部边地造成了威胁。因有前车之鉴，唐在薛延陀灭亡后放弃在铁勒诸部中册立君长、促成部落联盟形成的做法，而是设置府州，分而治之，置都护府统领。薛延陀灭亡之后，铁勒诸部中以回纥吐迷度势力最大，吐迷度在接受唐在回纥部置府、出任都督的同时，又私称可汗，设置官吏，一似突厥。关于吐迷度私称可汗的问题，向来有不同的看法，或认为吐迷度在部落联盟内部建立起汗国；[2] 或认为吐迷度确立了自己在漠北的统治地位，成为漠北铁勒诸部的新主人；[3] 或以为吐迷度私称可汗只表示他是回纥一部的可汗，并不是铁勒诸部的可汗。[4] 前两种说法较事实相去甚远。吐迷度自称可汗这一举动无疑是向唐示意，希望得到唐的册封后成为薛延陀之后的又一铁勒诸部盟主。但这恰恰与唐的意图相悖，唐知其意，而不行册封，所以才在史书上特意记下了吐迷度称可汗事。吐迷度生前并未成为凌驾于铁勒诸部之上的可汗。"自古外蕃，皆须因中国

---

① 段连勤：《丁零、高车与铁勒》，广西师范大学出版社 2006 年版，第 326—346 页。

② 范文澜：《中国通史简编（修订本）》第 3 编第 2 册，人民出版社 1965 年版，第 484 页。又《九姓回鹘可汗碑》云："自拔悉密可汗革命，数岁之间，复得我旧国。"王国维谓此指吐迷度归周，然私自号可汗，官吏一似突厥。参见王国维《观堂集林（外一种）》，河北教育出版社 2003 年版，第 491 页。

③ 吴玉贵：《突厥汗国与隋唐关系史研究》，第 378 页。

④ 段连勤：《丁零、高车与铁勒》，第 364 页。

册命，然后可弹压一方。"① 当初薛延陀能够号令铁勒诸部反抗颉利可汗就是凭借唐的支持，而铁勒诸部不敢反抗薛延陀是因为薛延陀可汗是唐册立的可汗。② 吐迷度得不到唐的册封，就无法将权力扩张到其他部落，也无法成为铁勒诸部实际意义上的可汗（回纥称可汗获唐册封，承认其蕃国地位是天宝初年配合唐灭后突厥以后的事）。③ 此时，回纥反而成为唐削弱的对象。贞观二十二年三月，唐将俱罗勃从瀚海都督府分离出来置烛龙州，④ 直接隶属于燕然都护府。同年，回纥部内发生变乱，吐迷度为其侄所杀，燕然副都护元礼臣计杀乌纥，参与谋杀事件的吐迷度部属俱罗勃入朝，被唐太宗拘留于京师。经过这次变乱，"回纥由是又微"。⑤ 唐分治漠北诸部期间，再无威胁其北疆安全的统一部落联盟出现。史称永徽元年擒车鼻可汗后，"自是北边无寇三十余年"。⑥

唐在漠北诸部设置府州，建立都护府形成了中央与地方的关系，虽然具有羁縻管理的性质，但依然有效地行使着中央政府的权力。这主要体现在以下几个方面。

第一，唐直接干预诸府州都督、刺史继袭任免。铁勒诸部内附之初，唐允许诸部都督、刺史皆得世袭。表面上看，都督、刺史人选由部内决定，推举出的人选在忠于唐的前提下，唐即可例行任命，但实际情况并非如此。贞观二十二年回纥吐迷度侄乌纥袭杀吐迷度，企图篡夺瀚海府都督职位，唐斩杀乌纥后不经回纥部内推举人选，径直任命吐迷度子婆闰继位。突厥时代继袭原则

① （唐）李德裕：《与纥扢斯可汗书》，《李德裕文集校笺》卷6，傅璇琮、周建国校笺，河北教育出版社2000年版，第79—81页。

② 《资治通鉴》卷197"太宗贞观十七年"，第6201页。

③ 程溯洛：《回纥汗国建立前后与唐朝的关系不同》，载氏著《唐宋回鹘史论集》，人民出版社1994年版，第83—101页。

④ 《资治通鉴》卷198"太宗贞观二十二年"，第6257页。

⑤ 《资治通鉴》卷198"太宗贞观二十二年"，第6262页。

⑥ 《唐会要》卷94《北突厥》，第1690页；《旧唐书》卷194《突厥传》，第5166页。

"弟代兄，侄继叔"历久不衰，① 通过这一事件可以看出，唐不但直接决定都督人选，而且改变了突厥铁勒诸族固有的习惯。婆闰死，侄比粟毒主领回纥，从比粟毒至承宗历四世，均为父传子。② 自此，子承父位的继袭方式在回纥部确立。铁勒浑部内附后大俟利发浑汪为皋兰州刺史，"太宗以阿贪支于汪属尊"，规劝浑汪避位，以阿贪支为刺史、浑汪为副。自此以后，皋兰州刺史一直由阿贪支一支子承父位传袭。③ 显然，唐太宗从中原的尊卑观念出发干预皋兰州刺史的任免，且改变了继位的方式。

第二，调发铁勒诸部参与征讨，使其服从唐王朝的征调。后突厥占领铁勒故地以前，唐历次重大征伐无不有铁勒诸部参与。贞观二十一年，发铁勒十三部兵十余万骑以伐龟兹。④ 二十二年正月，高侃发回纥、仆骨等部兵讨伐车鼻可汗。⑤ 同年六月，燕然副都护元礼臣率九姓铁勒讨伐薛延陀余众。永徽二年、显庆元年、龙朔元年，发铁勒诸部征讨西突厥贺鲁及高句丽。⑥ 突厥降户叛乱，唐又以回纥等部平叛。⑦

第三，解决牧地纠纷。铁勒诸部各有分地，⑧ 即有定界的牧地。贞观二十二年四月，"碛外蕃人争牧出界，上亲临判决，然后咸服"。在平定这场风波以后，褚遂良大加歌颂："陛下圣德广运，无远不臻，碛外诸夷，来断境域。"⑨ 周边诸族内附，唐原则上不

---

① 蔡鸿生：《突厥法初探》，《历史研究》1965 年第 5 期。

② 《旧唐书》卷 195《回纥传》，第 5197 页；《新唐书》217《回鹘传》，第 6114 页；《资治通鉴》卷 200 "高宗龙朔元年"，第 6326 页。比粟毒，《新唐书》以为是婆闰子，《旧唐书》作婆闰侄，《通鉴》从《旧唐书》。

③ 《新唐书》卷 217《回鹘传》，第 6141 页。

④ 《册府元龟》卷 973《外臣部·助国讨伐》，第 11432 页。

⑤ 《资治通鉴》卷 199 "太宗贞观二十二年"，第 6265 页。

⑥ 《册府元龟》卷 973《外臣部·助国讨伐》，第 11432 页；卷 986《外臣部·征讨》，第 11578 页。

⑦ 《旧唐书》卷 87《裴炎传》，第 2845 页。

⑧ 《唐会要》卷 96《铁勒》，第 1725 页。

⑨ 《册府元龟》卷 37《帝王部·颂德》，第 412 页。

直接管理其部落内部事务。此虽是个案，却说明铁勒诸部之间的纠纷，都护府解决不了则由中央政府出面解决。

（三）扶立君主型

扶立君主型的特征是在征服、占领一个部族后，废除原来的君长及其政权机构，重新选择君长建立政权机构，以属国形式管理。君长的权力来自唐天子的授予，而不是直接来自本蕃。此类型实施的对象包括吐谷浑、西突厥、高句丽、百济。

相比之下，此种类型不同于下文所述的羁縻州兼朝贡国型，即安西四镇、葱岭以西十六国、中亚昭武九姓地区以及东北的奚、契丹诸蕃。在上述区域内，唐将诸蕃纳入统治体制后不更换原来的君长以及政权机构，或是采取君长由其内部产生的方式，而不是由唐为其选择，君长的权力仍来自内部。

1. 吐谷浑

贞观九年征服吐谷浑后，唐未采取隋炀帝的做法，即按内地模式进行管理将其列为郡县，也未置羁縻州县，而是保留了吐谷浑的王统与制度。贞观九年五月，唐册封吐谷浑前可汗伏允子大宁王慕容顺为顺西平郡王，食邑四千户，仍授越胡吕乌甘豆可汗。[1] 至此，吐谷浑由保持朝贡关系、叛服不常的蕃国变为唐实际控制支配的属国。采取这种处理方式的主要原因是吐谷浑政权名义上的存在，不仅不会影响唐向西发展，而且这样做对于其他地区少数民族的归附也将产生影响。[2]

如何通过扶立可汗这种方式达到有效管理征服的地区，唐采取了以下监管措施。首先，为了稳定局势，唐太宗派遣李大亮"率精兵镇援"。[3] 其次，插手吐谷浑内部事务，解决纷争，巩固

---

① 《唐大诏令集》卷 129《原吐谷浑制》，第 699 页。
② 周伟洲：《吐谷浑史》，广西师范大学出版社 2006 年版，第 97 页。
③ 《新唐书》卷 221《吐谷浑传》，第 6226 页。

唐在吐谷浑地区的统治。唐扶立的慕容顺可汗，其统治地位并不稳固，一方面，慕容顺自幼以质子的身份在中原长大，早已汉化，不为部落所拥戴；另一方面，慕容顺本人在吐谷浑旧臣的威逼下，"乃怀贰志，遵彼覆车"，① 阴谋叛唐，因此酿成动乱，慕容顺被部下所杀。唐遂权立慕容顺子燕王诺曷钵为吐谷浑主，但诺曷钵年幼，大臣争权，吐谷浑内部大乱。唐派侯君集率军入吐谷浑平息叛乱，安定吐谷浑。至此，唐的势力进一步深入吐谷浑。贞观十五年，吐谷浑宣王专擅国政，阴谋征兵，谋袭弘化公主，劫持诺曷钵奔吐蕃。诺曷钵知其阴谋后与弘化公主奔唐鄯城，唐鄯州刺史杜凤举派兵与吐谷浑威信王袭杀宣王，唐太宗命民部尚书唐俭、中书舍人马周持节抚慰，安定吐谷浑政局。② 同时，吐谷浑承认与唐的隶属关系。唐派侯君集平定叛乱后，吐谷浑内部逐渐趋于安定。贞观十年三月，燕王诺曷钵请颁唐历，奉唐年号，并遣弟子入侍。③ 唐正式以诺曷钵为河源郡王、吐谷浑可汗，使其统治吐谷浑。同时作为蕃臣，吐谷浑对唐尽征调、贡献的义务，紧紧地依附于唐，借以建立自己的威信和巩固统治地位。贞观二十一年，唐遣使阿史那社尔等出击西域龟兹时，命吐谷浑连兵进讨。④ 从贞观十一年至二十三年，吐谷浑每年都遣使至唐，献牛马、方物，其中贞观二十一年、二十二年，每年两次向唐遣使朝献。⑤ 永徽二年，诺曷钵遣使献骏马；⑥ 永徽三年至五年，遣使朝贡。⑦

---

① 《唐大诏令集》卷 129《宥吐谷浑制》，第 700 页。
② 《新唐书》卷 221《吐谷浑传》，第 6226 页。
③ 《新唐书》卷 221《吐谷浑传》，第 6226 页。
④ 《资治通鉴》卷 198 "太宗贞观二十一年"，第 6250 页。
⑤ 《册府元龟》卷 970《外臣部·朝贡》，第 11398—11401 页。
⑥ 《册府元龟》卷 168《帝王部·却贡献》，第 2025 页。
⑦ 《册府元龟》卷 970《外臣部·朝贡》，第 11401 页。

和亲是唐与吐谷浑发展政治关系的重要方式之一。① 吐蕃的出现，使唐觉察到西部边地情势的不稳定以及强力巩固诺曷钵统治地位的重要性。而和亲，既能稳定诺曷钵在吐谷浑的统治，又能达到牵制新兴吐蕃的目的。贞观十年十二月，诺曷钵亲自到长安觐见，并请婚。贞观十三年十二月，诺曷钵至京师迎公主，太宗以宗室女弘化公主妻之。② 高宗即位延续和亲政策，允许诺曷钵尚主，封驸马都尉。③ 后又以会稽郡王道恩第三女封金城县主，许嫁给诺曷钵长子慕容忠。④

综上所述，唐征服吐谷浑后，主要是通过扶立可汗的方式实现对这一区域的统治。因对新兴的吐蕃政权的属性及企图缺乏了解、对吐蕃势力向吐谷浑地区的扩张警觉性不强，唐在征服地区并没有设立军镇，部署防务。⑤ 龙朔三年吐蕃进攻吐谷浑，很快兼并了青海地区。唐自然不能容忍失去吐谷浑，但高宗继位以后，唐在东面征讨高句丽，在西面又与西突厥叛唐势力和吐蕃之间的联盟展开了西域保卫战。东西两面作战的困境，使唐无法及时处理青海地区的问题，给了吐蕃可乘之机。

2. 西突厥

唐在西突厥扶立势力始于阿史那贺鲁。贞观末年，西突厥内乱，乙毗咄陆可汗的叶护贺鲁率部降唐，唐以其为左骁卫将军、昆丘道行军总管，与唐军一起进兵打击乙毗射匮可汗。从此贺鲁受唐官职，成为唐正式官员。贞观二十三年，唐置瑶池都督府，以阿史那贺鲁为都督，隶属安西都护府。"诏西突厥可汗阿史那贺鲁统五

① 林显恩:《中国历朝与边疆民族的和亲政策研讨》,《中央研究院国际汉学会议论文集》,1981年,第331页。

② 《旧唐书》卷3《太宗纪》,第50页。

③ 《新唐书》卷221《吐谷浑传》,第6226页。

④ 夏鼐:《武威唐代吐谷浑慕容氏墓志》,载氏著《考古学论文集(外一种)》上册,河北教育出版社2000年版,第215页。

⑤ 林冠群:《唐代前期唐蕃竞逐青海地区之研究》,载氏著《唐代吐蕃史论集》,中国藏学出版社2006年版。

啜、五俟斤二十余部。"① 高宗永徽二年，阿史那贺鲁乘太宗去世的机会举兵反叛。显庆二年，唐平定叛乱，控制了西突厥地区，继续推行扶立可汗的政策，实行西突厥两厢分治，放弃在统领部落的首领中扶立可汗的做法，而是以在阿史那贺鲁归降之前就已降唐入长安的西突厥贵族阿史那弥射、步真为可汗分统诸部。显庆三年，唐册立弥射为兴昔亡可汗兼左卫大将军、昆陵都护，统领五啜部落，以步真为继往绝可汗兼右卫大将军、濛池都护，统领五弩失毕部落，皆隶安西都护府。又册立西突厥各部首领，准其部落大小，位望高下，节级授刺史以下官，并且颁赐西突厥羁縻府州印契，"以为征发符信"。② 龙朔二年，苏海正诬杀弥射，原本由昆陵都护府管辖的碎叶以东的五咄陆部落群龙无首。同年，唐置金山都护府，一方面加强天山北部的防务，另一方面接替原昆陵都护府押领五咄陆部落的职责，安抚西突厥旧部。乾封二年（667），步真去世。③ 苏海正诬杀弥射已使西突厥部落离心，弥射、步真相继去世，不仅削弱了唐对西突厥各部的控制，加剧了西突厥地区的混乱，也为吐蕃势力进入西域创造了条件。咸亨二年（671），高宗任命西突厥酋长阿史那都支为左骁卫大将军兼匐延州都督，安辑西突厥五咄陆部落，然都支阴附吐蕃。调露元年九月，裴行俭以册立波斯王泥涅师为名，生擒都支与李遮匐，留王方翼镇守碎叶。同年，唐又以碎叶、龟兹、于阗、疏勒为安西四镇。自从弥射、步真去世后，西突厥部落由金山与安西都护府押领。

武则天执政初期，迫于边地形式的变化而收缩边防，放弃安西四镇。垂拱元年，以弥射之子元庆为左玉钤卫将军兼昆陵都护，袭兴昔亡可汗押领五咄陆部落。垂拱二年，又以步真子斛瑟罗为右玉钤卫将军兼濛池都护，袭继往绝可汗。武则天册立西突厥可汗，意

---

① 《旧唐书》卷 195《回纥传》，第 5197 页。
② 《唐会要》卷 73《安西都护府》，第 1309 页。
③ 《册府元龟》卷 967《外臣部·继袭》，第 11372 页。

在唐撤除四镇的情况下，通过他们来控制西州以西的地区，以达到撤军而不失其地、广地而不劳人的目的。① 然而唐放弃安西四镇导致吐蕃军队长驱直入，占领西域，废除唐册立的十姓可汗元庆，另立元庆弟仆罗为十姓可汗。永昌元年（689），唐军在寅识迦河败于吐蕃，斛瑟罗失去军事上的后援，不能招携部落，遂于天授元年（690）率众入居内地。久视元年（700），又以斛瑟罗为平西大总管，出镇碎叶。由于西突厥突骑施乌质勒崛起，斛瑟罗不能控制，于长安三年（703）再次返回长安。长安四年，武周又册立斛瑟罗子怀道为西突厥可汗。中宗神龙二年（706），乌质勒子娑葛继位后与其父部将阿史那忠节相攻，中宗采纳宗楚客的建议，计划帮助忠节消灭娑葛，目的仍然是扶立十姓可汗阿史那氏在西突厥的统治地位。唐的意图引起娑葛的不满，遂起兵叛乱。出于利用突骑施在西域抵御后突厥的目的，唐最终采纳郭元振的建议，承认既成事实，册封娑葛为十姓可汗。② 睿宗景云二年（711），后突厥默啜攻灭娑葛，西突厥地区陷入混乱。唐又以元庆子阿史那献为兴昔亡可汗、招慰十姓使。先天元年（712），唐任命阿史那献为北庭都护兼领伊西节度使兼瀚海军使，开始了大规模的招抚活动，西突厥两厢部落及葛逻禄归唐。开元二年，阿史那献俘斩叛唐的西突厥首领都担，攻克碎叶，招降都担部落五万余帐。突骑施虽遭默啜重创，但是在西突厥故地的苏禄很快发展起来，并反对唐册立献为十姓可汗。开元九年，阿史那献欲消灭苏禄的势力，而唐无法压服苏禄使其接受阿史那献的统领，所以，在既得不到玄宗的支持也无力掌控西突厥故地的情况下，阿史那献返回长安。突骑施虽然控制了西突厥故地，但阿史那献在西域期间控制着胡禄屋部，所以唐始终未将十姓可汗转封苏禄。阿史那献虽未能如期实现在西突厥的统治，但

---

① 王小甫：《唐、吐蕃、大食政治关系史》，北京大学出版社 1992 年版，第 246 页。

② 《旧唐书》《通鉴》记册封娑葛为"十四姓可汗"，当作"十姓可汗"。参见余太山主编《西域通史》，中州古籍出版社 1996 年版，第 174 页。

是他是唐在西域册立的十姓可汗中活动时间较长的一位。唐承认苏禄在西突厥的统治，君臣关系的维持是建立在双方势力相对均衡的基础之上的。唐册封苏禄并非本意，一旦双方关系破裂，又册立阿史那氏子孙为十姓可汗。开元二十二年，苏禄叛唐。开元二十三年，以阿史那献子震为兴昔亡可汗，招辑西突厥部落，已在为取代苏禄做准备。① 苏禄灭亡后，开元二十八年，唐册立阿史那怀道子昕为十姓可汗。天宝元年，阿史那昕赴碎叶上任途中，为突骑施莫贺达干所杀。唐灭阿史那贺鲁，实行西突厥两厢分治共扶立了四世十姓可汗。此后，唐改变了在十姓地区的管理方式，放弃扶立在部落中缺乏统治基础的阿史那氏后裔为可汗的做法，转而采取承认突骑施首领统治权的做法，使其隶属安西都护府，② 并辅之以军事震慑，将十姓突厥故地置于严密控制之下。西突厥五咄陆之一的鼠尼施处半部，居鹰娑川，唐以其地置鹰娑都督府。封常清为安西、北庭节度使时，上表唐玄宗："臣管内大小鹰婆罗山，采得前件鹰简择并堪进奉。"③ 大小鹰婆罗山与鹰娑川有关，即在鹰娑都督府境内，其时作为安西都护府的辖境，封常清正在其地为唐玄宗置办进奉物。即使安史之乱后的一段时间，西突厥故地的部落仍属安西都护府管辖。④

3. 高句丽、百济

唐征服高句丽、百济后最初在其故地的管理方式基本相同。显庆五年，苏定方破百济，虏其国王扶余义慈及太子隆，将百济地分置为熊津、马韩、东明、金连、德安五都督府，各领州县，以其酋长为都督、刺史及县令，命右卫郎将王文度为熊津都督，率军镇

---

① 参见薛宗正《中亚内陆——大唐帝国》，新疆人民出版社 2005 年版，第 47 页。
② 《册府元龟》卷 971《外臣部·朝贡》（第 11411 页）记载："九月安西黑姓可汗骨咄禄毗伽遣使献方物。"唐灭苏禄余孽后是否在突骑施部落中重新置府州不详，但是册封的突骑施可汗隶属安西则无疑。
③ 《全唐文》卷 375《进白鹰状》，第 3806 页。
④ 《全唐文》卷 464《赐安西管内黄姓蘴官铁券文》，第 4746 页。

守、安抚百济民众。龙朔元年至二年，唐军平定原百济王子扶余丰叛乱后，唐仍以刘仁轨镇守百济，以扶余隆为熊津都尉，[①] 招辑百济余众。总章元年，唐灭高句丽，在其地置九都督府、四十二州、一百县，又置安东都护府驻扎于平壤统辖之；擢其酋长有功者授都督、刺史及县令，与华人参理政务，派遣左武卫将军薛仁贵率军二万镇守。唐留军镇守，汉官参治，甚至在百济设置的一些都督府、州首长也由汉官担任，[②] 这些措施都表明唐要直接管理高句丽、百济地区。然而由于吐蕃在西方崛起，唐不得不从东方抽调兵力遏制吐蕃的扩张，于是唐借助高句丽、百济王室的影响力来弥补这一地区统治力量的不足，遂在东北采取消极手段维护现状。[③] 仪凤二年，任命已为唐工部尚书的高句丽王高藏为辽东州都督，封朝鲜王，遣归辽东，安辑高句丽余众。先前迁徙诸州的高句丽民众，皆遣归辽东由高藏管辖。同时又以司农卿扶余隆为熊津都督，封带方郡王，亦遣归故地安辑百济余众，移安东都护府于新城统辖高藏、扶余隆。由于百济故地荒残，唐命扶余隆寓居高句丽境内。高藏至辽东后谋反，唐将其流放于邛州。唐又改派泉男生安抚辽东，并置州县。[④] 高句丽部众一部分迁徙至河南、陇右诸州，一部分留居安东城旁，扶余隆也不敢回故地任职。所以《通鉴》说"高氏、扶余氏遂亡"，[⑤] 是说唐扶立的朝鲜王、百济王在其故地的统治至此结束。唐让扶余氏、高氏分食百济、高句丽故地的企图落空，留在辽东的百济、高句丽余众仍由安东都护府管理。武则天时期狄仁杰提出："捐四镇以肥中国，罢安东以实辽西，省军费于远方。"[⑥] 狄仁杰所说"捐四镇""罢安东"本意并非放弃西突厥和辽东地，而

---

① 《资治通鉴》卷201"高宗麟德元年"，第6456页。
② 《资治通鉴》卷200"高宗龙朔二年"，第6443页。
③ 陈寅恪：《唐代政治史述论稿》，上海古籍出版社1997年版，第146页。
④ 《新唐书》卷110《泉男生传》，第4124页。
⑤ 《资治通鉴》卷202"高宗仪凤二年"，第6498页。
⑥ 《旧唐书》卷89《狄仁杰传》，第2891页。

是撤回镇将防人，将这些地区的防务交由西突厥、高句丽、百济酋长负责，从而减轻一些财务和人力负担。垂拱二年，唐册封高藏孙宝元为朝鲜郡王。圣历元年，进授其左鹰扬卫大将军，又加封忠诚国王，委其统摄安东旧户。圣历二年，唐又授高藏子德武为安东都督，以领本蕃。至于百济，武周时则以扶余隆孙敬袭封带方郡王，授卫尉卿，然而百济故地自此为新罗及渤海靺鞨所分，再次册封的带方郡王只能让其统领在安东的余众。

（四）羁縻州兼朝贡国型
《唐六典》记载：

> 凡四蕃之国，经朝贡已后，自相诛绝及有罪见灭者，盖三百余国。今所在者，有七十余蕃。谓三姓葛逻禄、处蜜、处月、三姓咽蔑、坚昆、拔悉蜜、窟内有姓杀下突厥、奚、契丹、远蕃靺鞨、渤海靺鞨、室韦、和解、乌罗护、乌素固、达末娄、达垢、日本、新罗、大食、吐蕃、波斯、拔汗那、康国、安国、石国、俱战提、勃律国、罽宾国、东天竺、西天竺、南天竺、北天竺、中天竺、吐火罗、米国、火寻国、骨咄国、诃毗施国、曹国、拂菻国、谢颺、勃时山屋驮国、狮子国、真腊国、尸科佛誓国、婆利国、葱领国、俱位国、林邑国、护密国、怛没国、悒怛国、乌苌国、迦叶弥罗国、无灵心国、苏都瑟那国、史国、俱蜜国、于建国、可萨国、遏曜国、习阿萨般国、龟兹国、疏勒国、于阗国、焉耆国、突骑施等七十国，各有土境，分为四蕃焉。其朝贡之仪，享燕之数，高下之等，往来之命，皆载于鸿胪之职焉。①

葱岭国即渴盘陀，因其王叛唐而投吐蕃。② 开元十年，唐破平渴盘陀，以其为葱岭守捉。③ 开元四年，默棘连即位，为毗伽可汗。所谓远蕃靺鞨，即黑水靺鞨。开元十年，黑水靺鞨酋长倪属利

---

① （唐）李林甫等：《唐六典》卷4《尚书礼部》，陈仲夫点校，中华书局2005年版，第129页。
② （唐）慧超撰，张毅笺释：《往五天竺国传笺释》，中华书局2006年版，第146页。
③ 王小甫：《唐、吐蕃、大食政治关系史》，第150页。

稽来朝，玄宗以其地为勃利州，拜其为刺史。安东都护薛泰又请置黑水府，以各部酋长为都督、刺史，朝廷为置长史监临，并赐府都督姓李名献诚，领黑水经略使，隶幽州都督。[①] 突骑施，本为西突厥部落。唐扶立的西突厥阿史那氏可汗后裔斛瑟罗失势后，其部落为突骑施乌质勒统领，乌质勒卒，其子娑葛代统其众。娑葛为后突厥默啜攻灭后，西突厥部落归附突骑施苏禄。开元三年，唐册封苏禄为忠顺可汗，承认其统领西突厥部落。开元十四年，苏禄发兵攻安西四镇，与唐公开决裂。《唐六典》中以突骑施指代西突厥应是叛唐之前苏禄统领西突厥部落时期。所以，《唐六典》颁布朝贡诸蕃名单的时间在开元四年至十年间。[②]

《唐六典》所记朝贡诸蕃中，三姓葛逻禄、处蜜、处月、三姓咽麪、坚昆、拔悉蜜、奚、契丹、远蕃靺鞨、渤海靺鞨、室韦、波斯、拔汗那、康国、安国、石国、罽宾国、骨咄国、谢䫻、护密国、怛没国、愊怛国、苏都瑟那国、史国、龟兹国、疏勒国、于阗国、焉耆国、突骑施等均曾为唐羁縻州，它们既是唐郡县体制下的羁縻州，又是唐朝贡体系中的朝贡国。然而由于唐对其管理、控制方式不同，又可分为不同类型。因此，根据唐实际统治时期的管理方式的特点可将上述诸羁縻州兼朝贡国分为以下几类。

1. 葱岭以西中亚粟特与西域十六国——内附西突厥监护型

葱岭以西的吐火罗与粟特地区原处于西突厥统治之下。显庆二年十一月，苏定方平阿史那贺鲁叛乱后，"尽收其所据之地，西域悉

---

① 《新唐书》卷219《黑水靺鞨传》，第6178页。

② 在此期间，安西四镇都督府及东北松漠、饶乐都督府等都在唐统治之下，将其与唐境外日本、大食、五天竺等邻国以及与唐有册封朝贡关系而无政治归属关系的新罗等列为同类，是在华夷世界观支配下，即使唐王朝境内的异文化民族，从文化分野上看也属于夷的世界。归属唐王朝的诸蕃朝贡是诸侯服从唐天子的表现，但在率土皆臣观念支配下，唐又将境外邻国与其交聘视为诸侯臣下朝贡。因此，《唐六典》将境内朝贡羁縻州诸蕃与境外邻国以及境外册封朝贡国同视为朝贡诸蕃。《唐六典》如此安排是由文化观念决定的，与上述诸羁縻州隶属唐并无冲突。关于此点下文将会具体论证。

平"，① 唐获得了葱岭以西的西突厥属国的统治权。显庆三年，唐高宗遣使分别前往粟特、吐火罗建立羁縻府州。② 唐在葱岭以西诸国设置的府州不同于唐在塔里木盆地与西突厥地区设置的府州，③ 今天通常仅知诸国府州均隶属安西都护府，与唐保持朝贡、册封关系，唐并未直接以军事力量控制这一地区。唐代的羁縻府州通常由中央派遣长吏监管，但在这一地区迄今尚未发现有汉官监管的事例。白寿彝曾概括了唐与葱岭以西中亚诸国关系的性质，"（唐）虽不能尽保护的责任，但如有胡国对于唐有所妨害，或'无藩臣礼'的时候，安西都护府是会代表唐政府执行讨伐责任的"。④白寿彝描述的唐与这一地区关系的基本情况和外在表象无疑是正确的，但是如果深入考察，会发现唐与这一地区的关系并不只是作为一种名义上的君臣关系而仅仅停留在朝贡、册封层面，唐对该地区进行实际监管，而且也自有其权力渗透的特点。今人对突厥监理属国制度对唐的影响已有觉察，"盖突厥于其所属之国，皆授其王或首领以己国官职，故唐灭东西突厥，即于其故地及属国置羁縻州，并命其王为都督刺史，盖即用突厥旧制也"；⑤或认为"突厥模式并没有随着突厥汗国的瓦解而消失。它以变异的形式，被吸纳到唐朝的羁縻系统之中"。⑥这种认识是有一定道理的，具体来说存在以下两种情况。

　　第一，唐在吐火罗、粟特地区置羁縻州后并没有改变这一地区的权力结构，依然保留了西突厥可汗阿史那族裔在当地的统治地

---

　　① 《唐会要》卷 73《安西都护府》，第 1322—1323 页。

　　② "（显庆）三年五月，帝以西域尽平，遣使分往康国及吐火罗等国。访其风俗物产及古今废置，画图以进。"《册府元龟》卷 560《国史部·地理》，第 6732 页。

　　③ 参见吴玉贵《唐代西域羁縻府州建置年代及其与唐朝的关系》，《新疆大学学报》1986 年第 1 期；王小甫《论安西四镇焉耆与碎叶的交替》，《北京大学学报》1991 年第 6 期。

　　④ 白寿彝：《从怛罗斯战役说到伊斯兰教之最早的华文记录》，载氏著《中国伊斯兰史存稿》，宁夏人民出版社 1983 年版，第 84 页。

　　⑤ 王国维：《高昌宁朔将军麴斌造寺碑跋》，载氏著《观堂集林》第 4 册，中华书局 1959 年版，第 987 页。

　　⑥ 蔡鸿生：《唐代九姓胡与突厥文化》，中华书局 1998 年版，第 6 页。

位。贞观年间，玄奘法师到达吐火罗地区时，此地二十七国，"总役属突厥"。① 叶护可汗长子呾度设居住于活国并统治着吐火罗地区。② 显庆三年，唐以吐火罗地区阿缓城（活国）为月氏都督府，析小城为二十四州，授王阿史那都督。③ 开元六年，阿史那特勤仆罗上书诉曰："仆罗兄吐火罗叶护部下管诸国王、都督、刺史总二百一十二人。谢颲国王统领兵马二十万众，罽宾国王统领兵马二十万众，骨吐国王、石汗那国王、解苏国王、石匮国王、悒达国王、护密国王、护时健国王、范延国王、久越德建国王、勃特山主，各领五万众。仆罗祖父已来，并是上件诸国之王，蕃望尊重。"④ 唐在吐火罗地区所置的都督、刺史及各国王，仍处于西突厥可汗族裔阿史那氏的统领之下。

第二，以内附的西突厥十姓部落监护粟特、吐火罗地区。西突厥监制西域诸国的方式之一是派遣突厥首领对西域土著邦国进行"摄领"统治，⑤ 唐平阿史那贺鲁叛乱后，依然按照西突厥统治之下的西域权力格局来监管葱岭以西、波斯以东及锡尔河以南地区。也就是说，唐采用在统治西突厥诸部的基础上，仍由降唐的西突厥首领镇抚、监护西域十六国与粟特胡国的方式统治该地区。

显庆四年十一月，"思结阙俟斤都曼先镇诸胡，拥其所部及疏勒、朱俱波、葱岭三国复叛"，⑥唐再次派苏定方入西域平定叛乱。思结阙俟斤即阿悉结阙俟斤。"诸胡"指原西突厥统治下的西域诸

① （唐）玄奘、辩机撰，季羡林等校注：《大唐西域记校注》卷 1，中华书局 2008 年版，第 100 页。

② （唐）慧立、彦悰：《大慈恩寺三藏法师传》，孙毓棠、谢方点校，中华书局 2008 年版，第 31 页。

③ 《新唐书》卷 221《西域传》，第 6252 页。

④ 《册府元龟》卷 999《外臣部·请求》，第 11721 页。

⑤ 吴玉贵：《突厥汗国与隋唐关系史研究》，第 53 页。

⑥ 《旧唐书》卷 83《苏定方传》，第 2799 页。"既平贺鲁思结阙俟斤都曼分镇其地，以弥射、步真不〔能〕绥抚之，遂率疏勒、朱俱、盘陀三国复叛，击破于阗。"《册府元龟》卷 420《将帅部·掩袭》，第 5007 页。两相参照，唐平贺鲁后，仍由归唐的西突厥首领镇抚西域原西突厥属国。

邦国。显庆四年九月，唐在石、米、史、大安、小安、曹、拔汗那、恒怛、疏勒、朱驹半等国置州县府百二十七，[①] 这是唐在西突厥诸部之外设置的州县、军府。思结（阿悉结）为西突厥五弩失毕部落，有人认为苏定方平阿史那贺鲁时其并未降附，[②] 此说难以成立。唐平阿史那贺鲁叛乱后，在五弩失毕部落置有千泉、俱兰、颉利都督府，阿悉结阙俟斤部即为俱兰都督府，[③] 其中心在怛罗斯与碎叶之间。千泉、俱兰在平定阿史那贺鲁的进军路线上，苏定方岂会在经其地而未降附五弩失毕部落之前班师回朝，再次劳师远征？诸书记载都曼"复叛"，说明都曼已经归降。至于都曼再次叛乱，乃是阿史那弥射、步真不能绥抚的缘故。无疑，此前唐是以西突厥阿悉结阙俟斤部镇抚西域部分胡国的。

此外，乾陵石人像衔名中有"吐火罗叶护咄伽十姓大首领盐泊都督阿史那忠节"。盐泊州是以西突厥五咄陆胡禄屋所置，而忠节职衔既为吐火罗叶护又为盐泊州都督，显然是与唐以西突厥首领兼领吐火罗地区诸胡国事务有关。突厥可汗通常从拔汗那出发前往河中或吐火罗地区活动。从拔汗那到吐火罗曾经是乙毗咄陆可汗的领地，弥射系的突厥可汗继承了这笔遗产。[④] 在五咄陆诸部中，唐扶立的弥射系可汗与胡禄屋部的关系较为特殊。开元五年，突骑施苏禄在西突厥部落中崛起之际，阿史那献仍为盐泊州都督府判补府史，胡禄屋部仍隶属阿史那献。神龙二年，安西都护郭元振上书："又欲令郭虔瓘入拔汗那税甲税马以充军用者，但往年虔瓘已曾与忠节入拔汗那税甲税马。"忠节本人身为盐泊州都督却常在拔汗那一带活动，[⑤] 后来唐欲令忠节入朝宿卫却又

---

① 《资治通鉴》卷200 "高宗显庆四年"，第6317页。

② 华涛：《唐代西突厥都曼起兵史事考》，《新疆社会科学》1989年第3期。

③ 陈国灿：《唐乾陵石人像及其衔名的研究》，载林幹编《突厥与回纥历史论文选集》（上），中华书局1987年版，第375页。

④ 王小甫：《唐、吐蕃、大食政治关系史》，第92、131页。

⑤ 《旧唐书》卷97《郭元振传》，第3047页。

命其留部落于瓜、沙二州安置，说明其部落是随忠节而迁徙的。唐授忠节为吐火罗叶护，应与利用游牧部落的流动性，委其分镇吐火罗有关。

正是由于粟特、吐火罗地区的这种权力结构，在大食入侵时，诸胡国选择请求唐玄宗命突骑施发兵救援。开元七年，安国王笃萨波提遣使请求唐玄宗"仍请敕下突厥（骑）施令救臣等"。[①] 开元十五年，吐火罗叶护遣使上书，"又承天可汗处分突厥（骑）施可汗云：西头事委你即须发兵除却大食其事"。[②] 对此，研究者认为，"他（唐玄宗）似乎曾唆使突骑施扩张在西域的影响，以收复陷入大食手中的领地"；进而又认为，"因为这些表文透露了突骑施与唐之间的密约"。[③] 这是一种误解。唐将西突厥本部及其粟特、吐火罗地区属国收入版图后，仍保留了西突厥本土部落在粟特、吐火罗地区属国的监护权力。突骑施苏禄在西突厥部落中崛起，唐册封苏禄为可汗，自然而然地赋予了突骑施在粟特、吐火罗地区的权力，而收复失地、救援诸胡国是其职责。诸胡国只是根据粟特、吐火罗地区权力结构的惯例请求唐玄宗命突骑施苏禄发兵救援而已，并不存在唐玄宗唆使突骑施进攻大食或唐与突骑施之间有密约的情况。只不过此时突骑施苏禄羽翼渐丰，不仅要恢复西突厥曾在粟特、吐火罗地区的领地，又联合吐蕃、大食谋取唐安西四镇，脱离了唐对其的控制，最终迫使唐将其剪除。苏禄能够统治葱岭以西部分地区，以及能让诸国请求玄宗命突骑施苏禄讨伐大食的原因，除这一地区原是西突厥固有属地外，显然与此前唐委任内附西突厥首领镇抚或监护西域诸胡国直接相关。沙畹认为，不能将 659 年以后药杀、信度两水间诸国视为西突厥的属国。[④] 这一结论有正确的一面，但是仍需要补充、修正。苏定方平

---

① 《册府元龟》卷 999《外臣部·入觐》，第 11722 页。

② 《册府元龟》卷 999《外臣部·入觐》，第 11723 页。

③ 张日铭：《唐代中国与大食穆斯林》，姚继德、沙德珍译，宁夏人民出版社2002 年版，第 14、22 页。

④ 沙畹：《西突厥史料》，冯承钧译，中华书局 2004 年版，第 262 页。

定阿史那贺鲁叛乱后，仍由归唐的西突厥镇抚葱岭以西诸国，只不过此时西突厥、葱岭以西诸国皆归属唐。

以归降突厥监护属部早见于隋代。北朝末至隋初，东北诸族多隶属突厥，但自沙钵略可汗向隋称臣以后，东北诸族或附隋或朝贡。启民可汗是隋扶立的突厥可汗，为隋保塞。[1] 启民南徙之初，隋文帝授长孙晟为左勋卫骠骑将军，"持节护突厥"。[2] 隋炀帝时，裴矩又任"护北蕃军事"。[3] 魏晋置护军管理四夷诸部，五胡诸国因袭魏晋护军制度，凡非己族类又非汉人者，也置护军统领。[4] 隋置护北蕃军事，无疑是沿袭魏晋旧制监理突厥，此时的突厥与隋已是实质性的政治归属关系。开皇末年，契丹四千余家背突厥来降，当时正是启民可汗归顺之时，隋文帝既不愿让启民失去颜面，又不愿让契丹失望，"悉令给粮还本，敕突厥抚纳之"，[5] 仍让契丹隶于启民。隋炀帝时的东北诸族仍多隶属启民。[6] 隋代通过启民可汗来监理东北诸族。通过归降突厥来监理属部，显然是出于降低行政成本的考虑，这一做法为唐所继承，所不同的是唐代在西突厥与葱岭以西诸国建立了行政区划——羁縻州。

由于葱岭以西诸国属于唐王朝的统治区域，因而唐王朝给予当地居民以唐百姓的待遇，居民要为唐王朝承担相应义务。吐鲁番出土了粟特地区居民康尾义罗施与吐火罗地区居民吐火罗拂延等人在

---

① 岑仲勉：《突厥集史》（下），中华书局 1958 年版，第 979 页。

② （唐）魏征：《隋书》卷 51《长孙晟传》，中华书局 1996 年版，第 1334 页。

③ 《隋书》卷 67《裴矩传》，第 1582 页。

④ 严耕望：《魏晋南北朝地方行政制度》下册，台北：学生书局 1997 年版，第 817—836 页。

⑤ 《隋书》卷 84《契丹传》，第 1882 页。

⑥ "（炀）帝欲出塞耀兵，径突厥中，指于涿郡。恐启民惊惧，先遣武卫将军长孙晟谕旨。启民奉诏，因召所部诸国奚、霫、室韦等酋长数十人咸集。"知奚、霫、室韦受启民统领。参见《资治通鉴》卷 180"炀帝大业三年"，第 5628 页。隋炀帝命韦云起监护突厥兵讨契丹，"契丹本事突厥，情无猜忌……契丹不备"。据此知其时契丹隶于启民可汗。参见《旧唐书》卷 75《韦云起传》，第 2631—2632 页。"而部众犹存"，《新唐书》作"西部犹存"，"西"为"而"形误。

垂拱元年申请过所的案卷。据分析，这些来自葱岭以西的中亚商人取得边境地区官府的过所后，就可以赴京师从事贸易。取得过所的程序和被询问的内容，同内地州县的普通百姓、商人离开本贯时一样，并没有差别。作为唐羁縻州民的中亚商人入境时没有入境检查，只要有过所就可以进入唐王朝内地，而周边诸国人员则没有这种特殊待遇。在唐朝的法律规定中，中亚诸国居民作为羁縻州百姓，性质等同于唐内地百姓。① 敦煌出土的《唐景云二年张君义勋告》，反映了唐朝政府对神龙至景云年间安西四镇守军兵募授勋的情况。其兵募除来自陇右、河南、河北、河东、江南东、江南西、剑南等诸道正州外，还来自河北道东北诸族羁縻州、关内道六胡州，更有特殊的兵募龟兹白野那、波斯沙钵那二人。② 波斯沙钵那二人是来自波斯都督府的兵募。龙朔元年，唐以疾陵城为波斯都督府，授卑路斯为都督。仪凤三年，裴行俭以册送卑路斯子泥涅师为波斯王的名义，至碎叶平定西突厥叛乱，泥涅师独返，客居吐火罗二十余年，有部落数千人。"至景龙二年，又来入朝，拜为左威卫将军，无何病卒，其国遂灭，而部众犹存。"③ 波斯兵募即唐从波斯都督府泥涅师余众中征集的士兵。兵募是征发制兵役，④ 是州县百姓为国家应尽的义务，它与召募制下职业雇佣兵的性质迥异。唐从波斯都督府征发兵募，与唐在法律上给予葱岭以西中亚诸国居民和唐内地百姓相同的身份是一致的。

　　自唐高宗显庆以后，葱岭以西地区一直处在唐、大食、吐蕃几股势力的争夺之下，因此这一地区诸国政治上的归属极不稳定。唐

---

　　① 荒川正晴：《唐帝国和粟特人的交易活动》，陈海涛译，《敦煌研究》2002 年第 3 期。

　　② 朱雷：《跋敦煌所出〈唐景云二年张君义勋告〉——兼论"勋告"制度渊源》，载氏著《敦煌吐鲁番文书论丛》，第 225—243 页。

　　③ 《旧唐书》卷 198《波斯传》，第 5313 页；又见《新唐书》卷 221《波斯传》，第 6259 页。《旧唐书》记裴行俭护送复国为卑路斯，误。

　　④ 唐长孺：《魏晋南北朝隋唐史三论》，第 412—413 页。

设置在这一区域内的羁縻州也就时存时亡，不断变化。慧超《往五天竺国传》记载了开元十五年时这一区域诸国的归属情况。他看到吐火罗地区的吐火罗（月氏都督府）、骨咄（高附都督府）、护密（鸟飞州都督府）已属大食所管。罽宾（修鲜都督府）、谢䫻（居吐火罗西南，本曰漕矩吒，或曰漕矩，高宗显庆时称诃达罗支，置条支都督府）的王及兵马属于突厥。这一地区只有犯引（即帆延，写凤都督府）"不属余国"，即既不属于大食，也不属于突骑施。中亚昭武九姓诸国，安国（唐于安国阿滥谧城置安息州，于东安国篾斤城置木鹿州）、曹国（府州名失载）、史国（佉沙州）、石骡国（大宛都督府）、米国（南谧州）、何国（贵霜州）、康国（康居都督府），为大食所管。至于拔汗那（即跋贺那，休循州都督府），则一分为二，"河南一王属大食，河北一王属突厥"，[①]此突厥即突骑施，即真珠河以南属大食、以北属突骑施。慧超看到只有葱岭以南的小勃律属唐管辖；葱岭以西、护密以北的识匿两窟王投唐，"使命安西，往来〔不〕绝"，[②]隶属安西都护府。由于大食东侵，突骑施苏禄脱离唐的统治，此时唐几乎失去了对葱岭以西羁縻州的统治。开元二十三年冬，张九龄为玄宗作《敕安西节度使王斛斯书》："至如骨咄王子来投，已是其效；何国胡不受处分，亦是明征。其下离心，已至如此，可令间谍，更诱其众，此贼败亡，将从内溃。"[③]虽然敕文旨在说明苏禄的统治趋于崩溃，但是从中不难看到，其时葱岭以西诸国隶属关系又发生了变化，吐火罗地区的骨咄又转投于唐，而此前骨咄已从大食转入苏禄统治下，昭武九姓地区的何国（贵霜州）也由苏禄统治。

开元二十七年是唐在这一地区重新实现统治的转折点。八月，唐将盖嘉运率唐军及石国、史国王扫荡苏禄余孽，兵锋直达怛罗

---

① 唐在昭武九姓地区所置府州情况，参冯承钧《附新唐书西域羁縻府州考》，载《西域南海史地考证译丛》七编，冯承钧译，中华书局1957年版。

② 《往五天竺国传笺释》，第145页。

③ 《全唐文》卷375，第2899页。

斯。九月，西突厥拔塞干、鼠尼施、阿悉吉、弓月、哥系（舒）等部原本隶属突骑施者，"皆帅众内附，仍请徙居安西管内"。① 西突厥诸部又隶属安西都护府。从此，唐的统治不仅重回西突厥本土，又进一步将势力扩张至乌浒水之北。② 此后，唐又在葱岭以南取得了反击吐蕃的全面胜利，使其在葱岭以西地区的势力达到了极盛。

唐重新控制葱岭以西地区后，诸国与唐的关系主要表现为朝贡、册封或和亲，而此前的羁縻府州建制是否存在则不得而知。天宝六载，识匿王从高仙芝讨勃律战死，"擢其子都督、左武卫将军、给禄居藩"。③ 所谓都督即是府、州都督，似乎唐在葱岭以西仍在设置羁縻府州。唐在这一地区先前设置的羁縻府州是否存在不必强解。继高仙芝后，封常清任安西节度使，上表唐玄宗：

　　臣所管四镇境天竺山压枝园枝国，有拔汗那最为密近。乃有娑罗树，时称奇绝，不比凡草，不栖恶禽。耸干无惭于松柏，成阴不愧于桃李。但以生非得地，誉终因人，荣枯长在于异方，委叶不闻于中土。陛下高视三代，横制四夷，威信浃于君长，仁惠沾于草木。前件树枝，臣去载已进讫。臣伏以凡遵播殖，贵以滋多，今属阳和之时，愿助生成之德。近差官于拔汗那计会，又采前件树枝二百茎。并堪进奉。如得托根长乐，擢颖建章，布叶垂柯，邻月中之丹桂；连枝接影，对天上之白榆。于物无遗，在人知感。谨差军将李滔押领赴京。④

此时中亚昭武九姓城邦拔汗那仍在唐安西四镇的管辖范围内，

---

① 《资治通鉴》卷214"玄宗开元二十七年"，第6839页；又见《册府元龟》卷977《外臣部·降附》，第11481页。上谓"仍请徙居安西管内"，非迁徙安西四镇地区，而是诸部仍请求隶属安西都护府，其境又为安西都护府辖区。

② 沙畹：《西突厥史料》，第271页。

③ 《新唐书》卷221《西域传》，第6254页。

④ 《全唐文》卷375《进娑罗树枝状》，第3806页。

封常清派人与拔汗那协办向中央进奉事宜。据司马光描述，天宝十二载时的大唐西境可与上述记载相互印证。"是时中国盛强，自安远门西尽唐境万二千里，间阎相望，桑麻翳野，天下称富庶者无如陇右。（哥舒）翰每遣使入奏，常乘白橐驼，日驰五百里。"胡三省云："长安城西面北来第一门曰安远门，本隋之开远门也。西尽唐境万二千里，并西域内属诸国言之。"① 关于天宝时唐西境所至，其他文献也有类似的记载。② 四镇都督府中最西的疏勒都督府距离长安只有九千余里，③ 唐长安城以西至其辖境有一万二千里，远过葱岭。其中，葱岭以西部分地区是包括在内的。可见此时由安西都护府控制的葱岭以西国家，虽然表面上与唐是朝贡、册封关系，但实质上归属唐，属于唐王朝辖境的一部分。

2. 四镇都督府型

四镇都督府是以塔里木盆地主要的土著国龟兹、于阗（于阗国所置府号毗沙，其他府名同国号）、焉耆、疏勒而设置的羁縻都督府。四镇都督府设置时间诸书记载不一，应以高宗显庆三年可能性较大。④ 四镇都督府的基本特征之一是处于唐的直接统治下，其土地被纳入唐版图，但又具有蕃国外臣的地位，享受朝贡国的待遇。

开元时，新罗僧人慧超到达唐最西戍守之地葱岭镇时，曾记"此即属汉"，并说所经四国疏勒、焉耆、于阗、龟兹（安西大都护府所在地，又称安西）都有汉兵镇守，即四镇都督府在唐镇防

---

① 《资治通鉴》卷216 "玄宗天宝十二载"，第6919页。

② （宋）非浊：《三宝感应要略》卷中，载高楠顺次郎编《大正新修大藏经》，台北：新文丰出版公司2001年版，第51册，第846页。该书云："唐天宝元年壬子，西蕃大石（食）、康五国，来侵安西国。其年二月十一日，奏请兵，玄宗诏发兵师，计一万余里，累月方到。"此记载反映了开元二十七年后葱岭以西地区的实际情况，一方面唐的统治又回到这一地区，但是由于大食东进，中亚昭武九姓部分邦国已隶属大食，唐西境非复高宗显庆时旧貌。

③ 《新唐书》卷221《西域传》，第6233页。

④ 吴玉贵：《突厥汗国与隋唐关系史研究》，第411页。

范围之内，而于阗国以东，"并是大唐境界，诸人共知，不言可悉"。① 在新罗僧人眼里，四羁縻都督府作为唐王朝的直辖领地是没有疑义的。

四镇都督府这种特征与唐承认其固有王位、领地，保留其民政权力直接相关。

（1）焉耆。贞观十八年，郭孝恪攻破焉耆，俘其王龙突骑支及妻子至洛阳后，唐朝以降唐的突骑支弟栗婆准摄国事。西突厥屈利啜因栗婆准，使吐屯摄王，太宗不许，焉耆又立栗婆准为王，薛婆阿那支又自立，执栗婆准献龟兹，杀之。贞观二十二年，阿史那社尔再破焉耆，杀薛婆阿那支，立突骑支弟婆伽利为王。婆伽利死，国人请还前王突骑支，高宗许之，拜左卫大将军遣返归国。突骑支死，龙嫩突为王。开元七年，龙嫩突死，焉吐拂延之继位。②

（2）龟兹。贞观二十二年，阿史那社尔俘其王诃黎布失毕后，立王弟叶护为国王。永徽元年，高宗以诃黎布失毕为右卫大将军、（依旧为）龟兹王统治龟兹，命其与同时被俘的大臣那利、羯猎颠还国。那利与诃黎布失毕妻私通，诃黎布失毕不能控制国内局势，只得再度入朝。唐将那利召至京师囚禁后，又护送诃黎布失毕回国，但因羯猎颠拒而不纳，诃黎布失毕抑郁而死。此后，唐发兵擒羯猎颠，诛其党羽，立诃黎布失毕子素稽为王，授右骁卫大将军，为都督。天授三年，王为延田跌。开元七年，王白莫苾死，子命多币继位。③

（3）疏勒。圣历元年王裴夷健遣使朝贡，④《新唐书》记开元

①　《往五天竺国传笺释》，第 167 页。

②　《新唐书》卷 221《焉耆传》，第 6228—6230 页；《旧唐书》卷 184《焉耆传》，第 5302 页。

③　《新唐书》卷 221《龟兹传》，第 6230 页；《旧唐书》卷 184《龟兹传》，第 5303 页。

④　《册府元龟》卷 970《外臣部·朝贡》，第 11403 页。

十六年"始遣"乔梦松册君安定为疏勒王。[1] 关于疏勒王统，史书记载多有缺失。唐以疏勒为都督府时自是以王为都督，而疏勒王任都督之前理应是先获唐册封承认其王位，之后才为都督，所以《新唐书》所记是对继任王安定的册封，而不是唐初次册封疏勒王。

（4）于阗。阿史那社尔平龟兹，王伏阁信入朝。高宗即位，授左卫大将军，赐第京师，遣返回国执政。伏阁信卒，武后立其子璥为王。开元时璥卒，立尉迟伏师为王，伏师卒，尉迟珪嗣，珪卒，子胜立。

以上四国除疏勒情况尚不明确外，其他三国国王在高宗继位后均被放还本国执政。这是唐意识到土著效忠的重要性所致，将西域地方行政事务更多地交给都督府，从此以后，国王的人选由本国内部决定，唐只是册封承认，疏勒的情况也应如此。

从现存资料来看，于阗地区最高的军政首脑不是镇守使，而是节度副使。杨炎称杨和以云麾将军兼于阗军大使（镇守使），又迁四镇节度副使。[2] 唐肃宗上元元年（674），"以于阗王胜之弟曜同四镇节度副使，权知国事"。[3] 四镇节度副使是于阗地区最高的军政长官，以汉人或于阗国王兼任，驻扎于阗。

从于阗出土文书看，移到六城的傑谢百姓，有申请缓纳本年差科和使人往傑谢取粮两件事。由于身属军事性质较强的傑谢镇，所以百姓首先把用于阗文写的状递交给当地的镇守军，由镇守军译成汉文后，再送交上司于阗军镇守使，又因差科属于民政，所以镇守使上报节度副使，由节度副使判给六城质逻刺史。六城质逻的典成铣草成此牒，节度副使的判案结果由刺史笺署。牒下发至傑谢百姓，告知当年差科可放至秋熟时再纳。同时牒报镇守军，因为傑谢一带常

---

① 《新唐书》卷 221《疏勒传》，第 6231—6233 页；《旧唐书》卷 184《疏勒传》，第 5305 页。

② 《文苑英华》卷 917 杨炎《杨公神道碑》，第 4829 页。

③ 《资治通鉴》卷 221"肃宗上元元年"，第 7209 页。

常有贼出没，百姓取粮需要由镇守军派兵护卫方能完成。①

四镇都督府有汉官参理政务，吐鲁番阿斯塔那 239 号墓出土文书记载："西州高昌县安西乡成默仁，前任别敕焉耆都督府录事。去景龙四年二月廿七日，制改授沙州寿昌县令。"② 《唐（开元年代）西州交河县名山乡差科簿》记有两户全家外任，"户刘虔感卌九安西户曹""户王行彻年五十二焉耆户曹"。③ 羁縻都督府下设多个蕃州，每个州由若干个城邑组成，城内有坊、城外有乡村。在这种羁縻都督府中，没有作为基层行政单位的县级机构。④ 龟兹都督府、州之下，有相当于中原县级机构的城，城下有村、坊等地方各级行政建制，推行胡汉结合的地方行政制度。⑤ 从现存资料来看，在羁縻州兼朝贡国型的各类型中，四镇都督府型是唐管理最为有效的一种类型。

3. 西突厥属部型

主要指西突厥属部的三姓葛逻禄、处密、处月、三姓咽麺等部。咽麺胡三省以为属铁勒族类。⑥ 初由西突厥叶护阿史那贺鲁统领，在唐统一西域的过程中先后属唐。贞观十六年，西突厥乙毗咄陆遣处月、处密二部围天山，被郭孝恪击败。贞观二十年，唐朝曾以屯卫将军苏农泥孰兼为吐屯，检校处月、处密部落。⑦ 这一记载说明此前二部已降唐，但此后二部又叛。贞观二十二年，其再次被唐

---

①　张广达、荣新江：《于阗史丛考》，上海书店 1993 年版，第 149 页。

②　国家文物局古文献研究室、新疆维吾尔自治区博物馆、武汉大学历史系编：《吐鲁番出土文书》第 7 册，文物出版社 1986 年版，第 524 页。

③　池田温：《中国古代籍帐研究》，龚泽铣译，中华书局 2007 年版，第 143 页。

④　荒川正晴「クチヤ出土『孔目司文書』考」『古代文化』第 49 卷第 3 号、1997、155 页。

⑤　刘安志、陈国灿：《唐代安西都护府对龟兹的治理》，《历史研究》2006 年第 1 期。

⑥　《资治通鉴》卷 202 "高宗咸亨四年"，第 6487 页。

⑦　（唐）许敬宗编，罗国威整理：《日藏弘仁本文馆词林校证》卷 664《贞观年中抚慰处月处密诏一首》，中华书局 2001 年版，第 250 页。此诏岑仲勉系于贞观二十年前，参岑仲勉《西突厥史料补阙及考证》，中华书局 2004 年版，第 22 页。

军击败，二部又降唐。同年，阿史那贺鲁降唐，赐以鼓纛，使其招讨未降附的西突厥部落；又置瑶池都督府，以阿史那贺鲁为都督，隶安西都护府管辖。永徽二年，阿史那贺鲁自号沙钵罗可汗，率咄陆五啜、弩失毕五俟斤叛唐，"处月、处密及西域诸国多附之"。① 此后，唐数次发起平叛战争。永徽五年，唐朝以处月部落置金满州，隶轮台；龙朔二年，为都督府。② 此外，又在处月部置沙陀州都督府。葛逻禄有谋剌、炽俟、踏实力三部落，显庆三年，唐以谋剌为阴山都督府、炽俟为大漠都督府、踏实力为玄池都督府。唐乾陵石像题衔有"右金吾卫大将军兼大漠都督三姓咽面叶护昆职"。"初，玄池、咽面为州，隶燕然，长安二年为都督府，隶北庭。"③ 即葛逻禄部所置羁縻州最初隶属燕然都护府，后来又隶属北庭都护府。《唐会要》云："其在金山及北庭管内者，别立叶护，每岁朝贡。"即葛逻禄从燕然都护府分出后先后隶属金山、北庭都护府。④ 处月、处密、姑苏、葛逻禄、弩失毕五姓之众，都是阿史那贺鲁为西突厥叶护时所统旧部。唐讨平阿史那贺鲁叛乱后，以西突厥十厢部落置濛池、昆陵二都护府，隶属安西都护府，不以扶立的十姓可汗统领处月、处密、葛逻禄部落，其意何在，尚需探索，然而因唐对其管理

---

① 《资治通鉴》卷199"高宗永徽二年"，第6386页。

② 《新唐书》卷43《地理志》，第1131页。

③ 《新唐书》卷43《地理志》，第1131页。

④ 《唐会要》卷100《葛逻禄国》："葛逻禄，本突厥之族也。在北庭之北，金山之西，与车鼻部落相接。薛延陀破灭之后，车鼻人众渐盛，葛逻禄率其下以归之，及高侃之经略车鼻也。葛逻禄相继来降，仍发兵助讨，后车鼻破灭，葛逻禄谋剌、婆葡、踏实力三部落，并诣阙朝见。显庆二年，置阴山、大漠、玄池三都督府，以其首领为都督。"《唐会要》将车鼻可汗所领葛逻禄与阿史那贺鲁为西突厥叶护时所领葛逻禄，乌德健山葛逻禄与北庭以北金山之西葛逻禄，同入一传，确有混淆之嫌。《资治通鉴》卷199"高宗永徽元年"载："高侃执车鼻可汗至京师……处其余众于郁都军山，置狼山都督府以统之。"《新唐书》卷43《地理志》记载："浑河州，永徽元年，以车鼻可汗余众歌逻禄之乌德鞬山左厢部落置；狼山州，永徽元年以歌逻禄右厢部落置，为都督，隶云中都护，显庆三年为州，来属。"以车鼻可汗所领葛逻禄置州时，贺鲁及所领葛逻禄尚未反叛。

方式异于十姓部落及西突厥属国，故而自立一类。

4. 平卢节度使押领型

此种类型主要是指奚、契丹、渤海、黑水靺鞨、室韦等东北部族。北朝后期以来，突厥在东北亚政治史上异常活跃，起到了主导作用，东北诸族也多受其役属。隋朝建立之初，在东北方面的经营受制于突厥势力，东北诸族仍然在突厥势力范围之内。随着隋与突厥力量对比的变化，突厥沦为从属地位，东北诸族转而内属或通使与隋建立联系。贞观四年，颉利可汗败亡，东突厥政权瓦解，其在东北地区的影响力随之消失。贞观二十二年，唐在奚、契丹等族本部大规模设置府州。[①] 贞观四年至二十年，除征讨高句丽牵制了唐的力量之外，薛延陀势力在东北的存在，也致使唐对东北诸族的经营难以取得实质性进展。薛延陀灭亡后，唐在漠北铁勒诸族置府州，并设都护府监领，直接控制了漠北地区。至此，漠北游牧民族与唐在东北对抗的局面结束，唐才得以在奚、契丹诸部中从容设置府州，建立统治秩序。唐在东北设置府州大体可分为两种类型。一种是武德、贞观年间，唐在营州境内从奚、契丹、室韦、靺鞨等族中分化出来的部落所置的侨置府州；一种是唐在东北诸部本土设置的府州。两种类型的府州均隶属营州都督府。20 世纪 60 年代，蔡美彪先生已注意到这两种羁縻州有区别。[②]

万岁通天元年发生了营州之乱。营州契丹松漠都督李尽忠、归诚州刺史孙万荣反叛，攻陷营州，彻底改变了东北政局。一方面，契丹降附后突厥；另一方面，原居于营州的粟末靺鞨叛逃，建立渤

---

① 《新唐书》卷 43《地理志》记载鲜州、崇州"武德五年析饶乐都督府之可汗部落置"。似为武德五年已在奚本部设置府州，孙玉良据此以为唐开国之初即在饶乐水奚人居地设置了羁縻府州（孙玉良：《唐朝在东北民族地区设置的府州》，《社会科学战线》1986 年第 3 期），刘统持异议（《唐代羁縻府州研究》，第 101 页），笔者认为在奚、契丹本部设置府州迟至贞观二十年以后。

② 蔡美彪：《契丹的部落组织和国家的产生》，《历史研究》1964 年第 Z1 期。

海政权。因此，唐失去了对东北的统治权。开元四年，默啜可汗败亡，部落离散，突厥政权濒临崩溃，奚、契丹失去了后援，内部陷入混乱。同年八月，契丹首领李失活、奚首领李大酺率所部内附，唐再置松漠、饶乐都督府，恢复了在东北的统治，渤海政权也转而附唐。开元十四年，黑水靺鞨遣使来朝之际，唐以其地为黑水州，仍置长史，遣使镇押，并以黑水部落为黑水军。从此，黑水靺鞨进入了唐朝的统治体系。但是，唐再次经营东北并非一帆风顺。后突厥毗伽可汗继位后内部局势趋于稳定，转而觊觎两蕃，两蕃反复于唐与后突厥之间。此时，渤海也因与唐的矛盾，转而投向后突厥，联合奚、契丹、突厥等向唐进攻，以实现其扩张的意图。① 一系列战争之后，奚、契丹等部遭到打击，又回到唐的统治之下。突厥也在与唐的争锋中逐渐处于下风，室韦、黑水诸部又重新归唐。② 在与东北势力的争夺中，唐朝在东北地区进一步完善防御体系。开元五年，唐置平卢军使。开元七年，平卢军使升为平卢节度使，③ 唐又置常住边兵镇抚、经营东北诸族。开元时，营州都督任两蕃、渤海、黑水四府经略使。天宝元年，以平卢节度使镇抚室韦、靺鞨，经略或镇抚的范围扩大。开元、天宝时期，奚、契丹、渤海、黑水靺鞨、室韦等部不仅归营州都督府统辖，也由平卢节度使押领。

关于唐代东北地区所置羁縻州有两个问题需要说明。近年来，有人将其性质确定为内蕃、外蕃，即入居营州的府州为内蕃，在其

---

① 《全唐文》卷 352《为幽州长史薛楚玉破契丹露布》载契丹可突干"西连匈奴，东拘渤海"，此匈奴指突厥。又"四蕃云屯，十万雨集"，四蕃指奚、契丹、突厥、渤海。又"突厥锐而逃，渤海摄惧"。是知渤海与奚、契丹、突厥共同向唐进攻，时间在开元二十一年，见岑仲勉《突厥集史》（上），第 437 页。

② 韩愈《乌氏庙碑铭》所载"开元中……黑水、室韦以骑五千来麾下"，大约也是二十三年秋以前的事。引自《全唐文》卷 561，第 5683 页。

③ 平卢节度使的建立参见以下论著，『日野開三郎東洋史學論集　第 8 卷（小高句麗国の研究）』第 7 章「玄宗の平盧軍節度使育成と小高句麗国」三一書房、1984；孙慧庆《唐代治理北东边疆的重要机构平卢节度使》，《北方文物》1991 年第 4 期。

本土设置的府州为外蕃。① 这是非常有创建性意义的。但是以高句丽、百济所置府州应划入内蕃还是外蕃，未曾述及。将奚饶乐、契丹松漠、靺鞨黑水、渤海忽汗州、新罗鸡林州都督府简单划为外蕃，忽略了它们与唐关系性质的不同。上文已经说过，唐在新罗所置的府州，既不隶属营州都督府也不隶属安东都护府，即与唐任何机构都无隶属关系。而奚饶乐、契丹松漠、黑水靺鞨、渤海忽汗州与室韦（室韦都督府号失载）在开元、天宝时期由平卢节度使镇抚押领，既隶属营州都督府又隶属平卢节度使。至于平卢节度使押领新罗，那是安史之乱以后的事了。平卢节度使迁居山东失去镇抚上述诸蕃的职能，此时押领新罗只是负责其朝贡事务。另外，也有人将渤海、新罗与唐之间的关系视为同一类。② 这要区分对待，安史之乱前，唐以渤海所置州隶属营州都督府。安史之乱后，平卢节度使后撤，唐自然失去对东北的控制。宝历元年（825），"诏以渤海为国"。③ 这是唐与渤海关系性质的转折点，唐承认渤海脱离唐转而独立的事实。此时渤海、新罗同为唐境外蕃夷但有君臣等级关系的册封朝贡国。

（五）党项——西北边地内附型

党项分布于吐谷浑以南，东临唐松州（隋时此地为同昌郡），西达黄河河曲一带，南及今青海、四川省交界果洛藏族自治州、阿坝藏族羌族自治州一带。④ 党项正式见于汉文史籍是在西魏北周之际，⑤ 直至唐初，党项诸部都未形成强有力的统一部落联盟，也无力抵御外力，不同的部落群体分别依附于周边强权。吐谷浑、突厥

① 杨晓燕：《唐代平卢军与环渤海地域》，载王小甫编《盛唐时代与东北亚政局》，上海辞书出版社 2003 年版。

② 谷川道雄：《世界帝国的形成》，第 170 页。

③ 《新唐书》卷 219《渤海传》，第 6181 页。

④ 周伟洲：《唐代党项》，广西师范大学出版社 2006 年版，第 2 页。

⑤ 《隋书》卷 83《党项传》（第 1846 页）记载："魏周之际，数来扰边。"

衰亡后，在唐未对其进行征服的情况下，党项诸部主动附唐，所以将遭到吐蕃攻击而内迁以前的党项姑称为西北边地内附型。

党项与内地政权发生关系可追溯至周武帝天和元年（566）。此年，北周翼州刺史曾因"党项羌叛"而率兵讨伐，[①] 这说明北周时翼州附近的党项部落是由翼州刺史管辖的。至隋代，相当一部分党项部落役属吐谷浑，而另一部分党项部落则先后降附于隋，直接被隋边州将吏所控制。[②] 隋炀帝灭吐谷浑后，在其地设鄯善、且末、西海、河源四郡，在此四郡之外，原吐谷浑领有的甘肃、四川西北等地则遍布党项诸部。以上大部分地区的党项部落理应由新设四郡及隋边郡控制管理，但是隋代在归附党项部落中并未建立行政机构。

隋朝大业末年，吐谷浑伏允可汗于隋境大乱之际尽复故地，但此时吐谷浑实力大为削弱，党项诸部开始兴盛起来。唐建国伊始，致力于统一战争，无暇顾及党项，因而党项与吐谷浑频繁地寇扰西北诸州。贞观初，唐北方劲敌突厥的衰落极大地影响了唐周边诸族，促使其附唐。贞观三年，南会州都督郑元璹遣使招谕，党项酋长细封步赖举部内附，以其地为轨州，以步赖为刺史。继步赖之后，党项诸姓酋长相继内附，"请同编户"，以其地为崛、奉、岩、远四州，各拜其首领为刺史。[③] 贞观三年末户部统计，"中国人自塞外来归及突厥前后内附，开四夷为州县者，男女一百二十余万口"。[④] 所谓四夷包括了内附的党项。突厥灭亡后，唐声威远播，内附四夷增多，其中包括大批党项部族。贞观五年，唐遣太仆寺丞

---

① 《隋书》卷48《杨素传附杨文思传》，第1294页。

② 《隋书》卷83《党项传》（第1846页）记载："开皇四年，有千余家归化。五年，拓拔宁丛等各率众诣旭州内附，授大将军，其部下各有差。十六年复寇会州，诏发陇西兵以讨之，大破其众。又相率请降，原为臣妾，遣子弟入朝谢罪。"又《隋书》卷40《元谐传》（第1172页）记载，隋文帝时有人告元谐谋反，"谐谋令祈绪勒党项兵，即断巴蜀"。即隋代党项由边州将吏统领。

③ 《旧唐书》卷198《党项羌传》，第5291页。

④ 《旧唐书》卷3《太宗纪》，第37页。

李世南开河曲党项地为十六州①、四十七县，内附人数达三十四万。党项酋长拓跋赤辞臣属吐谷浑，并与吐谷浑联姻，唐初屡对抗唐军，后与其从子思头率领诸首领归降，以其地为懿、嵯、麟、可等三十二州，以松州为都督府羁縻存抚之，又以拓跋赤辞为西戎州都督，赐姓李氏。"自是从河首大积石山已东，并为中国之境。"②吐谷浑举国内附后，赤水之西（今青海省兴海县之西）黑党项的首领敦善王曾贡方物。又雪山党项破丑氏，居雪山之下，自贞观初亦常朝贡。③

　　唐代管理内附党项具有以下特点。首先，设置的羁縻州数量众多。正史记载唐置"羁縻州八百五十六"，而松州都督府辖党项则"多达一百四"。原因有二，其一是党项部落人口较多，仅贞观五年所置河曲十六州人口就多达三十四万；其二是党项部落众多，党项以姓别为部落单位，一姓又分为许多小部落，并且不相统属，未形成强大的部落联盟。而唐置羁縻州原则是照其部落列置州县，党项部落小而多，相应的羁縻州数目也多。其次，部分党项州为正州。高祖武德年间就曾以内附四夷列置州县，但当时并未将这种州县与普通州县加以区别。贞观时由于大量设置州县，才定制为羁縻州，以示区分。《旧唐书·地理志》记载，归松州都督府管辖的二十五州中，崌、懿、阔、麟、雅五州等级被确定为下州，可见当初是以普通州形式设置的。叠州都督府于贞观十三年置，督叠、岷、

---

　　① 《唐会要》作六十州，《通鉴》作十六州，《唐会要》讹。郭声波以为"河曲十六州"为轨、崌、奉、远、可、岩、懿、麟、阔、雅、丛、诸、蛾、彭、直等州，位于今川、甘、青三省交界黄河第一曲——若尔盖沼泽草原地区（参见《党项发祥地——唐初"河曲十六州"研究》，《历史地理》第 11 辑，上海人民出版社 1993 年版）。然上引《唐会要》在"六十州"后记载以拓跋赤辞部置"懿、嵯、麟、可等三十二州"，即懿、嵯、麟、可等州不在"十六州"之列，郭文未有说明。

　　② 《唐会要》卷 98《党项传》，第 1756 页。

　　③ 郭声波以为都、流、厥、调、凑、般、匐、器、迩、率、锺十一州是以雪山党项所置州。参见郭声波《"积石雪山十一州"考——唐贞观十三年政区考辨（四）》，《中国历史地理论丛》1998 年第 1 期。

洮、宕、津、序、壹（台）、拓（祐）、嶂、王（玉）、盖、立
（位）、桥等州，永徽元年罢都督府。① 叠州所督津、序等九州皆为
党项州，其中津州为党项五十八无版州之一。② 台、祐、嶂、玉、
盖、位、桥等州原属松州都督府所督二十五州中的八州，也就是说
在叠州都督府存在期间（贞观十三年至永徽元年），唐曾将松州都
督府所辖津、序等九州割属叠州都督府为正州。③ 旭州初置时也为
正州，武德七年以前与岷、宕、洮、叠四州同属岷州总管府。④
儒、淳二州分别于贞观五年、十二年置，隶兰州都督府，开元五年
废，天宝中再置时降为羁縻州，此前儒、淳二州一直是以普通州的
性质存在的。⑤ 唐初党项州多为正州的特点，一方面固然受时代因
素影响，另一方面与党项部落分立、内部组织松散，使得唐能够进
行有效管理有关。

（六）西南捍边型

西南捍边型是指剑南道西部当、悉、静、恭、拓、保、真、
霸、翼、维十州，⑥ 它们是以郡县缘边的生羌、党项部落置。唐对
西南地区郡县缘边蛮夷的治理方式通常是设羁縻州，而上述诸州设
置之初即为正州，唐提升其地位的目的是防御吐蕃，故将其命名为
西南捍边型。

当州，贞观二十一年置，治所为通轨县。周隋间，通轨县
治在今四川黑水县芦花镇附近；唐通轨县，更在其南，然亦不

① 《旧唐书》卷 40《地理志》"陇右道"，第 1638 页。

② 《新唐书》卷 43《地理志》，第 1133 页。

③ 严耕望：《括地志序略都督府管州考》，载氏著《严耕望史学论文集》，上海古
籍出版社 2009 年版。

④ 《旧唐书》卷 40《地理志》"陇右道"，第 1637—1638 页。

⑤ 郭声波：《唐贞观十三年政区考辨（续）——儒、淳二州考》，《中国历史地
理论丛》1989 年第 4 期。

⑥ 王仲荦：《〈贞元十道录〉剑南道残卷考释》，载王仲荦著，郑宜秀整理《敦
煌石室地志残卷考释》，中华书局 2007 年版，第 76—86 页。

出黑水县境。辖二县。"通轨，本属松州，历代生羌之地。贞观二十年，松州首领董和那蓬固守松府，特敕于通轨县置当州，以蓬为刺史。显庆元年，蓬嫡子屈宁袭继为刺史。"①

悉州，本翼州之左封县。在当州东南四十里。自两汉至隋为羌夷所居地。显庆元年，生羌首领董係比射内附，乃于其地置悉州，以董係比射为刺史，自后射卒，以左封县令董俱悉冻任刺史，兼敕以父死子继。领左封、归诚二县。归诚县由左封析置。②

静州，本为当州悉唐县。显庆元年，唐在悉唐县置悉州。咸亨元年，于悉州置翼州都督府，移悉州治所于左封。仪凤二年，罢都督府，翼州还治翼针县，于悉唐县置南和州。天授二年，改为静州，管理蕃夷部落，开元时治所在清边县，后因边夷难制，又因离其他州郡较远，数叛乱，移故州额于悉唐县。③

恭州，开元二十四年，分静州广平县置。静州本是以缘边部落所置，所以"风俗同拓州"，④ 即为夷俗。

拓州，永徽年间置，风俗同当州，⑤ 也是以缘边部落所置州。

保州，《太平寰宇记》载，"本维州之定廉县，南接吐蕃，为夷落之极塞，唐开元二十八年，羌夷内附，因置奉州，以董晏立为刺史，领定廉一县。天宝元年改为云山郡，八载移治所于天保军，乃改为天保郡。乾元元年，西山子弟兵马使嗣归诚王董嘉俊以西山

---

① 《旧唐书》卷41《地理志》，第1702页；《元和郡县图志》卷32《剑南道》，第816页。

② 《旧唐书》卷41《地理志》，第1703页；《太平寰宇记》卷81《剑南道》，第1639页。

③ 《旧唐书》卷41《地理志》，第1704页；《太平寰宇记》卷81《剑南道》，第1640页。

④ 《旧唐书》卷41《地理志》，第1704页；《太平寰宇记》卷80《剑南道》，第1615页。

⑤ 《通典》卷176《州郡六》，第4635页；《太平寰宇记》卷80《剑南道》，第1613页。

管内天保郡归附，乃改为保州，以嘉俊为刺史"。① 保州是以内附羌夷于定廉县设置的州，军事管控及御边的性质极为明显。

真州，析翼州置，治所为真符（今四川茂县西沙头）。"天宝三载，节度使章仇兼琼以其地险阻，又当西山要路，奏置真符营，控押一州，乃置兵于其处。五年，节度使郭虚已缘羌、项摇动，仍置昭德郡，乾元元年，改为真州……管县四……昭德等三县，并在州侧近，以熟羌首领为其令长，居无常所。"② 真符县，天宝五载析鸡川、昭德置。而鸡川县，先天元年析翼水县地开生僚置，本隶悉州，天宝元年改隶翼州。昭德，本识白，显庆元年开生僚置，隶悉州，天宝元年隶翼州。③ 真州所辖四县民户，最初以生僚所置，置真州时这四县已为熟户，除真符一县外，其他三县令由熟户首领担任。

霸州，治所在今四川理县北甘堡乡。天宝元年，"因招附生羌置静戎郡，便以羌附酋董嘉俊为刺史，领七部族把蕃卓，子孙相继不绝。乾元元年改为霸州。本属陇右道，永徽以后割属松州都督府，入剑南道……领县四……四县并与郡同置，各有部落主持，俱无征科"。④

翼州，治所为衡山县（今四川茂县校场坝）。《太平寰宇记》载："秦之土地，与益州同。二汉犹为蜀郡。至齐、梁，以上土地同属茂州……唐武德元年分置翼州，取郡南翼水为名，六年自左封移州治于翼针。咸亨三年置都督府，移就悉州城内。上元二年罢都督，移还旧治。"领县四，"《通典》有鸡川、昭德二县。《唐书》云：开生僚新置"。⑤

维州，治所为薛城，今四川理县东北薛城乡。武德七年，白狗

---

① 《太平寰宇记》卷80《剑南道》，第1621页。

② 《元和郡县图志》卷32《剑南道》，第820页。

③ 《旧唐书》卷41《地理志》，第1705页。

④ 《太平寰宇记》卷80《剑南西道》，第1612—1613页。

⑤ 《太平寰宇记》卷78《剑南西道》，第1576—1577页。

羌降附，乃于姜维故城置维州，领金川、定廉二县。贞观元年，因羌叛，州县俱废。贞观二年，生羌首领董屈占上书请吏以复立维州，移治于姜维城东，始属茂州，为羁縻州。麟德二年，进为正州。上元元年后，维州陷于吐蕃。大中末年，维州首领内附，才复隶西川。旧领县三，天宝时领县二。薛城县，州城，姜维城故垒。隋初于其地置薛城戍，大业末年又没于羌。武德七年，白狗羌酋邓贤佐内附，乃于姜维城置维州，领金川、定廉二县。贞观元年，邓贤佐叛变后，置州县。贞观三年，左上封生羌酋董屈占等举族内附，复置维州及二县。小封，咸亨二年，刺史董弄招慰生羌置。①

剑南西山诸州，虽为正州，但是以部落首领世为刺史、司马。诸州与吐蕃相邻，是唐防御吐蕃的前沿，境内军镇密布。翼州置有四城、三守捉、五镇兵；维州置有通化军、十五守捉、一城、二镇兵；恭州置有平戎军；保州置有天保军；②拓州置有长碉镇。唐在诸州置军镇既可防御吐蕃，又可镇抚部落，其中以羌部落作为军事力量防御吐蕃入侵最具有代表性。

（七）云南——从汉晋边郡到边州、羁縻府州制度转变型

汉武帝时期在西南夷地区先后设置牂牁、越嶲、益州、犍为等郡。东汉时在澜沧江以西设置永昌郡、在滇东北地区设置犍为属国都尉。三国蜀汉政权在两汉四郡一都尉的基础上，以部族联结的区域为依据，对郡县做了调整，设置建宁、兴古、云南、永昌、越嶲、朱提、牂牁七郡，由庲降都督统领。西晋在庲降都督的基础上设置宁州来管辖南中七郡，宁州因此成为全国十九州之一。至此，云南边郡制度日臻完善，云南也成为一个中央直属的大区。后历东晋、刘宋、萧齐、萧梁，在这二百年间，郡县名号载于档册。

但是自东晋永和三年（347）后，南中地区大姓据地自雄，扰

---

① 《旧唐书》卷41《地理志》，第1690页。
② 《新唐书》卷42《地理志》，第1084—1086页。

攘不安。其后爨氏称霸，自相承袭，南朝虽不断任命宁州刺史，但已不能实行切实的统治。至北周时，中央王朝承认爨氏对南中地区的实际控制，正式任命土长爨瓒为南宁州刺史。这不仅与汉晋时的边郡制度不同，而且与南朝的情况也不大相同。自西汉以来，中央政府在云南设置郡县，除任命太守、令长外，又任命土长为王侯、邑长，实行双重统治。为巩固政权，边郡太守主兵，内郡则遣戍卒屯守，且耕且战，委长吏管理。① 南朝时不少南中大姓被任命为官，但是他们与中央任命的外籍官员一样是流动的，不定于一郡，而且一般不在本土为官。另外，南朝不会任命爨氏为南宁州刺史。北周任命土长为刺史，实为云南郡县制度的重大改变，开启了云南羁縻州县的先河。② 汉代的郡县地，在唐则为羁縻州地。如汉越嶲郡青蛉县禺同山，李贤注："禺同山在今哀州杨波县。"又如越嶲遂久县，李贤注："遂久故县在今靡州界。"③ 唐以哀州、靡州为羁縻州，汉代的青蛉、遂久县也是唐羁縻州所在地。

隋朝建立后，于开皇五年（585）任命韦世冲为南宁州总管，经略云南。韦世冲开道行军深入爨地，在南宁州设置总管府，并派兵戍守，设恭、协、昆等州，归总管府管辖，命土长为刺史。隋朝又委任爨瓒为昆州刺史，保持其对西爨地的统治。不久爨瓒反叛，隋虽先后两次派军征讨，"震瓒惧而入朝，文帝诛之，诸子没为奴"，④ 却对南宁州的政事置之不问，没有做到认真筹划列置州县。总体来说，因隋代短暂，在云南的统治方式多恃武力而少行政设施。唐高祖即位，以爨瓒子弘达为昆州刺史，沿袭了前朝任命土长

---

① 方国瑜：《云南地方史导论》，《云南社会科学》1984 年第 2 期。

② 方国瑜：《南北朝时期爨氏对南中诸郡的统治》，《思想战线》1982 年第 5 期；林超民：《唐前期云南羁縻州县述略》，《云南社会科学》1986 年第 4 期。

③ （宋）范晔：《后汉书》卷 86《南蛮西南夷列传》，中华书局 1982 年版，第 2852、2854 页。

④ 参见《隋书》卷 47《韦世康附冲传》，第 1270 页；《新唐书》卷 222《南蛮传》，第 6315 页。

为刺史统治爨地的做法。唐初任命的管理西洱河地区的官员，武德四年有吉弘伟，七年有韦仁寿，贞观二十二年有梁建方。永徽三年，赵孝祖则以朗州为据点由东向西征讨大小勃弄。唐朝经过长时间的政治招徕与军事行动，在洱海地区设置州县，任命部落首领为州县长官。唐前期，云南的行政建制几经变化，至天宝时已定格为南宁州都督府与姚州都督府。

武德元年，唐将隋犍为郡改为戎州。贞观六年，又设置都督府，督戎、郎、昆、曲、协、黎、盘、曾、钩、髳、宗、麋、姚、徽等十七州，除戎州外，其余十六州都在晋宁州之地，即今云南地区。

武德元年，唐朝开发南中后，设置南宁州。武德四年，设南宁州总管府，管辖南宁、恭、协、昆、尹、曾、姚、西濮、西宗九州。武德五年，罢总管府，寄治于巂州。武德七年，改为南宁州都督府，增督西宁、豫、西平、利、南云、磨、南笼七州，与前九州合为十六州。武德八年，将都督府移到五味县，设府治理南宁州地区。贞观六年，罢都督府而隶于戎州，贞观八年，改南宁州为郎州。[①] 贞观二十三年，徒莫祗、俭望蛮内属，唐以其地置傍、望、览、丘、求五州，隶郎州都督府。[②] 永徽三年，赵孝祖平定大小勃弄、弄栋蛮后，唐罢郎州都督更置戎州都督。[③] 开元时，爨归王任南宁州都督，归王被害后，其子守隅继任都督，南诏吞并爨地将守隅内迁至河赕。因此，南宁州都督府始终存在，没有撤废过。但这时的南宁州都督府大不同于武德至贞观初的南宁州都督府。武德、贞观年间的南宁州都督是由汉官担任的总制南中的封疆大吏，[④] 所辖

---

① 《旧唐书》卷41《地理志》，第 1694 页；《新唐书》卷 43《地理志》，第 1141 页。

② 《新唐书》卷 222《南蛮传》，第 6315 页。

③ 《新唐书》卷 222《南蛮传》，第 6316 页。

④ 韦仁厚、党弘仁武德、贞观中任南宁州都督，参见《册府元龟》卷 692《牧守部·招辑》，第 8254 页。

州虽以土长为刺史，但协、曲等十六州大多有等级之分（唯宗、姚二州等级漏载），且都有户数，① 应是贞观十三年十六州作为正州向户部呈报的版籍。② 不仅诸州土长得以世袭刺史，爨氏也得以世袭南宁州都督一职，成为戎州都督管辖的羁縻都督府。其辖境在武德、贞观时，南以南盘江为界，西界在麟德以前不仅包括爨地全境，并且还包有弄栋、青蛉、勃弄诸蛮之地。但自麟德以后，昆、黎以西割隶姚府，西爨地区大部分已不在境内，③ 开元、天宝时仅剩十四州。④

西洱河地区由郎州都督府统辖过渡到姚州都督府统治。吐蕃兴起后沿金沙江南下，向蜀西、滇西北扩张达于洱海地区，造成许多唐初在洱海地区列置州县的部落叛服无常。金沙江以北的嶲州都督府和滇池以东的郎州都督府显然已经不能适应唐朝巩固洱海地区统治的要求。于是，为了加强对洱海地区的统治，遏制吐蕃势力的扩张，唐于麟德元年正式设置姚州都督府，⑤ 治理洱海地区，"每年差五百人镇守"。⑥ 姚州都督府管辖有蜀汉、西晋时期云南郡故地（相当于今大理白族自治州、丽江地区及楚雄州西部），但州县名称与汉晋时不尽相同，而且两次置废前后所辖州县数目也有变动。武德年间，在洱河地区设置的姚、哀、髳、徽、宗、匡、曾、尹、

---

① 《旧唐书》卷41《地理志》，第1696—1697页。

② 通常认为《旧唐书·地理志》所记两个年份的户籍是来自贞观十三年、天宝十二载户部大簿的内容。天宝十二载上述十六州多陷于南诏，中央无法统计户口数，因此所记户数应是十六州在贞观十三年时以正州统计的户数。

③ 参见谭其骧《关于隋南宁州总管府唐剑南道的南界问题——答云南大学来件〈隋代初唐南诏三幅图在爨地南部的边界线〉》，《复旦学报》1996年第2期。

④ 《爨子华墓志》记载南宁州都督府旧领十四州。郭声波考证十四州应为南宁、威、武恒、归武、声、品、从、严、奏龙、昆、钩、黎、求、吴。郭声波：《唐代南宁州羁縻都督府建置沿革考》，载林超民、王跃勇主编《南中大姓与爨氏家族研究》，民族出版社2002年版，第65页。

⑤ 参见林超民《〈西洱河风土记〉及其史料价值》，《云南社会科学》1982年第3期。

⑥ 《通典》卷187《边防三》，第5063页。

縻九州，先隶南宁州总管府，至麟德元年属姚州都督府。以此为基础，加上后来增置的州，麟德元年姚州都督府管辖的羁縻州有三十二个。① 680 年，吐蕃攻陷安戎城，西洱河蛮与其他诸蛮降附吐蕃，唐罢弃姚州。② 垂拱四年，唐复置姚州都督府，至天宝末年，唐在西洱河的姚州设边州，置边州都督府，管辖以西洱河地区部落列置的羁縻州。

唐在滇东、西洱河地区最终确立的边州都督府或羁縻都督府等行政机构，所辖州均已为羁縻州。除姚州刺史、都督由汉人担任，姚州所辖三县户籍申报户部与内地正州相同外，羁縻州县的特点有三：其一，以部落列置州县；其二，任命土长担任刺史、都督，并得世袭；其三，民户不是国家直接控制的编户齐民，而是部落首领的部民，中央政府不直接向这些州县督办税赋输官，而由土长岁贡差发。③ 汉晋在云南的边郡制，中经北周时期任命土长为刺史，至唐最终确立为羁縻州县体制。

（八）剑南、江南、岭南恢复统治及开拓型

唐代的剑南、江南、岭南地区是中原王朝的传统版图。虽然秦汉就已设置郡县，但是由于交通不便以及汉人居民少而土著居民多，或当地土著居民经济水平与特殊的社会结构等因素的制约，一些郡县控制的范围极为有限，大量的土著居民并不在郡县有效管辖的范围之内。在剑南、江南、岭南地区，历代王朝始终处于在郡县内不断开拓、扩大统治范围的过程中。或者说已接受王朝统治的夷

---

① 关于麟德元年姚府所辖州，方国瑜以为二十三，郭声波重新考订为三十二。参见方国瑜《中国西南历史地理考释》，中华书局 1987 年版，第 304 页；郭声波《唐代姚州都督府建置沿革再研究》，载方铁主编《西南边疆民族研究》（二），云南大学出版社 2003 年版。

② 查尔斯·巴克斯：《南诏国与唐代的西南边疆》，林超民译，云南人民出版社 1988 年版，第 35、240 页。

③ 林超民：《唐前期云南羁縻州县述略》，《云南社会科学》1986 年第 4 期。

僚，受王朝更迭等因素的影响，又脱离郡县统治，而新的王朝建立后，又试图将其纳入郡县统治。从这一方面来说，在剑南、岭南地区，历代王朝又经历着反复实现其统治的过程。唐王朝建立后，面临同样的问题，剑南、江南、岭南一些郡县的边缘仍然存在着郡县有效管辖范围之外或者郡县统治深入程度尚浅的蛮僚，唐王朝使其内附多以羁縻州形式安置，隶属所在州府，成为当管州的百姓。故将此类命名为恢复统治及开拓型。

在叙述唐代在剑南、江南、岭南恢复统治及进一步开拓之前，需要先说明一下生僚与熟僚的问题。

唐代剑南、江南、岭南等地多生僚。生番、熟番今人多有述及，① 然而生熟之分，并非王朝统治体制内外蕃夷之分。

崔致远《补安南录异图记》：

> 交趾四封，图经详矣！然而管多生獠，境迩诸蕃。略采俚谭，用标方志。安南之为府也，巡属一十二郡（峰、驩、演、爱、陆、长、郡、谅、武定、武安、苏茂、虞林），羁縻五十八州。府城东至南溟，四百余里，有山横亘，千里而遥，邃穴深岩，为獠窟宅。蛮蜑之众，六种星居。邻诸蕃二十一区，管生獠二十一辈。水之西南，则通阇婆、大食之国；陆之西北，则接女国、乌蛮之路。曾无亭堠，莫审涂程。跂履者计日指期，沉浮者占风定信。二十一国，鸡犬传声；服食所宜，大较相类。管内生獠，多号山蹄，或被发镂身，或穿胸凿齿，诡音嘲哳，奸态睢盱。其中尤异者，卧使头飞，饮于鼻受。豹皮裹体，龟壳蔽形。捣木絮而为裘（獠子多衣木皮，熟捣有如织纩），编竹苦而作翅。生养则夫妻代患，长成则父子争

---

① 罗新：《"真吏"解析》，《中华文史论丛》2009 年第 1 期；王小甫：《唐五代北边的内外之际与国家认同》，载荣新江主编《唐研究》第 16 卷，北京大学出版社 2010 年版，第 1—26 页。

雄。纵时有传译可通，亦俗无桑蚕之业，唯织杂彩挟布，多披短襟交衫，或有不缝而衣，不粒而食，死丧无服，嫁娶不媒。战有排刀，病无药饵。固恃险阻，各称酋豪。远自汉朝，迄于隋季，荐兴边患，颇役远征。马将军标注归时，寸分地界。史总管倒碑过后，略静海隅。①

以上所述安南都护府与蛮、诸蕃关系的层次是非常清楚的。安南都护府辖境管州十二、羁縻州五十八，且管辖境内多为生蛮。府城"临诸蕃二十一区，管生獠二十一辈""二十一国"为"管内生獠"。在此之外，则是安南境外南海诸国及西亚的大食等国。

柳宗元《岭南节度飨军堂记》：

> 唐制：岭南为五府，府部州以十数，其大小之戎，号令之用，则听于节度使焉。其外大海多蛮夷，由流求、诃陵西抵大夏、康居，环水而国以百数，则统于押蕃舶使焉。内之幅员万里，以执秩拱稽，时听教命。外之羁属数万里，以译言赞宝，岁帅贡职。合二使之重，以治于广州。故宾军之事宜，无与校大。且宾有牲牢饔饩，嘉乐好礼以同远合疏；军有犒馈宴飨，劳旋勤归，以群力一心。于是治也，闬闳阶序，不可与他邦类，必厚栋大梁，夷庭高门，然后可以上充揖让，下周于步武。今御史大夫扶风公廉广州，且专二使，增德以来远人，申威以修戎政。②

柳宗元所述岭南节度使与诸蕃夷的关系层次与上述大体一致。岭南节度使辖区受其节制者有五府，每府管州有十几个，另有大小不等诸戎，幅员万里，听命于节度使。在此之外，海南、西亚等地

---

① 《全唐文》附《唐文拾遗》卷 41，第 10839—10840 页。
② 《全唐文》卷 580 《岭南节度飨军堂记》，第 5859 页。

前来广州与诸蕃朝贡贸易。

综上所述，安南都护府或岭南节度使管辖的僚中多为生僚，且生僚也可以是唐统治体制内的蕃夷。"安南经交趾太平，百余里至峰州，又经南田，百三十里至恩楼县，乃水行四十里至忠城州。又二百里至多利州，又三百里至朱贵州，又四百里至丹棠州，皆生僚也。"①安南都护府所辖峰州及羁縻州——忠城、多利、朱贵、丹棠所管都是生僚。此种现象也见于前朝。北魏时，"朝廷以梁益二州控摄险远，乃立巴州以统诸獠，后以巴酋严始欣为刺史，又立隆城镇，所绾獠二十万户，彼谓北獠，岁输租布，又与外人交通贸易。巴州生獠并皆不顺，其诸头王每于时节谒见刺史而已"。②巴州以僚置，境内既有隆城镇管辖的"岁输租布"的北僚，也有定时谒见刺史、表明与州有隶属关系的生僚。即纳税的北僚与不顺的生僚具属巴州。

同处王朝统治体制内的生僚与熟僚，二者之间的区别在于王朝对其统治程度的深浅。北周后期梁睿建议："自卢、戎以来，军粮须给，过此即于蛮夷征税，以供兵马。其宁州、朱提、云南、西爨，并置总管州镇。计彼熟蛮租调，足以供城防仓储，一则以肃蛮夷，二则裨益军国。"③梁睿称可征租税的蛮为熟蛮。上述北魏时将巴州管辖的纳租的僚称为北僚，另一类称为生僚。可见熟僚是受统治程度较深的僚，而生僚则是受统治程度较浅的僚。剑南、江南、岭南地区的生蛮、熟蛮正是历代王朝在蛮夷地区统治、开拓程度的曲折反映。

唐代以前，剑南、江南、岭南地区郡县的沿革，往往是王朝对在秦汉郡县范围内蛮夷地区的开拓或统治的退缩。

唐剑南道邛州，"《禹贡》梁州之域。汉置十三州，在益州

---

① 《新唐书》卷43《地理志》"羁縻州"，第1151页。
② （北齐）魏收：《魏书》卷101《獠传》，中华书局1974年版，第2250页。
③ 《隋书》卷37《梁睿传》，第1126—1127页。

之部。梁益州刺史萧范于蒲水口立垒栅为城以税生獠，名曰蒲口顿。《周地图纪》云："梁武陵王萧纪于蒲水口始置邛州，取南界邛来山以为名。'未为郡县。后魏废帝二年定蜀，又置临邛、蒲源、蒲阳、濛山四郡以属之。蒲阳郡领依政一县……隋初废郡，复为依政县。唐武德元年割雅州之依政、临邛、临溪、火井、蒲江五县，置邛州于依政县。三年又置安仁县"。① 蒲水口为生獠地，梁税生獠以置蒲口顿，稍后因之以置邛州。西魏于此置蒲阳郡，依政县属邛州。隋初废郡，唐又置邛州，为其增置县。

剑南道其他一些州县也是以獠或生獠所置。嘉州罗目县，麟德二年开生獠置。眉州洪雅县，武德九年以县置犍州，贞观元年州废，开元七年又以洪雅县置义州，并以獠户置南安、平乡二县。洪雅县所领为獠户。巂州昌明县，贞观二十二年开松外蛮，置牢州及松外、寻声、林开三县，永徽三年州废，省三县入昌明县。昌明县境内多为松外蛮。戎州归顺县，圣历二年，析邠鄢县地，以生獠户置。龙州，初为羁縻，属茂州，垂拱中期改为正州。龙州也是蛮夷州。泸州江安县，贞观元年，以夷獠户置思隶、思逢、施阳三县，贞观八年，省三县入江安。江安县也是以夷獠户置。②

江南西道涪州，"《禹贡》梁州之域，周省梁，又为雍州之域。春秋时属巴国。秦为巴郡地。汉为涪陵县地。汉末为赤甲兵所聚，故此有赤甲戍存焉。后汉亦然。至蜀先主以地控涪江之源，故于此立涪陵郡，领汉平、汉葭二县……自永嘉之后，没于夷獠，元魏之后，图记不传。至宇文周保定四年，涪陵首领田思鹤归化，初于其地立奉州，续又改为黔州。大业中又改为黔安郡，因周、隋州郡之

---

① 《太平寰宇记》卷75《剑南西道》，第1522页。
② 《新唐书》卷42《地理志》"剑南道"，第1081—1083、1086、1092页。

名，遂与秦、汉黔中郡交互难辨"。① 永嘉之乱，涪州为夷僚所据，至北周又在其地置郡县。涪州所领宾化县，"本秦为枳县地，后汉为巴县地，周明帝武成三年省桓元子所置枳县入巴县。唐贞观十一年分渝州巴县之地置隆化县，以县西二十里永隆山为名。先天初以讳改为宾化县。按《新图经》云：'此县民并是夷僚，露顶跣足，不识州县，不会文法，与诸县户口不同，不务蚕桑，以茶蜡供输。'"② 涪州是以夷僚所置。

江南西道夷州，"《禹贡》荆州之域外。古蛮夷荒徼之地，汉为牂牁郡境。历代恃险，不闻臣附。隋大业七年始招慰置绥阳县，属明阳郡。今夷宁县西北八十里旧明阳郡是也，以县属焉。唐武德四年罢郡，置夷州于思州宁夷县，领夜郎、神泉、丰乐、绥养、鸡翁、伏远、明阳、高富、宁夷、思义、丹川、宣慈、慈岳十三县；六年废鸡翁县。贞观元年废夷州，仍省夜郎、神泉、丰乐三县，以伏远、明阳、高富、宁夷、思义、丹川六县隶务州，宣慈、慈岳二县隶溪州，绥养县属智州；四年于黔州都上县复置夷州；六年复分置鸡翁县，十一年以义州之绥阳、黔州之高富二县来属；其年又自都上县移于今理，领绥阳、都上、高富、鸡翁四县。贞观十七年又以废牢州义泉、洋川二县来属。天宝元年改为义泉郡。乾元元年复为夷州"。③ 夷州为汉牂牁郡辖境，自汉置郡以后，历代中央政府均未有效管理其地蛮夷，至隋代在其地另辟郡县，以强化治理。

江南西道播州，"按郡地即秦夜郎、且兰二郡西南隅之地……至汉武元鼎六年平西南夷，置牂柯郡，其地属焉……其后以夷蛮隔越，莫详废置。贞观九年于牂柯北界分置郎州，领恭水、高山、贡山、柯盈、邪施、释燕六县；十一年省郎州及六县；十三年又于其地置播州，以其地有播川为名，仍再置恭水等六县"。④ 播州为秦

---

① 《太平寰宇记》卷 120《江南西道》，第 2388—2390 页。
② 《太平寰宇记》卷 120《江南西道》，第 2392 页。
③ 《太平寰宇记》卷 121《江南西道》，第 2408 页。
④ 《太平寰宇记》卷 121《江南西道》，第 2411—2412 页。

汉郡县旧地，由于蛮夷势力坐大，其地行政设施也废置不明。直至唐贞观年间，中央政府在其地置郡县，加强管理。

江南西道费州，"春秋时属楚。汉元鼎六年建牂柯郡，其地属焉。江山阻远，久不臣附。至后周宣政元年，信州总管、龙门公裕、王述招慰生獠王元殊、多质等归国，遂肇立为费州，因州界费水以立郡名"。① 唐代的费州本汉牂柯郡地，是北周另辟汉牂柯郡内生僚所置州。

江南西道思州，"春秋时楚地。自战国以后，土地与黔中同。晋陷蛮夷，无复郡县。至后周方得其地，未为郡县。隋初，其地属清江郡。至开皇十九年于此置务川县，属庸州。庸州，即今黔江县是也。大业三年废庸州，以县属巴东郡。唐武德四年，招慰使冉安昌以务川当牂柯要路，须置郡以抚之，复于县理置务州，领务川、涪川、扶阳三县。至贞观元年以废夷州之伏远、宁夷、思义、高富、明阳、丹川六县，废思州之丹阳、城乐、感化、思王、多田五县来属；其年省思义、明阳、丹川三县；二年又省丹阳一县；四年改务州为思州，以界内思邛水为名；其年以涪川、扶阳二县割入费州；八年又以多田、城乐二县割入费州，又废感化县；十年又以高富县割入黔州；十一年又省伏远县，但领务川、思王、宁夷三县。开元四年又以州东立思邛县，二十五年以宁夷县属夷州。天宝元年改为宁夷郡。乾元元年复为思州"。② 思州本是战国时黔中郡地，晋时陷于蛮夷，北周时中央政府得其地，隋在其地置郡，唐又增置县以加强统治。

江南西道南州，"《禹贡》梁州之域，周省梁入雍。战国时为巴国之界，秦则巴郡之地。汉为江州之境。唐武德二年割渝州之东界地置州，领隆阳、扶化、隆巫、丹溪、灵水、南川六县；三年又改为僰州；四年又改为南州。贞观五年又置三溪县，七年又

① 《太平寰宇记》卷 121《江南西道》，第 2414 页。
② 《太平寰宇记》卷 122《江南西道》，第 2420 页。

置当山、岚山、归德、汶溪四县，八年又废当山、岚山、归德、汶溪四县，十一年又废扶化、隆巫、灵水三县，但领隆阳、丹溪、三溪三县。贞观十七年又废三溪县。先天元年改隆阳为南川县。天宝元年改州为南川郡。乾元元年复为南州。又按《九州要记》云：僰溪生獠招慰以置之，即此郡也"。① 南州本战国时郡县地，其地在唐时仍是以生獠置州，增置县又废县，唐不断调整在其地的统治。

江南西道奖州梓姜县，"本隶充州，天宝三载废为羁縻州，以县来属"。溱州，贞观十六年开山洞置。② 梓姜县、溱州均以蛮夷置。

岭南道严州，"《禹贡》荆州之域。汉武帝平南越，即象郡之地也。历晋、宋、齐、梁不改，后为獠所据。唐乾封三年招致生獠，置严州及三县地，在严冈之侧，因为名"。③ 严州地在梁以后为獠所据，至唐以獠置州。其他如邕州封陵县为乾元后期开山洞置。瀼州，贞观十二年，清平公李弘节开夷獠置。笼州，贞观十二年，李弘节招慰生蛮置。田州，开元中开蛮洞置。环州，贞观十二年，李弘节开拓生蛮置。古州，贞观十二年，李弘节开夷獠置。牢州，武德二年，以巴蜀徼外蛮夷地置。福禄州，总章二年，智州刺史谢法成招慰生獠昆明、北楼等七千余落，以故唐林州地置。④

唐代在剑南、江南、岭南地区的羁縻州也不出秦汉郡县的范围。

江南道黔州都督府所领牂州、充州以牂牁蛮置。"（贞观二年）十二月，牂牁、充州蛮并遣使朝贡。牂牁渠姓谢氏，旧臣中国，代为本土牧守。隋末天下乱，遂绝不通。至是知中夏平

---

① 《太平寰宇记》卷122《江南西道》，第2423页。
② 《新唐书》卷41《地理志》"江南道"，第1074、1076页。
③ 《太平寰宇记》卷165《岭南道》，第3163页。
④ 《新唐书》卷43《地理志》"岭南道"，第1101、1104—1105、1108—1109、1114页。

定，其首谢龙羽遣使修职贡。胜兵数万，于是列其地为牂州，拜龙羽为刺史。充州者，牂牁之别部也，牂牁邻境胜兵二万，列其地为充州。"① 隋末动乱，牂牁蛮脱离郡县统治，唐建立后，中央政府趁牂牁蛮朝贡之际在其地置州。黔中东谢、西赵，"自古不臣中国"。东谢、西赵地处战国以来的黔中郡地，所谓"自古不臣中国"应是指其首领从未涉足中原来京师朝贡。贞观时二地遣使入朝，唐以东谢地为应州，以西赵地为明州，皆以其首领为刺史。②

剑南道黎州都督府所领五十三羁縻州，在《太平寰宇记》中注明"旧统制五十五州，皆徼外生獠，无州县，羁縻而已"。③ 即此五十余羁縻州地，本属州辖境，但又未纳入县的范围，故称徼外生僚。所以唐在西南、岭南地区所置羁縻州，实际上其中相当一部分是将长期以来未被纳入县行政管辖范围的蛮夷另立州县后，由所在州统一管理。剑南道其他州亦是如此。如茂州都督府所属炎州，贞观三年开生羌置。向州，贞观五年以生羌置。冉州，贞观六年以徼外敛才羌地置。穷州，贞观五年以生羌置。蓬鲁州，永徽二年特浪生羌董悉奉求、辟惠生羌卜檐莫等种落万余户内附，又析置州三十二。④ 泸州都督府所辖萨州、晏州，则是仪凤二年招生僚置。⑤

总之，唐代在剑南、江南、岭南等地无论是以蛮夷或生僚置正州县，还是置羁縻州县，都是对战国秦汉以来郡县内蛮夷统治的延续、加强或继续开拓。

以上对唐统治体制内四夷的基本情况进行了分析，可以得出以下认识。第一，由于管理方式不同，从经制州内四夷到羁縻州兼朝

---

① 《册府元龟》卷 977《外臣部·降附》，第 11479 页；《旧唐书》卷 197《西南蛮传》，第 5276 页。

② 《通典》卷 187《边防三》，第 5041 页。

③ 《太平寰宇记》卷 77《剑南西道》"黎州"，第 1561 页。

④ 《新唐书》卷 43《地理志》"羁縻州"，第 1138 页。

⑤ 《新唐书》卷 43《地理志》"羁縻州"，第 1142 页。

贡国，唐对不同类型的四夷统治程度的深浅各不相同。唐对统治体制内四夷表面上设置整齐划一的羁縻州制度将其纳入王朝的统治秩序中进行管理，但由于四夷距离核心远近不同，唐的统治力呈现出逐步递减的地缘格局。这种情况的形成乃由唐的实力所导致，唐王朝难以实现对疆域的均质化管理。此外，唐与四夷形成的具有地缘格局特征的统治秩序，与中国古代政治指导思想有关。荀子曰："世俗之为说者曰：汤、武不能禁令。是何也？曰：楚、越不受制。是不然！汤、武者，至天下之善禁令者也。汤居亳，武王居鄗，皆百里之地也，天下为一，诸侯为臣，通达之属，莫不振动从服以化顺之。曷为楚、越独不受制也？彼王者之制也，视形势而制械用，称远迩而等贡献，岂必齐哉！"① 荀子对世俗流行之说"商汤、周武不能施行禁令"进行了驳斥。他认为这是不对的。汤、武是最善用禁令的，但王者之制不在于形式划一，而是根据不同情况采取不同的治理方式。唐管理统治体制内四夷呈现的地缘格局特征是"王者之制"政治理念在现实政治中的体现。第二，唐与羁縻州兼朝贡国身份的四夷关系的表现形式同对外关系体系中与四夷关系的表现形式呈现相同的一面。虽然如此，上述不同类型的四夷归属唐，以不同形式进入唐统治体制，构成了唐王朝的内部政治秩序。虽然唐王朝在理念上追求的政治秩序是实现以唐为中心的天下秩序，但是现实中唐王朝又拥有明确的国家政权"边界"。

综上所述，唐与四夷结成多重关系，根据其政治归属，诸种关系可分为性质不同的两种类型。唐与四夷建立的通贡、亲属或兼君臣、册封朝贡关系属于唐与邻蕃之间的关系（大食、日本、南海、南亚诸国，或新罗与亡国前的高句丽、百济，薛延陀、贞

---

① 梁启雄：《荀子柬解》第十八篇《正论》，《民国丛书》第五编（4）"哲学·宗教类"，上海书店 1996 年版，第 243—244 页。

观时期的西突厥、吐蕃、后突厥、天宝元年以后的回纥等与唐建立的关系均属此类），属于唐与统治体制外四夷结成的关系。此类四夷与唐王朝建立的诸种关系构成了唐王朝的对外关系体制。羁縻州、以内附诸族设置正州或迁入内地安置是唐与纳入其统治体制内四夷之间的关系。此类四夷与华夏本土构成了唐王朝的国家体制，唐与其建立的关系形成了唐王朝内部政治秩序。于是唐王朝的天下秩序是这样的：华夏本土；唐王朝在扩张过程中那些主动或被动投归华夏、进入唐王朝统治体制的非华夏族群或政治体；在此之外，则是与唐有册封朝贡、亲属或兼君臣、通贡关系的邻蕃。

唐统治体制内四夷，由于进入唐统治体制的背景不一，唐对不同类型四夷族类的统治方式不同，呈现不同形态。第一，内迁诸蕃，是指脱离本土进入唐普通州县境内的周边部族。唐对这类部族的安置方式大多数情况下是以其部落设置羁縻州即用侨治蕃州的形式管理，但也不乏将其纳入普通州县管理的方式。唐河北、河东、关内、陇右等道均安置有大量的周边内迁部落，包括突厥、铁勒、党项、奚、契丹、室韦、靺鞨等族。内迁部落因进入唐王朝直辖领土范围之内，所以中央政府对其的管理最为有效。内迁部落是与唐关系最为密切的一类，也是对唐政治、军事、文化影响最为直接的一类。第二，漠北分治的铁勒诸部。这部分以铁勒诸部为主，包括薛延陀、车鼻可汗灭亡后的余众、葛逻禄部落。唐以其部落置府州，分而治之，置都护府监临其上，以平衡各部力量、防止兼并、确保北疆安全。第三，唐为其扶立君主诸蕃。唐在征服、占领其地后，废除原来的君长及其政权机构，重新选择君长建立政权机构，以属国形式管理，君长的权力来自唐天子的授予，而不是直接来自本蕃。这部分的实施对象包括被唐先后征服的吐谷浑、占领后的西突厥、高句丽、百济。第四，羁縻州兼朝贡国诸蕃。这部分属于既是唐羁縻州，同时又被授予朝贡国地位的四夷。这类四夷，由于地理位置或唐监管方式的不同，与唐关系呈现出不同的形态，地域范围包括由内附西突厥十姓部落监管的葱岭以西的中亚粟特与西域十六国。安西四镇所在地龟兹、疏勒、于阗、焉耆，唐以其地置府州，承认其固有王位、领地，保留其民政权力，但唐对其统治更为直接。直接隶属安西都护府的西突厥属部，有三姓葛逻禄、处密、处月、三姓咽麺等，原为西突厥叶护所领部落，在唐统一西域的过程中先后属唐。唐以西突厥十厢部落置濛池、昆陵二都护府，隶属安西都护府，葛逻禄等却不被扶立的十姓可汗统领。平卢节度使押领的东北诸蕃奚、契丹、渤海、黑水靺鞨、室韦等，在开元、天宝时期不仅隶属营州都督府，也由平卢节度使押领。第五，内迁前西北边地内附的党项。吐谷浑、突厥衰亡之后，党项诸部在唐未对其进行征服的情况下纷纷主动附唐。唐初，党项州多为正州，唐能够进行有效管理。第六，西南捍边的生羌、党项。唐以剑南道西部郡县缘边的生羌、党项部落置十州，虽为正州，但是以部落首领世为刺史、司马。诸州与吐蕃相邻，唐以诸州部落作为军事力量防御吐蕃入侵。第七，从边郡到边州、羁縻州的云南地区。汉晋以来云南边郡制度日臻完善，为一个中央直属的大区。中经北周时期任命土长为刺史，至唐最终确立为羁縻州县体制。第八，唐王朝建立后恢复其统治及持续开拓的剑南道、江南道、岭南道境内的蛮夷。唐岭南、江南、剑南地区是中原王朝的传统版图，虽然秦汉就已设置郡县，但一些郡县控制的范围极为有限，或已接受王朝统治的夷僚因朝代更替脱离郡县统治，大量的土著居民并不在郡县有效管辖范围之内。在此区域内，历代王朝始终处于在郡县内不断开拓、扩大统治范围以恢复其统治的过程中。唐立国后，或以其地置正州或羁縻州，以延续战国秦汉以来对郡县内蛮夷的统治。以上诸蕃与唐之间的政治关系呈现的形态，相较于唐与唐统治体制之外的诸蕃政治关系表现形式有趋同的一面，但是两者之间性质不同，前者隶属唐边州都督府、都护府，为唐王朝国家体制的组成部分。后者当中即使有的受唐册封、向唐朝贡，与唐有着明确的君臣等级关系，但仍属于唐对外关系体制中的成员。唐与四夷关系，因四夷政治归属不同，关系的基本性质不同，形成了不同性质的政治圈层，即进入以唐王朝为中心的天下秩序的四夷分属不同的政治圈层，唐与四夷建立的政治秩序的结构是性质不同的层级结构。

第二章

唐代的化外与化内

　　本书第一章阐明唐与四夷建立的政治关系，因其政治归属不同、基本性质不同，所以在唐王朝以华夏为中心构建的华夷秩序中呈现出不同性质的政治圈层，唐与四夷建立的是层级结构的政治秩序。本章主要探讨唐构建的不同性质政治圈层在法律方面的体现及意义。

　　化外、化内是唐律中的用语。关于化外人，早在 20 世纪初期，日本学者就已根据近代国家的观念认为是外国人。[1] 在中国，清末学者沈家本曾将唐律"化外人相犯"条文与清代适应于境内民族的法律的共同之处予以类比。他在"化外人有犯"中说："此条本《唐律》。唯唐有同类、异类之分，明删之。则同类相犯亦以法律论矣。今蒙古人自相犯，有专用蒙古例者，颇合《唐律》各依本俗法之意。"[2] 沈家本的论述并没有影响中国学者关于化外人的理解，继日本学者之后，中国学者根据现代国家的观念，仍然将唐律中的化外人视为外国人。[3]

---

　　[1]　中田薫「唐代法に於ける外國人の地位」『法制史論集』第 3 卷下、岩波書店、1943、1361—1392 頁。

　　[2]　（清）沈家本：《历代刑法考》，邓经元、骈宇骞点校，中华书局 1985 年版，第 1806 页。

　　[3]　钱大群：《唐律与唐代法律体系研究》，南京大学出版社 1996 年版，第 54 页；蔡墩铭：《唐律与近世刑事立法政策之比较研究》，台北："中国学术著作奖助委员会" 1968 年版，第 37 页；刘俊文：《唐律疏议笺解》，中华书局 1996 年版，第 478—481 页。刘俊文亦注意到唐代国际交往频繁，大食、阿拉伯人多在唐留居的事实，将"化外人"等同于现代意义上的"外国人"。

由于中日学者均是从近现代法学角度做出的判断，历史文献方面的论证明显不足。化内、化外是一组相对应的概念，由于此前未界定化内人的内涵，这些对化外人的界定给后来人留出了思考余地。

近年来，唐律中"化外人相犯"条文又引起了人们的关注。对于化外人能否等同于现代国籍法中的外国人，有人持谨慎态度。[①] 有学者试图重新界定化外人，[②] 一是以文化为标准区分化内、化外，[③] 二是在承认唐律以文化为标准界定化外人的同时，采用国籍标准限定化外人的外延，[④] 这两种观点均认为化外人包括外国人和部分唐周边少数民族，也包括唐统治的所有羁縻州地区的人民。后来又有学者在肯定文化、国籍为判断标准的基础上，提出户籍是判断化内、化外的标准，认为化内人是直属于中国皇帝的郡县区域内的编户之民，化外人则属郡县外的"蕃夷之国"，化内即国内，化外即国外。[⑤] 判断标准虽异，但结论相同，均将纳入唐统治体制的蕃夷划为化外。

古代涉及四夷关系的词语在不同语境下表述的内涵往往不同，

---

① 陈惠馨：《唐律"化外人相犯"条及化内人与化外人间的法律关系》，载高明士主编《唐代身分法制研究——以唐律名例律为中心》，台北：五南图书出版股份有限公司 2003 年版，第 5、28 页。

② 蒋蓓妮：《关于唐王朝化外人涵义的探讨》，《现代商贸工业》2008 年第 3 期；苏钦：《唐明律"化外人"条辨析——兼论中国古代各民族法律文化的冲突和融合》，《法学研究》1996 年第 5 期；寻丽琴：《浅谈"化外人"》，《法制与社会》2010 年第 10 期；赵君：《〈唐律疏议〉"化外人"再探讨》，《法制与社会》2010 年第 22 期；张淼淼：《唐代化外人的法律地位述论》，硕士学位论文，苏州大学，2010 年，第 5 页。

③ 邹敏：《关于唐律"化外人相犯"条的再思考》，《贵州民族研究》2006 年第 5 期。

④ 沈寿文：《〈唐律疏议〉"化外人"辨析》，《云南大学学报》2006 年第 3 期。

⑤ 甘怀真：《从〈唐律〉化外人规定看唐代国籍制度》，（台北）《早期中国史研究》第 3 卷第 2 期，2011 年。

反映的是不同层面的问题。这种现象，并非罕见。① 化外、化内的概念出现于唐律，为后世所沿用，且唐、明律中表述的内涵已不相同。如果仅就唐律中的化外、化内而言，笔者认为因早期缺乏对唐律化外人的深入论证，所以近年来以文化或国籍、户籍为标准来判断化内、化外的做法，背离了基本史实，结论难以成立，多属臆测。厘清唐律中化内、化外的内涵，不仅有助于正确理解华夷世界观背景下唐王朝与四夷的关系，而且有助于推进对唐代多民族国家体制的认识。

一　唐律关于化内、化外的条文及相关问题

唐律涉及化内、化外的条文有四款，为了便于分析，现将其中三款相关内容迻录如下。

（1）《唐律疏议》卷 6《名例》"化外人相犯"：

> 诸化外人，同类自相犯者，各依本俗法，异类相犯者，以法律论。
>
> 【疏】议曰：化外人，谓蕃夷之国，别立君长者，各有风俗，制法不同。其有同类自相犯者，须问本国之制，依其俗法

---

① 如《史记》《汉书》所谓"西南夷请吏"是指西汉在西南夷设置郡县，委派官吏进行管理。至唐代"请吏"一词一方面沿袭前史本义，另一方面用法扩大至与邻蕃或邻国的交往。如有"日本请吏"之说（《全唐文》卷 397《对庀人奏散判》，第 4049 页）。唐版图不及日本，不存在对其置郡县、委派官吏管理的问题，所谓请吏指日本与唐通贡而已，若以前史比定其意，则谬之千里。如本书所引"内附"或"内属"，在《史记》《汉书》中往往指周边诸族或地区纳入西汉的统治序列，而在唐四夷内附内涵呈现较多样。本书所提"声教所暨"也可表述不同的问题。又如西汉"属国"是管理归汉蛮夷的设置，东汉时，"属国"演变为类似郡一级的行政区划。至清代，所谓"属国"往往指接受册封朝贡而又不在清朝版图内的蕃国。化外、化内出现于唐律，自有其特定的内涵，因此本书仅限于对唐律层面内涵的探讨。

断之。异类相犯者，若高丽之与百济相犯之类，皆以国家法律，论定刑名。①

（2）《唐律疏议》卷8《卫禁》"越度缘边关塞"：

> 诸越度缘边关塞者，徒二年。共化外人私相交易若取与者，一尺徒二年半，三匹加一等，十五匹加役流。
>
> 【疏】议曰：缘边关塞，以隔华夷。其有越度此关塞者，得徒二年。以马越度，准上条"减人二等"，合徒一年，余畜又减二等，杖九十。但以缘边关塞，越罪故重。若从关门私度人畜，各与余关罪同。若共化外蕃人私相交易，谓市买博易，或取蕃人之物及将物与蕃人，计赃一尺徒二年半，三匹加一等，十五匹加役流。②

（3）《唐律疏议》卷16《擅兴》"征讨告贼消息"：

> 诸密有征讨，而告贼消息者，斩，妻、子流二千里。其非征讨而作间谍，若化外人来为间谍，或传书信与化内人，并受及知情容止者，并绞。
>
> 【疏】议曰：或伺贼间隙，密期征讨，乃有奸人告贼消息者，斩；妻、子流二千里。其非征讨而作间谍者，间谓往来，谍谓觇候，传通国家消息以报贼徒；化外人来为间谍者，谓声教之外，四夷之人，私入国内，往来觇候者，或传书信与化内人，并受化外书信，知情容止停藏者，并绞。③

---

① （唐）长孙无忌等：《唐律疏议》卷6《名例》，刘俊文点校，中华书局1983年版，第133页。
② 《唐律疏议》卷8《卫禁》，第177页。
③ 《唐律疏议》卷16《擅兴》，第307页。

上述唐律条文中涉及以下几个问题，必须加以注意。

在化外人之间发生法律纠纷时如何处置有明确的规定，但如何界定化外人，唐律未明言，"疏议"只给出如高句丽、百济等蕃夷国人为化外人的规定。唐律"化外人相犯"敦煌出土文书有抄件，为永徽律。① 唐高宗永徽时，唐尚未征服、占领高句丽和百济。因此，唐律颁布时诸如高句丽、百济等蕃夷国与唐的关系及其性质，成为确定化外、化外人的重要线索。

唐律中化内与化外是一组相对应的词语。"疏议"已经明确给出了化外人为诸如唐未占领前的高句丽、百济等蕃夷国人，无疑化外人是蕃人，然而上引唐律"越度缘边关塞"条文的"疏议"部分又详述与"化外蕃人"私相交易的处罚原则。如此，蕃人是否也有化内与化外之分？若无，唐律何必多此一举将其称为化外蕃人。这是否暗示化内人中包括已归属唐的蕃人？若能证实，那么化内、化外是以文化或户籍为标准区分的说法则自然冰消。

上引唐律"征讨告贼消息"中"疏议"部分在解释处罚原则时有"化外人来为间谍者，谓声教之外"。据此，所谓"化外"即为"声教之外"，即唐声教不及之处。那么，它的反面解释"化内"是否为"声教之内"？即是否为唐声教所及之处？如是，声教所及所指及范围又是如何？以下循此逐一探讨。

二　化内、化外与唐王朝的境内、境外

本书第一章明确了唐与四夷建立的关系，因四夷政治归属不同，关系的性质不同，可分为两种类型。唐王朝的国家体制由华夏本土与被纳入唐统治体制内的四夷地区构成，唐代化内、化外的界限及内涵也就越发清晰。

---

① 刘俊文：《敦煌吐鲁番唐代法制文书考释》，中华书局 1989 年版，第 33 页。

唐永徽律既然是以当时尚未灭亡的高句丽、百济等蕃夷国为例来说明化外人中不同蕃夷国人相犯该如何处理，那么诸如此类与唐有册封朝贡关系、具备君臣形式而又不在唐版图内的蕃夷国则应是唐律确定化外的界限。依此类推，界限外诸如与唐结成舅甥关系的吐蕃，结成父子关系的后突厥，先后为君臣、兄弟、父子关系的回鹘等，以及与唐有通贡关系的国家均属化外。唐律化外是指唐王朝的境外。

唐律"化外"为"声教之外"，即唐声教不及之处。恰恰相反，羁縻州隶属边州都督、都护府，归属唐，而且永徽以前，东北、漠北、西北的党项、西南等地就已经大量设置羁縻州县，它们恰处于永徽律确定化外界线的册封朝贡蕃夷国之内，是"声教所暨"，而且"著于令式"。两相参照，唐代的羁縻州地区属化内，化内包括唐正州与羁縻州地区，为唐王朝的统治区域。蕃人是对四夷人民的称谓，化内人当中包括归属唐的蕃人，故而唐律相应地引入"化外蕃人"一词明确处罚的对象。唐律化内是指唐境内，包括唐统治区域的蕃夷。

上述推论成立的关键所在是正确理解"声教所暨"。谭其骧认为"声教所暨"是不着边际的虚辞，① 但是"声教之外"为唐律术语，"声教所暨"又为唐令式术语，二者均为严肃措辞，岂能是虚辞。只不过在不同的表述语境中，其内涵与外延不同而已。唐贾耽言："殷周以降，封略益明，承历数者八家，浑区宇者五姓，声教所及，惟唐为大。秦皇罢侯置守，长城起于临洮；孝武却地开边，障塞限于鸡鹿；东汉则哀牢请吏，西晋则禆离结辙；隋室列四郡于卑和海西，创三州于扶南江北，辽阳失律，因而弃之。高祖神尧皇帝诞膺天命，奄有四方，太宗继明重熙，柔远能迩，逾太碛通道，北至仙娥，于骨利干置玄阙州。高宗嗣守丕绩，克广前烈，遣

---

① 谭其骧：《唐代羁縻州述论》，载氏著《长水集续编》，第135页。

单车赍诏，西越葱山，于波剌斯立疾陵府。"① 封略即封疆、疆域。贾耽认为殷商以后历代疆域的范围益发明确，五姓建立的统一王朝当中，唐版图最大，并历述各朝开疆拓土所至。盛唐时期，府州北至铁勒骨利干，西至波斯。显然，贾耽所说"声教所暨"是指版图疆域范围所及，其中包括羁縻州。建中三年，唐一度中止西南蛮数羁縻州朝贺，诸州以其与牂牁"同被声教"为由而提出申诉，② 这一事例也可佐证归属唐的蕃夷为声教所暨。至于声教的具体内容宋代有概括的说明。宋代收复西部疆土，辟为郡县，使其为"封内"，羁縻蕃夷以"中国法教"，具体包括军队、刑法、置吏、赋役、宗教、诗书等方面。③ 唐代针对纳入统治体制的不同地区的蕃夷不同程度地实施上述中国法教，而宋人所说是前代经验的总结。从周边四夷归属王朝后与内地同为王朝统治区域而言，二者同是声教（或法教）所及或政令、法令所及地区，然而从王朝针对统治区域内蕃夷推行政令、法令又不同于内地行政制度而言，二者又有区别。司马光述及天宝元年唐的统治区域时以声教州区别于羁縻州，④ 正是基于这一点，而不是说羁縻州为唐政令、法令不及的地区。显然，贾耽、王钦臣与司马光所说的声教所暨不是同一层面的问题。前二人是以政治所属判断，司马光则是以羁縻州不同于内地行政制度判断，但是他并不否认羁縻州归属唐的事实。唐律既以不在其版图内的蕃夷国为界限划定化外，与之相对应，唐律所谓"声教之外"即为唐版图之外；声教所暨之处则为化内（包括内地与归属唐的周边四夷），而非司马光所说的声教所暨仅指唐内地。唐律化外、化内的区分是以政治归属为标准判断的。当前将纳入唐

----

① 《旧唐书》卷 138《贾耽传》，第 3785 页。

② 《旧唐书》卷 197《西南蛮传》，第 5275 页。

③ 张维、鸿汀编：《陇右金石录》卷 3《广仁禅院碑》，甘肃省文献征集委员会校印，1943 年，第 37—38 页。碑立于宋元丰七年（1084）八月十八日，王钦臣撰，周璟书，张若纳立石，荔非恭刻字。

④ 《资治通鉴》卷 215"玄宗天宝元年"，第 6847 页。

统治体制的四夷划为化外，其实质正是基于唐统治区域内的四夷不同于内地行政制度而做出的判断，这恰恰是与唐律宗旨相悖的。

上述认识可从《元丰九域志》及日本古代律令中得到证实。

北宋王存编修的《元丰九域志》本源于《唐十道图》。北宋是继唐之后又一个统一中原的王朝，但是北宋的疆域较之唐后期都有所收缩，更是无法企及唐全盛时期。王存编修北宋地理总志，既要反映元丰之制，又要表明唐宋继承的合法性，因而他在《唐十道图》的基础上备载北宋元丰年间的行政区划。除昭明北宋王朝正朔所及之外，又保留了唐代行政区划的规制，再现其全貌。全书内容分为四部分，第一部分始于四京、次列二十三路，第二部分为省废军州，第三部分为化外州，第四部分为羁縻州。其中第一部分记载的是王朝所属的府州军监；第二部分省废军州，或原为唐代的正州、羁縻州，或为宋初建制，省废后并入第一部分的北宋现行府州；第四部分基本上是唐在剑南、江南、岭南所置的羁縻州。以上几个部分是北宋王朝实际统治的区域，其中第三部分所记化外州是已不在北宋王朝统治下的唐州。其实这些州并非在北宋时丧失，而是在唐、五代时就已陆续不在王朝统治范围内。这对于厘清唐代化内、化外的内涵至关重要。

《元丰九域志》所记河北路的化外州，除幽州、易州、涿州、檀州、平州、蓟州、营州、辽州在唐时为正州外，慎州、燕州、归顺州、师州、顺州、瑞州在唐时则为羁縻州。安东上都护府，其下注"领羁縻十四州"，为平高句丽后所置州，而州都督府漏记。幽州，其下注"领羁縻州六"。营州，其下注"领羁縻十四州"，其中应包括在奚、契丹本部设置的羁縻州。陕西路的化外州为唐关内道、陇右道州，其中灵州、夏州、银州、盐州、胜州、宥州属关内道，安西大都护府、庭州、凉州、沙州、鄯州、瓜州、西州、廓州、会州、宕州、叠州、甘州、肃州、伊州、洮阳州、建康州、镇州属陇右道。安西大都护府，其下注"领龟兹、毗沙、疏勒、焉耆、月氏、条支、修鲜、波斯八部落"。此八部落实际上在唐时为八羁縻都督府，其下还置有羁縻州，范围从安西四镇至葱岭以西吐火罗地区。河东路化外州为唐河东道州及大都护府，其中云州、应州、新州、蔚州、妫州、朔州、寰州、儒州、毅州在唐时为正州。虽然安北、单于、镇北三大都护府下仅注明所领县，但将三大都护府同时开列实际上是顾及终唐一代北部边地管理规制的沿革与变迁，① 安北、单于大都护府在唐前期一度统领大漠南北的羁縻州。利州路的化外州为唐剑南道州，其中扶州、翼州、当州、悉州、恭州、柘州、真州、保州、静州为唐初以来陆续以生羌部落所置正州。② 松州除领县外，还领有二十五个羁縻州。夔州路化外州为唐江南西道州，其中思州、费州、播州、夷州、西高州（唐珍州）、业州（唐奖州之误）在唐时为正州，牂州、充州、庄州、琰州在唐时为羁縻州。广南路化外州为唐岭南道安南都护府所领州，其中交州、峰州、瀼州、严州、田州、爱州、骧州、陆州、福禄州、长州、粤州、汤州、林州、景州、环州、平琴州、演州、山州、古州、琳州在唐时为正州，武安州、德化州、郎茫州在唐时为羁縻州。③

长安元年十二月廿日颁布的敕文规定："化外人及贼须招慰者，并委当州及所管都督府申堪当奏闻，不得辄即招慰，及擅发文牒。所在官司，亦不得辄相承受。如因此浪用官物者，并依监主自盗法。若别敕令招慰，得降附者，挟名奏听处分。"④ 唐江南、剑南、岭南等道的一些州县为招慰蛮夷所置。如《旧唐书》卷41《地理志》所记岭南道福禄州本为汉九真郡之地，后为生

---

① 严耕望：《唐代安北单于两都护府考》，载氏著《唐代交通图考》第1卷，第323—340页。

② 生、熟蕃非指化外、化内。所谓蕃夷生、熟之分，非以其归属来区分，往往在于王朝统治程度深浅的区别。此点上文已阐明。

③ （宋）王存：《元丰九域志》卷10《羁縻州》，王文楚、魏嵩山点校，中华书局1984年版，第485—487页。

④ 唐耕耦、陆宏基编：《敦煌社会经济文献真迹释录》第2辑，全国图书馆文献缩微复制中心1990年版，第571页。

僚所据。龙朔三年，智州刺史谢法成招慰生僚、昆明、北楼等七千余落。总章二年，以其置福禄州以处之。笼州，贞观十二年，清平公李弘节遣人招慰生蛮置。宋代福禄州已不在中央政府的统治之下，又成为化外，所以《元丰九域志》将其列为化外州。笼州，宋代仍在宋廷统治之下，但已被降为羁縻州。唐时，姚州都督府领夷州三十二，胡三省谓"西南夷附化羁縻之州"，① 是知羁縻州又谓附化州。由化外至化内、化内至化外是政治归属的变化。

《元丰九域志》在化外州中列举的羁縻州东起高句丽，西至吐火罗地区，南至唐安南都护府。尽管没有将唐在此区域置羁縻州的细目悉数列出，但是《元丰九域志》将正州与羁縻州归类为化外州可使我们得出反面的解释：无论是东起高句丽、百济，北至漠北，西至吐火罗地区，唐灭高句丽、百济、东西突厥、薛延陀后其部落或其属国、属部内属所置的羁縻州，还是唐王朝建立后在西南、岭南秦汉旧疆内重新实现统治或进一步开拓而夷僚内属所置的羁縻州，当由唐统治时，它们与正州均属化内。北宋元丰年间离唐亡为时不远，王存编修《元丰九域志》时唐代相关资料依然存在，王存将不在宋版图内的唐羁縻州列为化外州，而唐律以不在唐版图的蕃夷国划定化外，两者划分的宗旨相同。显然，他是根据唐代法律遗文做出的判断。由此可以得出两点认识：其一，唐律化内、化外的区分是以政治归属来判断的；其二，唐律所谓的化内与化外范围是随着王朝的盛衰、版图的盈缩随时变动的，即两者之间的界线随时间的变化而移动。终唐一代并无整体不变而存在的化内，化内是根据不同时段唐实际控制版图而确定的，这应是唐律未明确化内具体范围的缘故，然而不可否认的是，当周边诸族纳入唐统治体制后即为化内。

化内、化外也见于日本律令。日本的大宝、养老令以唐永徽令

---

① 《资治通鉴》卷 216 "玄宗天宝九载"，第 6902 页。

为直接蓝本，而养老令通过《令义解》《令集解》流传至今。① 与唐同时代的日本将中国、华夏、华夷等观念原原本本地吸纳，并按照这一观念缔结与周边各族和国家的关系。日本养老令规定："凡化外奴婢，自来投国者，悉放为良，即附籍贯。本主虽先来投国，亦不得认。若是境外之人，先于化内充贱，其二等以上亲，后来投化者，听赎为良。"② 化外即境外。《令集解》则云："答：邻国者大唐，蕃国者新罗也。朱云：宣蕃国辞，谓我化内，来时宣辞耳。"③ 即日本国内相对于蕃国自称化内。西嶋定生指出，当时日本自称的华夏、华土、中国是指日本国内，朝廷所直辖的国都地区或隼人与西南诸岛等地区，日本指称的蕃国（外国）并不包括在内。这与下文所述唐将内地与周边羁縻州地区同视为中国是一致的。西嶋定生又指出，日本律令中天皇直辖的国郡即华夏，其周围有夷狄即虾狄与隼人。在此界限内是日本国家的领域，界限外则是外国，④ 外国又可分为邻国与蕃国。其中邻国是与日本对等之国，蕃国是服属于日本之国。⑤ 此相当于养老令所说的化外、境外。日本律令将日本国内区分为华夏与夷狄，与下文所述唐在文化观念上将国内区分为华夏与夷狄是一致的。另外，唐朝时期，日本与周边关系的多重性及国家体制的构成，与我们以上分析的唐与周边四夷

①　池田温：《唐令与日本令——〈唐令拾遗补〉编纂集议》，霍存福、丁相顺译，《比较法研究》1994 年第 1 期。

②　仁井田陞「唐令拾遺」東京大学出版会、1964、264 頁。

③　惟宗直本『令集解』卷 31「公式令一・詔書」黒板勝美主編『新訂増補國史大系』吉川弘文館、1994、774 頁。

④　中国古代的外国与近现代的外国是不同的概念。古代的外国泛指四夷，包括王朝统治区域内蛮夷，不以中国古代王朝或国家统治区域为限，是一文化概念。近现代的外国指中华民国、中华人民共和国以外其他政治体，是一政治概念，即国家概念。参见王义康《中国古代的外国与外臣考》，载周伟洲主编《西北民族论丛》第 12 辑，社会科学文献出版社 2015 年版，第 297—242 页。

⑤　西嶋定生：《遣唐使与国书》，载"中央研究院"编《中央研究院第二届国际汉学会议论文集（历史与考古组）》下册，台北：文津出版社 1989 年版，第 688、691、697 页。

关系的多重性及唐王朝的国家体制构成大体一致。显然，日本将其朝廷直辖区域与周边夷狄即虾狄与隼人地区界定为"化内"是输入唐永徽律令的结果，反之证明唐律中的化内包括归属唐的诸蕃及羁縻州地区。中国古代国家文化强调华夷观，但政治上又不排除四夷成为国家体制成员的特性，为日本在构建律令制国家过程中所继承。

综上所述，无论是《元丰九域志》还是现存的日本律令均直接或间接证明，唐律化内包括内地与归属唐的周边蕃夷地区，化内是疆域所在，化内与化外是指唐王朝的境内与境外，相当于现代法律意义的国内、国外，化内、化外的区分以政治归属来判断，而非以文化或户籍为标准来判断。

厘清化内、化外，可明确唐代疆域的范围。关于唐代疆域的范围，学界有不同的认识。谭其骧绘制的唐总章二年（669）、开元二十九年（741）疆域图以羁縻州及唐统摄的诸蕃地区为基准划定边界。[1] 严耕望在为北疆定界时，以正州直接领辖为限，羁縻州声威所及之地，以其难以定准，所以不予讨论。[2] 章群则将羁縻府州分为塞内、边内、边外三类，认为边外诸州府是声教所暨，并不在版图内，[3] 理由是如葱岭以西十六都督府，恐非唐实际力量所及。严、章二位均将声教所及视为虚辞。虽然高明士认为章群之说可取，[4] 但是其说缺乏史实依据。唐在法律上规定化内是其统治版图所属包括正州与边州都督、都护统摄的羁縻州地区，明确了疆域的范围。尽管唐代都护府统领的羁縻州，出于各种原因部分一度或最终脱离唐的统治，造成唐代不同时期版图变化较大，但是当羁縻州

---

① 谭其骧主编：《中国历史地图集》第 5 册，中国地图出版社 1996 年版，图 32—33、34—35。

② 严耕望：《唐代北疆直接领辖之境界》，载氏著《严耕望史学论文集》中册，上海古籍出版社 2009 年版，第 700 页。

③ 章群：《唐代蕃将研究续编》，台北：联经出版事业公司 1990 年版，第 20 页。

④ 高明士：《东亚古代的政治与教育》上篇叁《羁縻府州制度》，第 57 页。

诸蕃由唐统摄时仍属版图的一部分。因此唐代的疆域或不同年份的疆域自以唐统摄的羁縻州或诸蕃为限。谭其骧划定疆域的方法是正确的。

汉律无存，传世法律中唐律首次出现化外、化内概念，其中关于处理化外人的法律条文为《宋刑统》全盘继承，《大明律》也规定了化外人犯罪的处理原则。南宋贾治子作《唐律释文》与《宋刑统》相辅，他注释的"化外人同类相犯""异类相犯"基本依据唐律"疏议"与《宋刑统》"疏议"，其对象为王化之外"各有君长"的蕃夷国人。[①] 宋律化外、化外人内涵均沿袭唐律，所以二者相同。南宋范成大《桂海虞衡志》云："今郡县之外，羁縻州洞，虽故皆蛮地，犹近省民，供税役，故不以蛮命之。过羁縻则谓之化外，真蛮矣。"[②] 即羁縻州洞之外是化外，版图之外是化外。这与唐律化外内涵也是一致的。虽然明律中有"化外"一词，但是正如论者所说，唐律化外人与明代法律注释家解释的化外人是有区别的，[③] 此为卓见。唐律所说的化外人包括即使与唐有君臣等级关系，但是不在唐统治版图之内、相对独立的蕃夷国人，相当于现代法律意义上本身归属另一个主权国家的外国人。《大明律》中的化外人缺乏类似唐律"疏议"之类的官方注释，但是明代法律家对此多有解释。在他们的注释中，明律化外人归纳起来大致指两类人，一类为明朝治内族裔，如土官、土吏以及归附来降的蕃夷。虽然这些人与深受中华文化浸润的百姓不同，但是他们或是明治内民，或是归附明朝，均是明朝的子民。另一类为明境外蕃夷。《大明律》注释家又说"化外人即四夷人"，化外人为华夏以外的四夷，意味着他们理解的化外人中不仅包括明治内蕃夷，而且包括明

①　《唐律疏议》附录《唐律释文》，第629页。
②　（元）马端临：《文献通考》卷328《四裔五·充州》，中华书局2006年版，第2578页。
③　张显清、林金树：《明代政治史》，广西师范大学出版社2003年版，第726—727页。

朝境外蕃夷。[①] 明律关于化外人犯罪的处罚原则在明代法律注释家看来适用于明境内外四夷。相反，唐代的化外人不是唐朝的子民，唐律关于化外人犯罪处理原则的适用对象为唐境外蕃夷。显然，唐律以政治归属区分化内、化外，而明代法律注释家则是以文化为标准区分化内和化外的。他们理解的明律化外人包括明朝统治区域内四夷以及境外四夷。因此，唐律官方解释的化外与明代法律家解释的化外已有本质区别。将古代法律中的化外视为固定不变的概念，[②] 应该说是失察。我们不能以唐律化外的内涵来衡量明代法律家理解的明律化外内涵，反之亦然。明代法律注释家解释的化外内涵与唐律化外内涵迥异的原因，应与元末以来儒家传统华夷之辨思想的膨胀以及明朝建立后革除"胡俗"的措施有关。

三　归附地区与内地同为唐朝境域

唐在法律上将归属唐的周边地区与内地同视为化内。以羁縻州为例，两唐书《地理志》将羁縻州与正州同视为行政区划，显然归属唐的周边地区与内地有同质的一面，这种同质性具体来说体现在两个方面。

其一，唐在统一周边地区或征服周边政权后，周边诸族内附于唐，虽然因俗而治，不同于内地行政制度，但是周边诸族属地的性质发生变化，成为唐境域，并且原则上成为政治共同体"中国"的一部分。

贞观四年，唐灭东突厥后，不仅恢复了定襄、恒安等地，"斥

---

① 李运通：《明朝涉外法律研究》，硕士学位论文，山东师范大学，2010 年，第 42 页。

② 邱树森：《明律"化外人"条试析》，载纪宗安、汤开建主编《暨南史学》第 1 辑，暨南大学出版社 2002 年版，第 186 页。

土界至于大漠"，① 原东突厥部分领地也成为唐的领土。贞观二十
一年，唐灭薛延陀后，铁勒诸部"委身内属，请同编列，并为州
郡。收其瀚海，尽入提封"。② 以铁勒诸部置府州，使漠北成为唐
的疆域。玄奘与唐太宗论及此事时，也认为："瀚海、燕然之域其
入提封。"③ 永徽元年，唐军攻灭突厥别部车鼻可汗后，可汗所统
诸部内附。唐以拔悉密部置新黎州，以在乌德健山的葛逻禄左右厢
部落置狼山州、浑河州。又分置单于、瀚海二都护府统领漠南、漠
北的部落，"突厥尽为封疆之臣"，④ 突厥及原隶属突厥的部落都成
为唐疆域内的蕃臣。李德裕追忆唐初回纥诸部内附时说："曩者回
鹘因延陀之乱，归心中国，太宗亲幸灵武。纳彼降人，置瀚海都
督，列于内地。"⑤ 以铁勒诸部所置府州同于内地。以蛮夷所置郡
县性质同于内地郡县在西汉时已有先例。元人王恽言："西南夷汉
尝郡县之，设官料民，俾同内地，此其时也。"⑥ 西汉在西南夷置
郡县，由中央派遣守令管理，西南夷首领成为郡县内的封侯、邑
君。而唐以铁勒诸部置府州，都督、刺史由部落首领担任，乃至
世袭。尽管管理方式存在差异，但其性质同于内地，均属汉唐王
朝。

在东方，"高宗时平高丽、百济，辽海已东，皆为州，俄而复
叛不入提封"。⑦ 随着安东都护府后撤，高句丽、百济百姓内迁，

---

① 《通典》卷 197《边防十三》，第 5411 页。

② 《旧唐书》卷 799《铁勒传》，第 5348 页。

③ 《大慈恩寺三藏法师传》卷 6，第 139 页。类似记载又见王昶辑《金石萃编》
卷 43《九成宫醴泉铭》（中国书店 1991 年版），"西暨轮台，北拓玄阙，并地列州县，
人充编户"。

④ 《通典》卷 198《边防十四》，第 5433 页；《资治通鉴》卷 199"高宗永徽元
年"，第 6271—6272 页。

⑤ （唐）李德裕：《代刘沔与回鹘宰相颉于伽思书》，《李德裕文集校笺》卷 8，
第 138 页。

⑥ （元）王恽：《秋涧集》卷 50《兀良氏先庙碑》，《景印摛藻堂四库全书荟要》
集部第 54 册，台北：世界书局 1985 年版，第 401 页。

⑦ 《旧唐书》卷 38《地理志》，第 1383 页。

原高句丽、百济故地部分受到新罗蚕食，其地已非唐之疆土。但是反过来说，唐灭高句丽、百济，以其地为府州纳入版图，则由永徽律中的化外转变为化内。

唐在西北、西域地区的经营，不仅统一了西北地区，而且其统治深入西域；不仅恢复了汉代旧疆，而且在此基础上又扩大了疆域。"前王之所未伏，尽为臣妾，秦汉之封域，得议其土境！"① 无论是唐代公私著述，还是后世编纂的唐代史书，都记载了随着唐势力的扩展，上述区域性质的变化。

隋代征服吐谷浑以后，采取了在其地置郡县的管理方式。唐代征服吐谷浑后并未沿袭隋代的做法，而是采取重新择立可汗、保留其原有部落联盟政权的组织形式治理该地区。贞观十年三月，唐太宗在原宥吐谷浑的诏书中说："请颁正朔，愿入提封。"② 从此，吐谷浑进入了唐统治体制内，被纳入唐版图之中。武后时，吐蕃要求与唐分割西突厥故地，郭元振建议："（吐蕃）必实无东侵意，则宜还汉吐浑诸部及青海故地，即俟斤部落当以与蕃。"③ 郭元振此议旨在搪塞吐蕃，并非要将其时属唐的西突厥五俟斤部割让于吐蕃。但我们可以从郭元振的建议中清楚地得到吐蕃攻取的吐谷浑部落及青海地为唐属部、属地的信息。

唐开拓西域的重要步骤是设立伊、西、庭三州。伊州，贞观四年石国首领石万年率七城内属置。④ 其设置背景是东突厥颉利可汗败亡，惧而降唐。西州，贞观十四年八月灭麹氏高昌，唐以其地置西州作为直辖领土，翌年又在此置安西都护府。庭州，唐征高昌时，西突厥屯兵于可汗浮图城。高昌灭亡后，西突厥部众

---

① 《旧唐书》卷196《吐蕃传》，第5236页。

② 《唐大诏令集》卷129《宥吐谷浑制》，第700页。

③ 《通典》卷190《边防六》，第5176页。按：郭元振疏文见于《旧唐书》本传，但删改较大，有失原义，《通典》照录原文，达意准确。

④ 唐耕耦、陆宏基编：《敦煌社会经济文献真迹释录》第1辑，书目文献出版社1986年版，第39页。

惧而降唐，以其地为庭州，后又置北庭都护府。① 庭州设立之初，只包括可汗浮图城和金满城地区，以吉木萨尔地方突厥部为主体。唐征讨阿史那贺鲁时，博格达山地区的突厥诸部内属，增设轮台县。叛乱平息后，唐恢复对庭州的经营，其范围远及乌鲁木齐。② 道宣所记入印度北道，从京师长安出发至瓜州，"又西北三百余里至莫贺延碛口，又西北八百余里出碛，至柔远县，又西南百六十余里至伊州，又西七百余里至蒲昌县。又西百余里至西州，即高昌故地。汉时宜禾都尉所之处也，后沮渠凉王避地于彼，今为塞内"。③ 高昌、西突厥属地随着伊、西、庭三州的设立成为唐塞内之地。

　　显庆二年十一月，苏定方平阿史那贺鲁叛乱，"尽收其所据之地"，④ "唐之州县极西海"，⑤ 从而获得了葱岭以西西突厥属国的统治权。显庆三年，唐高宗遣使分别前往粟特、吐火罗建立羁縻州。⑥ 藏文史料记载："彼时，唐朝国威远震，北境突厥等亦归聚于唐，（西）直大食国皆为唐廷辖土。"⑦ 在吐蕃看来，此时西突厥故地及属国均成为唐的领土，唐直接与大食毗邻。吐火罗与粟特地区间的重要关隘——铁门关不同时期的归属，典型地反映了西突厥故地与葱岭以西十六国地区及粟特地区属性的变化。唐贞观年间，玄奘从羯霜那国（史国）至睹货罗国时看到的铁门关"即突厥之

① 《通典》卷 174《州郡四》，第 4559 页。

② 松田寿男：《古代天山历史地理学研究》，陈俊谋译，中央民族学院出版社 1987 年版，第 385 页。

③ （唐）道宣：《释迦方志》卷上《遗迹篇》，范祥雍点校，中华书局 1983 年版，第 23 页。

④ 《唐会要》卷 73《安西都护府》，第 1322—1323 页。

⑤ 《新唐书》卷 111《苏定方传》，第 4138 页。

⑥ "（显庆）三年五月，帝以西域尽平，遣使分往康国及吐火罗等国。访其风俗物产及古今废置，画图以进。"《册府元龟》卷 560《国史部·地理》，第 6732 页。

⑦ 王尧、陈践译注：《敦煌本吐蕃历史文书·赞普传七》，民族出版社 1992 年版，第 66 页。

关塞也"。① 道宣《释迦方志》记载："又从飒秣建国西南行三百余里，至羯霜那国（云史国也），周可千五百里。又西南二百余里，入大山，山路绝险，又少人物。东南山行三百余里，至铁门关，左右石壁，其色如铁。铁固门扉，悬铃尚在，即汉塞之西门也。"② 道宣在另一文中又说铁门关为"汉之西屏"。③ 道宣称铁门关为汉塞、汉西屏，显然是唐控制了西突厥故地及其属部、属国，在其地设置府州的缘故。

葱岭西南的小勃律，开元初年，玄宗以其地为绥远军。天宝六载，唐改其国号为归仁，并在其地置归仁军，招募士兵千人镇守。④ 欧阳修述及唐贞观、开元缘边戍守及军需供给情势时说："贞观、开元后，边土西举高昌、龟兹、焉耆、小勃律，北抵薛延陀故地，缘边数十州戍重兵，营田及地租不足以供军，于是初有和籴。"⑤ 虽然唐在小勃律未建行政机构，但是该地仍隶属安西都护府。小勃律与以其地为经制州的高昌以及为羁縻州的龟兹、焉耆、漠北铁勒等都是唐的领土。

周边地区属性的变化，使其成为政治共同体"中国"概念的一部分。唐代中国固然有文化概念的一面，贳治子解释《唐律疏议》卷3《名例》关于中华的含义："中华者，中国也。亲被王教，自属中国，衣冠威仪，习俗孝悌，居身礼义，故谓之中华。非同夷狄之俗：被发左衽，雕体文身之俗也。"⑥ "中国"为内地郡县及拥有中原文化的汉人。但同时，唐代中国包括内地与边地四夷的政治体的观念也在进一步强化。

---

① 《大慈恩寺三藏法师传》卷2，第30页。

② 《释迦方志》卷上《遗迹篇》，第23页。

③ （唐）道宣：《续高僧传》卷4《京大慈恩寺释玄奘传》，《大正新修大藏经》第50册，第447页。

④ 《新唐书》卷221《小勃律传》，第6251页。

⑤ 《新唐书》卷53《食货志》，第1373页。

⑥ 《唐律疏议》附录《唐律释文》，第626页。

　　党项诸部在大业末年隋内乱中兴盛起来。唐建立伊始，致力于统一战争，党项与吐谷浑频繁地寇扰唐西北诸州。贞观三年，唐北方劲敌突厥的衰落极大地影响了唐周边诸族，促使其附唐。同年，南会州都督郑元璹遣使招谕，党项酋长细封步赖举部内附，以其地为轨州，以步赖为刺史。继步赖之后，党项诸姓酋长相继内附，"请同编户"，以其地为崌、奉、岩、远四州，各拜其首领为刺史。① 突厥灭亡后，唐声威远播，内附四夷增多，又有大批党项附唐。贞观五年，唐遣太仆寺丞李世南开河曲党项地为十六州②、四十七县，内附三十四万人口。又有党项酋长拓跋赤辞与其从子思头率领诸首领归降，以其地为懿、瑶、麟、可等三十二州，又以松州为都督府、赤辞为西戎州都督，赐姓李氏。"自是从大碛（积）石山已东，并为中国之境。"③

　　西域被纳入唐版图后，唐宋两朝公私著述均称其为中国西境、中国、大唐。天竺僧人善无畏因"中国有缘"，前往大唐传法。他于开元四年起程，其经行路线，发中天竺，历至迦湿弥罗国—乌苌国—雪山天池，路出吐蕃，与商旅同次，至中国西境—西川（州），出玉门塞表。④ 其中，"中国"指大唐。善无畏入唐时，葱岭以西地区已不在唐的控制之下，安西都护府实际控制的范围只至葱岭山中的渴盘陀。⑤ 善无畏穿过播密川商道至"中国西境"，实则是指安西都护府所辖于阗、疏勒、龟兹、焉耆地区。

　　《新唐书》卷221《西域传》记载："西南有药杀水，入中国

---

　　① 《旧唐书》卷198《党项传》，第5291页。
　　② 《唐会要》作六十州，《通鉴》作十六州，《唐会要》讹。本书第一章注文已有说明。
　　③ 《唐会要》卷98《党项传》，第1756页；《册府元龟》卷996《外臣部·责让》，第11696页。
　　④ 《全唐文》卷319《东都圣善寺无畏三藏碑》，第3238页。
　　⑤ 据考证，善无畏入唐时，吐蕃势力退到了葱岭南部，仍控制东道渴盘陀的播密川商道。正因为如此，开元十年唐救小勃律，要破平渴盘陀，在这里设葱岭守捉。参见王小甫《唐、吐蕃、大食政治关系史》，第150页。

谓之珍珠河，亦曰质河。"碎叶，"出安西西北千里所，得勃达岭，南抵中国，北突骑施南鄙也，西南直葱岭赢二千里。水南流者经中国入于海，北流者经胡入于海"。勃达岭即现在的别迭里达坂。[①] 珍珠河与拨换河发源于勃达岭东西两侧。所谓南北流向二河应分别指碎叶水与拨换河。[②] 上述记载是将药杀水上游、珍珠河以东地区，勃达岭以南、以东地区称为中国，这正是位于塔里木盆地的安西都护府所在地。

杜环《经行记》记碎叶，"从安西西北千余里有勃达岭，岭南是大唐北界，岭北是突骑施南界，西南至葱岭二千余里。其水岭南流者尽过中国，而归东海；岭北流者，尽经胡境，而入北海"。[③] 两相比较，勃达岭以南为大唐、中国。中国为大唐这一政治体的代称。

开元二十七年以后，唐大破突骑施，又将西突厥及突骑施余部置于安西都护府统治下。[④] 天宝七载，北庭节度使率军至碎叶平叛，史书则谓"伐安西"，[⑤] 当时碎叶仍为安西都护府的辖区。怛罗斯战役后这种情况并未改变，封常清任安西、北庭节度使时曾上表唐玄宗，"臣所管四镇境天竺山压枝园枝国，有拔汗那最为密近。乃有娑罗树，时称奇绝，不比凡草，不栖恶禽……近差官于拔汗那计会，又采前件树枝二百茎"，[⑥] 差人押领赴京。封常清仍在安西都护府管辖的拔汗那境内为朝廷采办进奉物，证明中亚昭武九姓中的拔汗那仍在安西都护府管辖之内。安史之乱后一段时间，西突厥故地的部落仍属安西都护府管辖。[⑦] 然而杜环《经行纪》与《新唐书》为何将勃达岭以南称为大唐或中国，以北称为突骑施？

---

① 孟凡人：《简论唐代"热海道"上的凌山与勃达岭——别迭里达坂调查札记》，《历史地理》第 8 辑，上海人民出版社 1990 年版，第 235 页。

② 谭其骧主编：《中国历史地图集》第 5 册，图 63—64。

③ 《通典》卷 195《边防九》，第 5275 页。

④ 沙畹：《西突厥史料》，第 271 页。

⑤ 《新唐书》卷 221《西域传》，第 6246 页。

⑥ 《全唐文》卷 375《进娑罗树枝状》，第 3806 页。

⑦ 《全唐文》卷 464《赐安西管内黄姓蘖官铁券文》，第 4738 页。

究其原因，唐在西突厥的统治形式不同于勃达岭以南的安西四镇地区，所以用这种书写方式以示区别。这犹如西汉初年的情况，汉初的诸侯王虽为国家内部成员，但不在汉直接统治的三辅及列郡范围之内，自成国为汉藩屏，汉一词与齐、吴、楚等常常相对而言。①当述及大唐境域时，这种区域区别又消失。司马光描述天宝十二载的大唐西境："是时中国盛强，自安远门西尽唐境万二千里，闾阎相望，桑麻翳野，天下称富庶者无如陇右。"胡三省云："长安城西面北来第一门曰安远门，本隋之开远门也。西尽唐境万二千里，并西域内属诸国言之。"②此说中国的西境包括唐在西域的属国、属部在内，有一万二千里。关于天宝时唐西境所至，其他文献也有类似的记载。③四镇都督府中最西的疏勒都督府距离长安只有九千余里，④唐长安城至其西境一万二千里，远过葱岭。当然，此记载包括了葱岭以西部分地区以及西突厥地。此时葱岭以西的部分胡国，虽然表面上和新罗与唐关系的表现形式无异，与唐是朝贡册封关系，但是前者由安西都护府统领，与唐为政治归属关系，仍是唐王朝辖境的一部分。

　　将归属唐的周边地区视为中国的一部分的说法，也出现在中亚、西亚人的著述中。

　　9世纪，阿拉伯地理学家伊本·胡尔达兹比赫的《道里邦国志》记载了通往东方的道路：怛罗斯—下拔塞干—俱兰—米尔奇—阿史不来—弩支卡特—大城萨里克—突骑施汗廷—纳瓦卡特—科帕勒—上拔塞干，"该城（上拔塞干）为中国边界，商队经历草原至其地十五日程，突厥驿骑为三日程"。10世纪，阿拉伯地理学

　　① 傅斯年：《致吴景超》，载欧阳哲生编《傅斯年全集》第7卷，湖南教育出版社2003年版，第267页。
　　② 《资治通鉴》卷216"玄宗天宝十二载"，第6919页。
　　③ 《三宝感应要略》卷中，《大正新修大藏经》第51册，第846页。
　　④ 《新唐书》卷221《西域传》，第6233页。

家库达玛的《税册》有同样的记载。① 科帕勒即碎叶，上拔塞干位于热海（伊塞克湖）南岸。② 此线路上碎叶以西还有千泉、俱兰。唐灭苏禄余部后，玄宗曾册立阿史那昕为十姓可汗。天宝元年，唐派军护送阿史那昕上任时曾行经碎叶西俱兰城，可见俱兰是唐西部的军政据点之一。唐乾陵石人像有"右领军将军兼千泉都督泥孰俟斤阿悉吉悉波""故右金吾将军兼俱兰都督阙俟斤阿悉吉那斳""故右威卫将军兼颉利都督拔塞干蓝羡"等字样。③ 阿悉吉、拔塞干均为西突厥五弩失毕部落，唐在千泉、俱兰、拔塞干设都督府，其地应为阿悉吉、拔塞干部驻牧地。《道里邦国志》所记上述路线均在西突厥五弩失毕部驻牧范围内，所以称上拔塞干为"中国边界"。这表明在阿拉伯人的眼中，唐周边诸族地区进入唐统治体制，即为中国这一政治共同体的一部分。

将归属唐的周边地区概视为中国，集中反映在新疆人马合木·喀什噶里在 11 世纪 70 年代编撰的《突厥语大词典》中。该著在对"桃花石"的释义中，将"中国"分为三部分：上秦为宋朝，中秦为契丹，下秦为喀喇汗王朝统治的喀什噶尔。张广达认为，马合木·喀什噶里论述的关于整个中国的概念实际上反映了当时中亚地区人们的普遍认识。④ 北宋统治区域大体为唐代中国本土，喀喇汗王朝的起源虽有不同的说法，⑤ 但是无论其发源于何部族，都与唐统治体制有着渊源关系，而且其统治区域为安西、北庭都护府地。"契丹国自唐太宗置都督、刺史，武后加以王封，玄宗置经略使，始有唐官爵矣。其后习闻河北藩镇受唐官名，于是太师、太保、司

---

① 张广达：《碎叶城今地考》，载氏著《西域史地丛稿初编》，第 6 页；伊本·胡尔达兹比赫：《道里邦国志》，宋岘译，中华书局 2001 年版，第 32、219 页。

② 张广达：《碎叶城今地考》，载氏著《西域史地丛稿初编》，第 3、6 页。

③ 陈国灿：《唐乾陵石人像及其衔名的研究》，载林幹编《突厥与回纥历史论文选集》（上），第 390—391 页。

④ 张广达：《关于马合木·喀什噶里的〈突厥语词汇〉与见于此书的圆形地图》，载氏著《西域史地丛稿初编》，第 71 页。

⑤ 魏良弢：《哈喇汗王朝史稿》，新疆人民出版社 1983 年版，第 27—54 页。

徒、司空施于部族。"① 契丹为唐代的羁縻州地，辽朝可以说是在唐统治体制内发育成长起来的政权。11 世纪中亚地区的居民对处于分裂时期的中国的整体认识，实际上源于唐王朝为境内华夏与边地各族政治共同体的历史记忆。这表明周边地区一旦进入唐统治体制，周边诸族就自认为是中国这一政治共同体的成员。

四　归附诸族与内地居民同为唐朝百姓

归附地区与内地同质性的另一方面体现在附唐诸族的身份上。周边地区被纳入唐统治体制后，原则上周边诸族与内地华夏居民同为唐朝百姓。

在本土内附后成为唐新统治区域的部族。贞观二十二年，唐灭薛延陀后统治漠北，在铁勒诸部中置六都督府、七州。唐铁勒百余万户，"委身内属，请同编列，并为州郡"。② 内附后，唐为其规定的身份是等同于在州县注籍的唐人，这也得到铁勒诸部的认可。这体现在铁勒诸部给中央上表时，以唐"百姓"自许。③ 百姓是唐法令中规定的良人。唐平定阿史那贺鲁叛乱后，在西突厥本部设府州安置十姓部落。关于西突厥部落的身份，郭元振与吐蕃论钦陵的谈话内容给了很好的诠释。论钦陵出于向西域扩张的需要，建议唐放弃镇守安西四镇及西突厥地区，分离唐在西域的属国。郭元振回答，"十姓诸部，与论种类不同""复为我编人，积有年岁"。④ 他代表唐朝政府以十姓部落为唐编民多年为由拒绝了论钦陵的建议。

---

① （元）脱脱：《辽史》卷 47《百官志》，中华书局 1974 年版，第 771 页。
② 《资治通鉴》卷 198 "太宗贞观二十年"，第 6238 页。
③ 《册府元龟》卷 170《帝王部·来远》，第 2052 页。
④ 《通典》卷 190《边防六》，第 5170 页。

和田出土的汉文行政公文，称于阗当地胡族居民为百姓。① 这些公文显示，安西节度使下属军镇要向当地胡族居民尽相应的职责，同时，他们作为唐朝百姓也要向安西节度使承担相应的赋役。在吐鲁番出土的唐高宗龙朔年间的公文书中，无论是朝廷的敕令，还是来自金满州的报告、葛逻禄首领的陈状等，均称滞留于金满州境内的大漠州都督府的葛逻禄部众为百姓。② 小勃律被纳入唐版图后，唐玄宗在给吐蕃赞普的敕书中明确指出，"小勃律归朝，即是国家百姓"。③ 即小勃律内附其民已是唐王朝的百姓，玄宗进而警告吐蕃赞普不要对其有所图谋。

自北朝后期开始，突厥在东北亚政治史中异常活跃，并起到了主导作用，东北诸族多受其役属。贞观四年，颉利可汗败亡后，东突厥政权瓦解，其在东北地区的影响力随之消失。薛延陀于东北诸族中兴起，东突厥部族一分为二，部分内属唐，部分役属于薛延陀。贞观二十一年，薛延陀灭亡，漠北游牧政权统治东北诸族的历史结束。唐在漠北铁勒诸部置府州的同时，薛延陀役属的东北诸族转归于唐的治下。因在隋末动乱中，沿边居民多为铁勒掳掠。贞观二十一年六月，太宗派人前往漠北，同新置的燕然等府都督商议，赎取铁勒所掠沿边居民，并将其发送回原籍。同时，"其室韦、乌罗护、靺羯（鞨）等三部，被延陀抄失家口者，亦令为其赎取"。④ 根据突厥传统制度，所掠人口即为私人财产，⑤ 即使铁勒诸部归唐，太宗也无法令其归还所掠人口，故而派人与燕然等州都督协商

① 张广达、荣新江：《〈唐大历三年三月典成铣牒〉跋》，载张广达、荣新江《于阗史丛考》，第140—154页；张广达、荣新江：《圣彼得堡藏和田出土汉文文书考释》，载季羡林等编《敦煌吐鲁番研究》第6卷，北京大学出版社2002年版，第221—241页。

② 荣新江、李肖、孟宪实主编：《新获吐鲁番出土文献》，中华书局2008年版，第309—325页。

③ 《全唐文》卷287《敕吐蕃赞普书》，第2908页。

④ 《册府元龟》卷42《帝王部·仁慈》，第478页。

⑤ 马长寿：《突厥人和突厥汗国》，广西师范大学出版社2006年版，第82页。

赎取。此事表明，室韦、乌罗护、靺鞨等东北诸族附唐后其部民即为唐属民。开元十二年，唐玄宗将公主下嫁于奚、契丹蕃王，赐绢八万段。敕曰："公主出降，蕃王本拟赡养部落，请入朝谒，深虑劳烦。朕知割恩，抑而未许。思加殊惠，以慰远心。奚有五部落，宜赐物三万段，其中取二万段，先给征行游奕兵及百姓，余一万段，与东光（华）公主、饶乐王、衙官、刺史、县令。契丹有八部落，宜赐物五万段。其中取四万段先给征行游奕兵士及百姓，余一万段与燕〔郡〕公主、松漠王、衙官、刺史、县令。其物杂以绢布，务令均平，给讫奏闻。"[①] 在此事件中，奚、契丹部落首领与部民是以唐官员、士兵、百姓的身份受到赏赐的。

贞观年间，党项陆续内附，"请同编户"，所在地"为中国之境"，所以后来唐给党项的诏书中追忆当初情景："自尔祖归款国家，依附边塞。为我赤子，编于黔黎"，[②] 即党项自内附以来其民已是唐王朝百姓，因而告诫党项诸部既然是百姓就务必遵守国家典章。吐蕃崛起以后，党项诸部受到侵逼，保留府州建制迁往陇右道东部及关内道。元和五年（810）五月，"盐州奏：渭北党项拓跋公政等一十三府连状称，管渭北押下帐幕牧放经今十五余年在盐州界，今准敕割属夏州，情愿依前在盐州充百姓"。[③] 迁往内地正州的党项羁縻州部民，以属地管理原则，又成当管州百姓。

岭南、剑南地区是中原王朝的传统版图。虽然秦汉以来就设置了郡县，但是出于交通以及汉人居民少而土著居民夷僚多或当地土著居民经济水平与特殊的社会结构等因素制约的原因，一些郡县控制的范围极为有限，大量的土著居民并不在郡县管辖范围之内。历代王朝在剑南、岭南地区始终处于在郡县内不断开拓、扩大统治范围的过程中。或者说已接受王朝统治的夷僚，由于王朝更迭等因素

---

① 《册府元龟》卷 975《外臣部·褒异》，第 11449 页。
② 《册府元龟》卷 996《外臣部·责让》，第 11696 页。
③ 《册府元龟》卷 977《外臣部·降附》，第 11483 页。

的影响，又脱离郡县统治，而新的王朝建立后，又试图将其纳入郡县统治。从这一方面来说，在剑南、岭南地区，历代王朝又经历着反复实现其统治的过程。唐王朝建立后面临着同样的问题，剑南、岭南一些郡县的边缘仍然存在着不在郡县有效管辖范围内或郡县统治程度尚浅的蛮僚。唐王朝多以羁縻州形式安置内附部众，使其隶属所在州府，成为当管州的百姓。磨些蛮分布于今云南丽江、弥勒、澄江、建水以及四川西昌、会理一带，"此等本姚州部落百姓"。① 唐前期姚州管羁縻州众多，所谓"姚州部落百姓"即羁縻州百姓。丰巴蛮，"本出嶲州百姓"，而"心长向国"。② 嶲州陷于吐蕃后，丰巴蛮属吐蕃，但该部对为唐嶲州百姓时的记忆尤深。南北朝后期的南宁州（今云南地区）本为土长爨氏所控制，在唐立国后内附。为了更好地统治该地，唐承认既成事实，在爨地分置羁縻州，以爨氏首领为都督、刺史。开元时，玄宗告诫当时分属安南都护府与姚州、戎州都督府的爨地羁縻州首领刺史、县令，"卿等虽在僻远，各有部落，俱属国家，并识王化"。③ 即爨地羁縻州民为唐朝的百姓。唐代的西山八国是指居住于今大渡河上游大金川地区的羌部落。天宝五载，剑南节度使郭虚己诛羌豪、平定西山叛乱。天宝八载，又破摩弥、咄霸等八国四十余城，置金川都护府统领。④ 八国置州，以羌王酋长为刺史，又称其为八州。"藉其为本，式遏雪岭之西"，即剑南节度使利用其防遏吐蕃。八国部落常常由于内部权力之争，出现骚动。"獠贼内编属自久，数扰背亦自久，徒恼人耳，忧虑盖不至大。"⑤ 此虽强调西山部落发生骚动，朝廷不必过于担忧，但指出西山八国部落以编民身份属唐已久。唐后期

　　① （唐）樊绰撰，赵吕甫校释：《云南志校释》卷4《名类》，中国社会科学出版社1985年版，第154页。

　　② 《云南志校释》卷4《名类》，第174页。

　　③ 《全唐文》卷287《敕安南首领岜州刺史爨仁哲书》，第3912页。

　　④ 吴钢主编：《全唐文补遗》第8辑，三秦出版社2005年版，第57页。

　　⑤ 《全唐文》卷360《东西两川说》，第3656页。

维州失陷，致使唐对西山八国地区的统治中断，但是诸羌苦于吐蕃征役，"愿作大国王人"。① 大国王人即唐朝百姓，当诸蕃隶属唐时其部民则为唐朝百姓。

所谓编民或编户是指在郡县登记户籍的百姓。在郡县登籍是王朝百姓身份的标志，但并非唯一标准。南朝时并不强求境内居民都成为郡县编户，"其无贯之人，不乐州县编户者，谓之浮浪人，乐输亦无定数，任量，准所输，终优于正课焉"。② 浮浪人是否纳税随其所愿，但仍是南朝百姓。唐敬宗时规定，"黔首如有愿于所在编附籍帐者，宜令州县优恤，给与闲地，二周年不得差遣"。③ 客户不在郡县附籍，是否附籍也是采取自愿的办法。可见历代以来即使汉人也不全是郡县编户百姓，但是他们仍是王朝百姓。与此相同，唐代的杂户、官户，"州县无贯"，虽不入籍但也仍是唐治下居民。论者以为的唐律依据户籍判断化内、化外人，显然是缺乏依据的。国家将郡县内民户编籍造册的主要目的是便于赋役的征收与征发。唐代羁縻州"贡赋版籍，多不上户部"，一方面，羁縻州地区因经济状况的限制不可能一一要求其纳税；另一方面，羁縻州即使承担赋役，也往往是由羁縻州首领或部落酋长负责，以向都督府进奉或向朝廷进贡的形式完成。④因此，对于内附部落民或羁縻州民，唐朝政府也无须统一要求登记户籍以作为征税的依据。我们不能因为羁縻州民多数不是登籍在册的编户或不直接向政府承担赋役而忽视或否定其唐朝百姓的身份。

---

① 《旧唐书》卷174《李德裕传》，第4524页。《册府元龟》卷992《外臣部·备御》（第11652页）开元九年四月诏："诸道军城例管夷落，旧户久应淳熟，新降更仜绥怀……熟户既是王人，章程须依国法。"此处将诸道军城所管蕃夷区分为旧户、熟户与新降，谓熟户为王人，意在强调其久为唐百姓，熟知国法，更应守法，不是说新降非王人。当蕃夷归唐时即为王人，是国家百姓。

② 《隋书》卷24《食货志》，第674页。

③ 《全唐文》卷68《优恤客户敕》，第716页。

④ 参见本书第三章。

如果说以上铁勒诸部、西突厥、小勃律、内迁的党项诸部内附后，唐称其为编户或百姓，旨在确定其属性，并不要求他们像汉人一样必须在州县注籍在册，成为承担赋役的依据并呈报中央户部，那么内迁唐正州境内的诸族一般情况下则要在所在州县附籍，与编籍之民相同，① 成为严格意义的编户齐民。

东突厥灭亡后，唐"擢酋豪为将军、郎将者五百人，奉朝请者且百员，入长安自籍者数千户"。②唐太宗对内迁突厥首领、部落民众的身份属性有很好的说明，"并授官爵，同我百僚，所有部落，爱之如子，与我百姓无异"。③ 太宗所说并非虚辞，事实也是如此。突厥首领被授予官职后为唐朝官员，部落内迁后，其部民无论是在边州还是入籍长安，均为大唐百姓。阿史那忠是沙钵略可汗之孙，为附籍长安的突厥人之一。他的墓志记载："其先代人，今为京兆之万年人也。"④ 阿史那忠作为突厥降户的第一代，内迁后附籍为雍州万年县百姓。阿史那可汗家族成员降唐后多有功于唐，因而陪葬昭陵，所以昭陵附近有阿史那村，⑤ 此为阿史那附籍州县的明证。内迁唐缘边正州，以羁縻州形式安置的突厥降户也要于所在正州入籍附贯。《阿史那哲墓志》记载，哲为云中郡人，其高祖为染干（启民可汗），曾祖处罗可汗。⑥ 唐初，其祖摸末单于郁射设率所部万余家归附，处其部落于河南，以云州为境。⑦《元和郡县图志》"单于都护府"条下记载，"武德（为贞观之讹）四年平

<hr />

① 参见章群《唐代蕃将研究》，第 135 页。
② 《新唐书》卷 215《突厥传》，第 6038 页。
③ 《旧唐书》卷 194《突厥传》，第 5164 页。
④ 吴钢主编：《全唐文补遗》第 1 辑，第 50 页。
⑤ （明）赵崡：《石墨镌华》卷 7 附录二《游九嵏》，知不足斋丛书刊本，中国东方文化研究会历史文化分会编《历代碑志丛书》，江苏古籍出版社 1998 年版，第 2 册，第 470 页。
⑥ 吴钢主编：《全唐文补遗》第 5 辑，三秦出版社 1998 年版，第 338 页。
⑦ 吴钢主编：《全唐文补遗》第 2 辑，第 445 页。

突厥，于此置云州，贞观二十年改为云州都督府"。① 单于都护府
下桑乾都督府属州——郁射州是以处罗可汗子郁射设命名的州，墓
志记载阿史那哲为云中郡人，沿袭的是郁射设归降后唐为其编附的
籍贯。贞观六年，铁勒契苾部酋长何力率众内附，唐将其部落安置
于凉州境内，自此凉州为契苾家族之籍贯。何力女墓志云："本阴
山贵种，今为凉州姑臧人也。"② 后来何力子孙因出仕迁徙的缘故，
凉州姑臧成为郡望，京兆、洛阳又为其籍贯。③ 唐灭百济、高句丽
后，内迁民户也要在正州附贯。高玄原为高句丽部民，内迁后，
"家贯西京，编名赤县"，④ 成为京兆万年县人。圣历二年，吐蕃论
氏家族降唐，论氏子孙附籍银州于京兆之间。⑤ 境外入朝人员久居
唐境不返，最终也要在州县附籍。裴玢五世祖纠，"本王疏勒，武
德中来朝，拜鹰扬大将军、天山郡公，留不去，遂籍京兆"。⑥

　　以上是部落酋长内迁后的情况，对于部民来说也要附贯登记户
口。开元二年，后突厥默啜可汗之婿率部归降，唐封其为燕山郡
王，授左卫员外大将军，"许于泽潞州编附"。⑦ 六胡州是以突厥降
户中的胡部所置，"兰池胡旧从编附，皆是淳柔百姓，乃同华夏四
人"，⑧ 置州之初胡户就是编籍之民。经康待宾之乱，胡户逃散，
朝廷遣人安辑。玄宗要求宰相牛仙客"于盐、夏等州界内，选土
地良沃之处，都置一州，兼量户多少置县，其有先所隶州未来者，

---

① 《元和郡县图志》卷 4《关内道》，第 107 页。
② 吴刚主编：《全唐文补遗》第 2 辑，第 442 页。
③ 《契必明墓志》："本出武威，姑臧人也。圣期爱始，赐贯神京，而香逐芝兰。
莘随姜桂。今属洛州永昌县。"《全唐文》卷 187，第 1897 页。《契必嵩墓志》："祖何
力……将部落入朝，姑臧安置。后移京兆，望乃万年。"吴钢主编《全唐文补遗》第 6
辑，第 413 页。
④ 吴钢主编：《全唐文补遗》第 2 辑，第 318 页。
⑤ 《全唐文》卷 479《骠骑大将军论公神道碑铭》，第 4891 页。
⑥ 《新唐书》卷 110《裴玢传》，第 4129 页。
⑦ 《册府元龟》卷 170《帝王部·来远》，第 2053 页。
⑧ 《册府元龟》卷 986《外臣部·征讨》，第 11584 页。

亦放归，各令据簿籍勘会，勿容虚假，处置讫闻奏"。① 再次置州时，朝廷仍要求按户多少置县，之前已隶属其他州的胡户，也要按簿籍勘会，不得弄虚作假、隐瞒迁入胡户。可见突厥降户中的胡部，自置六胡州以来，即使迁入他州也都是要登记户籍的，故而以其所置宥州有户籍在册。② 索葛、安庆源于六胡州残部，③ 与唐后期东迁的沙陀人具称"沙陀三部落"，唐末五代时所谓的"沙陀"实际上包括来自索葛、安庆二府的昭武九姓。④ 安从进是振武索葛部人，⑤"本贯振武军索葛府索葛村"。⑥ 安叔千，"沙陀三部之种"，⑦"本贯云州界户属奉诚军灰泉村"，⑧ 应出自索葛、安庆二部的昭武九姓。这些以六胡州残部设置的羁縻州不但要在所在军州编籍附贯，而且也要按照汉民族的形式建立基层社会组织。此外，脱离东北诸族本部迁入营州、幽州境内以府州形式安置的部落有两组不同年份的户数、口数，迁入关内道经制州境内的蕃州也多有户口统计数，表明这些内迁部落是要附贯编籍的。

唐代赋予四夷内附民以百姓身份，不仅仅是先秦以来"率土皆臣"的思想理念，他们虽然有别于汉人百姓，但也承担象征国家百姓的相应义务和享受象征国家百姓的相应待遇。

在敦煌发现的数件内容有联系的公文书中，其中两件立功公验上分别钤有盐泊都督府、黎渠州的印章。盐泊都督府以西突厥胡禄

---

① 《唐大诏令集》卷 128《遣牛仙客往关内诸州安辑六州胡敕》，第 690 页。

② 《新唐书》卷 37《地理志》（第 975 页）记载宥州宁朔郡户七千七百八十三，口三万二千六百五十二；《通典》卷 173《州郡三》（第 4524 页）记载宥州改宁朔郡后，户七千五百九十，口三万四千三百二十。

③ 张广达：《唐代六胡州等地的昭武九姓》，载氏著《西域史地丛稿初编》。

④ 王义康：《后唐、后晋、后汉王朝的昭武九姓胡》，《西北民族研究》1997 年第 2 期。

⑤ 《新五代史》卷 51《安从进传》，第 586 页。

⑥ 《资治通鉴》卷 278"明宗长兴四年"，第 9082 页。

⑦ （宋）薛居正：《旧五代史》卷 123《安叔千传》，中华书局 1976 年版，第 1622 页。

⑧ 《资治通鉴》卷 279"潞王清泰元年"，第 9126 页。

屋阙部置，黎渠州或为龟兹都督府下辖州。① 唐代军中将士作战立功之后，在未得到兵部发给勋告之前，要发给公验以为日后凭证。两羁縻州印盖在立功公验上，起着保证公验法律效力的作用，说明唐在法律上赋予羁縻州地方政府的职能，其在唐行政系统中发挥着实际作用。其中一件所记内容为神龙至景云年间，唐中央政府对安西四镇守军兵募授勋的情况。碛西诸军兵募籍贯分布极为广泛，其中不仅有来自唐十道中八道的正州兵募（覆盖中原地区，更远来自江南道及今四川、湖北境内），还有来自羁縻州的兵募（包括河北道幽州境内羁縻州、关内道六胡州的兵募），更有龟兹、波斯兵募。② 显庆三年，唐以龟兹为都督府，龟兹兵募来自陇右道龟兹都督府。波斯，龙朔元年，唐以疾陵城为波斯都督府，授卑路斯为都督。景龙二年（708），泥涅师入朝后，病死长安，"而部众犹存"。③ 波斯兵募为唐从波斯都督府泥涅师余众中征集的士兵。兵募是征发制兵役，④ 为州县百姓为国家应尽的义务，它与召募制下的职业雇佣兵的性质不同。唐能从遥远的幽州辖境内的羁縻州内征发兵募至西域作战，就近从安西都护府辖区征调波斯都督府兵募自在情理中。同时，从广阔的羁縻州地区及全国范围内诸道正州征发兵募，说明唐在法律上要求纳入其统治体制的蕃夷以国家百姓的身份承担相应的义务。

垂拱元年，来自中亚昭武九姓与吐火罗地区的居民申请过所的案卷中所记保人为庭州、伊州百姓及焉耆人、高昌县人。⑤ 其中

---

① 刘安志：《敦煌所出张君义文书与唐中宗景龙年间西域政局之变化》，载《魏晋南北朝隋唐史资料》第 21 辑，武汉大学文科学报编辑部 2004 年版，第 280 页。

② 朱雷：《跋敦煌所出〈唐景云二年张君义勋告〉——兼论"勋告"制度渊源》，载氏著《敦煌吐鲁番文书论丛》，第 225—243 页。

③ 《旧唐书》卷 148《波斯传》，第 5313 页；又见《新唐书》卷 221《波斯传》，第 6259 页。《旧唐书》记裴行俭护送复国为卑路斯，误。

④ 唐长孺：《魏晋南北朝隋唐史三论》，第 412—413 页。

⑤ 国家文物局古文献研究室、新疆维吾尔自治区博物馆、武汉大学历史系编：《吐鲁番出土文书》第 7 册，第 88—94 页。

伊、庭二州及高昌县为唐正州县，焉耆为羁縻都督府。这表明商人若在所经地区官府申请通行证，无论当地羁縻州百姓还是当地正州百姓只要为其担保即可获得，唐在法律上赋予二者身份相同的功效。荒川正晴分析上述案卷后发现，在唐的法律规定中，中亚诸国居民作为羁縻州百姓的性质等同于唐内地百姓。[①] 虽然唐代羁縻州制度有别于内地行政制度，但是它与内地正州同为唐政令、法令所及地区。这是归属唐的蕃夷与化外册封朝贡蕃夷国的本质区别，也是前者被视为化内的必要条件。

五　属唐四夷的二重性

四夷归属王朝后，在政治上成为中国或华夏的一部分。但是从华夷世界观支配下的文化视角来看，他们又为夷的世界的一部分。这种双重性从先秦开始就已存在。

大约在秦惠王时期，秦在征服临近蛮夷地区后于其地设郡，并于郡内设置臣邦。[②] 睡虎地出土秦律曰："臣邦人不安其主长而欲去夏者，勿许。可（何）为夏？欲去秦属是谓夏。"[③] 后二"夏"为"去夏"之省称。"去夏"是指想离开秦国的属境，此律规定隶属秦国的周边诸族人因不满主长而想"去夏"是不被允许的。秦自认为夏，将其统治下的臣邦也纳入夏的范畴之内。从法律上确定秦国的内地与秦国统治的周边属邦为华夏，华夏为秦内地与周边臣邦的政治共同体。另一出土秦律曰："真臣邦君公有罪，致耐罪以

---

① 荒川正晴：《唐帝国和粟特人的交易活动》，陈海涛译，《敦煌研究》2002 年第 3 期。

② 工藤元男「睡虎地秦墓竹簡の属邦律をめぐって」『東洋史研究』第 43 巻 1 號、81 頁；陈力：《试论秦国之"属邦"与"臣邦"》，《民族研究》1997 年第 4 期。

③ 睡虎地秦墓竹简整理小组编：《睡虎地秦墓竹简》，文物出版社 1990 年版，第 135 页。

上，令赎。可（何）谓'真'？臣邦父母产子及产它邦而谓真。可（何）谓夏子？臣邦父夏母谓欧（也）。"①此律规定只有隶属秦国的周边诸族臣邦父母所生子或在不属秦的他邦所产子才能认定为蛮夷，父为隶属秦国的周边诸族臣邦人、母为秦人所生子为"夏子"。反之，秦父、臣邦母所生子，秦律答问虽未提出，但必然认定为夏子。②此律虽然旨在确定何为臣邦子与夏子，但是不难看出，从文化分野来说，周边臣邦、臣邦人与内地、内地秦人相比不能算是华夏和华夏子民，属于夷的范畴。秦律从文化与政治、民族与国家的意义上赋予华夏一个具体的范畴，从制度上开启了中国历史上两千多年中央集权制时代多民族国家体制的先河。

唐代将属唐四夷地区与内地均视为中国的同时，又从文化观念出发，将唐王朝的内地及属唐的四夷地区区分为中华（或中国、华夏）与四夷。③这种二重性不仅在观念上有所反映，而且在制度上也有集中体现。

在朝贡制度方面，已成为唐王朝一部分的四夷，仍属于夷的一部分，有向中华皇帝或天子进贡、纳质的义务，因而他们又被视作与他们属性不同的夷的同类。如《唐六典》所记朝贡七十余蕃中，其中一部分为唐羁縻州，但是他们与境外大食、日本等国同被确定为朝贡国，④而大食、日本等仅仅只是和唐有交聘而已。此外，《唐六典》记载了唐十道中的七道的职责。关内道，"远夷则控北蕃、突厥之朝贡焉"；河南道，"远夷则控海东新罗、日本之贡献

---

① 睡虎地秦墓竹简整理小组编：《睡虎地秦墓竹简》，第135页。

② 于豪亮：《秦王朝关于少数民族的法律及其历史作用》，载氏著《于豪亮学术文存》，中华书局1985年版，第125页。

③ 唐睿宗时，监察御史李知古在姚州西洱河蛮地筑城镇守，又使西洱河蛮输赋徭，徐坚认为："蛮夷羁縻以属，不宜与中国同法。"即姚州少数族为蛮夷，内地民为中国。《新唐书》卷199《徐坚传》，第5662页。武则天时狄仁杰建议撤去安西四镇、安东镇兵时，即视内地为中国，四镇、安东为荒外、蛮貊不毛之地。《旧唐书》卷89《狄仁杰传》，第2890—2891页。此例较多，不一一列举。

④ 《唐六典》卷4《尚书礼部》，第129页。

焉";河北道,"远夷则控契丹、奚、靺鞨、室韦之贡献焉";陇右道,"远夷则控西域胡、戎之贡献焉";江南道,"远夷则控五溪之蛮";剑南道,"远夷则控西洱河群蛮之贡献焉";岭南道,"其远夷则控百越及林邑、扶南之贡献焉"。① 在朝贡诸蕃中,既有战国秦汉以来王朝传统版图内的五溪蛮、岭南的百越,又有唐代开拓版图内的东北诸族及西域胡戎,也有境外北蕃后突厥,东方的新罗、日本,南海的林邑、扶南诸国。《唐六典》规定上述诸蕃上京朝贡,境内蕃夷由其所在道负责,境外蕃夷则由其初入唐境的道负责,不同归属的蕃夷朝贡统一由相关诸道负责。在职官设置方面,唐中央主要由鸿胪寺处理境内外蕃夷的事务,如它的职责之一是管理质子。② 于阗为唐毗沙都督府,其地为安西四镇之一。僧智严,姓尉迟,本于阗国质子,神龙二年之前"隶鸿胪寺,授右领军卫大将军上柱国,封金满郡公"。③ 新罗质子也为"鸿胪寺籍"。④ 唐境内的属国质子,与境外蕃国质子均由鸿胪寺管理。在法律方面,如果说化内、化外是针对不同政治所属群体制定的条文,关于蕃人的条文则是根据文化所属制定的法律条文。唐律引入"化外蕃人"一词,说明其他凡涉及蕃人的均适用于唐境内、境外四夷的条款。

从国家主权意义上讲,内附后置羁縻州的四夷又隶属唐王朝,是唐王朝国家体制的一部分,唐代典章制度中又将其列入行政区划。如《唐六典》记载:关内道,"凡二十有二州""其原、庆、灵、夏、延又管诸蕃落降者为羁縻州";河北道,"凡二十有五州""其幽、营、安东各管羁縻州";陇右道,"凡二十有一州""其秦、凉、鄯、洮、北庭、安西、甘、岷又管羁縻州";江南道,"凡五十有一州""黔中又管羁縻州";剑南道,"凡三十有三州""其

---

① 《唐六典》卷 3《尚书户部》,第 65—72 页。

② 黎虎:《汉唐外交制度史》,兰州大学出版社 1998 年版,第 334 页。

③ (宋)赞宁等:《宋高僧传》卷 3《唐京师奉恩寺智严传》,《大正新修大藏经》第 50 册,第 720 页。

④ 《新唐书》卷 220《新罗传》,第 6206 页。

黎、戎、泸、茂、松、巂、姚又管羁縻州，静、柘、翼、悉、维五州并管羌夷"；岭南道，"凡七十州""其五府又管羁縻州"。① 这应是所谓的羁縻州"著于令式"。两唐书《地理志》将羁縻州与正州同视为唐行政区划，正是基于唐代制度的规定。正如谷川道雄所说，唐王朝表面上由都督府、州这样普通的行政组织统一起来，但实际上其内部并立着不同的两个世界，这就是胡汉共存的统治方式。② 确切地说，唐王朝国家体制由华夷构成，政治上华夷一体同属中国，而文化上则由华夷两个文化体构成。③ 关于唐代羁縻州，有人认为唐王朝从未将当地的非华夏文化集团看成是"中国"的一部分，④ 这个说法显然缺乏对属唐四夷二重性的认识。从文化分野来看，唐王朝的确没有将这些地方视为"中国"的一部分，而是认为其属于夷的世界的一部分，但是从国家主权意义上来说，唐原则上认为归属唐的地区是唐王朝或中国这一政治共同体的一部分，这含有当今主权国家的基本含义。⑤ 唐代将其与正州列为化内正是基于此种政治因素，而非文化因素。

唐永徽律以不在唐版图的藩属国为区分化外的界线，依此类推，界线外其他如与唐结成亲属或兼君臣以及有通贡关系的邻蕃均属化外。化内是指唐统治的区域，包括内地与被纳入唐统治体制的周边诸族地区。唐律化外、化内的区分是以政治归属为判断标准的，唐王朝的境内与境外，相当于现代法律意义上的国内、国外。然而随着王朝的盛衰、版图的盈缩，化外、化内的范围随之变动，

---

① 《唐六典》卷3《尚书户部》，第65—72页。

② 谷川道雄：《世界帝国的形成》，第210—211页。

③ 钱穆：《中国文化史导论》，商务印书馆1994年版，第23页。

④ 王柯：《民族与国家——中国多民族统一国家思想的系谱》，冯谊光译，中国社会科学出版社2001年版，第115页。

⑤ 胡耀华：《对"中国"概念演变及地缘内涵的分析》，《江西师范大学学报》2004年第5期。

这是唐律未明确化内具体范围的缘故。虽然终唐一代无固定不变之化内，但是不能否认当周边诸族属唐后即为化内。唐将内地与属唐四夷地区同视为化内，缘于周边地区被纳入唐统治体制后诸族属地的性质发生了变化，成为唐境域，原则上被视为政治共同体的中国的一部分，周边诸族与内地百姓同为唐朝百姓。周边诸族属唐后因俗而治，有别于内地的地方行政制度，但仍为唐政令、法令所及地区。属唐四夷地区具有二重性，从国家主权意义上来说，被纳入唐统治体制的周边诸族为唐王朝或政治共同体中国的一部分；而从文化分野上讲，周边诸族虽已纳入唐统治体制，但又属于夷的世界的一部分。然而周边诸族被列为化内由政治归属决定，而非文化因素。尽管明律注释家以文化为标准划定明律的化内或化外范围，但是并不能否定唐律是以政治归属判断化内、化外的，不能将两者混淆。

唐律出现的化内、化外，在古代华夷世界观发展史上以及多民族国家体制的发展上具有重要意义。首先，春秋战国时期产生了华夷世界观，王权的加强征服了周边四夷后，在思想理论上产生"率土皆臣"的观念。思想理念上的疆域是无限的，而现实中包括四夷在内的政治疆域是有限的。唐律引入化外概念，以版图外藩属为界线，在法律上划定了唐王朝与藩属、邻蕃之间的疆界，将文化版图与政治版图做出区分，明确了王朝的境内与境外。其次，早在战国后期，秦律从文化与政治、民族与国家的意义上赋予夏或华夏以一个具体的范畴。华夏为秦国内地与隶属秦国的周边臣邦的政治共同体；从文化分野来看，华夏为秦国内地及秦国内地秦人，而归属秦国的臣邦又为夷。唐继承了秦开启的多民族国家体制，中国为唐内地与归属唐的周边诸族的政治共同体，从文化分野来看，中国为拥有华夏文化的内地、华夏民，归属唐的周边诸族又为夷。同时，唐律又引入化内概念，从国家主权意义上赋予拥有中华文化的华夏族、内地及与其文化相异的非华夏族、边地的多民族国家——唐王朝或中国以一个具体的范畴。

第三章

声教所暨：羁縻州或内附诸族
与唐王朝政令、法令

　　本章主要考察唐王朝在统治体制内四夷中推及政令、法令的具体情况，也就是探讨关于唐王朝对进入其内部政治秩序中的四夷如何施政的问题。

　　西汉对征服地区的四夷或归降四夷采取不同的管理方式。在朝鲜、南粤、西南地区直接置郡县。在西域地区采取以西域都护统领归属国（此处仅指西域诸国）的非郡县行政体制。在边郡置部都尉管理蛮夷，或以归降蛮夷置属国、属国都尉。至东汉，边郡部都尉及属国、属国都尉"比郡"，兼理民政，成为事实上的郡一级行政区划。唐代不同于汉代，唐王朝在扩张疆域的过程中，对归降四夷采取了统一的安置方式，即普遍设立府州县，虽曰羁縻，却仍属于郡县性质的行政区划。羁縻州既为郡县，那么一般内地郡县施政方式是否及于羁縻州，两者有何区别，是本章关注的主要内容。

　　关于唐代羁縻州的性质，论者从不同侧面展开了不同程度的阐述。一是从传统的治理周边诸族政策认识羁縻州，认为唐置羁縻州与秦汉以来授予四夷首领官爵都是一种羁縻政策，[①] 它是根据周边

---

① 龚荫：《"羁縻政策"述论》，《贵州民族研究》1991 年第 3 期。

诸族社会结构特点而实行的一种行政制度,① 羁縻州"因俗而治"使周边诸族归附于中央王朝。② 二是从胡汉属性认识经制州（或正州）与羁縻州。谷川道雄认为,唐在周边诸族中置府州,表面上整个国家有着划一的行政,实则内部并立着性质互异的胡汉两个世界。③ 即经制州与羁縻州虽同为一种行政区划,但有胡汉属性的区别。三是从法制上认识经制州与羁縻州。谭其骧发现,以周边内附部落设置的州情况较为复杂,部分被列为正州,还有一部分州在两唐书《地理志》中被记录为正州或是羁縻州。因此,他推测唐代在法制上可能并未做出过明确的规定以区别正州与羁縻州。④ 刘统则认为羁縻州与正州在职官制度方面并无不同,反而是在管理方面有所区别。⑤ 出现这种现象可能与唐按内地行政体制在内附部落中推行郡县制强化其统治,从而模糊了正州与羁縻州的边界有直接关系。堀敏一认识到以周边诸族首领为府州县长官,唐政府将其官僚制的政令植入周边诸族社会内部,分割了诸族君长的统治权。⑥ 他强调羁縻州具有郡县性质的一面。总括以上论述,相较于经制州,羁縻州有其特殊性,但和经制州相比,它又具有和郡县相同的性质。唐在内附部落中置府州促使版图内地方行政体制一体化,难免会将郡县的要素施及羁縻州。然而当前的研究多关注羁縻州的特殊性,至于羁縻州的郡县属性,只是偶有论及。本章拟从羁縻州的郡县属性出发,重点探讨唐在羁縻州推及政令、法令的具体内容,并论述其在此方面与经制州的异同。

---

① 林超民:《羁縻府州与唐代民族关系》,《思想战线》1985 年第 5 期。
② 史继忠:《试论西南边疆的羁縻州》,《思想战线》1989 年第 5 期。
③ 谷川道雄:《世界帝国的形成》,第 167—168 页。
④ 谭其骧:《唐代羁縻州述论》,载氏著《长水集续编》,第 138—139 页。
⑤ 刘统:《唐代羁縻府州研究》,第 38 页。
⑥ 堀敏一:《中华世界》,载谷川道雄主编《魏晋南北朝隋唐史学的基本问题》,第 36 页。

一 羁縻州为唐政令、法令所及范围

羁縻州作为郡县，原则上是唐推及政令、法令的地区。

（一）羁縻州：内地与非汉地区的一体化

唐代在归属唐王朝的部族中普遍设置羁縻州，实现了内地与非汉地区（周边诸族地区）地方行政体制的一体化。尽管唐代对羁縻州采取因俗而治的治理方式，但是这种形式上的行政区划一体化仍具有一定的实质内容。如果比较汉唐经营西域的差异，将会更好地理解这一点。

自汉武帝通西域以来，西域都护统辖的地区在政治层面上归属于汉，成为西汉疆域的一部分，但是西汉并未在西域置郡县。西汉时，西域都护"秩比二千石"，而统辖郡国的司隶校尉部之司隶校尉"秩皆二千石"。西域都护与司隶校尉地位相当，备受尊崇。然而"西域都护加官"，[①] 意为西汉职官体系内原本没有西域都护这一官职，是后来外加的职官。于是汉宣帝地节二年（前68）后，西汉版图内地方行政制度出现了两种体制，在州郡体制的地方行政制度之外，又增加了西域都护。唐代在西域地区普遍设置羁縻州，它们分别隶属安西、北庭都护府。然而唐代的安西、北庭都护府不同于西汉的西域都护，从制度上看，前者与唐内地一些缘边地区的经制州同为边州。[②] 换言之，唐代的安西、北庭都护府与当时的内地州同为州一级的行政区划，即唐代西域地区与内地为同一种地方行政制度，而西汉的情况恰恰与之相反。《汉书·地理志》与两唐书《地理志》的相关记载间接证明了上述观点。正史

---

① 《汉书》卷19《百官公卿表》，第738页。
② 《唐六典》卷3《尚书户部》，第73页。

中班固的《汉书》首创《地理志》，但是他在《地理志》总序中已表明，编纂《地理志》的宗旨在于依据儒家经典追述西汉十三部州的地理沿革。所以，《汉书·地理志》只记载了西汉十三州刺史部及司隶校尉部所统郡国。① 尽管班固在《汉书·西域传》中已说明由西域都护统领的地区属汉，但事实上受制于编纂体例，西域都护所辖的西域地区并不在《地理志》记载的范围之内。《汉书·地理志》记载的内容与西汉疆域有关，却并非西汉疆域的全貌。相反，两唐书《地理志》继承了《汉书·地理志》的编纂体例，其宗旨也在于记述唐州郡的沿革，但因唐代实行羁縻州地区与内地行政体制一体化，羁縻州与经制州都成为两唐书《地理志》记述的对象。尽管羁縻州存留在唐版图的时间长短不一，但是两唐书《地理志》比较完整地记述了有唐一代疆域版图的规制。这足以说明西汉西域都护与西汉州郡是两种不同的地方行政制度，而唐则否。关于此点，俟另撰文阐述。

　　唐朝在西域与内地同时实行郡县制行政体制，在管理方面也呈现出与汉代不同的特点。首先，如论者所说，这一做法确立了唐与周边诸族新的政治关系。② 西汉西域都护统辖的五十国，自译长、城长、君、监、吏、大禄、百工、千长、都尉、且渠、当户、将、相至侯、王，汉授予印绶，③ 承认西域诸王及其各级官员执政的合法性。虽然原则上西域各级首领成为西汉任命的地方官员，但事实上其仍是西汉职官体系之外的官员。唐置羁縻州，根据四夷首领在部落地位的高低，授予都督、刺史，原则上将四夷首领纳入唐职官体系。其次，西汉统治西域，派遣的都护、副都护、长史或其僚属，虽驻守当地，却不直接管理民政，只是监督西域诸王及各级官员施政，对其实际政治并不进行大的干预。唐代的情况却有所不

---

① 顾颉刚、史念海：《中国疆域沿革史》，商务印书馆 2000 年版，第 75—76 页。
② 周竞红：《"因俗而治"型政区：中国历史上"一体"与"多元"的空间互动》，《中央民族大学学报》2006 年第 5 期。
③ 《汉书》卷 96《西域传》，第 3893 页。

同，至少在天山南路的西域地区，唐官员直接深入干预当地人民的政治生活。据和田出土文书记载，当地百姓一些琐碎小事都要上诉至唐官员那里请求解决。这说明唐太宗以后，在次第设置羁縻州经营西域的一百五十余年中，唐的统治绝非徒有形式。① 唐代不同区域的羁縻州差异极大，虽然所有羁縻州地区未必均如天山南路的羁縻州地区一样得到有效施政，但说明唐将周边四夷地区纳入郡县体制后，原则上它们与内地经制州同为唐施政的区域。

（二）"国法"与"本俗"

周边诸族内附是"因其本俗"而归属唐。唐羁縻州范围极广，内部情况极为复杂。所谓保留"本俗"，除本部族风俗习惯之外，有的甚至内部保留着政权组织形式及其原有官职等级序列。至于国法或汉法，则包括律、令、格、式各类刑名及制诏。只不过在此广大区域内，唐推行政令、法令是分层次进行的。我们先说"国法"与"本俗"的问题。

周边诸族内附要受唐法令约束。贞观四年，突厥突利可汗率部降唐，唐以其所领部落置顺州，以突利为都督。太宗向突利说明了不再仿效隋立其祖父启民为可汗统领突厥部落的原委，并告诫突利"当须依国法，齐整所部，如违，当获重罪"。② 在安置突厥问题上，颜师古提出，"河北居住，分置酋首，统领部落，节级高下，地界多少，伏听量裁。为立条制，远绥迩安，永永无极"。③ 唐中宗时（705—710），西突厥盐泊州都督、左武卫大将军阿史那阙啜忠节与娑葛不睦。为了缓和二人矛盾，唐朝政府采纳郭元振的建议，将阿史那阙啜忠节调离西突厥故地，让其入朝宿卫，其所统部

---

① 羽田亨：《西域文明史概论（外一种）》，耿世民译，中华书局 2005 年版，第 165—166 页。

② 《通典》卷 197《边防十三》，第 5412—5413 页。

③ 《唐会要》卷 72《安北都护府》，第 1312 页。

落移入瓜、沙等州安置。① 开元时，张九龄代玄宗回答吐蕃赞普关于唐剑南道缘边蛮抄掠吐蕃的质询："蛮中抄掠彼人，堪问亦有此事。缘其初附，法令未行。"② 太宗要求突利依"国法"、颜师古提出"条制"突厥、将阿史那阙啜忠节调离西突厥本部及张九龄所说的"法令"，都表达了同一个意思，即周边诸族内附属唐后，不管是首领还是部众都要受唐的法令约束。设立条款约束归降边族在西汉时就已有先例。西汉宣帝时呼韩邪单于降汉保塞，佩汉印绶，匈奴与西域俱归汉朝统治。③ 后因匈奴接受西域叛众，"（汉）班四条于单于，杂函封，付单于，令奉行。因收故宣帝所为约束，封函还"。④ 匈奴归降后，汉逐步加强对匈奴的约束。所谓执行"国法"、"法令"或"以汉法治蕃部"，首先是将来自中央政府或地方政府的约束性政令施于周边内附诸部或羁縻州，使其受唐节制。

　　若周边内附诸部或羁縻州不遵从唐法令，就会受到相应的惩处。贞观十三年，突利弟结社率主谋，纠集故部首领图谋夜袭行宫，奉突利子贺逻鹘为主，北返故部。计划败露后，结社率被诛，贺逻鹘免死，流放岭外。漠北铁勒回纥、契苾、思结、浑四部故地武后时受到后突厥默啜侵逼，南迁甘、凉二州之间。开元十五年，四部首领与河西节度使不睦，受到中伤，四部都督分别遭流放。唐中朝官员因子弟与回纥瀚海府都督有交往也受到牵连。南诏阁罗凤叛唐的借口之一是姚州都督张虔陀离间其亲属。"诚节，王之庶弟，以其不忠不孝，贬在长沙，而彼奏归，拟令间我。"⑤ 此虽托词，但反映了羁縻州首领若违唐典制，也要同唐中朝官员一样受到贬黜。开元九年诏云："又诸道军城，例管夷落。旧户久应淳熟，新降更伫绥怀。如闻颇失于宜，蕃情不得其所。若非共行割剥，何

---

① 《旧唐书》卷97《郭元振传》，第3045页。
② 《全唐文》卷287《敕吐蕃赞普书》，第2908页。
③ 参见傅斯年《致吴景超》，载欧阳哲生主编《傅斯年全集》第7卷，第264页。
④ 《汉书》卷94《匈奴传》，第3819页。
⑤ 《金石萃编》卷160。

乃相继离散？既往者理宜招讨，见在者须加安全。熟户既是王人，章程须依国法。比来表奏多附汉官，虽复化染淳风，终是情因本性。法既不中，心固不安。其有犯法应科，不得便行决罚。俱状奏闻，然后科绳。"① 会昌四年，唐朝告诫内迁党项部落，若不停止寇抄，"国有典章，必难容舍"。② 上述诏书都强调诸道所管部落若违法均以绳治。

以上惩处虽是针对部落与级别相对较低的首领，但因唐推行的政令、法令具有普适性，所以也适用于受唐册封、地位尊崇的属蕃君长。龙朔二年，苏海政误以为唐择立的西突厥兴昔亡可汗阿史那弥射谋反，而将其诛杀。杜暹为安西副大都护时，曾诛杀图谋叛乱的毗沙府都督、于阗王尉迟眺，更立新君。③ 苏海政杀弥射固然是冤案，但是这一案例可说明即使贵为可汗，如若不受唐相关机构约束，也要受到惩处。

综上所述，周边诸族进入唐统治体制后，听命于唐是基本原则。首领与部落百姓作为唐官员与属民，如同汉官、内地百姓，唐首先要施及强制性法令或约束性法令。在上述前提下，"因其本俗"而推及政令、法令。此即"国法"与"本俗"的关系。唐太宗从归附的铁勒部落中赎取被掠人口能很好地说明这个问题。贞观二十一年，唐灭薛延陀后，在漠北铁勒诸部置府州。同年六月，太宗下诏派人前往燕然等州，与其都督商议，访寻隋末以来被掠入蕃的汉民，以及被薛延陀抄掠的室韦、乌罗护、靺鞨三部落人口，一并赎取，发送回原籍。④ 唐太宗以这种方式索取被抄掠人口，与游牧社会的固有习俗有关。此前统治漠北的突厥曾实行过奴隶制，被

① 《册府元龟》卷 992《外臣部·备御》，第 11652 页。
② 《册府元龟》卷 996《外臣部·责让》，第 11696 页。
③ 《旧唐书》卷 98《杜暹传》，第 3075 页。
④ 《册府元龟》卷 42《帝王部·仁慈》，第 478 页。

抄掠的人口是大小部落首领的私人财产。① 事实上，不只突厥如此，这是普遍存在于游牧社会的一种传统制度。铁勒诸部与突厥大抵同俗，又曾长期受突厥统治，实行传统的奴隶制自在情理之中。虽然薛延陀已灭亡，铁勒诸部归唐，但是唐太宗不能用行政命令强行令其归还所掠人口，所以只能派人以金帛为代价，从大小首领方面分别赎取人口。在整个事件中，已为唐府州的铁勒部落要接受唐的指令，即遵守"国法"，而唐是根据实际情况下行政令，即"因其本俗"。

（三）唐政令、刑律推及羁縻州

从地方施政方面来看，虽然羁縻州因俗而治，但是羁縻州也是唐政令、刑律推及的地区。

通常，羁縻州是唐政令所及地区。唐以周边内附诸族所置羁縻州隶属边州都督、都护，在中央与地方之间建立了自上而下的行政隶属关系，羁縻州成为唐行政公文书所能到达的地区。前文所述唐太宗从铁勒诸府州中赎取人口即是其例。铁勒诸部被薛延陀统治时，唐政令不及。唐在铁勒诸部置府州后，便可直接下行文书要求各府州都督、刺史执行中央的政策。除此之外，中央职能部门的公文书也可到达羁縻州。开元四年，安西都护与西突厥可汗、碎叶镇守使关系不协，监察御史杜暹奉旨前往碛西，调查三人的渎职情况。阿史那献可汗重金贿杜暹，杜暹将其埋于帐中，离开可汗辖区后，"乃移牒令收取之"。② 这是中央御史台监察御史奉旨监察途中行文知会羁縻州的事例。以下事件集中反映了羁縻州与唐不同权属机构公文书往来的情况。吐鲁番出土文书中有一组龙朔二年、龙朔三年西州都督府处理葛逻禄部落滞留金满州的案卷。唐朝政府得到

---

① 马长寿：《论突厥人和突厥汗国的社会变革》，载林幹编《突厥与回纥历史论文选集》（上），第 162—163 页。

② 《旧唐书》卷 98《杜暹传》，第 3075 页。

金满州刺史沙陀氏的报告，该报告陈述了燕然都护府下辖的大漠州都督府葛逻禄部落从金山南下，到达金满州地域的事实。唐朝政府获悉此事后，迅速做出反应，自东都尚书省分别给漠北的燕然都护府、葛逻禄部落发下敕文，令燕然都护府将此事知会西州都督府，发遣葛逻禄部落返回金山原居地。西州都督府遵朝廷命令派人前往金满州，与金满州刺史一起处理发遣事宜。燕然都护府得到西州都督府官员的报告及葛逻禄首领的陈状，得知了滞留原因。西州都督府又派人前往金满州，与燕然都护府、金满州等相知会，希望迅速发遣葛逻禄部落返回大漠都督府。① 这些文书中既有羁縻州上呈中央及上级主管机构的公文，又有中央及都护府下发羁縻州的公文，还有横向无隶属关系的州、都护府、羁縻州之间相知会的公文。

　　在敦煌发现的唐神龙至景云年间的数件内容互有联系的公文书中，有两件是张君义等人的立功公验，上面分别钤有"盐泊都督府之印"②、"黎渠州之印"。盐泊都督府是以西突厥胡禄屋阙部置，黎渠州或以为龟兹都督府下辖州。③ 唐代军中将士作战立功之后，在尚未得到兵部郎中发给的勋告之前，要发给"公验"作为日后凭证。两羁縻州之印盖在立功公验上，起着保证公验法律效力的作用，说明羁縻州地方政府得到了唐在法律上赋予的职能，也说明其在唐行政系统中发挥着实际作用。羁縻州是唐公文书所及地区，这与唐在法律上赋予羁縻州地方政府的职能互为表里。

　　唐刑律也推及至一些羁縻州。在敦煌发现的唐中宗时期的刑部格规定："若于羁縻及轻税州自首者，虽得良人，非本州者亦不

　　① 荣新江：《新出吐鲁番文书所见唐龙朔年间哥逻禄部落破散问题》，载沈卫荣主编《西域历史语言研究集刊》第 1 辑，科学出版社 2007 年版，第 13—44 页。

　　② 上引谭其骧文认为，唐在西突厥故地置府州后，由于叛乱，凭印契征发制度不可能继续推行，以上神龙至景云年间文书上的西突厥府州印恰恰说明唐在平定叛乱后，此项制度仍在实行。

　　③ 刘安志：《敦煌所出张君义文书与唐中宗景龙年间西域政局之变化》，载《魏晋南北朝隋唐史资料》第 21 辑，第 280 页。

成首。"① 格文规定掠、诱及卖人为奴婢者，在一般州不能追得卖人，则不许自首；在羁縻州及轻税州内，即使追得卖人，非本州者亦不许自首。自首之意义，在于获得减罪或免罪。不许自首，即不准减免，是从严之义。② 格有两种：留司格，属于曹司常务者，留存本司；散颁格，属于天下所共者，颁行州县。③ 由此可知，此格也颁行于羁縻州。又唐玄宗诏书规定："自今已后，抵罪人合杖敕杖者，并宜从宽决杖六十。一房家口，移隶碛西。其岭南人移隶安南，江淮南人移隶广府，剑南人移隶姚嶲州。其碛西、姚嶲、安南人，各依常式。"④ 唐代南宁州为羁縻州，唐令规定南宁州以南为流放犯人之地，⑤ 南宁州以南皆为羁縻州，碛西、姚嶲、安南所在羁縻州应在流放犯人的范围之内。以上两例表明羁縻州也是唐刑律覆及地区。

由于羁縻州为刑律覆及地区，区域内蕃夷百姓产生法律纠纷时均以唐律处置。处密为西突厥别部，显庆二年，唐平定阿史那贺鲁叛乱，处密、处月等部落降唐，隶属安西都护府。吐鲁番出土有唐宝应元年（762）行车伤人案卷残件，卷中行客靳嗔奴的雇工处密部落百姓康世芬，因赶车快行而碾伤坐于张游鹤店门前之男孩金儿、女孩想子，经官司审问，供称并无要速事故，亦非因畜力惊骇，属于无故于城内巷街走车马而杀伤人罪。肇事者表示，"今情愿保辜，将医药看待。如不差身死，情求准法科断"。故县司判处康世芬"放出勒保辜，仍随牙（衙），余依判"。⑥ 唐律规定："诸

---

① P. 3078 + S. 4673《神龙散颁刑部格残卷》，载唐耕耦、陆宏基编《敦煌社会经济文献真迹释录》第 2 辑，第 565 页。

② 刘俊文：《敦煌吐鲁番唐代法制文书考释》，第 249、264 页。

③ 梁启超：《论中国成文法编制之沿革得失》，载《饮冰室合集》第 2 册，中华书局民国二十五年版，第 24 页。

④《全唐文》卷 29《定犯盗人刑法诏》，第 330 页。

⑤ 天一阁博物馆、中国社会科学院历史研究所《天圣令》整理课题组校证：《天一阁藏明钞本天圣令校证》下册，中华书局 2006 年版，第 340 页。

⑥《唐宝应元年（762）六月康世芬行车伤人案卷》，国家文物局古文献研究室、新疆维吾尔自治区博物馆、武汉大学历史系编：《吐鲁番出土文书》第 9 册，文物出版社 1990 年版，第 128—133 页。

保辜者，手足殴伤人限十日，以他物殴伤人者二十日，以刃及汤火伤人者三十日，折跌支体及破骨者五十日。限内死者，各依杀人论；其在限外及虽在限内，以他故死者，各依本殴伤法。"① 唐律中的"保辜"是一种保留行为人罪名的制度。它一般适用于殴、伤行为，不论行为人的动机是故意或过失。"保辜"一方面以此确定行为人应负的法律责任，另一方面促使行为人对被害人采取积极的医疗措施。② 西州县司是根据唐律"斗讼·保辜"条例对处密部落百姓做出的判决。此例说明，在西域地区，唐律也适用于都护府管辖的部落百姓。

唐代不同区域羁縻州存在差异，发挥地方政府职能的程度未必尽同，唐刑律也未必覆及所有羁縻州，但以上所述说明原则上羁縻州与经制州同为唐施及统一政治、制度、法律的区域，两者具有共同性的一面。

（四）唐职官制度、军事制度推及羁縻州

唐置羁縻州时，通常授予部落首领都督、刺史乃至军职，从而使其成为唐职官体系内的官员。这意味着虽然他们是部落首领，但也要接受唐职官制度、军事制度。2009 年在蒙古国境内发现的"大唐金微都督仆固府君墓志"能够很好地阐释这一问题。③ 这方墓志的出土信息及照片传入国内后，相关学者曾有考释。④ 为了便

① 《唐律疏议》卷 21《斗讼·保辜》，第 388 页。

② 黄清连：《说"保辜"——唐代法制史料试释》，载"中国唐代史学会"主编《第二届国际唐代学术会议论文集》（下），台北：文津出版社 1993 年版，第 981 页。

③ 志盖盝顶，方形，篆书"大唐金微都督仆固府君墓志"；志石镌文 28 行，楷书，满行 31 字，首题"大唐故右骁卫大将军金微州都督上柱国林中县开国公仆固府君墓志铭并序"。又乾陵六十一尊蕃酋像，左二十九人，左二碑第一人衔名"故左威卫大将军兼金微都督仆固乞突"。"乞"应是"乙"之讹。乾陵立像在高宗死后，乙突死于高宗之前，应以志主安葬时所刻志文为准。乾陵石像乞突即志主乙突。志主死前军阶为右骁卫大将军，石像衔名则为左威卫大将军，应是死后追赠，由右转左。

④ 杨富学：《唐代仆固部世系考——以蒙古国新出仆固氏墓志铭为中心》，《西域研究》2012 年第 1 期；杨富学：《蒙古国新出土仆固墓志研究》，《文物》2014 年第 5 期。

于理解，现据墓志照片将墓志文内容迻录如下。

　　公讳乙突，朔野金山人，盖铁勤（勒）之别部也。原夫石纽开基，金峰列构。疏枝布叶，拥鹿塞而推雄；茂族豪宗，跨龙城而表盛。亦有日碑纯孝，泣画像于汉宫；日逐输忠，委睬赍于蛮邸。求诸史谍，代有人焉。祖歌滥拔延，皇朝左武卫大将军、金微州都督。父思匐，继袭金微州都督，并志识开敏，早归　　　　　皇化。觇风请谒，匪独美于奇肱；候日虔诚，本自知于稽颡。公幼而骁勇，便习驰射。弯弧挺妙，得自乘羊之年；矫箭抽奇，见赏射雕之手。及父殁传嗣，还授本部都督，统率部落。遵奉声教，回首面内，倾心尽节。俄以贺鲁背诞，方事长羁，爰命熊罴之军，克剿犬羊之众。公乃先鸣制胜，直践寇庭，无劳拔帜之谋，即取搴旗之效。荣勋叙绩，方宠懋官，诏授右武卫郎将，寻授护军，封林中县开国子，俄除左武卫大将军。至麟德二年，銮驾将巡岱岳，既言从塞北，非有滞周南；遂以汗马之劳，预奉射牛之礼。服既荣于饰玉，职且贵于衔珠，厚秩载隆，贞心逾励。及东征靺鞨，西讨吐蕃，并效忠勤，亟摧凶丑，褒录功绩，前后居多。寻除右骁卫大将军，依旧都督，加上柱国、林中县开国公，食邑一千户。频加宠授，载践崇班，迈彼毡裘之乡，忝兹缨冕之列。光脩启国，既锡茅土之封；趋步升朝，且曳桃花之绶。方谓高情壮志，媲金石而同坚；岂图脆质小年，与风露而俱殒。奄辞白日，长归玄夜。以仪凤三年二月廿九日，遘疾，终于部落，春秋卌有四。天子悼惜久之，敕朝散大夫、守都水使者、天山郡开国公麹昭监护吊祭，赐物三百段，锦袍、金装带、弓箭、胡禄、鞍鞯等各一具。凡厥丧葬，并令官给，并为立碑。即以其年岁次戊寅八月乙酉朔十八日壬寅永窆于缬硊原，礼也。生死长乖，哀荣毕备，深沉若雾。方结惨于松茔，飂飙悲风，独含凄于薤铎。对祁连而可像，寄方勒而有词。述德表功，乃为铭曰：西峙葱山，北邻蒲海。土风是系，英杰攸在。叶贯箭锋，花分骑彩。孙谋有裕，祖袭无改。束发来仪，橐鞬入侍。大德斯溥，人胥以洎。献款毕同，输忠靡异。临危效节，致果为毅。畴庸启邑，疏爵命官。从军拥斾，拜将登坛。赫弈光显，荣名可观。方奉明时，遽归幽岁。壮志何在，瑰容共惜。鹳陇俄封，鸡田罢迹。月落无晓，云来自昏。鸟忉响于鸿塞，人衔悲于雁门。庶清尘而不泯，纪玄石而长存。

据志文，仆固乙突承袭其父金微州都督一职后，"策勋叙绩"，先授右武卫郎将，晋升左武卫大将军，转至右骁卫大将军。封爵由林中县开国子至县开国公，勋官由护军至上柱国。除都督一职世袭为羁縻州定制外，其他官职、勋爵也要按唐制据功绩、年限依次晋升、迁转。

唐官员丧葬制度也推及羁縻州官员。唐代处理官员丧葬事宜有一系列完备的制度。唐代鸿胪寺掌管吉凶之事，一品官员丧葬由鸿胪卿监护，二品由鸿胪少卿监护，三品由鸿胪丞监护。[①] 鸿胪卿从三品，少卿从四品上，丞从六品上。通常由有关机构提供丧葬所需用品。秘书省著作局的著作郎、佐郎负责"修撰碑志"；[②] 将作监甄官署负责镌刻碑志，制作丧葬明器；[③] 礼部司负责确定赠送给官员、宫人丧葬所需物的数目。[④] 上述规定在蕃汉官员中普遍得到实施。窦诞，贞观四年为右领军大将军、莘国公，贞观十八年除宗正卿，贞观二十二年卒，赠工部尚书、荆州都督，诏曰："安葬事所

---

① 《旧唐书》卷44《职官志》，第1885页。
② 《旧唐书》卷43《职官志》，第1855页。
③ 《旧唐书》卷44《职官志》（第1896页）载："凡石磬碑碣、石人兽马、碾硙砖瓦、瓶缶之器、丧葬明器皆供之。"
④ 《新唐书》卷46《百官志》（第1194页）载："及百官、宫人丧葬赠赙之数。"

须，并令官给，仍遣五品一人监护。"[①] 阿史那思摩，贞观二十年再授右武卫大将军，检校右屯卫事，卒后，"葬事所须，并宜官给……京官四品、五品一人摄鸿胪少卿监护"。[②] 李震，勋臣李勣子，唐高宗麟德二年，卒于使持节梓州诸军事、梓州刺史任上，赠使持节都督幽易妫檀平燕六州诸军事、幽州刺史，"赐绢布二百段，米粟二百石……葬事所须，并宜官给。仍令京官五品一人检校丧事"。[③] 泉男生，归降高句丽贵族，在唐为右卫大将军、卞国公、食邑三千户、特进，仪凤四年卒于安东都护府，赠持节大都督、并汾箕岚四州诸军事、并州刺史，赠绢布七百匹，米粟七百石，"凶事葬事所须，并宜官给"，差京官四品一人摄鸿胪少卿监护，[④] 送至墓所洛阳邙山。上述数人中，阿史那思摩、泉男生是入朝蕃将，此时已是唐中朝官员，其他为汉人官员。他们的丧葬按品级由京官五品监护，或由京官四品、五品一人摄鸿胪少卿监护。上述数人生前实际官职在三品以上，但监护葬事的官员品级在四品、五品，高于制度规定的相应品级，而且也不一定由鸿胪寺官员担任，在实际执行中对相关制度有所变通。归降百济人祢军，生前为右威武将军（从三品），仪凤三年卒，赠绢帛三百段，粟三百升，使弘文馆学士兼检校本卫长史（各卫长史从六品上）王行本监护丧事。[⑤] 祢军丧事虽非鸿胪寺官员监护，但监护官员品级实际上与其生前官品相对应。上述其他人安葬，监护官员品级高低应是参照生前散官、勋爵品级而定。

仆固乙突丧事由朝散大夫、守都水使者麹昭监护。朝散大夫从五品下，都水使者正五品上。仆固乙突生前为右骁卫大将军，正三

① 周绍良、赵超主编：《唐代墓志汇编续集》，上海古籍出版社2001年版，第42—43页。

② 周绍良、赵超主编：《唐代墓志汇编续集》，第38页。

③ 周绍良、赵超主编：《唐代墓志汇编续集》，第153页。

④ 周绍良主编：《唐代墓志汇编》（上），上海古籍出版社1992年版，第668页。

⑤ 王连龙：《百济人〈祢军墓志〉考论》，《社会科学战线》2007年第7期。

品，理应由六品官员监护葬事。然其生前爵位开国县公为从二品，上柱国为视正二品，实际却由正五品上官员监护，应是参照其勋爵确定的丧葬规格，并相应给物，撰写碑志，勒石刻铭。类似情况也见于其他羁縻州。开元二十四年，姚州管内大酋长那傍时卒，玄宗遣宿卫首领王白于姚州都督达奚守珪计会，前往吊祭丧事，以其孙铎罗望继袭浪穹州刺史，并赐绫彩三百匹。① 唐职官丧葬制度不仅施及入朝蕃官，而且施及在蕃部本土任职的羁縻州官员。

唐前期由皇帝直接统属的十六卫当中有十二卫统领府兵。② 唐置羁縻州，授予都督、刺史诸卫军职，应与置府兵有关。这一做法虽然无制度明文，但是有一些零星记载见于史料。如唐高宗时期平定西突厥阿史那贺鲁叛乱后，在葱岭以西十六国地区设置了军府。燕州，武德四年以粟末靺鞨酋长突地稽所领部落置。突地稽子李谨行的墓志记载，谨行先世为肃慎之苗裔、粟末之后，谨行本人任右武卫肃慎府折冲。③ 折冲府取名自部族名号，显然肃慎府是以燕州粟末靺鞨部众所置的折冲府。这种情况并非个例，说明唐在一些羁縻州是置军府的。唐授予部落首领诸卫军职，原则上部落首领成为唐军事体制内的职官，羁縻州部落成为唐军事力量，进而以唐军事制度约束部落武装。这在以下两个方面表现得至为明显。其一，虽然部落首领可以承袭羁縻州武装力量的统领权，但是领兵的合法性来自朝廷。突骑施嗢鹿州都督娑葛为左骁卫大将军，袭父爵位，与其父部将阙啜忠节不和，后者"请停娑葛统兵"。④ 阙啜忠节请求中止娑葛的领兵权是缘于羁縻州首领领兵合法性由朝廷赋予。其二，羁縻州部落与内地军府同为唐征发的军事力量。唐在漠北铁勒府州中是否置军府无明文记载，然唐在铁勒诸部置府州后，诸部一

_____

① 《全唐文》卷287《敕蛮首领铎罗望书》，第2912页。

② 张国刚：《唐代官制》，三秦出版社1987年版，第116页。

③ 廖彩樑：《乾陵稽古》附录《大唐故右卫员外大将军燕国公李谨行墓志铭》，黄山书社1986年版。

④ 《旧唐书》卷194《突厥传》，第5190页。

直是唐征调的军事力量。唐讨西突厥阿史那贺鲁、征高句丽等一系
列重大战役，都曾征调回纥等部参战。上述墓志记载，仆固乙突继
任金微州都督后，先是参加平定贺鲁叛乱，后又"东征靺鞨"即
征高句丽，金微州均在调发之列。唐灭高句丽，随即又不得不从东
方调集兵力防御刚刚兴起的吐蕃，以致幽、营之间的羁縻州也在唐
朝调发之列。如燕州刺史李谨行曾被调往青海备御吐蕃。墓志所谓
乙突"西讨吐蕃"，正是在此背景下，被从漠北调至青海防御吐
蕃。总之，唐授予羁縻州首领诸卫军职，羁縻州部落兵与汉兵一道
成为唐军事体制内的武装力量。[①] 但征调的羁縻州部落兵的组织形
式不同于汉兵，羁縻州中建立的折冲府，是以部落为组织单位的，
仍具有部落首领武装力量性质的一面。

　　鉴于唐曾向一般藩属（实为唐邻蕃）征调蕃兵或四边远夷向
唐朝贡，谭其骧认为，唐羁縻州与一般藩属之间并无明确的制度上
的区别。[②] 在理念上，"率土皆臣"，一般藩属即册封朝贡国、非册
封朝贡关系的远夷以及羁縻州蕃夷受征调、朝贡，都是四夷对中华
天子应尽的义务，但是现实中唐征调一般藩属（唐邻蕃）的蕃兵与
征调羁縻州部落兵有本质区别。羁縻州诸蕃隶属边州都督府、都护
府，政治上归属唐，唐征调羁縻州蕃兵属于征调军事体制内的武装
力量，所以，受唐征调也是羁縻州属民应尽的义务。一般藩属国则
并非如此，唐向其征用蕃兵，是出于与邻蕃发展关系的目的。纵观唐
代邻蕃首领，入唐通聘人员多受唐册封或接受唐授予的官爵，也可依
次晋升；或卒于唐并被按相应品级安葬。又如，开元十九年，后突厥

---

　　① 　关于唐代以蕃兵、蕃将组成的军事力量，近代以来学人多有精辟论述，可参
考以下论著：陈寅恪《论唐代之蕃将与府兵》，载氏著《金明馆丛稿初编》，上海古籍
出版社 1998 年版，第 264—276 页；章群《唐代蕃将研究》，第 119—143 页；章群
《唐代蕃将研究续编》，第 24—36 页；马驰《唐代蕃将》，三秦出版社 1990 年版；张国
刚《唐代的蕃部与蕃兵》，载氏著《唐代政治制度研究论集》，台北：文津出版社 1994
年版，第 93—111 页；李锦绣《"城傍"与大唐帝国》，载朱雷主编《唐代的历史与社
会》，武汉大学出版社 1997 年版，第 115—135 页。

　　② 　谭其骧：《唐代羁縻州述论》，载氏著《长水集续编》，第 133—155 页。

毗伽可汗弟阙特勤卒，及后来毗伽可汗卒，玄宗均派人吊祭，并亲自书写碑文。然而这些与唐将职官制度、军事制度推及都督府、都护府统辖的羁縻州性质不同，政治内涵迥异。前者为唐处理与邻蕃关系，后者则是唐在羁縻州地区推及政令、法令。

（五）因地制宜推及政令、法令

以上所述内容是基于羁縻州与经制州的同一性而言，除此之外，各个区域内不同的羁縻州之间的社会结构存在着巨大差异，唐中央政府或地方政府也会根据不同地区具体情况因地制宜，有针对性地推行政令、法令，强化治理措施，移风易俗。这在以下几个方面可见一斑。

第一，革除旧法，推行唐制。这发生在占领地区、新辟疆土内。贞观十九年，唐太宗征辽东，攻拔高句丽十城后，置辽、盖、岩三州，既而下诏："自莫离支为主，官以贿成，单贫之家，困于税敛。一马匹布，只兔纤鳞，或进域主，或输耨萨。其有自给，类加棰楚，编户饥寒，莫知告诉。至斯责罚，即用夷刑，反接鞭答，下手无数，疮深快意，然后乃已。所以陈兵伐罪，兼畅皇风，使怀附之徒，同霑声教，息彼贪残，除其弊俗。今辽东之野，各置州县，或有旧法，余风未殄。宜即禁断，令遵国宪。"① 太宗要求在新置州县内，废除高句丽旧有的酷刑与重税，推行唐政令、法令。

第二，禁断土风陋习。唐代黔中、岭南地区夷人土风、陋习严重，影响夷人生计与当地治安，唐朝发布行政命令予以禁止或加以引导。贞观年间，党弘仁为戎州都督，"夷獠之俗，卖亲鬻子，弘仁制法禁断，百姓便之"。② 天授二年正月十五日敕："牂牁土风，共行磋法，宜委所管都督府严加禁断。"③ 牂牁，唐黔中都督府所

---

① 《全唐文》卷 7《禁辽东重刑诏》，第 91 页。
② 《册府元龟》卷 689《牧守部·革弊》，第 8216 页。
③ S.1344《唐开元户部格残卷》，载唐耕耦、陆宏基编《敦煌社会经济文献真迹释录》第 2 辑，第 571 页。

辖羁縻州地。敕文要求黔中都督府禁止当地盛行的习俗。天授二年七月廿七日敕："岭南土人任都督、刺史者，所有辞讼，别立案判官。省司补入，竟无几案。百姓市易，俗既用银，村洞之中，买卖无秤，乃将石大小，类银轻重。所有忿争，不经州县，结集朋党，假作刀排以相攻击，名为打厉。并娶妇，必先强缚，然后送财。若有身亡，其妻无子，即斥还本族，仍征聘财。或同族为婚，成后改姓。并委州县长官，渐加劝导，令其变革。"① 岭南土人任都督、刺史者即羁縻州地区。敕书涉及内容较为广泛，要求规范羁縻州的行政与司法行为，命令州县改变部民交易习惯，禁止械斗，变革婚俗。

第三，依汉法、着汉服。开元十五年，新罗僧人慧超途经安西四镇（龟兹、于阗、疏勒、焉耆地区），看到的景象是"人依汉法，裹头著裙"。② 慧超特别提到了当地依汉法、穿汉服的情景，这显然是指羁縻州民。一般来说，唐并不强行要求周边诸族改移本族习俗，四镇都督府居民着汉人装束，应是伴随唐在这一地区长期推行政令、法令而产生的影响。

第四，明确内迁部落与所在州之间的关系。《唐开元户部格残卷》载垂拱元年九月十五日敕："诸蕃部落见在诸州者，宜取州司进止。首领等如有灼然要事须奏者，委州司录状闻，非有别敕追入者，不得辄发遣。"③ 内迁部落首领受所在州约束，如有要事进奏，先由州司状奏。

第五，规范岭南、黔中等地羁縻州刺史任命程序，限制两地羁縻州在任刺史宿卫。开元十九年七月十四日敕："岭南及黔府管内诸州并蕃州，检校及摄刺史，皆奏录，待敕到然后准式。其岭南、黔府蕃州等刺史在任，不得辄请宿卫。"④ 限制在任刺史宿卫，自

① S.1344《唐开元户部格残卷》，载唐耕耦、陆宏基编《敦煌社会经济文献真迹释录》第2辑，第572页。

② 《往五天竺国传笺释》，第178页。

③ 唐耕耦、陆宏基编：《敦煌社会经济文献真迹释录》第2辑，第570页。

④ 《唐会要》卷68《刺史》，第1200页。

然是出于羁縻州刺史阙员不利于施政的考虑。

以上虽然是因地制宜、因俗而治，但是从羁縻州与经制州的郡县属性来说，它们都是唐施政的对象，二者同中有异，异中有同。唐后期，黔中道羁縻州刺史进京朝贺，杜牧谓其"在法度之外，居绳墨之表"。① 唐在羁縻州推及政令、法令，载籍班班可考，杜牧何以不谙世事，谓其在唐法度之外，不受唐墨绳之约呢？究其原因，杜牧是从内地行政制度的角度来衡量羁縻州，强调其与经制州的差异性而已，并非强调唐政令、法令不及羁縻州。

综上所述，唐代以周边内附诸族置羁縻州，实现了内地与非汉地区行政体制的一体化，原则上羁縻州与经制州同为唐推及政令、法令的区域，只不过唐在羁縻州推及政令、法令是分层次进行的。就羁縻州的郡县属性而言，唐原则上在羁縻州与经制州中要推行其共同遵守的约束性法令；在此前提下，尽管羁縻州区域广大，内部情况复杂，因而无法做到全面推行内地行政制度，但是原则上又要不同程度地推及唐王朝统一的政治、制度、法律。就羁縻州的特殊性而言，唐根据不同地区的具体情况，有针对性地推行政令、法令。概括地讲，相较于经制州，一方面，唐在羁縻州推及政令、法令时"因俗而治"；另一方面，出于行政体制一体化的要求，唐又比照内地行政制度，在羁縻州中根据具体情况不同程度地推及唐统一的政令、法令。唐在羁縻州施政，兼具"因俗而治"的特殊性与行政体制一体化的共同性，从而将社会、文化多元性的政治统治区域整合为有别于西汉的大一统政治结构。

二 蕃州朝集制度

唐代以周边归附诸族设置的州有两种。一种是羁縻州，又称

---

① （唐）杜牧：《黔中道朝贺祥舸大酋长等十六人授官制》，《樊川文集》，陈允吉校注，上海古籍出版社 1978 年版，第 306 页。

蕃州；① 一种是正州，如剑南道西部十余州，它们以郡县缘边的生羌、党项部落分置，虽为正州额，但以部落首领世袭刺史、司马。唐代公文书有将羁縻州与蕃州并列的现象，② 羁縻州之外的蕃州是指诸如剑南道以缘边部落设置的正州，称之为蕃州旨在区别于当时所谓的羁縻州。由此可见，唐史所谓的蕃州或指上述两种形式的州，或专指其中之一。此处所谓蕃州是指二者，又以羁縻州为主。唐代规定州郡要定期遣使朝集京师，与中央政府保持联系。唐代蕃州既为郡县制行政区划，也要同经制州一样执行朝集制度。

（一）蕃州朝集京师的双重性

朝集使又名朝正使。唐制，诸州朝集使由都督、刺史及上佐充任。如果是边州、要州或当年遭水旱的州，朝集使则由其他官员充任。朝集使每年十月二十五日到达京师后，于第二年春天返回，滞留京城期间的主要任务是朝见皇帝或进谒宰相、参与地方官员考课、参加元日大会、向朝廷贡献方物。③ 作为一级地方行政机构的蕃州，派代表朝集京师的情况，在集中记述朝集使制度的条文中并未被特别强调，反而体现在其他相关制度中。

唐代规定四夷进京朝见事宜由礼部主客司负责，其职能主要有以下几项。四夷人员进入唐境时的审核批准，由主客司予以政策指导，蕃州都督、刺史朝集之时，由主客司负责其品级及相应的衣冠、服饰审批给赐之政令，以及四夷来使赴京途中交通待遇的审批。蕃

---

① 《唐会要》卷 73《安北都护府》（第 1315 页）记载："龙朔三年二月十五日，移燕然都护府于回纥部落，仍改名瀚海都护府。其旧瀚海都督府移置云中古城，改名云中都护府，仍以碛为界，碛北诸蕃州悉隶瀚海，碛南并隶云中。"是知隶属瀚海都护府的碛北铁勒诸部羁縻州与隶属碛南云中都护府的羁縻州又可称为蕃州。

② 《唐调露二年（680）七月东都尚书吏部符为申州县阙员事》："其羁縻及蕃州等，并请所管勘（中缺）置汉官，并具于阙色状言，拟凭堪[会]。"荣新江、李肖、孟宪实主编：《新获吐鲁番出土文书》（上），第 83 页。

③ 《唐六典》卷 3《尚书户部》，第 79 页。

客滞留京师期间的食料，其数量由主客司根据蕃客的等级而拟定，然后下达鸿胪寺，由鸿胪寺根据所规定的数量标准供给蕃客。事后，鸿胪寺将供给的情况上报主客司，由主客司每季度进行总结。蕃客来京后，朝集、宴飨等方面的规格和待遇根据蕃客的身份等级而有所不同，主客司据规定予以确定，蕃客完成任务后返回时，照例由唐提供回程食料等物资，具体政策由主客司执行。主客司将请求宿卫的四夷人员的情况上报有关部门，然后根据请求者的具体情况授予官职和给予相应的待遇。突厥使者须在主客司备案后方可在京进行贸易，由主客司上报有关部门，贸易的具体监管由太府寺负责。四夷首领死亡，由鸿胪寺上报主客司，主客司上报礼部，除及时组织吊祭外，还要据政策解决首领死后官爵在子嗣及家族成员之间的继袭问题。此外，主客司还负责唐中央派遣至四夷人员的相关事宜。① 唐制规定，礼部主客司不仅负责境外蕃国朝贡的人员核查、送迎、接待、贸易等事务，而且直接负责蕃州都督、刺史朝集之时给朝服及往返行程安排。显而易见，蕃州是要向中央派出朝集使的，然而蕃州朝集与正州朝集有所不同。这体现在起居场所不同上。贞观十七年，唐为诸州朝集使建造居所三百余处，其大体是依当时正州数目所建，每州朝集使在京有居所一处。② 蕃州朝集使与境外四夷人员至京相关事宜由礼部主客司与鸿胪寺负责，二者起居同在鸿胪寺。

春秋战国以后，华夏形成的过程中逐渐产生了以文化为标准将人类共同体区分为华夏与四夷的世界观，即使被纳入王朝统治体制的四夷在政治上归属王朝，但是从文化属性上看，其仍被视为夷的一部分，被归为境外四夷的同类，这种观念在唐代体现为蕃州朝集使、境外四夷入朝相关事宜均由礼部主客司与鸿胪寺管理。如果说

---

① 《新唐书》卷46《百官志》，第1196页。
② 李永：《从朝集使到进奏官——兼谈中国古代的"驻京办事处"》，《天府新论》2011年第6期。

经制州朝集的目的是在中央与地方之间处理、传达政务信息，而蕃州朝集则具有万国朝贺的色彩。

（二）蕃州朝集制度的改革与内容

唐代朝集京师制度被认为确立于武德七年，[①] 或确立于贞观二年至五年之间，[②] 唐代蕃州都督、刺史朝集制度的产生应是随着蕃州的设置而产生的。贞观二十一年，唐灭薛延陀，在东北奚、契丹诸部本土以及漠北铁勒诸部大量设置羁縻府州后，明确了蕃州朝集的次第。贞观二十三年正月制："蕃王分为三蕃，以次朝集。"[③] 其后对蕃州都督、刺史朝集制度进行了调整和完善。圣历元年正月三日敕："岭南及全僻远小州，官人既少，欲令参军、县官替充朝集，听。"[④] 小州是指羁縻州，[⑤] 由于羁縻州官员人数有限，朝廷允许岭南以及极为边远地区羁縻州的参军、县官充当朝集使。

截至唐开元二十七年，唐大约有三百一十五个正州、八百个羁縻州。羁縻州遣使朝集产生的负面影响相当突出，因此，朝廷不得

---

① 雷闻：《隋唐朝集制度研究——兼论其与两汉上计制之异同》，载荣新江主编《唐研究》第 7 卷，第 289 页。

② 胡宝华：《唐代朝集制度初探》，《河北学刊》1986 年第 3 期。

③ 《册府元龟》卷 999《外臣部·入觐》，第 11718 页。

④ S.1344《唐开元户部格残卷》，载唐耕耦、陆宏基编《敦煌社会经济文献真迹释录》第 2 辑，第 573 页。

⑤ 唐代以蕃族所置州不必以羁縻州相称，小州即是其例。《旧唐书》卷 38《地理志》"关内道"记载：芳池州、安定州、安化州、静边州、云中、呼延州、桑干、达浑等都督府下辖羁縻被称为小州。《新唐书》卷 222《南蛮传》记载："天宝时，阁罗凤反，取姚州及小夷州凡三十二。"《旧唐书》卷 41《地理志》"剑南道戎州中都督府"记载：姚州武德四年置，管州三十二。此三十二小夷州即《新唐书》卷 43《地理志》羁縻州所记姚州都督府下所管三十二州，唯《新唐书》所记仅有十三州。小州也见于《散颁刑部格残卷》（《敦煌石室遗书百廿种》，《敦煌丛刊初集》第 8 辑，台北：新文丰出版公司 1985 年版，第 927 页），云："头首配流岭南远恶处，从配缘边有军府小州。"从上述引证可以看出，正州为大州，正州所置"州都督府"之下羁縻州为小州。在文献中大州、小州并不常见，它们是羁縻州发展全盛时期对不同性质州的区别称谓。

不做出一些限定。首先为了减轻朝集使途经州县及中央财政负担，命令减少蕃州朝集人员数量。玄宗先天二年十月敕文中规定："诸蕃使都府管羁縻州，其数极广。每州遣使朝集，颇成劳扰。应须朝贺，委当蕃都督与上佐及管内刺史，自相通融，明为次第，每年一蕃，令一人入朝，给左右不得过二人，仍各分颁诸州贡物，于都府点检，一时录奏。"① 限定了羁縻州朝集使及随从的人数，并规定羁縻州贡物要交付都督府，由都督府统一进上。

取消部分边远蕃州的朝集资格是改革的内容之一。开元十四年二月明确规定："岭南五府管内郡，武安、万安等三十二州，不在朝集之限，其承前贡物者，并附都府贡进。"② 取消上述州朝集资格，主要是因为岭南诸州距离长安路途遥远，且武安诸州户多为几百乃至几千，免除其中部分州的朝集，由岭南地方都府代理，既有利于传达中央政令、减少朝集使往返的耗资，又不会削弱中央对蕃州的统治。元和时期，岭南道依然遵循此规定，安南都护府管州十三，交州、爱州、驩州、峰州、陆州、演州为朝贡州，长州、郡州、琼州、武安州、唐林州、武定州、贡州为附贡州，羁縻州三十二。③ 附贡州中的郡州、琼州、武定州在《新唐书》中均被列为羁縻州。在江南道黔州都督府内，对羁縻州朝集名额的限制也很严格。建中三年，蛮州与诸谢朝贺，唐德宗以其国（州）小，取消了蛮州的朝集资格，蛮州诉于黔中观察使王础，以州接牂牁，愿随牂牁朝集。王础上奏朝廷，说明蛮州人口殷盛，具备朝集资格，请准许三年一朝集。④

虽然对羁縻州参与朝集有明文规定，但是羁縻州与中央联系以朝集使为名赴京的事例并不多见。朝集使在元正朝贺天子，贡献方物，而元正是四夷朝贡的日期。"旧制元日大陈设：皇太子献寿，次

---

① 《唐会要》卷24《诸侯入朝》，第459页。
② 《唐会要》卷24《诸侯入朝》，第459—460页。
③ 《元和郡县图志》卷38《岭南道》，第945页。
④ 《新唐书》卷222《南蛮传》，第6320页。

上公献寿，次中书令奏诸州表，黄门侍郎奏祥瑞，户部尚书奏诸州贡献，礼部尚书奏诸蕃贡献。"① 这一事例未明确说明蕃州都督、刺史朝集贡献，但不难理解，诸州贡献应是正州贡献，诸蕃贡献则包括羁縻州贡献与境外四夷贡献。因此，史书所谓羁縻州"朝贡不绝"及每年朝贡的记载，实际上就是指羁縻州向中央派出朝集使赴京朝贡。《太平寰宇记》记载黔州都督府管蕃州五十三，其中南宁州、充州、琰州、犍州、庄州、明州、牂州、矩州、清州九州每年朝贡。②同书记牂、庄、琰、充四州废弃，③《元丰九域志》已说明四州为化外州，不在北宋王朝的管辖范围之内。所以九州每年朝贡为唐制，而黔州都督府所管其他四十四蕃州不是每年都要朝贡或朝集。

在古代中国，郡国定期进京述职上计、进贡方物是地方服从于中央的具体表现。尽管唐代蕃州都督、刺史朝集，因时、因地执行的具体情况有所不同，或者在一些地区能否执行下去仍无法确知，但相关规定并非一纸空文。《唐六典》卷 3《尚书户部》"户部郎中员外郎"记载："凡天下十道，任土所出而为贡赋之差（原注：其物产经不尽载，并具下注。旧额贡献，多非土物。或本处不产，而外处市供；或当土所宜，缘无额遂止。开元二十五年，敕令中书门下对朝集使随便条革，以为定准，故备存焉）。分十道以总之。"④《新唐书》开列的羁縻府州中，剑南道戎州都督府所辖昆州、岭南道桂州都督府所辖温泉州与述昆州以及安南都护府所辖郡州下附记各州土贡品种，这应是中央与朝集使核定的土贡种类。岭南产金，唐代岭南洞溪地区包括羁縻州地区的一些首领甚至直接进行金银开采。⑤ 神龙年间，赵臣礼任招慰桂、永等三十二州副节度

①　《唐会要》卷 24《诸侯入朝》，第 455 页。
②　《太平寰宇记》卷 120《江南西道》，第 2398—2399 页。
③　《太平寰宇记》卷 122《江南西道》，第 2420 页。
④　《唐六典》卷 3《尚书户部》，第 64 页。
⑤　参见王承文《论唐代岭南地区的金银生产及其影响》，《中国史研究》2008 年第 3 期。

使时，所辖羁縻州首领"愿赇橐中黄金之装"，①说明这些非常偏远的地区也曾被纳入唐朝金银贡奉的范围。

唐代规定：凡属于年终考核之列的官员，记录其当年功过行能，本司及本州道长官当众宣读，审议优劣，将考核评语定为九等。"内外文武官，量远近以程之有差，附朝集使送簿至省。"②唐代蕃州或羁縻州首领出身的官员虽是世袭，但也在考课之列，其考核评语由朝集使递送至省。《天圣令》卷三○《杂令》记载的唐令："诸勋官及三卫诸军校尉以下诸蕃首领、归化人、边远人遥授官等告身，并官纸及笔以写。其勋官，三卫校尉以下附朝集使立案分付，边远人附便使及驿送。若欲自写，有京官职及缌麻以上亲任京官为写者，并听。"③

由于涉及官员考绩，诸州向中央派遣朝集使也成为谋求升迁的途径。"先是，朝集使往往赍货入京，及春将还，多迁官；宋璟奏请一切勒还，以革其弊。"④羁縻州官员也不例外，屡有发生贿赂宰臣的丑闻，如凤阁侍郎李昭德、⑤刘祎之接受契丹归诚州孙万荣财贿。⑥这表明羁縻州首领对考课相当重视，考课对蕃官有很强的约束力。

（三）蕃州朝集都督府

唐制，羁縻州隶属唐边州都督、都护。因此，羁縻州除向中央派遣朝集使之外，其首领还要定期集于都督府。剑南道戎州都督府所辖羁縻州，"除没落云南蛮界一十五州，其余虽有名额，元无城

---

① 吴钢主编：《全唐文补遗·千唐志斋新藏专辑》，三秦出版社 2006 年版，第 221 页。
② 《旧唐书》卷 43《百官志》，第 1822 页。
③ 天一阁博物馆、中国社会科学院历史研究所《天圣令》整理课题组校证：《天一阁藏明钞本天圣令校证》下册，第 433 页。
④ 《资治通鉴》卷 112"玄宗开元七年"，第 6738 页。
⑤ （唐）张鷟：《朝野佥载》，赵守俨点校，中华书局 1982 年版，第 156 页。
⑥ 《资治通鉴》卷 204"则天后垂拱三年"，第 6444 页。

邑，散在山洞，不常其居，抚之难顺，扰之易动。其为刺史，父子相继，无子，即以其党有可者公举之。或因春秋有军设，则追集赴州。著夏人衣服，却归山洞，椎髻跣足，或被毡或衣皮，从夷蛮之风俗。无税赋以供官。每年使司须有优赏，不拘文法"。① 《新唐书》记载，戎州都督府"诸蛮州九十二，皆无城邑，椎髻皮服，惟来集于都督府，则衣冠如华人焉"，② 与《太平寰宇记》所述为同一事。"又有夷望、鼓路、西望、安乐、汤谷、佛蛮、亏野、阿醯、阿鄂、铆蛮、林井、阿异十二鬼主皆隶嶲州。又有奉国、苴伽十一部落，春秋受赏于嶲州。"③ 西洱河蛮，"开元以前，尚有首领入朝本州，刺史受赏而归者"。④ 西洱河蛮后为南诏所并，樊绰说的是西洱河蛮属唐时的情况。赵吕甫以为"本州"二字晦涩难解，其实"本州"是指西洱河蛮羁縻州的上级主管机构——州都督府，"入朝本州"即为西洱河蛮羁縻州首领刺史朝集于所属都督府。唐代周边一些部落受制于社会经济发展的程度，中央统治难以继续深入，而这些部落对中央、地方政府承担的义务也相对较少。上述部落正属于此种情况，由于无法承担较多义务，只能在春秋二季朝集都督府，以示服从地方与中央的领导，并接受都督府的赏赐。上述资料将这些部落作为特殊的一类予以记载，这并不意味着羁縻州朝集都督府仅限于上述羁縻州。笔者认为，有能力向都督府"贡献"以及被允许向中央派遣朝集使的羁縻州，自是定期朝集都督府，性质相当于向上级部门述职，以示服从上级政府。"故事，南诏尝与妻子谒都督，过云南，太守张虔陀私之，多所求丐，阁罗凤不应。"⑤ 阁罗凤为姚州都督府所属阳瓜州刺史，云南太守即姚州都督，张虔陀是否觊觎阁罗凤妻美色姑且不论，所谓"故事"即羁

① 《太平寰宇记》卷 79《剑南西道》，第 1605 页。
② 《新唐书》卷 43《地理志》"羁縻州"，第 1140 页。
③ 《新唐书》卷 222《南蛮传》，第 6324 页。
④ 《云南志校释》，第 144 页。
⑤ 《新唐书》卷 222《南蛮传》，第 6271 页。

縻州刺史首领谒见都督或朝集都督府的定制。

周边属部定期朝集或谒见上级是西汉以来的旧制。秽，与沃沮、高句丽本是卫氏朝鲜地，汉武帝于其地置四郡，沃沮、秽貊悉属乐浪郡。东汉建武六年（30），并省都尉官，"悉封其渠帅为县侯，皆岁时朝贡"。① 自此，沃沮、秽由当地首领自治，不由中央派遣的官员直接管理，但沃沮、秽县侯仍隶属郡县。这种形式沿袭至曹魏，授予秽首领王侯爵位，"居外杂在民间，四时朝谒。二郡有军征赋调，供给役使，遇之如民"。② 曹魏时，秽地仍未列入郡县内但隶属郡县，首领四时谒见郡守，为乐浪、带方二郡提供赋役，秽民如郡县百姓一样承担相应的义务。东汉建武二十年（44），韩人苏马湜等诣乐浪贡献，光武帝封苏马湜为汉廉斯邑君，使其隶属乐浪郡，承担四时向乐浪郡朝贡、谒见等义务。③ 北魏因梁、益二州管辖范围辽阔，统治难以深入，于是置巴州以统诸僚，以巴酋为刺史。巴州隆城镇所管僚二十万户，岁输租布，又与外界贸易。巴州生僚不承担租税，"其诸头王每于时节谒见刺史而已"。④ 唐代虽以周边属部置羁縻州，但仍沿袭了两汉以来属部定期谒见或朝集上级主管部门的旧制。

综上所述，唐代蕃州朝集有两种形式，朝集京师与朝集都督府。如果说唐确立诸州朝集京师制度的目的在于方便中央与地方之间及时处理、传达政务，以便加强对地方的统治，那么蕃州朝集则具有四夷万国朝贺的色彩。由于羁縻州数量众多，相应的朝集使人数众

① 《后汉书》卷85《东夷传》，第2817页。同时陈寿《三国志》卷30《魏书·乌丸鲜卑东夷传》（中华书局标点本1959年版，第846页）记载："建武六年，省边郡，都尉由此罢。其后皆以其县中渠帅为县侯，不耐、华丽、沃沮诸县皆为侯国。"《后汉书》所谓"省都尉官，遂弃岭东地"，非指放弃岭东地，而是指废都尉后，以岭东七县为一辖区的行政区划已无必要，即以县为侯国。参见高明士《东亚古代的政治与教育》中篇贰《秦汉时期的东亚关系》，第86页。

② 《三国志》卷30《魏书·乌丸鲜卑东夷传》，第849页。

③ 《后汉书》卷85《东夷传》，第2820页。

④ 《魏书》卷101《獠传》，第2250页。

多，往返耗资巨大，朝廷不得不限制朝集人员名额，乃至取消许多边远蕃州的朝集资格，严格限制朝集蕃州数量。在此情况下，蕃州朝集都督府成为唐与蕃州信息交流的重要途径，也成为唐加强统治的重要方式。一方面，蕃州朝集都督府以示服从地方与中央的领导；另一方面，都督府代表中央行使监管权力，推行中央政令，并将相关信息反馈给中央政府，发挥了连接蕃州与中央的桥梁作用。

三　内附诸族的赋役规定

迄今为止，关于唐代周边内附诸族承担赋役的问题，已有研究主要集中于唐代颁布的蕃夷赋役令，或据此探讨羁縻州部落是否承担赋税与徭役，[①] 或将此视为唐代少数民族地区的特殊税制，[②] 或据此认为内附蕃户既有纳税义务又有兵役义务，[③] 或以为赋役令部分规定的对象是作为羁縻州民的北方游牧民族，[④] 或将其视为羁縻州管理中的基本经济制度予以探讨。[⑤] 上述探讨无疑对认识唐代周边诸族承担赋役问题具有积极意义，然而唐代将周边诸族纳入其统治体制的方式并不相同：或置羁縻州安置，或置正州安置，或迁入内地州安置，各地情况不一，很难以统一的规定要求他们承担赋役。因此，笔者认为蕃夷赋役令要求承担赋役的对象——蕃胡、夷僚，仅是唐代周边内附诸族之一类，其承担的赋役也仅是周边内附诸族承担赋役的方式之一，不同地区、不同类型的蕃夷要求承担不同形式的赋役。

---

① 刘统：《唐代羁縻府州研究》，第 62 页。

② 李锦绣：《唐代财政史稿》上卷第 2 册，北京大学出版社 1995 年版，第 612—625 页。

③ 张国刚：《唐代政治制度研究论集》，第 92—111 页。

④ 石見清裕『唐の北方問題と国際秩序』、173 頁。

⑤ 苏航：《唐代北方内附蕃部研究》，博士学位论文，北京大学，2006 年，第 89—94 页。

（一）内附诸族以编户身份承担定额税

1. 北方蕃胡按户等、丁口承担定额税及缴纳畜产税

《唐六典》云：

> 凡诸国蕃胡内附者，亦定为九等。四等已上为上户，七等已上为次户，八等已下为下户。上户丁税银钱十文，次户五文，下户免之。附贯经二年已上者，上户丁输羊二口，次户一口，下户三户共一口。无羊之处，准白羊估折纳轻货。若有征行，令自备鞍马，过三十日已上者，免当年输羊。凡内附后所生子，即同百姓，不得为蕃户也。凡岭南诸州税米者，上户一石二斗，次户八斗，下户六斗；若夷獠之户，皆从半输。轻税诸州，高丽、百济应差征镇者，并令免课役。①

以上是租庸调时代关于周边内附诸族按户等课税和在征行时得以减免的规定，具体适用的对象为诸国内附蕃胡、南方的夷獠户。内附蕃胡、夷獠户赋役令在武德七年就曾颁布过一次。

关于赋役令中输纳银钱与羊的诸国内附蕃胡，石见清裕认为并非针对同一对象，还包括粟特商人与以北方游牧民族设置的羁縻州之民户。堀敏一则认为赋役令是一个整体的条文，并非针对不同对象混杂在一起的条文。② 李锦绣与堀敏一有类似的看法，将其视为针对一种或一类对象的一个条文，认为北方内迁游牧族也纳银钱。③ 以上所述共同之处在于强调赋役对象的族属，但是必须明确蕃胡赋役令重点不是强调输纳对象蕃胡的族属，而是强调蕃胡的类别。至于是哪一类蕃胡执行上述赋役规定，以下将做简要

---

① 《唐六典》卷3《尚书户部》，第77页。

② 堀敏一：《中华世界》，载谷川道雄主编《魏晋南北朝隋唐史学的基本问题》，第37页。

③ 李锦绣：《唐代财政史稿》上卷第2册，第620—625页。

说明。

　　首先，诸国内附蕃胡与下文所述给复十年的投化者同为从境外迁入唐境内后进入唐统治体制的移民，但是蕃胡赋役令规定蕃胡承担赋役的形式不同，即使蕃胡已在唐注籍，依然根据其固有生产方式的特点使其承担赋役，这一点不同于下文所述给复十年的投化者。因此，《唐六典》蕃胡赋役令规定的赋役对象仅仅只是进入唐统治体制诸国蕃胡中的一类，换言之，蕃胡赋役令并非以唐全国范围的诸国内附蕃胡为对象。

　　其次，《唐六典》所记诸国蕃胡赋役令在武德七年蕃人赋役令基础上，增加了蕃胡征行自备鞍马以及超期服役减免赋税的规定，输羊与自备鞍马征行都是基于游牧习性确立的赋役制度。此外，又增加了高句丽、百济征镇减免课役的规定。因此，《唐六典》所记蕃胡赋役令是考虑到贞观四年突厥政权灭亡，大量北方游牧族内迁，以及随后对朝鲜半岛的征伐，部分高句丽、百济民众迁入内地而重新修订的赋役令，作为赋役对象的蕃胡与北方游牧族南下有直接关系。

　　再次，赋役令规定输纳银钱与羊的数目都是以户等、丁口为依据，那么成为赋役对象的前提条件就是成为在唐王朝州县注籍的蕃胡。唐代对内附部族的安置方式，一种是迁入正州，一种是设置羁縻州。羁縻州又分为在部落本土设置的州与在内迁唐正州境内设置的州。唐代大部分羁縻州贡赋版籍无须上报户部，赋役令规定的输纳对象恰恰是注籍的蕃胡。贞观四年以后，北方游牧族南下主要居于关内、河北道北部正州及陇右道凉州境内，以这些游牧族设置的羁縻州多有户数或口数统计。① 游牧族迁入正州境内首先涉及按人口规模择地安置的问题，所在州或州都督府统计其户口数，进而确定户等及每户丁口数作为税收的依据并非难事。因此，内迁游牧族具备按户等、丁口数征税的前提条件。

---

① 《旧唐书》卷38—40，第1414—1415、1520—1526、1641页。

　　基于以上考虑，以及论者指出游牧族输纳银钱与羊的事实，[1]可以认为《唐六典》所记诸国内附蕃胡赋役令并非针对商胡，而是主要适用于贞观四年以后从境外迁入唐正州境内的北方游牧诸族。[2] 他们无论是迁入内地后被直接编入正州，还是被安置在正州内所设的羁縻州内，均由州县掌握其版籍后据赋役令纳税。贞观四年，突厥政权灭亡，大量突厥降户迁入唐缘边正州境内。后突厥默啜败亡前后，大量后突厥部落降唐南迁，部分铁勒部落也脱离后突厥统治降唐南迁，诸如此类降户均应是蕃胡赋役令中规定的输纳对象。

　　按户等、丁口纳税之外，内迁游牧诸族还要缴纳畜产税。《唐律疏议》云：

　　　　诸牧畜产，准所除外，死、失及课不充者一，牧长及牧子笞三十，三加一等；过杖一百，十加一等，罪止徒三年。羊减三等。余条羊准此。

　　　　【疏】议曰：《厩牧令》：诸牧杂畜死耗者，每年率一百头论，驼除七头，骡除六头，马、牛、驴、羖羊除十，白羊除十五。从外蕃新来者，马、牛、驴、羖羊皆听除二十，第二年除十五；驼除十四，第二年除十；骡除十二，第二年除九；白羊除二十五，第二年除二十；第三年皆与旧同。准率百头以下除数，此是年别所除之数，不合更有死、失。"及课不充者"，应课者，准令："牝马一百匹，牝牛、驴各一百头，每年课驹、犊各六十，骡驹减半。马从外蕃新来者，课驹四十，第二年五十，第三年同旧课。"[3]

---

　　① 李锦绣：《唐代财政史稿》上卷第 2 册，第 620—625 页；苏航：《唐代北方内附蕃部研究》，第 90 页。

　　② 王义康：《唐代"蕃族"赋役制度试探》，《民族研究》2004 年第 4 期。

　　③ 刘俊文：《唐律疏议笺解》卷 15《厩库》，第 1085—1086 页。

唐律要求对来自外蕃的畜产征课，但没有明确畜产的拥有者即征课对象是谁。石见清裕注意到唐律规定与内附蕃部纳税相关，[1] 这一判断是正确的。北方游牧族南下往往是携畜产举部内迁唐北方沿边州县，他们所携畜产是从外蕃新来者，自是唐律畜产征课适用的对象。

2. 外蕃之人投化者给复十年

唐代关于归唐蕃夷起征赋税的时间有两种规定。日本《令集解》引《古记》："开元令云：夷狄新招慰附户贯者，复三年。"[2] 这是唐朝建立以后在南方及西南地区夷僚本土置州、夷僚附贯后免除赋税的规定，[3] 三年期满后，不同地区夷僚理应根据承担赋役的规定承担相应的赋役。[4] 以下着重探讨免除赋役十年后起征赋税的蕃夷。

《通典》记载："外蕃之人投化者，复十年。"[5]《新唐书》记载："四夷降户，附以宽乡，给复十年。"[6] 外蕃投化者即四夷降户。笔者曾认为此规定也针对贞观时的突厥降户，[7] 但后来受到质疑，[8] 现在看来理解有误，需要修正。日本《令集解》引《古记》云："问：化外人投化复十年，复讫之后，课役同杂类以不？答：不同也，华夏百姓一种也。"[9] 化外即境外，[10]"投化犹归化"，[11] 由

---

① 石见清裕『唐の北方問題と国際秩序』、168—170 頁。

② 仁井田陞『唐令拾遺』東京大学出版会、1964、682 頁。

③ 石见清裕『唐の北方問題と国際秩序』、164 頁。

④ 王义康：《唐代"蕃族"赋役制度试探》，《民族研究》2004 年第 4 期。

⑤ 《通典》卷 6《食货六》，第 109 页。

⑥ 《新唐书》卷 51《食货志》，第 1343 页。

⑦ 参见王义康《唐代"蕃族"赋役制度试探》，《民族研究》2004 年第 4 期。

⑧ 苏航：《唐代北方内附蕃部研究》，第 91 页。

⑨ 惟宗直本『令集解』卷 13「賦役令」黒板勝美主編『新訂増補國史大系』吉川弘文館、1994、404 頁。

⑩ 参见本书第二章。

⑪ 清原真人夏野『令義解』卷 3「賦役令」黒板勝美主編『新訂増補國史大系』吉川弘文館、1994、121 頁。

境外迁入境内的蕃夷，免征赋税十年后与华夏百姓承担相同的赋役。《古记》所记可与吐鲁番出土文书相互印证。

在吐鲁番出土的唐管理西州时期的籍帐中，内附蕃人被列为新附户的课丁不输部分，他们应属于给复十年的对象。[①] 此外，唐管理西州时期，高昌县崇化乡内有相当数量的粟特裔居民，崇化乡乡名表明它是归化粟特人的聚居地。[②] 吐鲁番出土的贞观十四年籍帐中记有在西州高昌县入籍的粟特人，表明在唐置西州后，征服西突厥在粟特地区置府州之前就有粟特人归化迁居至西州高昌县。入籍西州高昌县的粟特人可按均田法受田；作为田主，入籍粟特人可以出佃土地，也可以自佃耕作；受田入籍后粟特人也担负差科。[③] 归化入籍西州高昌县的粟特人具有与华夏百姓相同的身份与法律地位，享受相同的待遇，相应地也承担与华夏百姓相同的赋役。由此可见，上述唐西州地区的归化蕃人既是给复十年的对象，又与华夏百姓承担相同的赋役，属于《古记》所述承担赋役的对象。《唐六典》规定的输纳对象——诸国内附蕃胡，与《通典》规定的输纳对象——外蕃投化人都是由唐境外迁入正州境内的归化蕃人，前者要按固有的生产方式承担赋役，后者在赋税减免期满后要与华夏百姓承担相同的赋役。他们虽是归化蕃人，却是两种不同类型的赋役对象。

3. 南方夷僚按户等承担定额税

关于南方夷僚按户等承担定额税，上文《唐六典》卷3《尚书户部》"户部郎中员外郎"中已有引述。唐前期在岭南五管征收轻税，[④] 夷僚户半输，即夷僚户只需输纳岭南诸州汉人税米户税额的一半。唐前期，这项规定在岭南的确得到实施。垂拱年间，"岭南

---

① 唐长孺：《唐西州诸乡户口帐试释》，载唐长孺主编《敦煌吐鲁番文书初探》，武汉大学出版社 1983 年版，第 142、157 页。

② 姜伯勤：《敦煌吐鲁番文书与丝绸之路》，文物出版社 1994 年版，第 172 页。

③ 姜伯勤：《敦煌吐鲁番文书与丝绸之路》，第 162—165、183 页。

④ 参见王义康《敦煌文献所见唐代轻税州》，《敦煌研究》2004 年第 4 期。

俚户旧输半课，交趾都护刘延佑使之全输"，① 因而引起夷僚户的叛乱。在管理形式上，岭南地区夷僚户分别隶属正州与羁縻州。隶属正州的夷僚户要遵循半输的原则，而羁縻州夷僚户是否半输无法确知。虽然夷僚户半输是附于岭南诸州税米户之下记述的，但在实际执行过程中其范围不限于岭南。剑南道泸州管辖的纳、兰、顺、宋四羁縻州，"输纳半税"。② 由此可以断定，夷僚户半输在岭南地区不仅适用于隶于正州的夷僚户，也适用于岭南、剑南的羁縻州夷僚户。需要说明的是，半输是按户等征税，要确定户等，州县首先要将夷僚户注籍登记在册，而实际上在岭南地区，即使隶于正州县的夷僚户也无法全部成为注籍的编户。因此，夷僚户半输无论是在岭南正州、羁縻州，还是在剑南羁縻州夷僚户中，实施对象只能限于已在州县注籍的夷僚户。唐前期颁布的蕃胡、夷僚户赋役令规定的赋役对象属于贡赋版籍上报户部的一类，其税收被纳入国家财政统筹的范围。

4. 岭南局部区域性统一额税

开成四年（839），安南都护马植奏称，都知兵马使杜存诚所管四乡僚户，"其丁口税赋，与一郡不殊"。③ 杜存诚为爱州（非羁縻州）夷僚首领，④ 马植的奏言有强调的意味，说明僚户承担税额本与汉人税户不同，此时杜存诚所领僚户与郡内其他税户承担相同的税额。唐前期租庸调时代，基本上是计丁课税，唐后期的两税法则以资产多少计算税收。按照法令规定，征收两税与丁税无关。而实际上在唐后期的安南地区，丁税钱与两税并行不悖。⑤ 杜存诚所管四乡僚户承担的是岭南区域性统一税额。开成三年，安南都护马

---

① 《资治通鉴》卷 204 "则天后垂拱三年"，第 6445 页。

② 《太平寰宇记》卷 88 《剑南东道》，第 1743 页。

③ 《唐会要》卷 73 《安南都护府》，第 1322 页。

④ 《资治通鉴》卷 250 "懿宗咸通二年"《考异》曰：《实录》……《补国史》。（第 8094 页）

⑤ 参见张泽咸《唐五代赋役史草》，中华书局 1986 年版，第 227 页。

植奏称当管羁縻州首领为南诏所诱，不可招谕，他到任后晓以逆顺，首领愿纳赋税。① 峰州置有蜀爨蛮十八羁縻州，唐后期峰州林西原置有防冬兵六千，其傍七绾洞蛮，常助安南都护府防御南诏，输纳租赋。② 安南都护府辖区承担赋税的僚户不在少数，其中相当一部分是承担这种税额的。

（二）羁縻州或内附诸族以集体为单位承担赋役

1. 漠北铁勒羁縻州以贡物充赋税

贞观二十二年，铁勒十三部内附，唐在漠北设置六都督府、七州，隶属燕然都护府。"于是回纥等请于回纥以南、突厥以北，置邮驿六十六所，以通北荒，号为参天可汗道，俾通贡焉。以貂皮充赋税。"③ 铁勒诸部内附开拓了北边通向中原的贡道，中央直接从铁勒诸部中获得课税。④ 这是内附羁縻州部落以州为单位承担服役的方式之一。

2. 羁縻府州土长刺史以进献形式向上级州府纳税

南诏叛唐后依附于吐蕃，后又苦于吐蕃重税，思唐恩惠，异牟寻遂生去意。清平官郑回以唐无赋役、少求责为由，⑤ 劝其归唐。相反，阁罗凤为了表达自己无辜、忠于朝廷时说："既衔厚眷，思竭忠诚，子弟朝不绝书，进献府无月余，将谓君臣一德，内外无欺。"在为自己叛唐行为开脱罪责时辩称："重科白直，倍税军粮，征求无度，勿欲疲我。"⑥ 唐代州县官员按品级高低分别给白直和

---

① 《唐会要》卷73《安南都护府》，第1322页。

② 《资治通鉴》卷249"宣宗大中十二年"，第8070页。

③ 《唐会要》卷73《安北都护府》，第1314页；《册府元龟》卷170《帝王部·来远》，第2052页。

④ 松田寿男：《绢马交易研究札记》，辛德勇译，载刘俊文主编《日本学者研究中国史论著选译》第9卷，中华书局1993年版，第420页。

⑤ 《资治通鉴》卷232"德宗贞元三年"，第7480页；《新唐书》卷222《南蛮传》，第6272页。

⑥ （唐）郑回：《南诏德化碑》，《金石萃编》卷160。

执衣以充役。"凡州县有公廨白直及杂职（其数见州、县中），两番上下；执衣，三番上下。边州无白直、执衣者，取比州充。"①唐代姚州是边州，姚州都督府白直、执衣从下属的蕃州内差发。阁罗凤谓唐重税南诏又频繁差发徭役，何以与郑回所说极其矛盾？笔者认为，这是对同一事的不同说法。阁罗凤说他频繁地向姚州都督府进献未必属实，但这正是南诏地区羁縻州部落向姚州都督府纳税的方式。一般情况下，唐对羁縻州不实行直接统治，不要求其民户登记户籍且不直接向民户征税。在这种情况下，若羁縻州需要承担赋役，则由刺史首领代表整个羁縻州民向上级都督府或都护府定期缴纳一定数量的实物以充当赋税。一般来说，这种税收象征意义大于实际意义，无论对刺史首领还是羁縻州民而言，都在其承受能力范围内，以致二者均无承担赋税之忧，所以郑回说南诏属唐时无赋役。而阁罗凤为自己叛唐找借口却说姚州都督府重税自己，是基于其所领羁縻州要定期向都督府纳税或姚州都督府根据需要临时征发徭役的事实。

在剑南道，以羁縻州为单位由刺史向都督府纳税的州不在少数。戎州都督府下辖协、曲、郎、昆、盘、黎、匡、髳、尹、曾、钩、縻、哀、宗、彻、姚等州，"天宝以前，朝贡不绝"。其中姚州为正州，而姚州管辖的包括南诏在内的羁縻州共三十二州，在天宝以前，也是"朝贡不绝"。② 事实上，戎州都督府及姚州都督府分别所辖的羁縻州中，天宝以前直接上京朝贡的州有限，类似情况也出现在其他地区。③ 所谓"朝贡不绝"是指天宝以前各州每年定期向都督府进献，以此形式缴纳赋税。剑南节度使章仇兼琼遣越嶲

---

① 《唐六典》卷3《尚书户部》，第78页。
② 《旧唐书》卷41《地理志》"剑南道"，第1698页。
③ 《新唐书》卷221《西域传》（第6247、6254页）记载，唐在中亚昭武九姓中米国及葱岭以西十六国中帆延置府州后，"自是朝贡不绝"。然而上述两地自唐置府州后，进京朝贡的次数现存资料记述断断续续，无论如何说不上"朝贡不绝"。所谓"朝贡不绝"应是上述府州属唐时定期向主管机构安西都护府进献，而非向长安朝贡。

都督竹灵倩置府东爨，通安南，"役重赋繁，政苛人弊"，引起爨地骚动。正是由于爨地羁縻州负有向都督府进献的义务，才使得都督府将爨蛮羁縻州的义务扩大化。

岭南道羁縻州与剑南道相同，也多以此种方式纳税。神龙年间，授赵臣礼领军卫中郎将、招慰桂永等三十二州副节度大使，"安百越之众獠，慰五溪之诸蛮……于是，督首领，制羁縻，审土物之有无，定封略之远迩。度职贡，每岁充于王国；会车赋，应期奉于军郡。因是请献海外白璧之宝，愿贿囊中黄金之装"。① 桂州都督府下属羁縻州，在赵臣礼抚定众僚后，诸州首领除每年向中央进献外，还要向郡国（当管州都督府）进献。此即论者所说蕃州定期向都督府进献外，每年还需向朝廷朝贡。② 岭南道宜州所管文、兰、镇宁、抚水四羁縻州，"最居偏僻，有州县，且无廨宇，所有赋租，宜州差人征催。皇朝因之"。③ 四州无廨署，不可能使州民登记在册据户籍征税。因此，宜州只有定期派人督催四州首领，由他们向所管州民户摊派征集，凑足规定的赋税数目，然后上缴宜州政府。宋承唐制，文、兰等四州仍以州为单位整体向宜州纳税。太和中，桂管经略使董昌龄讨平西原蛮十八州，"夷其种党，诸蛮畏服，有违命者，必严罚之。十八州岁输贡赋，道路清平"。④ 十八州如同从前，承制向桂管经略使进献贡赋。

江南道，"（黔中）凡四使十五郡，五十余城，裔夷岩险以州部修职贡者，又数倍焉"。⑤ 黔州都督府所管羁縻州数量倍于正州，所谓"裔夷岩险以州部修职贡者"，即羁縻州以州为单位向黔州都督府纳税。

此外，剑南道中还有一些羁縻州以地方特产充当赋税。如泸州

① 吴钢主编：《全唐文补遗·千唐志斋新藏专辑》，第 211 页。
② 高明士：《东亚古代的政治与教育》上篇叁《羁縻府州制度》，第 29—63 页。
③ 《太平寰宇记》卷 168《岭南道》，第 3214 页。
④ 《文献通考》卷 330《四裔》，第 2587 页。
⑤ 《全唐文》卷 494《黔州观察使新厅记》，第 5040 页。

管辖的高、奉、思峨等九州，"供输紫竹"，① 即以当地盛产的紫竹向泸州官府缴纳赋税。《太平寰宇记》所记泸州地区羁縻州民承担赋税是沿袭唐代的规制，高、奉等九州以地方特产充赋税仍是唐代的税收形式。

输纳地方特产也见于正州县。江南西道的涪州，春秋时属巴国，秦为巴郡地，汉为涪陵县，三国时蜀先主于此立涪陵郡，领汉平、汉葭二县。永嘉之乱后，地没于夷僚。至北周保定四年（564），涪陵首领田思鹤归化，于其地置奉州，续又改为黔州。唐开元年间，户一千六百。所属宾化县，唐贞观十一年，分渝州巴县之地置隆化县，后因以避唐玄宗讳改为宾化县。"《新图经》云此县民并是夷僚，露顶跣足，不识州县，不会文法，与诸县户口不同，不务蚕桑，以茶蜡供输。"② 县民尽为夷僚，州县无法使其登记户籍，自然也就无法按户或丁口数征收土特产。在此情况下，州县只有规定一定的税收数目，让县夷僚民集体完成。涪州、宾化县为正州县尚且如此，上述剑南道泸州管辖的高、奉、思峨等九州，自应是以州为单位向当管泸州承担赋税。

唐代羁縻州"贡赋版籍多不上户部"，正是由于唐代羁縻州绝大多数以向都督府、都护府进献的形式来承担赋役义务，不纳入中央财政，因而也无须统计户口，上报户部，并非羁縻州多不承担赋役。唐代以行政机构为单位，由土长负责向上级管理机构承担赋役的做法一直延续至清代。③ 这种税收方式在当时的历史条件下虽然具有合理的一面，但是弊端也是很明显的。羁縻州部落以集体为单

---

① 《太平寰宇记》卷88《剑南东道》，第1743页。

② 《太平寰宇记》卷120《江南西道》，第2388—2390页。

③ 如"四川雅州府属口内土司"：董卜韩胡宣慰司，"贡马四匹，每匹折征银八两，共银三十二两。又旧官鱼通地方草粮五十石，折征银五十两，俱解交藩库"；沈边长官司余世统，"于康熙四十九年颁给印信，每年纳赋五十两，交泰宁协，兑支兵饷"；冷边长官司，"于康熙四十九年颁给印信，每岁认纳杂粮八十石，折征银四十两，交泰宁协，兑支兵饷"。（清）张海：《西藏纪述》，台北：成文出版社1968年版，第1—3页。《西藏纪述》类似之例甚多，不一一列举。

位承担赋役，使都督府可以根据需要随意增加部落的负担，助长了边州官员的贪鄙行为，致使有的地区因官员贪贿而引起部落叛乱，破坏了正常的统治秩序。

3. 正州内蛮僚集体承担固定数量的赋税

陆州为安南都护府属州，开元年间，户四百九十四，《太平寰宇记》记其风俗，"人采珠煮海为业，皆獠蛮、乌浒诸夷所居，不为编户，率以封头为名，大封者数百口，以一户税布五匹、米百斛为恒赋"。① 陆州是正州，但是民户多为僚户，受生产方式与社会组织形式的限制，官府仍无法使僚民像汉人一样成为在州县注籍的编户齐民，从而按丁或按户征税。所以因俗以"封"为单位，征收规定数量的赋税。陆州在宋太平兴国年间是化外州，已非宋版图，乐史《太平寰宇记》所记仍是唐代的税收方式。

（三） 内附诸族承担赋役的特点与性质

综上所述，唐代周边内附诸族承担赋役的方式大体可分为两类：第一类，内附诸族注籍以编户身份承担额税，其中包括内迁唐正州境内的北方蕃胡按户等、丁口承担定额税及缴纳畜产税，由唐境外迁入正州境内的归化蕃人在减免赋税十年后与华夏百姓承担相同的赋税，南方夷僚按户等输纳岭南诸州汉人税米户税额的一半，以及岭南局部地区夷僚户按丁口承担区域性统一额税；第二类，包括羁縻州在内的内附诸族以集体为单位承担赋役，以上贡形式向中央缴纳赋税，羁縻州土长刺史以进献形式向上级州府纳税，或正州内蛮僚集体承担固定数量的赋税。唐代不同地区、不同时间、不同类型的内附民承担不同形式的赋税，具有多样性的特点。除此之外，唐代周边诸族赋役问题还涉及以下几方面内容。

其一，无论正州内蕃夷还是羁縻州部落百姓，其承担赋役情况都不能一概而论。交通不便以及一些地区民族社会经济发展滞后，

---

① 《太平寰宇记》卷171《岭南道》，第3276—3277页。

阻碍了中央王朝统治措施的实施，即使一些正州也难以对辖境内的少数族实现税收。剑南道的嘉州，"夷人椎髻跣足，短衣左衽，酷信鬼神，以竹木为楼居，礼仪不能化，法律不能拘"。① 虽为正州，但内地行政制度在此无法实施，遑论征税。茂州，"一州本羌戎之人，好弓马，以勇悍相高，诗礼之训阙如也。贫下者，冬则避寒入蜀，佣赁自食"。② 州民无固定产业解决生计问题，因而直至北宋时茂州所领三县仍是"并无两税"。③ 附于正州的羌僚户尚且如此，部分羁縻州民就更谈不上纳税了。如泸州管辖的能、浙二羁縻州，"承前不输税课"，④ 即在北宋时仍沿袭唐代的做法不纳课税。在边远地区归泸州管辖的羁縻州同样"不伏供输"。⑤ 相反，如上所述相当一部分羁縻州是承担赋役的。因此，唐代对羁縻州部落是否承担赋役不唯没有整齐划一的明确规定，即使对正州县内蕃夷也没有明确规定。唐对正州内蕃夷与羁縻州百姓的统治孰强孰弱，是否承担赋役不是判断的依据。

其二，即使同一类型的羁縻州，其是否承担赋役也不能一概而论。唐代周边诸族内附后，大多数情况下设立羁縻府州管理，其中部分羁縻州以保留政权的形式归属唐，所以自治性较强，受唐册封、向唐进贡，与唐的关系在某些方面的表现形式类似于唐境外邻蕃册封朝贡国——藩属国。如在安西四镇地区的于阗、疏勒、龟兹、焉耆与在东北的奚、契丹等地设立的羁縻州都是具有册封朝贡国特征的羁縻州，但是两地的情况大不一样。

在安西四镇地区，新疆出土的文书具体记载了西域羁縻州百姓承担的各种名目的差课徭役。例如，唐代的于阗，就行政管理体制来说，是安西都护府下辖的毗沙都督府；就军事体制来说，是安西

---

① 《太平寰宇记》卷 74《剑南西道》，第 1507 页。
② 《太平寰宇记》卷 78《剑南西道》，第 1574 页。
③ 《太平寰宇记》卷 78《剑南西道》，第 1573 页。
④ 《太平寰宇记》卷 88《剑南东道》，第 1742 页。
⑤ 《太平寰宇记》卷 88《剑南东道》，第 1743 页。

节度使下属的于阗军。和田出土文书中提到的傑谢镇，在行政体制上，是毗沙都督府的属州六城质逻州属下的一个城；在军事体制上，它是于阗军属下守捉下属的一个军镇。和田出土文书的内容，既有六城质逻州的行政公文，也有傑谢镇与其上级机构——守捉往来牒状及当地百姓和士兵日常生活留下的各类文书与杂写。其中多件为催缴赋税与征役的牒状，名目林林总总，① 包括六城质逻州向傑谢镇百姓催交欠负的税役钱、守捉责成傑谢镇将向当镇羊户官市羊毛，② 傑谢镇向当镇百姓征收牛皮和摊征杂物，以及征收脚钱充筹备镇防士兵的春装钱。③ 龟兹是安西都护府下辖的都督府，也是安西节度使下辖的四镇之一，又是安西都护府、安西节度使的治所。出土文书所见既有龟兹百姓为官府承担织春装布的劳役，④ 又有当地胡汉百姓共同承担各种名目的税役。⑤ 开元初期，唐平定奚、契丹等部的叛乱，在其故土重建羁縻州，以"林胡为赋税之地"，⑥ 然而却看不到唐王朝在奚和契丹本土推行税收政策、直接征收赋税的记载。因此，所谓以奚、契丹为"赋税之地"，未必是指向奚、契丹部落征税，而是要以奚、契丹为顺化之地，使其处于唐的统治之下。

---

① 傑谢镇百姓承担赋役名目参见俄藏文书 Dx. 18925《某年正月六城都知事牒为偏奴负税役钱事》、Dx. 18915《某年九月十七日傑谢镇贴羊户为市羊毛事》、Dx. 18916《大历十五年（780）傑谢镇为征牛皮二张事》、Dx. 18921《傑谢镇牒为傑谢百姓摊征事》、Dx. 18920《大历十四至十五年（779—780）傑谢百姓纳脚钱抄》。张广达、荣新江：《圣彼得堡藏和田出土汉文文书考释》，转引自季羡林等主编《敦煌吐鲁番研究》第 6 卷，北京大学出版社 2002 年版，第 228—229 页。

② 唐代官市由政府出钱据时估中价购买，但是各级官府在向百姓购买时，往往用低价获得优质物品，因而官市也就成为百姓的一种负担。

③《唐六典》卷 6《尚书户部》（第 80 页）记载："凡天下舟车水陆载运皆具为脚直，轻重、贵贱、平易、险涩而为之制。""脚直"即"脚钱"。

④「唐建中五年（784）孔目司贴」小田義久『大谷文書の研究』法藏馆、1996、71 页。

⑤ 参见刘安志、陈国灿《唐代安西都护府对龟兹的治理》，《历史研究》2006 年第 1 期。

⑥《全唐文》卷 289《贺诛奚贼可突干状》，第 2931 页。

羁縻州百姓是否承担赋役是学者关注的问题，论者甚至以此来区分羁縻州与一般藩属国，① 这是不必要的。册封朝贡的羁縻州与唐周边一般册封朝贡的藩属国的本质区别在于，前者隶属唐边州都督、都护，政治上归属唐，为唐境内行政机构；后者受唐册封、向唐朝贡只是表明与唐有从属、等级关系，并不改变其政治归属。周边诸族内附和被纳入唐统治体制后，原则上与内地居民同为唐王朝百姓，从法理上来说，无一例外是要承担赋役的。但由于种种原因，一些地区不具备征税的条件，内附民不承担赋税，但这并不能否认这些地区的居民为唐属民。因此，是否承担赋役不是区分羁縻州与一般藩属国的标准，换言之，不能以是否承担赋役为标准来确定周边四夷是否归属唐。

其三，《元史》编纂者言："自封建变为郡县，有天下者，汉、隋、唐、宋为盛，然幅员之广，咸不逮元。汉梗于北狄，隋不能服东夷，唐患在西戎，宋患常在西北。若元，则起朔漠，并西域，平西夏，灭女真，臣高丽，定南诏，遂下江南，而天下为一。故其地北逾阴山，西极流沙，东尽辽左，南越海表……汉、唐极盛之际，有不及焉。盖岭北、辽阳与甘肃、四川、云南、湖广之边，唐所谓羁縻之州，往往在是，今皆赋役之，比于内地。"②《元史》所说大有唐未做到使羁縻州承担赋役之意。相较于前代，元代固然对原唐羁縻州之地的统治力更强了，征税也更为直接，然而唐代已将羁縻州列入内地，③ 虽不要求所有羁縻州承担赋役（甚至在一些正州内蕃夷也不需要承担赋役），但也在广大区域内不同程度、不同形式地征收赋税，《元史》所论难免失之偏颇。

唐代对周边内附诸族（其中包括羁縻州百姓）是否承担赋役没有整齐划一的规定，除了客观因素之外，这与历代王朝对待周边

① 樊文礼：《唐代羁縻府州的类型划分及其与藩属国的区别》，载杜文玉主编《唐史论丛》第 8 辑，三秦出版社 2006 年版，第 76—93 页。

② （明）宋濂：《元史》卷 58《地理志》，中华书局 1976 年版，第 1345—1346 页。

③ 《李卫公会昌一品集》卷 8，第 61 页。

内附部族的指导思想有关。谭其骧先生试图甄别羁縻州与正州的标准，认为纳赋为其中一项，并最终认为唐王朝在法制上并未对二者做出明确规定。[①] 如果援引前代史实或许能对谭其骧先生的结论做进一步的理解。《华阳国志》卷3《蜀志》记载："宣帝地节三年，武都白马羌反，使者骆武平定之，因慰劳汶山郡。吏及百姓诣武自诉：'一岁再役，更赋至重，边人贫苦，无以供给，求省郡。'郡建以来四十五年矣。武以状上，遂省郡，复置北部都尉。"[②] 汶山吏及百姓因汶山郡无法完成税收而明确提出省郡，最终得到中央同意，省郡复置都尉。这表明周边诸族置郡后要严格执行中央政令，汶山郡只有成为部都尉后才能获得减免赋税的待遇，所以才有汶山吏与百姓提出省郡的请求。唐代羁縻府州的性质，可追溯到汉代的属国都尉。[③] 唐代将以内附部族设立的州明令定为羁縻州，旨在明确对待内附部族因地制宜、因俗而治，因而也就难以在法制上有区别于正州的统一标准。唐代不同地区、不同族属、不同类型的内附诸族承担不同形式的赋役，或者一些地区不承担赋役，体现了唐治理周边内附诸族不同于经制州行政制度的指导思想，具有羁縻性质。

四　以唐军事制度组建蕃兵

以唐军事制度组建蕃兵的举措之一是在羁縻府州中设置折冲府。

府兵制是西魏、北周、隋直至唐初沿袭而不衰的兵制，《新唐书·兵志》虽然有记载，但是受叙事体例的限制，旨在讲述其沿革和组织形式，并未涉及府兵族属。唐代大量使用蕃兵是常见的现象，唐初以

---

① 参见谭其骧《唐代羁縻州述论》，载氏著《长水集续编》，第138页。

② （晋）常璩撰，任乃强校注：《华阳国志校补图注》卷3《蜀志》，上海古籍出版社2011年版，第185页。

③ 参见章群《从属国到羁縻州府》，载纪念陈寅恪教授国际学术讨论会秘书组编《纪念陈寅恪教授国际学术讨论会文集》，中山大学出版社1989年版，第454—465页。

来大量内附部落是否也被纳入府兵组织无从确知。《新唐书·地理志》陇右道羁縻府州总目中记载"西域府十六，州七十二"，其下并注解："龙朔元年，以陇州南由令王名远为吐火罗道置州县使，自于阗以西，波斯以东，凡十六国，以其王都为都督府，以属部为州县。凡州八十八，县一百一十，军府百二十六。"[1] 是说唐平定西突厥阿史那贺鲁叛乱以后，在葱岭以西的十六国地区设置了军府。迄今为止，这是表明唐在羁縻府州内置折冲府的唯一记载。清人注意到这一现象，赵钺曾说："唐于西域置府一百四十七，南蛮东女等国皆例授将军、中郎、果毅等官，则外裔亦置尝军府矣！"[2] 但是由于在西域十六国地区统治的时间有限且统治的有效性受到质疑，所以唐在西域十六国地区羁縻府州内设置折冲府的记载，并不足以使人们进一步考虑唐在其他地区的羁縻府州内是否也设立折冲府的问题。《新唐书·地理志》"延州"条下记载境内有折冲府七，紧接着又记以吐谷浑部落置羌部落、阁门二府。按体例《新唐书》是将前七府与吐谷浑二府按同类性质记述的，则二府无疑是折冲府，劳经原将二府视为兵府，[3] 但是由于羌部落、阁门既是都督府名号又是折冲府名号，《新唐书》没有明确说明二府为折冲府，这就易于产生将二者视为唐前期常见的安置内迁部落的羁縻府州的错觉，折冲府的性质反而不易为人所论及。[4] 唐代墓志材料有助于我们了解在以内迁部落所置羁縻府州内设置折冲府的情况。

《李永定墓志》记载：

① 《新唐书》卷43《地理志》，第1135页。

② （清）劳经原：《唐折冲府考·序》，《二十五史补编》第6册，中华书局1998年版，第7593页。

③ （清）劳经原：《唐折冲府考》，《二十五史补编》第6册，第7611页。

④ 如史念海先生认为置羌部落、阁门二府以安置凉州迁来的吐谷浑部落。在注文中史先生又认为唐代地方置府，仅限于京都、陪都及其他特别重要的地方。《地理志》置此二吐谷浑府于折冲府之下，示不与地方府相当。不过折冲府和这二府还是有区别的。羌部落、阁门既是安置部落的都督府又是折冲府，史先生只强调了都督府的性质。参见史念海《隋唐时期黄河上游的农牧业地区》，载史念海主编《唐史论丛》第2辑，陕西人民出版社1987年版，第20页。

　　公讳永定，陇西人也。其先出自秦将，家于成纪。汉代则猿臂御戎，晋曰则凉王践极。考其枝叶，皆传五等之尊；察以波澜，世有参边之贵。曾祖延，皇朝本蕃大都督、兼赤山州刺史。祖大哥，云麾将军、左鹰扬大将军、兼玄州刺史。家承干盅，职列禁垣。夙夜在公，劬劳警蹕。父，仙礼，宁远将军、玄州昌利府折冲。孝敬居怀，忠贞莅事。赤心以奉上，捐躯以殉国。公即宁远君长子也。气禀辰象，量齐海岳。播英声于丱岁，奋勇烈于弱龄。国家酬忠赤之诚，举勤劳之嗣，以开元伍载，袭父宁远将军、右卫昌利府折冲。恩行之日，悲咽崩心。居扰攘之郊，荷贞明之造。弯弧整旅，誓平凶丑。至陆载仲夏，奏事玉阶，恩敕便留内供奉射生，更配左羽林上下。……以捌载贰月，今充两蕃使薛泰下总管。①

　　玄州，贞观二十二年四月，契丹辱纥主曲据率众内附，以其地置，以曲据为刺史，隶营州都督府。② 万岁通天二年，移于徐、宋二州安置。神龙元年，又北迁，于幽州安置，隶幽州都督府。天宝中领县静蕃，州治所在范阳县鲁泊村。又《张积善墓志》记载其父仁伦曾为昌州带方府果毅。昌州，贞观二年，以松漠契丹部落置，治所在营州，领龙山县。万岁通天二年，营州发生叛乱时南迁青州，后迁入幽州。唐灭百济后在其地置带方州。西汉在今朝鲜半岛黄海道凤山郡置带方县，西晋建兴初徙治棘城（今辽宁义县北）。唐在百济故地置带方州，是因西汉在其地置带方县。而在昌州所置带方府之名，则源于西晋徙治棘城的带方县，③ 乃是以契丹部落所置兵府。燕州，武德四年，粟末靺鞨酋长突地稽率部内属后

---

　　① 周绍良、赵超主编：《唐代墓志汇编续集》，第 635—636 页；又见吴钢主编《全唐文补遗》第 5 辑，第 390—391 页。
　　② 《资治通鉴》卷 199 "太宗贞观二十二年"，第 6256 页。
　　③ 张沛：《唐折冲府汇考》，三秦出版社 2003 年版，第 216 页。

唐以其部众所置州,① 其子李谨行的墓志记载,志主先世为肃慎之苗裔、粟末之后,谨行本人为右武卫肃慎府折冲。② 折冲府名取自其所出部族名号,显然肃慎府是在燕州以粟末靺鞨部众所置的折冲府。

《李永定墓志》有以下几点值得注意。

第一,结合《新唐书·地理志》"延州"条与《李永定墓志》记载,唐在以内迁部落所置羁縻府州中建立折冲府是确定无疑的。这种以部落为单位、由刺史首领主领的折冲府,虽然具有浓厚的部落兵色彩,但是事实上它已经被纳入唐军事建制,成为唐府兵的一部分。

第二,开元五年,李永定继袭其父玄州昌利府折冲一职,祖虽兼玄州刺史而无昌利府折冲职衔,所以昌利府是在神龙元年玄州北迁幽州后所置。万岁通天元年奚、契丹叛乱后,唐失营州,河北道北部面临突厥、奚、契丹的威胁,神龙元年迁于黄河以南的玄州等十州又北迁幽州,其意在充实幽州的防御力量,此时置昌利府是情理之中的事。河北置兵府应该不必等到玄宗时期,③ 武后时期已经开始。④

第三,唐依隋制,府兵的最高统辖权属于十二卫及太子卫率等。李永定袭父右卫昌利府折冲,显然玄州昌利府属于右卫统辖的折冲府。吐鲁番出土的一件唐开元十七年于阗毗沙都督府案卷,背面日期上钤有朱印一方,文为"右豹韬卫□□之印",或推测为暂住西域之行军所用文书。⑤ 左、右豹韬卫系武后时所改,废于神龙

---

①　关于燕州设置与其首领所出,参见马驰《李谨行家世和生平事迹考》,载朱雷主编《唐代的历史与社会》,第30—44页。

②　廖彩樑:《乾陵稽古》附录《大唐故右卫员外大将军燕国公李谨行墓志铭》。

③　谷霁光认为河北置兵府是开元间的事。参见谷霁光《安史乱前之河北道》,《燕京学报》1935年第19期;后收入《谷霁光史学文集》第4卷,第180—191页。

④　陈寅恪:《论唐代之蕃将与府兵》,载氏著《金明馆丛稿初编》,第264—276页。

⑤　荣新江、李肖、孟宪实主编:《新获吐鲁番出土文书》(下),第360页。

元年，案卷上的折冲府若是内地暂住于阗之兵府，岂能二十余年未收到中央新颁府印。若援引玄州昌利府的事例，则出土文书所见折冲府亦是在于阗地区羁縻州内所置折冲府之一。

河北地区的军府为了防备两蕃（奚、契丹）在一个时期不番上宿卫而在当地守备。① 在复营州后，开元六年，李永定"留内供奉射生，更配左羽林上下"，说明幽州的防御形势缓解后，昌利府的府兵仍有番上的任务。就这一点来说，在蕃州中设置的折冲府与正州中以汉人为主设置的折冲府并无区别。

第四，关于唐代设置折冲府的数目，众说纷纭。岑仲勉先生整理出三组数据：近六百、六百余、八百。岑先生否定了陆贽八百说。② 唐代以内迁部落设置的羁縻府州数量众多，相应设置的折冲府也不会少，但是蕃州折冲府正史鲜有记载。幽州蕃州十九，以情理而言，置折冲府的不会只有玄州一州。而我们目前唯一能知道的玄州昌利府，又不在《新唐书·地理志》记载的幽州十四折冲府之列，③ 这说明蕃州折冲府往往不在统计范围之内。因此，有理由认为，唐代折冲府数目的差异，虽然因随时增废而变动，但是蕃州折冲府在不在统计范围之内，应是造成统计数目存在差异的一个因素。

由于多种原因，府兵制渐渐被破坏，在这一过程中，出现了兵募、健儿、团结兵等数个兵种，这种变化也影响到蕃兵的组织形式。④ 景龙四年制文中所见蕃兵兵种有"蕃兵募、健儿"。⑤ 开元十五年制文中有"河西道蕃汉兵团结二万六千人"的记载，⑥ 蕃兵有团结

---

① 张国刚：《唐代府兵渊源及番役》，《历史研究》1989 年第 6 期。

② 岑仲勉：《府兵制度研究》，载氏著《唐史余沈（外一种）》，中华书局 2004 年版，第 344—349 页。

③ 《新唐书》卷 39《地理志》，第 1017 页。

④ 张国刚：《唐代的蕃部与蕃兵》，载氏著《唐代政治制度研究论集》，第 93—111 页。

⑤ 《唐大诏令集》卷 103《命吕休璟等北伐制》，第 705 页。

⑥ 《全唐文》卷 23《命备吐蕃制》，第 265 页。

兵。兵募是征发制兵役，唐前期征行和远镇的主力是兵募；① 健儿由量险隘招募而来，是在边防军中岗位比较固定的士兵，是职业兵；② 团结兵是按临战需要从民丁中征召的士兵。③ 唐也仿照汉军兵募、健儿、团结兵组建蕃兵。以兵募为例，唐以汉兵组建形式组建蕃兵是相当普遍的。

敦煌所出《唐景云二年张君义勋告》所记神龙至景云年间安西四镇守军兵募，除来自陇右、河南、河北、河东、江南东、江南西、剑南诸道正州外，还来自河北道东北诸族羁縻州、关内道六胡州，更有兵募龟兹白野那以及波斯沙钵那二人。④ 龟兹白野那是来自龟兹都督府的兵募，波斯沙钵那等二人是来自波斯都督府的兵募。龙朔元年，唐以疾陵城为波斯都督府，卑路斯为都督。仪凤三年，裴行俭以册送卑路斯子泥涅师为波斯王的名义，至碎叶平定西突厥叛乱，泥涅师独返，客居吐火罗二十余年，有部众数千人。"至景龙二年，又来入朝，拜为左威卫将军，无何病卒，其国遂灭，而部众犹存。"⑤ 波斯兵募即为唐从波斯都督府泥涅师余众中征集的士兵。兵募是征发制兵役，是州县百姓为国家应尽的义务，带有强制性，它与召募制下出于自愿的职业雇佣兵性质迥异。

唐在羁縻州设置军府，从东北羁縻州至波斯都督府征发兵募，虽然未必按照折冲府或组建兵募的各项制度来规范、训练蕃兵，但是它仍是将内附诸族部民纳入唐军事体制的途径。它不仅反映了设置羁縻州的部落在原则上负有向唐中央提供兵役的义务，而且反映了唐政令、法令在羁縻州中的实施。

---

① 唐长孺：《魏晋南北朝隋唐史三论》，第 412—413 页。

② 张国刚：《唐代的健儿制》，《中国史研究》1990 年第 4 期。

③ 张国刚：《唐代团结兵问题辨析》，《历史研究》1996 年第 4 期。

④ 朱雷：《跋敦煌所出〈唐景云二年张君义勋告〉——兼论"勋告"制度渊源》，载氏著《敦煌吐鲁番文书论丛》，第 225—243 页。

⑤ 《旧唐书》卷 148《波斯传》，第 5313 页；又见《新唐书》卷 221《波斯传》，第 6259 页。

五　中央派员出任蕃州官员、吏员

关于唐代蕃州官员人选问题，研究者或指出中央委派官员担任羁縻州佐官①，或将依照经制州行政体系设置府属僚佐的部分羁縻州视为州县化羁縻州②，或考察区域羁縻州任官制度③。上述从某一方面或局部地区进行的探讨对于认识蕃州官员人选问题无疑具有积极意义，至于系统了解中朝官员（流官）出任蕃州官员的实际情况，仍有继续深入的必要。以下在上述研究基础之上，缀拾诸种记载，根据唐代中朝官员出任蕃州官员的类别、层级分别予以考证。

（一）中朝官员出任蕃州都督、刺史、县令

1. 中朝官员担任以蕃族设立的正州刺史、县令

剑南道茂州都督府管羁縻州十，先后进为正州。明曹学佺《蜀中广记》卷7《茂州》引《唐茂州都督府壁记》："贞观初置羁縻州九，曰维、翼、笮、涂、炎、彻、向、冉、穹。"今茂县北较场区小学发现了许多贞观年间的佛龛造像，其题记提到贞观四年翼州刺史为李玄嗣，属下州县官亦多为汉人。④郁贤浩《唐刺史考》统计，翼州刺史多由中朝官员担任。如贞观中衡长孙、垂拱三年至天授元年陆仁剑、武后时苏德瑶、开元中崔行集和柳赞，都曾任翼州刺史。维州，贞观初至总章中安肭汗、安附国，开元十五年焦淑，大历十年（775）郑藏林，太和五年（831）虞藏俭，乾符五

---

①　刘统：《唐代羁縻府州研究》，第38—40页。
②　苏航：《唐代北方内附蕃部研究》，第63页。
③　宋卿：《唐代东北羁縻府州职官考》，《北方文物》2009年第1期。
④　郭声波《"岷江西山九州"考——唐贞观十三年政区考辨（五）》，《中国历史地理论丛》1998年第2期。

年（878）李光，乾宁至光化间裴昶，都是以中朝官员任刺史。① 张祖，龙朔二年改授翼州翼水县令。② 今四川理县朴头村发现的刻于开元十四年的唐碑记载了维州刺史焦淑率羌兵与吐蕃激战的事迹。③ 除维、翼二州外，松、当、悉、静、柘、恭、保、真、霸、乾等州也是以蕃部落置，广德元年（763）被吐蕃吞并，后为行州。虽然史书记载以部落首领世为刺史、司马，④ 但是不乏中朝官员任刺史者。长安二年，陈大慈任悉州都督，薛伯琳任静州刺史（纪年待考），开元中和逢尧任柘州刺史。⑤

2. 中朝官员担任羁縻州都督、刺史、县令

唐代令式虽然规定以内属部族所置羁縻府州，其首领任都督、刺史，皆得世袭，但是在实际执行过程中，一些羁縻府州往往是由中央派官员担任都督、刺史、县令。

陇右道的麟州是贞观五年以党项部落所置羁縻州。《杜季方墓志》记载其父举曾为"麟、宕、忻、鄯、南等州刺史"，季方，卒于永隆元年（680），⑥ 即杜举在永隆元年以前为麟州刺史。天册元年（695），宰相韦巨源贬于麟州。⑦ 韦巨源任何职不详，但是麟州官员可由中朝官员出任则为事实。

关内道六胡州是调露元年于灵州、夏州南境以突厥降户中的胡部设立的鲁州、丽州、含州、塞州、依州、契州。唐置六胡州时，"以唐人为刺史"，⑧ 是说可由中朝官员担任刺史。《张仁楚墓志》

---

① 郁贤浩：《唐刺史考》第 5 册，江苏古籍出版社 1987 年版，第 2718—2721 页。

② 吴钢主编：《全唐文补遗》第 6 辑，第 314 页。

③ 岑仲勉：《理番新发现隋会州通道记跋》，载《金石论丛》，中华书局 2004 年版，第 276 页。

④ 《新唐书》卷 42《地理志》，第 1086 页。

⑤ 郁贤浩：《唐刺史考》第 5 册，第 2742—2743 页。

⑥ 吴钢主编：《全唐文补遗》第 3 辑，三秦出版社 1996 年版，第 484 页。

⑦ 《资治通鉴》卷 205 "则天后天册万岁元年"，第 6498 页。

⑧ 《新唐书》卷 37《地理志》，第 975 页。

证实了这一点，该志主于圣历元年改授朝议大夫、依州刺史。① 丹阳人甘元柬也曾为塞州刺史。② 六胡州刺史也可由中朝官员担任，而且以六胡州所置宥州又为正州，论者据此认为六胡州由羁縻州转化为正州。③ 事实上六胡州不管是由中朝官员任刺史，还是由胡部首领任刺史，其性质都是羁縻州。神龙三年，唐又置兰池都督府管理六胡州民众，又称六胡州为兰池府胡，兰池府仍为羁縻都督府。

河北道营州都督府辖下的鲜州，是以内迁奚部落于营州所置州，领宾徒县。《郭善摩墓志》记载："永隆元年，诏授宾徒令。"④ 崇州也是以内迁奚部落于营州所置州，领昌黎县。朝阳市发现的唐代墓葬8号墓志记载，墓主人孙则，字孝振，营州柳城（今朝阳市）人，唐武德四年起家辽州总管府，不久转任参军，贞观三年，改授北黎州昌黎县令。⑤《臧崇亮墓志》记载志主于乾封二年"起家授营州昌利（黎）县令"。⑥ 此外，中央派官员担任羁縻府州都督、刺史的做法也曾在百济故地推行。显庆五年，唐灭百济后，将其旧有的五部、三十七郡、二百城"析置熊津、马韩、东明、金涟、德安五都督府，擢酋渠长治之，命郎将刘仁愿守百济城，左卫郎将王文度为熊津都督"。⑦ 其后又以刘仁愿为熊津都督，又先后以刘仁轨为带方州刺史、熊津都督。⑧

除汉人官员之外，中央也任命蕃人出身的官员出任羁縻州刺史。这种现象已见于上述唐初昭武九姓之一安氏任剑南道维州刺史。顺化州是唐以奚部落在营州境内设置的羁縻州。开元二十八

---

① 吴钢主编：《全唐文补遗》第2辑，第382页。
② 吴钢主编：《全唐文补遗》第5辑，第21页。
③ 刘统：《唐代羁縻府州研究》，第65页。
④ 吴钢主编：《全唐文补遗》第4辑，三秦出版社1997年版，第393页。
⑤ 姜野、苗家生：《朝阳市发现大规模唐墓葬群》，《光明日报》2003年11月12日。
⑥ 周绍良主编：《唐代墓志汇编》（上），第1107页。
⑦《新唐书》卷220《百济传》，第6200页。
⑧《资治通鉴》卷200"高宗龙朔二年"，第6329页；《资治通鉴》卷201"高宗麟德元年"，第6340页。

年，杂胡出身的安禄山以营州都督、平卢军使的身份兼任顺化州刺史。① 宁朔州是以吐谷浑部落所置州，隶属关内道夏州都督府。白元光，"其先突厥人。父道生，历宁朔州刺史"。② 这种以此族出身为彼族府州刺史的官员，实质已是中央流官。

综上所述，虽然唐代羁縻州都督、刺史原则上由部落首领世袭，如剑南道以缘边部落设置的正州刺史、司马由首领世袭，但是部分蕃州都督、刺史乃至县令可由中朝官员担任。很显然，中央政府以中朝官员任羁縻府州都督、刺史，意在有效控制与治理羁縻府州，确保政令的实施。刘仁轨为带方州刺史时，"籍户口，理村聚，署官长，通道途，立桥梁，补堤堰，复陂塘，课耕桑，赈贫乏，养孤老，立唐社稷，颁正朔及庙讳"。③

（二）中朝官员出任羁縻府州县佐官

中朝官员出任羁縻府州县佐官，既不见于《新唐书》羁縻府州序论所述令式中，也不见于其他文献所记令式中。文献记载唐灭高句丽后在其地置府州，以其首领为都督、刺史，汉人官员为佐官共治高句丽故地。论者据此认为汉官任羁縻州佐官是唐管理羁縻州的措施之一，④ 然而这是在一地采取的临时措施，还是唐代常制？在此拟做进一步说明。

中央派汉官参与羁縻州管理见于相关制度规定，是常制。吐鲁番出土《唐调露二年（680）七月东都尚书吏部符为申州县阙员事》记有"其羁縻及蕃州等，并请所管勘（中缺）置汉官，并具于阙色状言，拟凭堪 会 。（中缺）今以状下州，宜依状速申，符

---

① 《安禄山事迹》卷上，第3页；《旧唐书》卷200《安禄山传》，第5368页。

② 《新唐书》卷136《李光弼传附白元光传》，第4594页；《金石萃编》卷93《白道生碑》。

③ 《资治通鉴》卷201"高宗龙朔三年"，第6338页。

④ 刘统：《唐代羁縻府州研究》，第38—39页。

到〔奉〕〔行〕"。① 这件公文书明确要求全国州县统计阙员，申报
尚书省，羁縻州和蕃州所阙汉官一同申报。② 与之相应，唐规定：
"羁縻州所补汉官，给以当土之物。"③ 羁縻州汉官俸禄以当地土产实
物折充。由此可见，以汉官担任羁縻州佐官是常制。现分别考订如下。

1. 关内道

定襄都督府，贞观四年以突厥颉利可汗曾经统领的左部置，侨
置宁朔，领阿德、执失、苏农、拔延四州。所见中朝官员在都督府
中担任官职有司马、司户。显庆元年，崔敦礼为同中书门下三品
时，其子余庆为定襄都督府司马。④《李臣墓志》记志主祖父任定
襄府司户参军。⑤

安乐州是以迁至灵州的吐谷浑部落所置。《程德誉墓志》记载
开元十五年之前程德誉任安乐州兵曹参军事。⑥

依州是六胡州之一，《杜忠良墓志》记载："敕授依州司马，
领本州兵马，与紫蒙军大总管黑齿常之后军计会。"⑦

以上官员均是在以内迁经制州境内部落设置的羁縻州中任佐官。

2. 河北道

燕州，武德四年以粟末靺鞨内附部落置，由首领世袭刺史，领
辽西县。贞观十九年，太宗欲伐高句丽，命韦挺督运军粮，韦挺至
幽州，"令燕州司马王安德巡渠通塞"。⑧《李释子墓志》记志主
"及第一选，授燕州司户"。⑨ 所授为幽、营二州之间的燕州司户。⑩

---

① 荣新江、李肖、孟宪实主编：《新获吐鲁番出土文书》（上），第 83 页。
② 史睿：《唐代前期铨选制度的演进》，《历史研究》2007 年第 2 期。
③ 《旧唐书》卷 43《职官志》，第 1839 页。
④ 《旧唐书》卷 81《崔敦礼传》，第 2748 页。
⑤ 吴钢主编：《全唐文补遗》第 8 辑，第 396 页。
⑥ 吴钢主编：《全唐文补遗》第 5 辑，第 347 页。
⑦ 吴钢主编：《全唐文补遗》第 2 辑，第 425 页。
⑧ 《旧唐书》卷 77《韦挺传》，第 2670 页；《新唐书》卷 98《韦挺传》，第 3903 页。
⑨ 张乃翥：《裴怀古、李释子、和守阳墓志所见盛唐边政之经略》，《西域研究》
2005 年第 2 期。
⑩ 苏航：《唐代北方内附蕃部研究》，第 63 页。

《孙建墓志》记志主生前为"皇朝燕州都督府法曹参军"。[①]《赵仁哲墓志》记志主父"任辽西县丞"。[②] 中朝官员任燕州佐官有上佐司马及属官司户，任辽西县佐官则有县丞。

顺州，贞观四年以突厥突利可汗所率部落于营州境内置。《侯方墓志》记侯方天宝三载卒于居官任上，[③] 其妻《鲁氏墓志》记鲁氏于天宝十一载卒，二墓志同记侯方生前结衔为"顺义郡录事参军"。[④]《王徽墓志》记载志主之父王览曾任顺义郡录事参军，[⑤] 时间应在天宝十三载之前。

崇州，《王积善墓志》记志主为京兆长安人，其父猛略，曾任"唐重州司仓参军"。[⑥]"重州"当为崇州。[⑦] 崇州属官也起用中朝官员。

玄州，贞观二十二年，以契丹部落于营州境内置。《吕处贞墓志》记载："佐一郡而即安，居九夷而非陋。始不然者，公何掾于东裔哉。起家授元（玄）州司户参军，晏如也……天册二年夏四月，遘疾终于家。"[⑧] 即志主于天册二年以前任玄州司户参军。

威州，是以契丹部落于营州境内设立的州，领威化县。《张淑墓志》记载志主之父生前为朝议郎、行威州威化县丞，志主卒于神龙二年，[⑨] 其父任威化县丞时威州应还在营州境内。

师州，贞观三年以契丹、室韦部落所置州。《王岐墓志》记载："以明经擢第，释褐施州录事参军，又授师州录事参军……以

---

① 吴钢主编：《全唐文补遗》第 4 辑，第 368 页。

② 吴钢主编：《全唐文补遗》第 7 辑，三秦出版社 2000 年版，第 256 页。

③ 吴钢主编：《全唐文补遗》第 4 辑，第 450 页。

④ 吴钢主编：《全唐文补遗》第 5 辑，第 393 页。

⑤ 吴钢主编：《全唐文补遗》第 5 辑，第 400 页。

⑥ 吴钢主编：《全唐文补遗》第 6 辑，第 286 页。

⑦ 苏航：《唐代北方内附蕃部研究》，第 63 页。

⑧ 《全唐文》卷 292《唐赠庆王友东平吕府君碑铭并序》，第 2959 页。

⑨ 按："威州"，志文本残一字，据文义所残当为"威"字。参见吴钢主编《全唐文补遗》第 5 辑，第 283 页。

贞观十八年……因使终于渔阳郡官舍。"① 王岐在贞观年间任师州录事参军。

以上诸州与在奚五部、契丹八部本土设立的府州是有所区别的。② 从管理形式上来说，上述诸州需要向户部申报版籍，③ 唐对其的统治更为深入，但是这种区别并不意味着奚、契丹本土羁縻府州内部缺乏行政设置。朝阳唐墓5号墓志记载，墓主人孙忠为唐营州昌黎人，任唐松漠都督府司马。④ 唐在契丹、奚本土所置行政建制除都督府外，还有羁縻州、县两级，⑤ 唐既在松漠都督府置司马，那么契丹、奚州县是否配有汉官，也是值得考虑的。此外，开元十四年，黑水靺鞨内附，"诏以其地为黑水州，仍置长史，遣使镇押"。⑥ 唐在黑水都督府设置长史，是唐初在东北本土羁縻府州置长史做法的延续。

唐灭百济后所置羁縻府州中，中朝官员不仅担任都督、刺史，还担任州郡佐官。刘仁轨之子刘濬墓志记刘濬因从父平百济功，授熊津都督府参军。⑦《靳勖墓志》记载："麟德元年释褐补带方州录事，俄转进礼州司马。途分韩俗，境接燕垂，隐隐兔城，烟烽昼惊；滔滔狼水，火舰宵浮。盛简贤才，寄身戎旅，君以雄略，来鹰妙选，授熊津军子总管。"⑧ 礼州不见于正史记载，从靳勖由带方州录事转进礼州司马，继而任熊津军子总管的经历看，他始终活动于百济境内，礼州当为唐在百济故地所置州。

① 吴钢主编：《全唐文补遗》第3辑，第458页。
② 蔡美彪：《契丹的部落组织和国家的产生》，《历史研究》1964年第Z1期，第170—171页。
③ 杨晓燕：《唐代平卢军与环渤海地域》，载王小甫主编《盛唐时代与东北亚政局》，第170—172页。
④ 姜野、苗家生：《朝阳市发现大规模唐墓葬群》，《光明日报》2003年11月12日。
⑤ 《册府元龟》卷975《外臣部·褒异》，第11449页。
⑥ 《旧唐书》卷149《北狄传》，第5361页。
⑦ 吴钢主编：《全唐文补遗》第1辑，第120页。
⑧ 周绍良主编：《唐代墓志汇编》（上），第636页。

总章元年，唐平辽东，"其高丽旧有五部，一百七十六城，六十九万七千户。至十二月七日，分高丽地为九都督府、四十二州、百县，置安东都护府于平襄城以统之。擢其渠豪为都督及刺史、县令，与华人参理"。①《阳玄基墓志》记载："唐显庆三年，从薛仁贵平契丹。龙朔元年，随契苾何力破鸭渌，授游击将军、左骁卫善信府果毅。总章元年，授鹿陵府长上折冲，仍检校东栅州都督府长史。诛反首领高定问等，封定阳郡公，食邑二千户。"② 东栅州都督府正史失载，据墓志可知是在平高句丽后所置，③ 也曾由中朝官员任上佐。

3. 陇右道

密恭县是以党项部落所置羁縻县，仪凤元年，为吐蕃所破，寄治洮州。《杨师善墓志》记载龙朔三年前，志主"左授密恭县丞"。④

焉耆都督府属于安西都护府下辖羁縻都督府。新疆吐鲁番阿斯塔那 239 号墓出土文书记载："西州高昌县安西乡成默仁，前任别敕授焉耆都督府录事。去景龙四年二月廿七日，制改授沙州寿昌县令。"⑤ 成默仁曾任都督府录事参军一职。

4. 剑南道

縻州、袤州是在云南地区设置的羁縻州，其隶属关系在茂州、姚州都督府之间屡有变化。⑥《赵克廉墓志》记载志主曾任检校縻

① 《唐会要》卷 73《安东都护府》，第 1318 页。
② 吴钢主编：《全唐文补遗》第 8 辑，第 330 页。
③ 王义康：《唐代羁縻府州辑补》，载周伟洲主编《西北民族论丛》第 9 辑，中国社会科学出版社 2013 年版，第 86 页。
④ 吴钢主编：《全唐文补遗》第 3 辑，第 486 页。
⑤ 国家文物局古文献研究室、新疆维吾尔自治区博物馆、武汉大学历史系编：《吐鲁番出土文书》第 7 册，第 524 页。
⑥ 郭声波：《唐朝南宁州都督府建置沿革新考》，《历史地理》第 19 辑，上海人民出版社 2003 年版。

州司户。① 《新唐书》记载："弄栋蛮，白蛮种也。其部本居弄栋县鄙地，昔为哀州，有首领为刺史，误杀其参军，挈族北走，后散居磨些江侧，故剑共诸川亦有之。"② 哀州置有录事参军。

宴州，仪凤二年招生僚置，领思峨等七县，隶属泸州都督府。《韦钧墓志》记载志主在景龙二年出任宴州嵯（思）峨县丞。③

5. 江南道

牂州，武德三年以牂牁首领谢龙羽地置，领建安等三县，隶属黔州都督府。④ 牛腾为裴炎之甥，裴炎遇害后，武则天贬谪牛腾为牂州建安县丞。腾笃信佛教，"以是夷僚渐渍其化，遂大布释教于牂牁中。常摄郡长吏，置道场数处"。腾在牂州三年遇庄州僚反，波及牂州，"郡人背杀长吏以应之"，建安酋豪起兵响应，欲杀腾，腾因有惠于僚民而获免。⑤ 从这个故事中，我们可以明确两个问题：首先牂州一地，从州至县都有中央派遣的佐官参理蕃州事务；其次中央派遣的州、县佐官，在改变南方夷僚习尚方面起着重要作用。

庄州，贞观三年以南谢蛮置，领南阳等七县，隶属黔州都督府。《杜才墓志》记载志主开耀元年以前曾任庄州南阳县尉。⑥

唐代黔州都督府管辖五十一个羁縻州，朝廷对其配置汉官态度坚决。开耀元年之前，朝廷擢授平贞睿监察御史里行，"奉使黔中监选。有牂牁谢风节仁奏罢汉官，专任首领。公上其挟奸树党，傲扰蕃落。天子悟焉，再使置吏，远夷骚而旋定，旧贯改而复完"。⑦ 首先，牂牁首领奏罢中朝官员，身为监察使职的平贞睿发现其旨在

---

① 吴钢主编：《全唐文补遗》第 5 辑，第 310 页。
② 《新唐书》卷 222《南蛮传》，第 6276 页。
③ 《全唐文》卷 295《赠邠州刺史韦公神道碑》，第 2990 页。
④ 《新唐书》卷 43《地理志》，第 1143 页。
⑤ （宋）李昉等编：《太平广记》卷 112《牛腾》，中华书局 1995 年版，第 778 页。
⑥ 吴钢主编：《全唐文补遗》第 2 辑，第 279 页。
⑦ 《全唐文》卷 229《常州刺史平君神道碑》，第 2322 页。

结党营私后，奏明朝廷，并断然拒绝其请求。此后，唐仍以中朝官员监督牂牁首领，强化中央统治在羁縻州的存在。其次，黔州都督府所属州县，无论是正州县还是羁縻州县阙员，朝廷都极为重视。开元四年七月敕云："如闻黔州管内州县官员多阙，吏部补人，多不肯去，成官以后，或假解，或从正考满得资，更别参选。自余管蛮僚州，大率亦皆如此。宜令所司于诸色选人内即召补，并驰驿发遣至州。令都府勘到日申所司，如迟违牒，管内都督、御（刺）史六十〔日〕追毁告身，更不须与官。"① 黔州都督府蛮僚州即羁縻州，为其选补又不肯赴任的官员自是由吏部任命至黔中羁縻州县任佐官的中朝官员。敕文规定他们及正州县选补的佐官如不能按期到任，将被取消任官资格。唐在黔州都督府所属羁縻州内大力推行中朝官员任佐官的制度。

6. 岭南道

上引《杜才墓志》记载志主初仕为弄州汤罗县尉。弄州不见于唐书记载。《元丰九域志》记载广南路羁縻州有温弄州。② 《太平寰宇记》记载太平兴国二年（977），光源、武勒、温弄等七州首领请求按七源州例隶属邕州。③ 七源州，景龙二年之前所置羁縻州。说明这七州非北宋置，原为唐邕州都督府所属羁縻州。由于七州比七源州更为荒远，唐末五代时局动荡，七州已不在邕州管辖之内，保留唐州建置自行其事，直至北宋统一岭南后又乞属邕州。《杜才墓志》所记弄州，当为唐邕州都督府所辖温弄州，杜才初仕为温弄州汤罗县尉。

贞元六年（790）以前，李公辅任桂管观察经略使时，"部内不及朝贡之羁縻州者十八。旧例首领尽于官署为刺史，一州所贡，悉以奉之。其或鱼肉斯人之甚，有来讼者，率以遐远阻险，非文法

---

① 《册府元龟》卷 630《铨选部·条制》，第 7550 页。
② 《元丰九域志》卷 10《羁縻州》，第 504 页。
③ 《太平寰宇记》卷 166《岭南道》，第 3171—3172 页。

所及置之。公于是易之以中土温良之吏，越人之男女不为所鬻，资产不为所夺，悦而戴之，相与禀令，其移风俗如此者非一"。① 桂管羁縻十八州在唐后期屡屡叛乱，即使归顺朝廷后，刺史首领也屡屡豪夺百姓。李公辅任桂管观察经略使，以中朝官员为十八州佐官，以法诉讼，抑制豪强，受到了十八州民的爱戴。虽为溢美之词，但选用中朝官员治理十八州应是事实，也是延续成例。

综上所述，中朝官员担任羁縻州佐官有以下特征。

第一，涉及地域广阔。在置羁縻州的关内、河北、陇右、剑南、江南、岭南诸道中，均有羁縻州佐官由中朝官员担任的情况。说明这一制度并非具文，而是得到了切实执行。

第二，中朝官员担任羁縻州佐官不仅见于在部落本土设置的南北羁縻州，也见于以内迁唐经制州境内部落设置的羁縻州。

第三，从府州至县均见中朝官员任佐官，羁縻州佐官有上佐长史、司马及其他僚属录事参军事、诸曹参军事，羁縻县佐官则有县丞、县尉。其中燕州州县两级行政区划中均有中朝官员任佐官的情况。由此可以窥测，唐在部分羁縻州以经制州行政体系为羁縻州设置不同层级佐官应是常态。

第四，上述羁縻州县佐官多置于有固定居所的羁縻州，或以游牧部落迁入经制州内设置的羁縻州。

总之，依照经制州行政体系任命中朝官员为不同层级的羁縻州僚佐，表明中央派遣的官员不仅对羁縻州进行监督，而且在部分地区也参与羁縻州的实际管理。因此，虽然唐代羁縻州因俗而治，具有特殊性，但是作为行政区划，唐对其的管理仍具有郡县的实质。

（三）中央向羁縻州派遣吏员

唐代州、县，吏部除授品官之外，举凡官府文案的抄录、官物

---

① 《全唐文》卷 784《李公辅墓志》，第 8204 页。

看守等具体事务，无不委胥吏、杂任处理。① 作为郡县，唐代所置羁縻府州是否使用流外、杂任，抑或常制，无明文可征，但是仍可找到一些蛛丝马迹。

中央向羁縻州派遣流外人员最早见于唐太宗时期。贞观二十一年，唐灭薛延陀，在漠北铁勒诸部置六府七州，"并请解作文奏人拟为表疏，每岁贡貂皮以充赋"。② 朝廷派遣负责撰写上呈表疏的人员，确保其对羁縻州政令的畅通。西突厥归附后，唐将这一措施推行至以西突厥部落设置的羁縻州。来济为庭州刺史时（660—662），"请州所管诸蕃，奉敕皆为置州府，以其大首领为都督、刺史、司马，又置参将一人知表疏等事"。③ 长安二年，唐在庭州置北庭都护府，"按三十六蕃"，管理西突厥及其属部。出土文书显示，开元五年，西突厥可汗阿史那献判补献之为盐泊州都督府表疏参军，检校部落，④ 这一做法仍在西突厥羁縻州中实施。

大谷文书5840号《朱耶部落请纸牒》第一部分残文为开元十六年八月十六日由朱耶部落典梁思忠起草，首领阙俟斤朱耶波署名的上西州都督府的牒文。朱耶为处月部落，唐以处月置金满、沙陀二州，所谓朱耶部落是以处月所置羁縻州部落。《天圣令》卷30《杂令》："诸司流外非长上者，总名'番官'……州县录事、市令、仓督、市丞、府、史、佐、计史、仓史、里正、市史、折冲府录事、府、史，两京坊正等。非省补者，总名'杂任'。其称'典史'者，'杂任'亦是。"⑤ 是知典为流外人员。金满州或沙陀州也置汉人流外人员，负责起草、接受文书，与地方、中央政府沟通联

① 张广达：《论唐代的史》，《北京大学学报》1989年第2期。

② 《册府元龟》卷170《帝王部·来远》，第2052页。

③ 《元和郡县图志》卷40《陇右道》，第1033页。

④ 刘安志：《跋吐鲁番鄯善县所出〈唐开元五年（717）后西州献之牒稿为被悬点入军事〉》，载《魏晋南北朝隋唐史资料》第19辑，武汉大学文科学报编辑部2002年版，第210—225页。

⑤ 天一阁博物馆、中国社会科学院历史研究所《天圣令》整理课题组校证：《天一阁藏明钞本天圣令校证》下册，第433页。

系，确保羁縻州的行政工作能够正常运转。

《册府元龟》记载："（天宝十三载）五月壬寅，帝以葛逻禄叶护有擒阿布思之功，特降玺书曰：卿归心向化，守节安边，尝献忠诚，无失蕃礼。见不善如鹰鹯之逐鸟雀，嫉为恶似农夫之除蔓草。信义若此，嘉欢良多。阿布思负恩至深，为众所弃，卿能为擒获，送其形骸。且此贼投卿，本缘穷蹙，苟欲延命，元非好心。卿密察奸谋，俾其就戮，卿之智略，难可比方。又闻数男，今见在彼，种类既恶，留用何为？倘蕴习顽凶，搅扰蕃落，处置不及，追悔无繇，可宜送来，绝其后患。卿今载已前俸禄，并令京军给付，后虑其辽远，任于北庭请受。所请印信并译语人官。并依来表。今则别有少物赐卿，至宜领取。"[1] 葛逻禄原本是西突厥属部，归唐后以其部落置阴山、大漠、玄池三州都督府。葛逻禄叶护顿毗伽请求玄宗派遣"译语人官"，也就是要求派遣负责起草、接受文书及与地方、中央政府沟通联系的人员。

安西四镇羁縻都督府多有流外人员参与府事。吐鲁番出土的开元年间差课簿中注有"户刘虔感年卌九安西户曹、户王行彻年五十二焉耆户曹"的字样，[2] 安西即龟兹都督府，龟兹、焉耆都督府的户曹由西州交河县名山乡人担任。北庭都护府的功曹府、仓曹府、录事史、户曹史等员额都属于流外人员。[3] 差课簿中的龟兹、焉耆都督府户曹即户曹史，皆为流外人员。

新疆和田地区出土的文书《唐于阗毗沙都督府案卷为家畜事》背面是开元十七年于阗毗沙都督府典盖阿兴起草的文牒。[4] 早期和田曾发现由大历三年（768）毗沙都督府下辖的羁縻州六城质逻州典成铣起草的文牒。据牒知，六城的傑谢百姓申请缓纳当年差科和使人往傑谢取粮两件事，用于阗文书写成状递交给当地的镇守军，

①　《册府元龟》卷975《外臣部·褒异》，第11459页。
②　池田温：《中国古代籍帐研究》，第143页。
③　池田温：《中国古代籍帐研究》，第236页。
④　荣新江、李肖、孟宪实主编：《新获吐鲁番出土文献》（下），第360页。

镇守军将其译成汉文，送交上司于阗镇守使。因为差科属于民政，所以镇守使上报节度副使，由节度副使判给六城质逻州刺史。六城质逻州的典成铫草成此牒，刺史签署，将节度副使的判案结果告知傑谢百姓，说明当年差科可放至秋熟再纳。① 此件文书生动地反映了流外人员——典在羁縻州正常运转中发挥的作用。

开元四年规定："诸都护府史，并令于管内依式简补，申所司勘责，然后给告身。"② 史属于流外人员。羁縻州由都护府管辖，如果结合上述羁縻州使用流外人员的记载，那么敕文的规定就不仅针对都护府一级，也适用于羁縻府州。这说明羁縻府州使用流外、杂任处理府州事务最终成为一项制度化规定。然而就上述事实来看，唐代流外汉人吏员在羁縻州的使用情况不一，定居、有固定治所的安西四镇地区羁縻州内有不同名目的流外人员，他们参与羁縻州的管理工作，体现出唐对其更为深入的管理；在游牧部落本土设置的羁縻州，汉人流外人员"知表疏"，主要负责起草、接受文书，确保羁縻州与各级政府之间的沟通，并不参与羁縻州管理事务。

为了对唐代中央派员出任蕃州官员有一个完整概念，我们将以上考证做如下总结。

唐代中央派员出任蕃州官员有品官与流外两类。虽然原则上羁縻州的都督、刺史由部落首领世袭，但是部分蕃州都督、刺史乃至县令可由中朝官员担任。因此，即使由中朝官员担任羁縻州主官也不代表羁縻州转化为正州。唐关内、河北、陇右、剑南、江南、岭南诸道均有中朝官员担任羁縻州佐官的情况，不仅见于在部落本土设置的南北羁縻州，也见于以内迁经制州境内部落设置的羁縻州。羁縻州佐官有上佐长史、司马及其他僚属录事参军事、诸曹参军事等，羁縻县佐官则有县丞、县尉。其中，在有固定居所的羁縻州及

---

① 张广达、荣新江：《〈唐大历三年三月典成铫牒〉跋》，载张广达、荣新江《于阗史丛考》，第148—149页。

② 《唐会要》卷73《都督府》，第1332页。

以内迁游牧部落在经制州内设置的羁縻府州，中朝官员为佐官涉及的层级较多，体系相对完备。以经制州行政体系为羁縻州设置不同层级的僚属，表明中央派遣的官员不仅对羁縻州进行监督，而且在部分地区直接参与羁縻州的实际管理。流外人员在羁縻州的使用情况不一。现有资料显示，定居、有固定治所的羁縻州由于内部行政机构设施完备，所使用的不同名目的流外人员，具体参与羁縻州诸曹事务，唐对其管理更为具体；在游牧部落本土设置的羁縻州，由于游牧的流动性与分散性，其内部行政资源稀疏，自主性较强，不唯中朝官员任佐官的现象稀见，而且对流外人员的使用也较少，其作用比较单一，主要负责起草、接受文书，以确保羁縻州与各级政府之间的沟通。唐代羁縻州地域广阔、内部情况复杂，依据因俗而治的原则，唐对其控制程度不一，表现在唐以经制州行政体系为其设置佐官与流外人员方面，各地情况不尽相同。尽管如此，正是参照经制州行政体系在羁縻州不同程度地配置中朝官员与吏员，唐王朝赋予了羁縻州以郡县的实质。

六　唐代在蕃州实施的监察制度

蕃州或羁縻州作为行政区划的一种，是否属于唐代地方监察的范畴，若是，政府又是如何实施监察的？以下就这一问题予以阐述。

（一）唐代地方监察的形式与内容

监察系指中央政府监督地方行政。大体而言，唐代中央监督地方行政主要有两种方式，其一是来自中央的监察，其二是由地方政府实施的监察。①

---

① 胡宝华：《唐代监察制度研究》，商务印书馆 2005 年版，第 123 页。

来自中央的监察主要由专职监察机构御史台来实施，具体做法是由御史台的监察御史巡察地方州县。光宅元年（684），左右台并置，[1] 每岁春秋两季遣使，春曰"风俗"，秋曰"廉察"，以四十八条巡察州县。其后以监察御史担任十道巡按，置判官二人辅佐，若务繁则另选支使巡支郡。御史巡按以六条问事："其一，察官人善恶；其二，察户口流散，籍帐隐没，赋役不均；其三，察农桑不勤，仓库减耗；其四，察妖猾盗贼，不事生业，为私蠹害；其五，察德行孝悌，茂才异等，藏器晦迹，应时用者；其六，察黠吏豪宗兼并纵暴，贫弱冤苦不能自申者。"[2] 监察的内容涉及地方官员的治绩品行、民生状况、社会秩序等方面。唐初以后，在专职监察机构之外，中央政府以"道"为单位，定期或不定期派遣具有临时性、以他官担任的名称不一（如巡抚、按抚、存抚等）的监察使职巡察全国州县。[3] 唐前期中央对地方实施监察主要通过这两种渠道。由地方实施的监察，主要包括来自都督、刺史、采访使系统的监察。

唐代羁縻州不同于经制州行政制度，一般是采取因俗而治的方式，不仅都督、刺史可以由首领世袭，而且户口版籍多不上户部。看上去唐王朝在羁縻州地区的行政管理极为松散，因而人们很难将羁縻州与地方监察制度联系起来。但是有一点我们要明确，唐代的"道"是监察区域。虽然羁縻州是特殊的行政区划，但是《新唐书·地理志》又是据其行政隶属关系分属各道来记述的。这就意味着中央分"道"巡察地方，羁縻州理应是其巡察范围，同时也意味着羁縻州要受"道"内上级政府机构或监察机构的监察。此外，《册府元龟》卷652《奉使部·总序》言："唐室以降，踵事增名，则有巡察、黜陟、采访、处置、按察、宣劳之类。分道而往，领命

---

① 《唐大诏令集》卷3《改元光宅诏》，第16页。

② 《新唐书》卷48《百官志》，第1240页。

③ 刘娟：《唐代地方监察使的产生及流变研究》，硕士学位论文，天津师范大学，2006年，第16—25页。

尤重。大率以交聘敌国，通接殊邻。劳来远方，安辑新附。慰抚兵役，分给赈赐。采风俗之厚薄，询民事之劳逸。究吏治之能否，察狱讼之冤正。搜访遗滞，刺举奸滥。或购求坠简，或奉行宠典。于以宣畅皇风，敦谕诏旨。广天听而斯远，俾物情之无拥。"① 如果从近现代法律意义上国家、国际关系的角度来审视，序文讲述了上述使职差遣的两大功能，涉及外交与内政，一是对外负责与唐邻蕃的交往，二是对内实施监察。序文提及的四夷包括两类：一是唐邻蕃，王朝境外蕃夷；二是"新附"，即被纳入唐统治体制诸蕃，为王朝境内蕃夷，属于上述使职监察的对象。事实证明，蕃州、蕃部属于中央监察地方行政的范畴，要接受来自中央与地方不同方式的监察，甚至要接受来自皇权的监察。

（二）蕃州接受中央实施的监察

唐代中央监察蕃州的方式不一，蕃州朝集京师是监察的方式之一，另一种方式是中央派遣官员巡察州县。前一种监察方式上文已详述，以下所述则为后一种监察方式。

中央派遣官员巡察蕃部在西汉时期已然。汉宣帝时，"光禄大夫义渠安国使行诸羌，先令豪言愿时渡湟水北，逐民所不田处畜牧。安国以闻，充国劾安国奉使不敬。是后，羌人旁缘前言，抵冒渡湟水，郡县不能禁"。元康三年（前63），先零与诸羌解仇交质、自相结盟欲背叛，"于是两府复白遣义渠安国行使诸羌，分别善恶"。② 唐代中央派遣官员巡察蕃部无疑是前代遗制。唐代中央派遣官员监察蕃州有两种方式：中央政府派遣官员巡察与中央御史台派遣御史巡察。

1. 中央政府派遣官员巡察

中央政府派遣官员监察羁縻州有两种方式。

---

① 《册府元龟》卷652《奉使部·总序》，第7805页。

② 《汉书》卷69《赵充国传》，第2972—2973页。

（1）定期巡察。这种方式见于武德年间。唐高祖李渊入关后遣使收取蜀地，置嶲州都督府，云南爨蛮地南宁州随即归附新政权，"朝廷岁遣使抚接"。① 咸亨年间，关于如何安置内迁后的被吐蕃逐出青海的吐谷浑，郭元振提出两点建议：第一，将吐谷浑部落分隶内地诸州，在安置之地，选择精明强干的官员于吐谷浑所居地监管，杜绝部落发生变乱；第二，朝廷直接派遣通达蕃情、明辨利害关系之人与吐谷浑王慕容宣超兄弟一道，每年前往部落巡按，防止其受官吏侵削，保护其生业，使其安居。② 唐对内迁吐谷浑部落的监管，除汉官押领之外，仍由中央每年遣使巡按。中央定期遣使监察蕃部，为宋代所沿袭。宋代"夔州路又有溱、南二州夷，颇盛强。皇祐初，诏自今岁遣使者存问"。③

（2）不定期巡察。除定期巡察之外，中央政府还针对具体问题不定期派遣官员至地方监察。唐太宗时，"岭表遐旷，山洞幽深，虽声教久行，而风俗未一。广州管内，为弊尤甚，蛮夷草窃，递相侵掠，强多凌弱，众或暴寡。又在官之徒，多犯宪法，刑法淫滥，货贿公行，吏有怀奸，人未见德。永言政术，忧叹无忘。宣命軿轩，安抚荒服，可遣员外散骑常侍韦叔谐、员外散骑侍郎李公淹持节往广州、高州、崖州都督管内，充使巡省。其检校法式，并宜依前敕事条"。④ 这是针对岭南广州管内"蛮夷"不遵法教、吏治败坏的情况，唐朝派京官实施监察。崔玄籍，龙朔三年始任陇州长史，在其任上曾奉使凉州巡抚契苾部落。其监察内容为部落百姓是否归心朝廷、生业如何、官员善恶。⑤ 唐陇州属关内道，凉州属于陇右道，崔玄籍跨区域奉使凉州巡察契苾部落，是由中央抽调监察

① 《新唐书》卷 197《韦仁寿传》，第 5617 页。

② 《通典》卷 190《边防六》，第 5167 页。

③ 《宋史》卷 496《蛮夷传》，第 14230 页。

④ 《日藏弘仁本文馆词林校证》卷 664《贞观年中安抚岭南诏一首》，第 247 页。

⑤ 周绍良主编：《唐代墓志汇编》（上），第 923—929 页。

部落。陇右道"秦、成、岷、渭、河、兰六州有高丽、羌兵"。①高句丽降民出身的高玄任右铃卫中郎将后，于永昌元年"奉敕差令诸州简高丽兵士"。② 诸州高句丽兵士也就是秦、成、岷、渭、河、兰六州高句丽兵，朝廷派高玄由洛阳至陇右监察内迁陇右道六州的高句丽民众。

2. 中央御史台派遣御史巡察

秦代以御史监理诸郡，谓之监察史。汉代废除秦制，即废除了秦代监察史监理诸郡的制度。晋代置检校御史，南朝无闻，北朝亦有检校御史，专掌出外巡察，隋初改为监察御史。③ 秦代的御史、晋代与北朝的检校御史、隋与唐初的监察御史职在巡察地方。唐代中央御史台派遣御史监察包括蕃州、蕃部在内的地方行政是上承前代御史、检校御史、监察御史监察地方行政的遗制。具体地说，唐代御史台派遣御史监察蕃州、蕃部可分为三种情况。

（1）常态化巡察。如上所说，唐代监察御史职责之一是巡察地方州县，羁縻州是否在其巡察范围内虽无明文可证，但回答应是肯定的。我们知道羁縻州隶属边州都督、都护府，并著于唐令式，法律规定羁縻州为唐行政区划（当然这是指羁縻州处于唐有效控制时期或者说仍在唐统治体制内时），原则上归属唐的周边诸族亦属于唐国家百姓。既然监察御史的职责在分巡州县，羁縻州自然在其巡察范围之内，因而在制度条文上也就无须特意注明。开元五年八月颁布的诏书有助于了解监察御史每岁分巡周边内附部族或羁縻州的范围及其监察的内容。诏书主要内容分为以下三点。

其一，强调缘边督领内附诸族的官员职责在于稳定边地，无使部落叛乱。禁止官员放纵部曲、子弟亲属向部落索求财物。诏书援引了两件事：营州都督赵文翙在契丹遭遇饥荒时不予赈济，又视契

---

① 《唐六典》卷 5《尚书兵部》，第 175 页。
② 吴钢主编：《全唐文补遗》第 2 辑，第 318 页。
③ 《唐六典》卷 13《御史台》，第 381 页。

丹酋长如奴仆而导致松漠都督府李尽忠、归诚州刺史孙万荣叛乱；单于都护府都护张知运对内迁的突厥降户征调失当而导致其叛逃。这两件事都是因为都督府、都护府监管不当而导致叛乱，危害甚远，因此诏书要求官员以此为戒，体恤所管辖的部落。

其二，"诸蕃归降，色类非一。在蕃者则汉官押领，入附者或边陲安置"。① 虽然诸蕃语言风俗不同，官府与其沟通有困难，但是所在军州将牧仍要倍加体恤，申其冤、尽其理、问疾苦、知饥寒，公私不得侵渔。倘若官员贪暴，不能替朝廷体恤诸蕃而导致动乱，则以刑典论处。

其三，"御史出入，仍访察以闻"。② 要求分巡御史将各地执行法令的情况及部落现状及时上报朝廷。

诏书内容可使我们明确三点。

其一，朝廷责成分巡御史察访官员的行迹及蕃落民情，并非此时内附部落或羁縻府州才被纳入御史分巡的范围，而是针对当时频频出现的叛乱，强调分巡御史要加强对管理羁縻州官员的监察。羁縻州属于分巡御史监察的范围，监察御史代表中央监察羁縻州是常制。

其二，诏书提到归降（或内附）诸蕃有两种类型：在蕃者与入附者。唐代周边诸族内附的形式有两种：一种是在本土内附，通常设立羁縻府州安置，由都护府或边州都督府统领；一种是离开本土迁徙于唐沿边正州内，通常也是设立羁縻府州安置，隶属沿边军州。③ 所谓"在蕃者"是在本土安置的内附部族，"入附者"为内迁安置的部落。所以无论是在本土内附或内迁的部落，或者说凡是隶属都护府、边州都督府的羁縻州或部落，都在御史巡察的范围之内。

其三，诏书要求监察的内容包括官员善恶、部落的生计以及贫

---

① 《册府元龟》卷157《帝王部·诫励》，第1903页。
② 《册府元龟》卷157《帝王部·诫励》，第1903页。
③ 谭其骧：《唐代羁縻州述论》，载氏著《长水集续编》，第133—155页。

弱冤苦等方面，这是监察御史通常分巡地方所秉承的六条问事内容。虽然唐代羁縻州、蕃部是不同于经制州行政制度的一种行政区划，因俗而治，未必适用针对经制州的一些监察内容，但是在体现国家行政管辖权力方面，中央对其实施监察的内容与经制州并无二致。

（2）临时性出使。临时性出使是指在常态化巡察之外，唐朝还会派出御史有针对性地督察处置与蕃州、蕃部相关的事务。神龙年间，西突厥五咄陆胡禄屋部盐泊州都督阿史那阙啜忠节与突骑施娑葛不和，安西大都护郭元振奏请朝廷让阙啜忠节入朝宿卫，所统部落于瓜、沙等州安置，朝廷采纳了他的建议。既而阿史那阙啜忠节贿赂宰相宗楚客、纪处讷改变了先前的决议，唐中宗采纳宗楚客的建议，计划帮助阿史那阙啜忠节消灭娑葛，目的是维持十姓可汗阿史那氏在西突厥的统治地位。于是，派遣摄御史中丞冯嘉宾持节安抚阙啜，御史吕守素处置四镇，[1] 试图协调阙啜与郭元振共同行动，对付娑葛。此次御史出使具有督察落实朝廷决议的性质。虽然这是一次御史出使失败的案例，却说明除中央御史台派遣监察御史常态化巡察州县之外，临时机动派遣御史督察蕃州、蕃部也是御史台实施监察的方式之一。

（3）"南选"出使。"南选"出使是御史常态化、临时性巡察之外，因选官而涉及对固定区域内羁縻州官员选授实施的周期性监察。

"南选"是唐代在岭南、黔中等地区实行的一种特殊选官制度。唐初以后，岭南、黔中两地的都督府具有直接选任地方官员的权力，但是"南选"成为一种制度大约始于唐高宗上元三年。[2] 上元三年八月敕云："桂、广、交、黔等州都督府，比来所奏拟土人首领，任官简择，未甚得所。自今以后，宜准旧制，四年一度，差

---

① 《旧唐书》卷 97《郭元振传》，第 3046—3047 页。
② 戴显群：《唐代的南选制度》，《福建师范大学学报》1998 年第 3 期。

强明清正五品以上官，充使选补，仍令御史同往注拟。其有应任五品以上官者，委使人共所管督府，相知具条景行艺能、政术堪所职之状，奏闻。"①"南选"组织、实施的方式是由中央政府部门官员充任选补使，同时御史台派遣御史一人与选补使同往，在指定地点对选授工作进行督察，以确保"南选"的公正严肃。

羁縻州是否属于"南选"的范围呢？有学者认为不属于，②此为失察。黔州都督府管辖羁縻州五十一，其中一部分是以牂牁地置。开耀元年以前，朝廷擢授平贞眘监察御史里行，"奉使黔中监选。有牂牁谢风节仁奏罢汉官，专任首领。公上其挟奸树党，俶扰蕃落。天子悟焉，再使置吏，远夷骚而旋定，旧贯改而复完"。③唐代羁縻州通常由部落首领任都督、刺史，中央派遣官员任佐官参与羁縻州事务管理。牂牁首领奏罢"汉官"，实际上是请求撤走朝廷为羁縻州配置的流官。身为监察使职的平贞眘发现其意在结党营私，便奏明朝廷，断然拒绝其请求，仍为其配置汉官，强化了中央统治在羁縻州的存在。由于处置得当，"远夷"即参加"南选"的羁縻州首领，因再置汉官产生的不安情绪得到了平息。这表明"南选"对象涉及牂牁地区的羁縻州首领及汉官，且补选过程受御史监督。此外，开元四年七月敕云："如闻黔州管内州县官员多阙，吏部补人，多不肯去，成官以后，或假解，或从正考满得资，更别参选。自余管蛮僚州，大率亦皆如此。宜令所司于诸色选人内即召补，并驰驿发遣至州。令都府勘到日申所司，如迟违牒，管内都督、御（刺）史六十〔日〕追毁告身，更不须与官。"④黔州管内"蛮僚州"即羁縻州，参加补选后又不愿去"蛮僚州"赴任者，是指吏部为羁縻州补选的汉官。敕文指出一个现象，吏部为黔州都督府正州及羁縻州召补的官员，要么不去赴任，要么成为正式官员

①　《唐会要》卷 75《南选》，第 1369 页。
②　王承文：《唐代"南选"与岭南溪洞豪族》，《中国史研究》1998 年第 1 期。
③　《全唐文》卷 229《常州刺史平君神道碑》，第 2322 页。
④　《册府元龟》卷 630《铨选部·条制》，第 7550 页。

后寻机参加其他形式的铨选，这表明黔中正州、羁縻州官员选任原则上参加"南选"。敕文进而要求吏部为黔中召补的官员必须按期到任，逾期不至者，黔州都督府、御史在规定时间内，注销其做官凭证，取消其做官资格。黔州都督府羁縻州不仅属于"南选"的范围，而且官员选任是在御史的监督之下进行的。黔中如此，岭南道羁縻州也理应如此。御史亲临现场监督铨选，无疑对澄清吏治、强化对岭南和黔中羁縻州的治理具有重要意义。

在上述三种方式中，御史常态化巡察、临时性出使是御史台对蕃州、蕃部实施监察的基本形式。唐前期沿边四夷地区的管理与稳定多与前两种出巡御史的活动有关，主要表现在以下几个方面。

其一，出巡御史临危受命或平定叛乱，或保护蕃部免遭外来势力入侵。天授年间裴怀古任监察御史，当时姚州、嶲蛮叛乱，朝廷派遣裴怀古前往招辑诸蛮。裴怀古申明赏罚，叛乱诸蛮纷纷归附。① 至延载元年（694）六月，永昌蛮薰期率部落二十余万户内附，② 叛乱得以平息。景云元年，唐朝令摄监察御史李知古发兵讨击姚州西洱河叛乱蛮，知古降附西洱河蛮后，请求在西洱河筑城防守，又使西洱河蛮输纳赋税、承担徭役。③ 开元三年，监察御史张孝嵩巡察至廓州，奏陈碛西情形，自请前往西域巡察事态发展。葱岭以西的拔汗那（唐休循州都督府）遭到吐蕃与大食的进攻，拔汗那王兵败，奔安西求救。张孝嵩遂率安西都护府统辖的部落兵万余人，出龟兹数千里，进军拔汗那，驱逐了吐蕃与大食扶立的拔汗那王。④

其二，出巡御史亲临蕃部处理当地汉官与蕃酋首领（蕃官）纠纷，或亲临蕃部体察蕃部民情接受诉讼，或督察边州都督府、都护府对蕃部的安置工作，或督察善后工作。开元四年，杜暹迁监察

① 《册府元龟》卷 656《奉使部·招抚》，第 7864 页。
② 《资治通鉴》卷 208 "则天后延载元年"，第 6495 页。
③ 《新唐书》卷 199《徐齐聃附徐坚传》，第 5663 页。
④ 《资治通鉴》卷 211 "玄宗开元三年"，第 6713 页。

御史，被派往碛西巡察。时值安西副都护郭虔瓘与西突厥可汗阿史那献、碎叶镇守使刘遐庆等政见不一、互相攻讦，朝廷诏杜暹前往碎叶入突骑施按察其事。开元十二年，有人推荐杜暹为安西都护，"蕃人伏其清慎，深思慕之"。① 张知运任单于副都护时收缴了突厥降户兵器，又令降户渡黄河南迁，引起怨怒。开元四年，御史中丞姜晦巡察关内道北边，降户向姜晦投诉因收缴兵器无法射猎影响生计。② 开元二年，显庆三年所置葛逻禄阴山都督府部落脱离后突厥默啜统治重新归唐，唐命解琬以摄御史大夫的身份前往北庭宣慰突厥部落，"缘边降户，要在便宜处分"。③当然，安置降户的工作要由北庭都护府官员具体落实，朝廷让解琬前往北庭巡察，除向降户宣示皇恩厚德之外，意在督察北庭都护府安置降户工作的具体实施情况，职在纠察。开元九年三月发生的兰池州胡康待宾等叛乱，使盐、夏二州百姓及六州胡人百姓遭受杀掠。九月，唐令御史韩朝宗、皇甫翼持诏书前往慰问，统计死伤数目、损坏财产数量，予以救助，免除赋役。④

一般来讲，御史出巡代天子巡守，拥有专断之权，不受地方官员的制约，可果断处理相关事务。当然，这种不受约束的权力的使用，在监察过程中也会出现偏差，但是总的来说，御史巡察周边内附部族或羁縻州，在维持唐代边地统治机构的正常运转以及中央对边地的治理、维稳等方面发挥了重要作用。

唐代地方监察制度从监察体系至监察内容前后期变化很大，然而终唐一代御史在处理蕃州、蕃部事务中始终很活跃。唐后期，西原蛮屡次叛乱，致使朝廷合并岭南五管中邕、容二管为一管，保留容管经略使建制，废除了邕管经略使。撤销邕管经略使不利于制御

① 《旧唐书》卷98《杜暹传》，第3075页。原文作"突厥骑施"，岑仲勉以为衍"厥"，参见岑仲勉《西突厥史料补阙及考证》，第85页。

② 《资治通鉴》卷211"玄宗开元四年"，第6722页。

③ 《册府元龟》卷170《帝王部·来远》，第2052页。

④ 《册府元龟》卷136《帝王部·慰劳》，第1645页。

西原蛮，因而遭到非议。长庆初年，韩愈就曾上书建议恢复邕管经略使，以容管经略使为刺史，但朝廷未采纳。其时监察御史杜周士出使安南都护府，经过邕州，邕州刺史李元宗向其陈述了废除邕管的弊端。"以吏人状授御史，使奏之。"① 李元宗将邕州官吏请求恢复邕管经略使的奏状交给杜周士，请其上报朝廷。杜周士从事岭南五管事务三十多年，深知废除邕管经略使的弊端。容管经略使严公素派人盗走杜周士船篙，使其忧愤而死。② 严公素谋害杜周士出于私心，一旦杜周士将邕州官员联名奏状上报朝廷，朝廷可能出于有效制御西原蛮的考虑而降容管经略使为刺史，恢复邕管经略使建制。如此，严公素则可能由经略使降为刺史，这正是他所担心的，所以才有谋害巡察御史之举。随后严公素又弹劾邕州刺史李元宗擅自以罗阳县归还西原蛮黄少度，元宗惧，率兵携印章依附黄少度求自保。唐穆宗派遣监察御史敬僚按察此事，而敬僚曾担任过容州从事，与严公素关系甚密，遂罗织元宗罪名，判元宗流刑。官员们认为敬僚没有秉公办事，敬僚因此受到舆论谴责。上述事件中有两点值得注意。其一，岭南五管多领羁縻州，即使所领正州有的也是以蛮部落所置。在整个事件中，朝廷前后派出的监察御史都有在岭南任官的经历，说明涉及羁縻州、蕃部的监察，朝廷对监察御史的人选是相当重视的。其二，整个事件反映出监察御史出使羁縻州涉及事务的范围是相当广泛的，他们的实地访察对朝廷的决策起着举足轻重的作用。

（三）蕃州接受地方实施的监察

地方监察蕃州、蕃部有三种方式。

1. 来自都督府、都护府的监察

都督府监察蕃州在唐政权建立之初已经实施。唐高祖李渊入关

---

① 《资治通鉴》卷 243 "穆宗长庆二年"，第 7827 页。
② 《新唐书》卷 222 《南蛮传》，第 6331 页。

后收取西南蜀地，任命韦仁寿为嶲州都督府长史，云南爨氏南宁州随即归附，朝廷每年派使巡察。然而出使巡察人员多因贪腐而渎职，爨民不堪其苦，导致南宁州部落反叛。唐高祖在此之外又采取另一种监理方式，以当时的嶲州都督府长史韦仁寿检校南宁州都督，南宁州寄治越嶲（韦仁寿既为嶲州都督府长史又为南宁州都督），遂要求韦仁寿每年一次亲临南宁州巡察。韦仁寿以巡察为名，亲自率兵进入云南西洱河等地，开地数千里，按朝廷的要求在云南又置七州十五县，当地酋豪皆来投诚，韦仁寿授以牧宰。韦仁寿施政法令威严而简明易行，颇获当地民众拥戴。[1]

都督府负责监察蕃州、蕃部，上述事例并非个案。邕州都督府所辖右江道羁縻州，"并是羁縻卓牌州，承前先无朝贡，州县城隍不置立，司马吕仁高唐先天二年奏，奉敕差副使韦道桢、滕崇、黄居左等巡谕，劝筑城隍。其州百姓悉是雕题凿齿，画面文身，并有赤裈、生獠、提匦相杂。承其劝谕，应时修筑，自后毁坏，不复重修"。[2]邕州都督府依据朝廷的规定巡察所辖羁縻州，劝导百姓移风易俗。南诏隶属姚州都督府，天宝时南诏阁罗凤与姚州都督张虔陀不和，张虔陀"阴表其罪"。[3] 旧史将南诏反叛归咎于张虔陀对阁罗凤的苛求，然而六诏合一后，南诏在云南势力坐大，难免与姚州都督府发生冲突，影响唐在云南的统治，这引起朝廷的警惕。所谓"阴表其罪"实际上是张虔陀以都督的身份监督南诏，将其动向及时上报朝廷，这是他的职责所在。

以上是都督府对在蕃部落本土所置州的监察，而边州都督府对侨置其境内的蕃州、蕃部落也负有相应的职责。武后时，"降突厥沓实力吐敦者，部落在平夏。会边书至，言吐敦反，楚客为兵部员外郎，后召问方略。对曰：吐敦者，臣昔与之言，其为人忠义和

---

① 《新唐书》卷 197《韦仁寿传》，第 5617 页。

② 《太平寰宇记》卷 166《岭南道》，第 3176—3177 页。

③ 《新唐书》卷 222《南蛮传》，第 6271 页。

厚，且国家与有恩，必不反。其兄之子默子者狡悍，与吐敦不和，今言叛，疑默子为之，然无能为。俄而夏州表：默子劫部落北奔，为州兵及吐敦所禽"。① 侨居夏州境内的突厥降户由夏州都督府实施监察。开元七年，张说检校并州大都督府长史，次年因朔方大使王晙诛杀河曲降户，并州大同、横野等军所统九姓部落受到震慑而不安，张说亲至部落抚慰，消除其顾虑。② 巡抚所属蕃部是都督府长史的职责。

　　都督府每岁巡察所属州县是唐代定制。唐睿宗景云二年，朝廷做出在全国设置二十四都督府的重大决定："天下诸州分隶都督，专生杀之柄，典刑赏之科。"③ 纠察所管州刺史以下官人善恶。侍御史宋务光举出可建的理由，他认为御史巡察州县有许多弊端，"都督则不然，久于其职，无得苟且，岁时巡按，物无窜情。行者无远诣之劳，贪者有终身之惧"。④ 宋务光支持在全国设置二十四都督府监察州县的理由之一是现有的都督府本身具有"岁时巡按"所属州县的职责。毫无例外，边州都督府也是要履行这一职责的，羁縻州、蕃部普遍要接受来自统辖它们的边州都督府每年一度的例行巡察。

　　由管理蕃部机构的长官定期巡抚属部的监察形式，并非唐代首创，是对前代旧制的继承与延续。《后汉书·西羌传》记载："时王莽末，四夷内侵，及莽败，众羌遂还据〔西海〕为寇。更始、赤眉之际，羌遂放纵，寇金城、陇西。隗嚣虽拥兵而不能讨之，乃就慰纳，因发其众与汉相拒。建武九年，隗嚣死，司徒掾班彪上言：今凉州部皆有降羌，羌胡被发左衽，而与汉人杂处，习俗既异，言语不通，数为小吏黠人所见侵夺，穷恚无聊，故致反叛。夫

---

　　① 《新唐书》卷109《宗楚客传》，第4102—4103页。"平夏"，岑仲勉以为是"灵、夏"之讹，参见岑仲勉《突厥集史》上册，第333页。

　　② 《旧唐书》卷97《张说传》，第3052页。

　　③ 《全唐文》卷267《置都督不便议》，第2713页。

　　④ 《唐会要》卷68《都督府》，第1195页。

蛮夷寇乱，皆为此也。旧制益州部置蛮夷骑都尉，幽州部置领乌桓校尉，凉州部置护羌校尉，皆持节领护，理其怨结，岁时循行，问所疾苦。又数遣使译通动静，使塞外羌夷为吏耳目，州郡因此可得儆备。今宜复如旧，以明威防。光武从之，即以牛邯为护羌校尉，持节如旧。"①蛮夷骑都尉、乌桓校尉、护羌校尉每岁巡察属部，理其怨结、问所疾苦，使其免于官吏的侵削，班彪称之为旧制，即是西汉旧制。由此可见，管理蕃部落机构的长官监察所辖蕃部落自汉至唐皆是如此。

唐初以后，由于对四夷的征伐，唐统治区域迅速扩大，在边地设立六个都护府，主要管理属唐诸族。都护府统领边地诸族，主要是通过羁縻州来实现的。都护府长官都护、副都护的职责为"抚慰诸蕃，辑宁外寇，帖候奸谲，征讨携离"②，即保护"诸蕃"——羁縻州部落免受来自敌对或外来势力的侵略，洞察其内部动向，征讨其叛离势力，都护府负有监察羁縻州部落的职责。具体来说，都护府的职能体现在以下几个方面。其一，都护府辖区内蕃汉官员的行为均属于都护督察的范围。神龙年间，任职安西大都护的郭元振在疏勒访察得知，郭虔瓘与阿史那阙啜忠节擅入拔汗那税甲税马，却未有一甲入充军用。郭虔瓘恣意侵吞，拔汗那不胜其扰，导致拔汗那南引吐蕃侵扰安西四镇。③郭元振已察知郭虔瓘在拔汗那的不端行为产生的消极后果，当朝廷决定派遣郭虔瓘往拔汗那征调甲马以助军用时，立刻遭到郭元振的反对，阻止了郭虔瓘再入拔汗那。其二，纠举内附部落内部的不法行为，直接惩处叛唐的首领或羁縻府州都督、刺史，维持部落内部正常的秩序。贞观二十二年，回纥吐迷度兄子乌纥与吐迷度妻私通，乌纥袭杀吐迷度，燕然都护府副都护元礼臣诱杀乌纥，然后上奏朝廷。由于元礼臣及时

---

① 《后汉书》卷 87《西羌传》，第 2878 页。
② 《唐六典》卷 30《三府都护州县官吏》，第 755 页。
③ 《旧唐书》卷 97《郭元振传》，第 3047 页。

惩治不法，避免了回纥内部的动荡。杜暹为安西副都护时，毗沙府都督、于阗王尉迟眺结交突厥及"诸蕃国"图谋叛乱，杜暹发兵诛杀尉迟眺，更立新君，① 使其图谋破灭。其三，都护派遣僚属巡察属部。《全唐诗》记载张宣明为郭元振判官时曾出使至三姓咽麵。② 唐以三姓咽麵置咽麵州都督府。张宣明至三姓咽麵使命不明，应是郭元振任安西大都护时派判官巡察属部，属于都护府监察羁縻州的形式之一。

2. 来自采访使的监察

开元时期，原有的监察体制已经不能适应形势发展的需要，在张九龄的建议下，开元二十一年唐玄宗正式批准建立十五道采访使，③ 规定采访使以"六条"检查非法行为、考核官员政绩，三年一奏。采访使区域内的羁縻州或部落在采访使的监察范围之内。宋庆礼为岭南采访使时，"崖、振等五州首领更相侵掠，荒俗不安，承前使人惧其炎瘴，莫有到者。庆礼躬至其境，询问风俗，示以祸福，于是安堵，遂置镇兵五千人"。④

《云南志》记载："越析，一诏也，亦谓之磨些诏。部落在宾居，旧越析州也。去曩葱山一日程。有豪酋张寻求，白蛮也。开元中，通诏主波冲之妻，遂阴害波冲。剑南节度使巡边至姚州，使召寻求笞杀之。部落无长，以地归南诏。"⑤《滇志略》谓节度使为王昱，王昱于开元二十一年至二十二年、二十六年两任剑南节度使，初任即兼采访使。⑥ 越析州为姚州都督府所属羁縻州，王昱巡边笞杀张寻求显然是以采访使的身份整肃所属羁縻州吏治。

---

① 《旧唐书》卷 98《杜暹传》，第 3096 页。

② （清）彭定求等编：《全唐诗》卷 113，中华书局 2005 年版，第 4 册，第 1151 页。

③ 关于采访使的设置可参见池田温《采访使考》，《第一届国际唐代学术会议论文集》，台北：学生书局 1989 年版；张国刚《唐代藩镇研究》，湖南教育出版社 1987 年版，第 42—45 页。

④ 《册府元龟》卷 656《奉使部·招抚》，第 7864 页。

⑤ 《云南志校释》，第 98 页；《新唐书》卷 222《南蛮传》，第 6293 页。

⑥ 吴廷燮：《唐方镇年表》卷 7，《二十五史补编》第 6 册，第 7456—7457 页。

采访使制度的最大特点在于它是一项独立的地方监察制度，可以摆脱长期以来地方行政长官对监察工作的过多干涉与影响。因此，采访使制度的建立相应地加强了唐对道内羁縻州的监察力度。安史之乱后，改采访使为观察处置使，此后例由节度使兼任，军事使职与观察使的行政职能合并，观察使已非独立的地方监察官员。

3. 来自押蕃使的监察

随着唐初边地都护府下羁縻府州制的衰退、节度使体制的形成，出现了各种形式的押蕃使，唐对边地诸族的统治方式从以羁縻州为主的行政化管理转向军事化管理。① 由于押蕃使的人选、押领范围不同，其职能的侧重点也不尽相同。唐命部落首领任本部押蕃使，主要负责内部事务，使其具有统领内部军务的合法性，② 便于朝廷的军事征发与调用。中央政府以非本部落出身、代表朝廷使命的官员出任押蕃使，旨在监督被押领部落的动向。③ 这方面有典型的事例可证。开元三年，杨执一为"凉州都督兼河西诸军州节度、督察九姓、赤水军大使"。④ 所谓九姓是指从漠北铁勒故地迁往甘、凉之间的回纥、契苾、思结、浑四部，唐设府安置，选取骁壮充当赤水军骑士。杨执一兼任的押蕃使以具体职责命名。杨执一身为凉州都督本负有监察辖区内羁縻州的职责，朝廷再授以督察九姓、赤水军大使，意在使其有效地控制这支精锐的武装力量。安史之乱以后，边地节度使多带押蕃使，押蕃使被合并到节度使体制中，成为唐后期地方监察羁縻州部落的另一种方式。

---

① 苏航：《唐代北方内附蕃部研究》，第 96 页。

② 李鸿宾：《墓志里吐谷浑王族任职押蕃使问题再探》，《西夏研究》2013 年第 4 期。

③ 井恭子「押蕃使の設置について——唐玄宗における対異民族政策の転換」『東洋学報』第 84 卷第 4 号、2003。

④ 吴廷燮：《唐方镇年表》卷 8，《二十五史补编》第 6 册，第 7503 页。

（四）蕃州接受皇权的监察

早在唐初，唐朝皇帝就已经以宦官为使巡访边地。内给事李憝，"贞观年中，太宗文皇帝以公勋旧功臣，爪牙心膂。遂令询访蛮蜀之风，抚慰南夷之使"。① 巡访中，李憝奖廉平、申冤曲、绳不法。名为"抚慰使"，实为监察使。采访使设置之前，唐玄宗频繁地派宦官出使羁縻州、蕃部。开元十五年，玄宗派中使宣慰河北，对遭水潦州县百姓、"城旁及诸蕃投降人"，② 责令地方政府准例予以救济。同年，由于河西节度使与所属凉州界羁縻州首领之间发生争端，玄宗派中使前往凉州访察是非曲直，③ 直接获取信息。在地方，随着高于都督府、都护府一级监察机构的采访使的出现，皇权频繁地直接介入监察领域。皇帝派遣中使代表其本人亲至蕃州、蕃部，一方面协同采访使实施监察，另一方面督察采访使处置蕃州、蕃部的得失，直接上报，都督府、都护府自然在其监察范围之内。这在开元二十四年张九龄为唐玄宗所做的几件敕书中有集中反映。

---

① 吴钢主编：《全唐文补遗》第 1 辑，第 19 页。

② 《册府元龟》卷 135《帝王部·憝征役》（第 1629 页）载："十五年二月，命中官李善才宣慰于河南、河北州县。制曰：北河（当作'河北'）遭水处城旁及诸蕃投降人先令安置，及州县被差征行人家口等，去年水潦，漂损田苗，频遣使人，所在巡抚，兼令州县，倍加矜恤，不知并得安存与否？今旧谷既没，新麦未登，丁壮既差远行，老少虑不支济。朕身居黄屋，念在苍生，每思优养，无忘梦寐。今故遣中使左监门卫将军李善才重此宣慰，宜令州县检责，有乏绝者，准例给粮，俾令安堵，以副朕意。"

③ 《旧唐书》卷 103《王君㚟传》（第 3192 页）记载："初凉州界有回纥、契苾、思结、浑四部落，代为酋长，君㚟微时往来凉府，为回纥等所轻。及君㚟为河西节度使，回纥等怏怏，耻在其麾下。君㚟以法绳之，回纥等积怨，密使人诣东都自陈枉状。君㚟遽发驿奏回纥部落难制，潜有叛谋。上使中使往按问之，回纥等竟不得理。由是瀚海大都督回纥承宗长流瀼州，浑大德长流吉州，贺兰都督契苾承明长流藤州，卢山都督思结归国长流琼州，右散骑常侍李令问、特进契苾嵩以与回纥等结婚，贬令问为抚州别驾，嵩连州别驾。于是承宗之党瀚海州司马护输纠合党与，谋杀君㚟，以复其怨。"上述记载又见《资治通鉴》卷 213"玄宗开元十五年"，第 6779—6780 页。

其一，派中使缓解都督府与部落的矛盾及平息部落之间的争端。据张九龄《敕安南首领爨仁哲书》，唐玄宗所派中使宣问的对象有安南首领归州刺史爨仁哲、潘州刺史潘明威、僚子首领阿迪、和蛮大鬼主孟谷误、姚州首领左威卫将军爨彦征、将军昆州刺史爨嗣绍、黎州刺史爨曾、戎州首领右监门卫大将军南宁州刺史爨归王、南宁州司马威州刺史都大鬼主爨崇道、升麻县令孟耽，均为爨部羁縻州首领，他们分属安南都护府与姚州、戎州都督府。唐玄宗派遣中使宣问是因为都护府、都督府向中央汇报上述这些羁縻州、蕃部首领"时有背叛，似是生梗"。而玄宗得到的消息则是上述羁縻州、蕃部发生骚动，一方面是由各都督处置不当所致，另一方面是由各部落首领之间积怨结党、互相仇视所致。所以玄宗派内侍省掖庭令安道训以宣问部落为名前往，督察都督府对所属羁縻州首领处置是否妥当、羁縻州首领是否不受都督府节制及是否有违典章等，告诫他们"既渐风化，亦当颇革蛮俗"，[1] 要求他们不可再发生背叛朝廷的行为；并允许上述首领若有诉求，可直接向中使面陈，也可一一上奏，不经过都督府或都护府使蕃情直达天听。安南都护府、姚州和戎州都督府及所属羁縻州都在中使监察范围之内。

其二，派中使对姚州都督府所属西南蛮蒙归义进行监察。嶲州盐井本属唐地，一度被吐蕃占领，后被唐收复。吐蕃遣使入唐数度交涉，索取盐井，而唐不予。唐得知吐蕃准备发兵入侵蛮地，并攻取盐井，故而告知蒙归义吐蕃准备报复西南蛮，要求他与达奚守珪、部落团练立刻布防警戒，若吐蕃入侵，即刻出兵反击；[2] 并要求他与达奚守珪协商相关事宜，不得有误。西南蛮蒙归义属于云南六诏之一的南诏，唐在南诏地置有数羁縻州[3]，隶属姚州都督府。

---

① 《全唐文》卷287《敕安南首领爨仁哲书》，第2912页。
② 《全唐文》卷287《敕西南蛮大首领蒙归义书》，第2911页。
③ 刘统：《唐代羁縻府州研究》，第212—213页。

玄宗谆谆告诫蒙归义要服从其指挥，配合姚州都督齐心协力防御吐蕃入侵，并派中使前往传达自己的旨意。正常的军事行动，只需中央、都督府下达于蕃部即可，这次为何玄宗要派中使传达旨意，原因在于西南蛮部落六诏中多数在唐与吐蕃间常持两端，① 唐其时已萌生合六诏为一诏之意，扶持蒙归义，使其内并群蛮、外抗吐蕃，② 中使亲至南诏非唯以示恩宠，主要目的在于察其部落动静。

其三，派中使对剑南道当、悉、拓、静等州进行监察。当州别驾董惩运父生前患风疹，而且纵酒不止，因而渎职，采访使王昱上奏朝廷撤销其职务后不久身亡。其子当州别驾董惩运以为其父遭受不公待遇，上奏诉冤，表中竟然声称部落据险要之地。言下之意其父冤情不能得到洗雪，将激起部落叛乱，大有要挟朝廷之意。玄宗随即回复，王昱罢免其父，证据确凿，并无冤误，其父死亡，乃是自然死亡，与王昱罢免官职无关。既而玄宗恩威并用，说明没有让其继袭刺史是有原因的，等待其自励、改正前非之后再继承刺史自然顺理成章；若煽动部落动乱，则是自取灭亡。因此，玄宗派遣中使前往当州，向董惩运及部落宣告旨意，安抚部落，并了解部落内部情况。③

唐玄宗宣问当州，悉、柘、静、维、翼等州首领也要求玄宗派使前来，玄宗满足其愿望，告诫诸州：吐蕃正在集结，要预防其侵轶；违纪首领董惩运、董嘉宗已经受到处分，董念双羌、羌嘉弄等将相继受到处分；要求诸州首领严勒部落，让吐蕃无隙可乘。之后玄宗又遣中使前往诸州重宣旨意。④ 很显然，采访使王昱罢免当州首领官职，玄宗既而又处分董惩运等，引起其他州首领不安。这些州首领需要知道玄宗对自己的态度，所以请求玄宗派使前来，

---

① 《全唐文》卷 286《敕剑南节度使王昱书》，第 2901 页。
② 王吉林：《唐代南诏与李唐关系之研究》，台北：黎明文化事业股份有限公司1992 年版，第 162 页。
③ 《全唐文》卷 285《敕当州别驾董惩运书》，第 2894 页。
④ 《全唐文》卷 285《敕当悉等州羌首领书》，第 2894 页。

而玄宗也需要消除诸州首领的不安，避免引发动乱，故而应允其请求。中使去后，玄宗又告知拓、静等州部落首领，中央政府已经得知以前采访使处理部落事务不妥之处，也做了相应的处置，让其坦然处之，为国输诚。① 在整个事件中，采访使处置辖区内当、悉、拓、静诸州的情况以及诸州的反应，都在玄宗的监察范围之内。

虽然说御史或他官出巡是代天子巡守，但是毕竟是由中央政府与御史台来实施的，其直接向相关中央部门负责，仍属中央政府与御史台监察地方，皇权只能间接控制。皇帝绕过中央派遣亲信宦官巡察地方，宦官作为皇帝的特别代表只对皇帝负责，则是皇权直接控制地方监察的表现。相较御史或他官出巡，宦官出巡集中体现的是皇权意志。

唐代蕃州虽然不同于经制州，但是作为唐统治区域内的郡县行政区划，毫无例外地属于中央监察地方行政范畴，地方监察体制与监察内容不仅适用于经制州，而且大多数情况下也适用于蕃州。唐代地方监察制度是中央治理边地的重要措施与保障，对维护四夷地区稳定与保障国家安全具有重要的政治意义。具体地说，唐代中央监督蕃州、蕃部的方式，包括中央实施的多种方式的监察、皇权实施的监察，以及由地方政府或采访使实施的监察。地方政府、采访使直接监临蕃州、蕃部，而来自中央部门及皇权的代表不仅监临地方政府、地方监察机构，而且监临蕃州、蕃部。这种上下相通、上下相维的监察体制，为中央对蕃州、蕃部实施监察管理提供了重要依据，成为向中央决策机构提供反馈信息的重要渠道。唐代监察内容通常涉及官吏善恶、民生状况、社会秩序诸方面。由于羁縻州存在地理位置、生产方式、内部社会组织形式诸多方面的差异，唐统治的深浅程度不尽相同，唐对不同地区、不同类型羁縻州实施监察的重点存在差异，因而实施的监察内容也不尽相同。尽管如此，唐

---

① 《全唐文》卷 287《敕拓静州首领书》，第 2911 页。

代地方监察不同程度实施于羁縻州仍具有特殊意义。对蕃汉官员的纠察，可及时将其行为及地方治理状况上报上级部门，上级部门根据其表现进行升迁或贬黜，惩治不法，奖励廉洁公平，可防止或制止官员因施政不当或贪暴、侵渔部落而导致的叛乱；访察部落生计以及贫弱冤苦，及时予以处理，可使蕃州、蕃部感受到政府、朝廷的体恤。这些措施的实施，不仅可以安抚周边诸族民心，而且可以增强周边诸族对唐王朝的认同感，有利于边地的政治稳定。此外，唐代对蕃州、蕃部的监察内容还涉及边地安全问题，对外关注周边局势的发展变化，防御外来势力侵略边地；对内洞察部落内部舆情，防止叛离势力的分裂行为，以确保边地安全。唐代在羁縻州地区实施的监察措施，在建设、维护统一的多民族国家方面发挥了至关重要的作用。

七　诸州置寺观政令在蕃州的实施

唐代屡次颁布在诸州置寺观的政令，事实证明这一政令也推及羁縻州。以下笔者将针对唐王朝在特殊行政区划内推及政令、法令的一个侧面略陈所见。

（一）蕃州执行中央政令建立寺院

隋朝建立以后，隋文帝将北魏文成帝开创的郡县置寺制度，分期、分批地从北方推向全国。唐王朝建立后，继承前朝的做法，也以行政命令的方式在全国各州县置寺。高祖时期，唐朝政府在京城设寺三所、观二所，在天下诸州各设一所。① 麟德二年，规定天下诸州各设一观一寺，以祈愿国家太平、宣扬皇帝威德。② 天授元

---

① 《旧唐书》卷1《高祖纪》，第17页。
② 《旧唐书》卷5《高宗纪》，第90页。

年，诏令两京、诸州各置大云寺一区，藏《大云经》，度僧千人。①
神龙元年二月，中宗复位后，又在天下诸州置寺观一所，命名为
"中兴"。② 唐颁布的这些政令不仅在经制州实施，而且推及至羁
縻州。

唐河北道侨置幽州境内的羁縻州按规定置有寺观。

燕州白鹤观。房山石经《观世音经》题记有"燕州白鹤观南
岳子焦履虚"。③ 燕州，武德四年以粟末靺鞨内附部落置。武德六
年，该观自营州迁于幽州。白鹤观无疑是燕州按中央规定建立的
道观。

顺州开元观。《王徽墓志》首题"大唐天宝十三载故开元观道
士"，志主顺义郡人，父为郡录事参军。志主本人，"爱自弱岁，
栖身道门"，死后葬于顺州城北。④ 志主生平行迹均在顺州，栖身
之处开元观当为顺州开元观。顺州，贞观四年以突厥部落于营州所
置州，后又迁徙至幽州，治所在今北京顺义区。⑤ 开元二十六年，
唐玄宗命令全国每州将郭下观、寺改名为开元。⑥ 开元观是顺州迁
至幽州后于境内所置观的改称。

归德郡顺天（开元）寺。《大般若波罗蜜多经》题记中有两款
"归德郡顺天寺僧超奉为师僧师父母合家大小敬造大般若石经"的
文字，其中一款署年"应天元年二月八日上"。⑦ 归德郡即归义州，
总章元年以新罗户置，后废。开元中又以降奚李诗部落五千帐复

---

① 《旧唐书》卷6《则天皇后》，第121页；《资治通鉴》卷204"则天后天授元
年"，第6469页。

② 《旧唐书》卷7《中宗纪》，第137页。

③ 北京图书馆金石组、中国佛教图书文物馆石经组编：《房山石经题记汇编》，
书目文献出版社1987年版，第204页。

④ 吴钢主编：《全唐文补遗》第5辑，第400页。

⑤ 刘统：《唐代羁縻府州研究》，第214页。

⑥ 《唐会要》卷48《杂记》，第879页。

⑦ 北京图书馆金石组、中国佛教图书文物馆石经组编：《房山石经题记汇编》，
第107页。

置。顺天、应天为史思明僭伪年号。乾元二年（759）四月，史思明僭位，建元顺天。同年六月，史思明下令于开元寺建塔，改寺名为顺天。① 归德郡顺天寺为唐归义州开元寺。归德郡顺天寺、归义州开元寺即大云寺，为武则天时期归义州遵照敕谕建立的佛寺。

上述以靺鞨、突厥、奚等部落建立的州是置有寺观的。东突厥灭亡后，降户内迁，唐以其部落置府州。永淳元年（682），骨咄禄率领降户出逃，占据漠北建立后突厥政权。开元四年，毗伽可汗继位后，欲在境内建立佛、老庙。② 虽然突厥早期曾接受佛教，③但是毗伽可汗对佛、老系统的认识，应是受唐在以突厥降户建立的府州内置寺观的影响。

从现存资料中可以窥知唐陇右道羁縻州按朝廷规定置寺的两种情况。

第一种情况是按敕谕规定的寺名建寺。这一敕令推及远在西突厥故地的碎叶。从显庆二年苏定方破阿史那贺鲁至显庆三年阿史那弥射斩真珠叶护，"西突厥全境皆属中国，遂分其种落为府州"。④其中在碎叶置碎叶州。⑤ 杜环的《经行记》记载了碎叶城的情况："天宝七载，北庭节度使王正见薄伐，城壁摧毁，邑居零落，昔交河公主所居止之处，建大云寺，犹存。"⑥ 交河公主又称金河公主，⑦ 是唐扶立的十姓可汗阿史那怀道之女，开元十年，玄宗将其嫁于突骑施苏禄可汗。据考证，碎叶大云寺的位置在碎叶宫堡之旁一百米处，⑧ 杜环留下的这段记载并非交河公主的住处被改建为大

---

① 《资治通鉴》卷221 "肃宗乾元二年" 注引《蓟门纪乱》，第7075页。
② 《新唐书》卷215《突厥传》，第6053页。
③ 林幹：《突厥史》，内蒙古人民出版社1988年版，第177—179页。
④ 沙畹：《西突厥史料》，第421页。
⑤ 陈国灿：《唐乾陵石人像及其衔名的研究》，载林幹编《突厥与回纥历史论文选集》（上），第391—392页。
⑥ 《通典》卷193《边防九》，第5275页。
⑦ 岑仲勉：《唐史余沈（外一种）》卷2《玄宗》，第90页。
⑧ 张广达：《碎叶城今地考》，载氏著《西域史地丛稿初编》。

云寺之意，从时间上讲，交河公主出嫁苏禄是在武则天颁布建寺敕谕之后，杜环的记载只能说明靠近交河公主住处的大云寺在其行经此地时仍然存在。碎叶长期备列安西四镇，是为加强对西突厥十姓可汗故地的控制。沙畹认为公元 748 年北庭节度使王正见攻取碎叶后于其地建大云寺，① 此说显然有误。据出土造像题铭，调露元年末至垂拱二年之间，内地佛教已传至碎叶，② 这不仅与碎叶是唐军镇有关，还与碎叶已是唐行政区划有直接关系。建大云寺无疑是碎叶州作为一级地方政府执行朝廷敕谕的结果。

唐在塔里木盆地以主要土著部落龟兹、于阗（于阗所置府号毗沙）、焉耆、疏勒设置四羁縻都督府。今天我们依然能够见到龟兹、于阗、疏勒境内按敕谕规定的寺名建立的佛寺。新罗僧人慧超经唐军最西戍守之地葱岭镇进入四镇都督府地区后，分别记载了四镇都督府地区不同佛教宗派流传的情况。疏勒，"此亦汉军马守捉。有寺有僧。行小乘法，吃肉及葱韭等"。③ 龟兹，安西大都护府所在地，唐在塔里木盆地的边防军主要驻扎在此，"足寺足僧，行小乘法，食肉及葱韭等也。汉僧行大乘法"。④ 于阗，"汉军兵马押领。足寺足僧，行大乘法，不食肉也"。⑤ 焉耆，"汉军兵马押领。有王，百姓是胡，足寺足僧"。⑥ 四地流传着内地佛教与当地本土佛教。慧超还记载了四镇都督府地区按朝廷敕谕建佛寺的情况。开元十五年，慧超行至安西（龟兹），发现安西有两所汉僧住持的佛寺。一是大云寺，住持秀行原是京中七宝台寺僧，都维那义超原是京中庄严寺僧，上座明恽也曾是京中僧。二是龙兴寺，住持

① 沙畹：《西突厥史料》，第 261—262 页。

② 周伟洲：《吉尔吉斯斯坦阿克别希姆遗址出土唐杜怀宝造像题铭考》，载荣新江主编《唐研究》第 6 卷，北京大学出版社 2000 年版，第 383—394 页。

③ 《往五天竺国传笺释》，第 153 页。

④ 《往五天竺国传笺释》，第 159 页。

⑤ 《往五天竺国传笺释》，第 167 页。

⑥ 《往五天竺国传笺释》，第 177 页。

法海是出生在龟兹的汉人。于阗汉寺龙兴寺的住持也是一位汉僧。疏勒汉寺大云寺也由一位汉僧住持，是岷州人士。① 龟兹、于阗、疏勒汉寺内部组织一如内地寺院。其中龙兴寺由中兴寺改名而来。唐中宗复位后命天下诸州建中兴寺，但是张景源上疏提出异议，并且请求直接以唐龙兴为名。中宗接受了张景源的建议，下令"其天下大唐中兴寺观，宜改为龙兴寺观"。② 此外，于阗境内奉敕令所建的寺庙有两所，其中一所为大云寺。伯希和所获 2889 号敦煌写卷《须摩提长者经》首题 "于阗开元寺一切经"。③ 于阗开元寺是毗沙都督府奉敕命为大云寺改名的结果。④

　　第二种情况是按诸州置寺规定建寺。除上述按敕谕规定兴建的佛寺外，唐四镇地区还建有一些与内地寺名相仿的佛寺。于阗东北丹丹乌里克出土文书中记载了当地有护国寺。⑤ 龟兹境内有多所汉寺。贞元中，悟空从罽宾归来时曾途经龟兹，居于莲花寺。⑥ 大谷文书 1535 号记载，龟兹境内有金沙寺，⑦ 或以为汉人所建寺庙。⑧ 直至回鹘汗国统治时期，龟兹还有梵□□寺、□某圣寺等汉寺存在。⑨ 藏文于阗佛教史《于阗国授记》记载了大量僧尼寺院，⑩ 其中有的拥有蕃汉名称的寺院还是唐四镇地区官员与于阗首领尉迟氏

①　《往五天竺国传笺释》，第 174—176 页。

②　《唐会要》卷 48《寺》，第 847 页。

③　H. W. Bailey, *Khotanese Texts* Ⅲ, Cambridge University Press, 1969, p. 78.

④　张广达：《论隋唐时期中原与西域文化交流的几个特点》，《北京大学学报》1985 年第 4 期。

⑤　奥雷尔·斯坦因：《古代和田——中国新疆考古发掘的详细报告》第 2 卷，巫新华等译，山东人民出版社 2009 年版，图版 CXVⅠ-116。

⑥　（宋）赞宁：《宋高僧传》卷 3《唐丘兹国莲花寺莲花精进传》《唐上都章敬寺悟空传》，《大正新修大藏经》第 50 册，第 721—722 页。

⑦　小田義久编『大谷文書集成』第 1 卷、法蔵館、1983、78 頁、図版 134。

⑧　黄文弼：《塔里木盆地考古记》，科学出版社 1958 年版，第 17 页。

⑨　马世长：《库木吐喇的汉风石窟》，载新疆维吾尔自治区文物管理委员会、库车县文物保管所、北京大学考古系编著《中国石窟·库木吐喇石窟》，文物出版社 1992 年版，第 221 页。

⑩　张广达、荣新江：《于阗佛寺志》，载张广达、荣新江《于阗史丛考》，第 292 页。

共同主持修建的寺院。① 这说明除按敕谕规定寺名建寺外，四镇地区蕃州内的汉寺与部分蕃寺仍属于官办寺院，是安西都护府与所辖蕃州执行唐初以来按州置寺成规建立的寺院。

唐代剑南道羁縻州也执行按州置寺的规定。今人据方志汇计唐代姚州佛寺 60 座，分布情况为姚城 3 座、宗居 5 座、曾州 14 座、浪穹 4 座、求州 1 座、益宁 7 座、安宁 1 座、望水 1 座、喻献 1 座、永昌 6 座、通海镇 1 座、野共州 4 座、剑川 1 座、巍山 6 座、楚雄 1 座、永胜 1 座、腾冲 3 座。② 唐代姚州领三县，姚城为其属县之一。以上佛寺分布地，除姚城之外，其他均为唐前期姚州都督府、戎州都督府所辖羁縻州地。

有唐一代，今云南地区先后经历了唐王朝与南诏两个政权的统治，明、清《一统志》对云南境内可考证创建时间的佛寺，通常注明"唐建"或"蒙氏建"。今人统计的云南佛寺，其中一部分据明、清《一统志》清晰可见为唐前期在羁縻州所置佛寺。

崇圣寺。《寰宇通志》："在府（大理府）城中。"唐开元间建，"寺内有三塔"。③ 寺内三塔应是南诏重建崇圣寺时所建。④ 明代大理府为唐姚州地（南诏号大蒙），附郭太和县。太和县虽为唐姚州地，但非唐姚州直辖三县地，实际上是姚州所属部落领地。开元末南诏皮罗阁请求朝廷合并诸诏，获得朝廷准许，遂并六诏为

---

① 荣新江：《慧超所记唐代西域的汉化佛寺》，载《冉云华先生八秩华诞寿庆论文集》，台北：法光出版社 2003 年版，第 399—407 页。

② 张弓：《汉唐佛寺文化史》（上），中国社会科学出版社 1997 年版，第 146 页。

③ （明）陈循等：《寰宇通志》卷 111《云南等处承宣布政司·大理府》，明景泰间内府刊初印本，"国立中央图书馆"辑：《玄览堂丛书续集》，台北：正中书局 1985 年版，第 18 册，第 170 页。

④ 关于崇圣寺三塔的建造年代有多种记载，方国瑜以为塔在开成三年（方国瑜：《大理崇圣寺塔考说》，载林超民编《方国瑜文集》第 2 辑，云南教育出版社 2001 年版，第 18 页）。又康熙年间《云南通志》记"唐南诏重建崇圣寺"〔（清）范自勋修：《云南通志》卷 26《仙释·大理府李贤者》，康熙三十年刻本，学习院图书馆藏近卫本〕。据此，崇圣寺建于唐前期，唐后期南诏重建崇圣寺又建三塔。传世文献关于三塔创建时间的多种记载，当是后世将寺初建与寺重修并建塔时间相混淆所致。

一。于是南诏获得太和县地，他诏之地成为南诏地，南诏并在其地置羊苴咩城。唐在六诏地置有羁縻州，崇圣寺当为唐前期在姚州都督府所属羁縻州境内建立的佛寺。

石宝寺。《寰宇通志》记载，鹤庆军民府所领剑川州境内，"石宝寺，在剑川州西四十里，唐建"。[①] 明代鹤庆军民府为唐代越析诏地，南诏并于鹤川置谋统郡。唐以越析诏置越析州，[②] 其境内石宝寺为唐前期羁縻越析州境内佛寺。

筇竹寺。《大明一统志》记载，云南府境内，"筇竹寺，在玉案山，唐贞观初建"。[③] 明代云南府为唐代昆州地，后为南诏蒙氏窃据，改为善阐府，玉案山在府城西二十五里。[④] 明代云南府附郭昆明县，玉案山就位于昆明县境内，玉案山上的筇竹寺是唐前期在昆州境内所置佛寺。

法明寺。《嘉庆重修一统志》记载，云南府境内，"法明寺，在宜良县东，唐时建"。[⑤] 清代云南府仍基于唐羁縻昆州地置，其属县宜良也属唐昆州地。唐昆州境内还建有法明寺。

慈应寺。《嘉庆重修一统志》记载，楚雄府境内有慈应寺，"在姚州东饱烟笋山，旧名护国寺，唐张虔陀建"。[⑥] 清代楚雄府为唐羁縻傍、望、求、丘、览五州地，贞观二十三年，以内附诸蛮末徒祇、俭望二种落置，隶戎州都督府。天宝年间，张虔陀主政姚州都督府，慈应寺为天宝年间在羁縻州地所置佛寺。

天宝塔。《嘉庆重修一统志》记征江府境内，"天宝塔，在江

---

① 《寰宇通志》卷113《云南等处承宣布政司·鹤庆军民府·寺观》，"国立中央图书馆"辑：《玄览堂丛书续集》第18册，第226、229页。
② 刘统：《唐代羁縻府州研究》，第214页。
③ （明）李贤等：《大明一统志》卷86《云南布政司·云南府·寺观》，台北：台联国风出版社影印本1977年版，第10册，第5270页。
④ 《大明一统志》卷86《云南布政司·云南府·山川》，第5260页。
⑤ （清）穆彰阿等：《嘉庆重修一统志》卷476《云南府·寺观》，商务印书馆影印本1934版，第28册，《云南府》二十二。
⑥ 《嘉庆重修一统志》卷480《楚雄府·寺观》，第28册，《楚雄府》十九。

川县东三里东山之巅，唐天宝二载建"。①清代征江府为唐羁縻黎州地，后南诏蒙氏置河阳郡。征江府所属江川县为唐初所建绛县地。② 唐代羁縻黎州绛县建有天宝塔。

正法寺。《嘉庆重修一统志》记曲靖府境内，"正法寺，在南宁县十五里，唐贞观中建"。③ 清代曲靖府为唐南宁州地。清代曲靖府附郭南宁县，为唐南宁州属县味县地。④ 唐在南宁州味县建有正法寺。

云南地区创建佛寺可追溯至唐代以前。清征江府河阳县东有华藏寺，"创自齐、梁"。⑤ 清大理府太和县西南有宏圣寺，当时人考稽史传确定为隋文帝时建，俗名阿育王塔。⑥ 方国瑜认为唐代以前云南尚无佛教可言，至唐其教渐盛，⑦ 但他忽略了唐以前中央政府也在蛮夷地区推行佛教的史实。隋文帝在位期间大崇释教，曾多次颁布敕令，剃度僧尼，在诸州建寺。⑧ 其中开皇十四年又进一步取消寺额限制，规定"率土之内，但有山寺，一僧以上，皆听给额，私度附贯"。⑨ 唐代在云南地区羁縻州建寺实为前代在蛮夷地区建寺做法的延续。南诏阁罗凤叛唐后自称"阐三教、宾四门"，⑩ 这种局面无疑与唐以政权力量在其地推行儒、释、道有直接关系。

唐代黔中道黔州都督府领羁縻州五十余，其佛寺建制虽俟考，

① 《嘉庆重修一统志》卷481《征江府·寺观》，第28册，《征江府》十二。
② 《嘉庆重修一统志》卷481《征江府·寺观》，第28册，《征江府》二。
③ 《嘉庆重修一统志》卷484《曲靖府·寺观》，第28册，《曲靖府》十八。
④ 《嘉庆重修一统志》卷484《曲靖府·寺观》，第28册，《曲靖府》二。
⑤ 《嘉庆重修一统志》卷481《征江府·寺观》，第28册，《征江府》十一。
⑥ 《嘉庆重修一统志》卷476《大理府·寺观》，第28册，《大理府》二十四。
⑦ 方国瑜：《唐宋时期云南佛教之兴盛》，载林超民编《方国瑜文集》第2辑，第523页。
⑧ 韩昇：《隋文帝传》，人民出版社1998年版，第397—411页。
⑨ 《续高僧传》卷18《隋西京禅定道场释昙迁传》，《大正新修大藏经》第50册，第574页。
⑩ （唐）郑回：《南诏德化碑》，《金石萃编》卷160。

然羁縻州汉官却已开始传布佛教。牂州，武德三年以牂牁首领谢龙羽地置，领建安等三县。① 牛腾为裴炎之甥，裴炎遇害后，武则天贬谪牛腾为牂州建安县丞。腾笃信佛教，"以是夷僚渐渍其化，遂大布释教于牂牁中。常摄郡长吏，置道场数处"。② 牛腾能以摄郡长吏的身份置道场，牂州理应按规定置有佛寺。

（二）置寺观政令在蕃州执行的基本情况

综上所述，唐代在河北道、陇右道、剑南道等一些羁縻州置有寺观。换言之，唐王朝自建立以后，在全国诸州置寺观的政令不仅在经制州实施，也推及至蕃州。但是我们并不能据此断定唐代蕃州普遍执行了诸州建寺观的政令。

由于周边诸族地理位置、特殊的社会结构及经济发展状况的限制，唐王朝在羁縻州的统治程度呈现非均等化，这一点可以从羁縻州治所府衙的设置情况得到证明。如剑南道茂州都督府所辖翼、维、涂、炎、彻、向、冉、穹、笮九羁縻州，除笮州无户口记载外，其余八州均有至京师的里距。戎州都督府所辖协、曲、朗、昆、盘、黎、匡、髳、尹、曾、钧、縻、哀、宗、微十五羁縻州，均有户口数及至京师的里距。松州都督府所辖崌、懿、阔、麟、雅、丛、可、远、奉、岩、诺、蛾、彭、轨、盍、直、肆、位、玉、嶂、祐、台、桥、序二十四羁縻州，除部分无户口数外，其余均有各州至京师里距。③ 所谓各州至京师里距是指各州治所至京师的距离，说明上述羁縻州均有城邑治所及办公衙署。剑南道松州都督府，"旧督一百四州，领州，无县户口，惟二十五州有名额"。④ 何以有一百零四州的编制，却仅"二十五州有名额"？这是说在一百零四州中只有二十五州有城邑衙署。唐代剑南道、江南道黔中所

① 《新唐书》卷43《地理志》，第1143 页。
② 《太平广记》卷112《牛腾》，第778 页。
③ 《旧唐书》卷41《地理志》，第1689—1711 页。
④ 《旧唐书》卷41《地理志》，第1706 页。

置羁縻州情况大多如此。如剑南道黎州所辖五十五羁縻州，"皆徼外生獠，无州县，羁縻而已"。① 既置州，却说无州县，也就是说这些州只有编制，没有相应的城邑衙署。戎州都督府所管羁縻州，"除没落云南蛮界一十五州，其余虽有名额，元无城邑，散在山洞，不常其居，抚之难顺，扰之易动。其为刺史，父子相继，无子，即以其党有可者公举之。或因春秋有军设，则追集赴州。著夏人衣服，却归山洞，椎髻跣足，或被毡或衣皮，从夷蛮之风俗。无赋税以供官。每年使司须有优赏，不拘文法。自古至今，其俗难改。其军设并官中优赏等，并废多时"。② 即戎州都督府所辖羁縻州多数无城邑，不承担赋税，也无须统计户口，只是授予部落首领刺史，由其世袭统领部落而已，定期赴集都督府，以示听命于朝廷。江南西道黔州都督府所辖五十三州，其中南宁、充等九州，每年朝贡，即定期朝集。③ 而江南西道黔州都督府所辖其他四十四州为"洞内羁縻州"，④ 均无城邑治所。至于游牧诸族，如陇右道北庭都护府所辖十六蕃州，"杂戎胡部落，寄于北庭府界内，无州县户口，随地治畜牧"，⑤ 只有州的建制，无城邑治所。唐设置的这些州县，授予部落首领刺史、县令衔，事实上仅给予他们管理部落的权力。

　　唐按州置寺的规定能否推及羁縻州，很大程度上取决于羁縻州有无城邑治所。岭南道邕州属右江道思恩等十七羁縻州，"承前先无朝贡，州县城隍不置立，司马吕仁高唐先天二年奏：奉敕差副使韦道桢、滕崇、黄居左等巡谕，劝筑城隍。其州百姓悉是雕题凿齿，画面文身，并有赤裈、生獠、提匦相杂。承其劝谕，应时修

① 《太平寰宇记》卷 77《剑南西道》，第 1561 页。
② 《太平寰宇记》卷 79《剑南西道》，第 1605 页。
③ 参见本书第三章之二"蕃州朝集制度"。
④ 《太平寰宇记》卷 120《江南西道》，第 2399 页。
⑤ 《旧唐书》卷 40《地理志》，第 1647 页。

筑。自后毁坏，不复重修"。① 城隍不仅是中国宗教文化中普遍崇祀的重要神祇之一，还是中国民间和道教信奉的守护城池之神。邕州司马奉朝廷敕命派人劝谕辖区内羁縻州修筑城隍，说明从朝廷到地方都很重视羁縻州的设施建设。州县城邑不仅是地方施政所在地，也是文化传播的载体。唐代陇右道安西都护府所辖四镇地区羁縻州有城邑治所，今人多有述及，无须赘言。唐朝初期的剑南道（今云南地区），高祖以韦仁寿出任南宁州都督，韦仁寿奉旨在西洱河地区置八州十七县，授其豪酋为宰牧，诸酋长相与筑城、立廨舍。② 明、清《一统志》中仍记有唐代在云南地区所置羁縻州县的若干城邑治所。河北道侨治幽州境内的羁縻州，也有固定治所。③黔中道羁縻州中是否置有寺观虽俟考，但唐代若干羁縻州城邑治所遗址至清代犹存。如清代贵州府古迹中有牂州故城与牂州属县牂柯废县（即建安县）、宾化废县，④ 表明唐代牂州与属县均有城邑治所。上述唐诸道中可考的佛寺均处于有治所府衙的羁縻州。对羁縻州而言，有治所府衙，一是意味着有财力从事建设，二是意味着有条件设置相应的政府机构，中央也可派遣官员担任羁縻州佐官，⑤参与管理和有效执行中央政令，反之则否。因此，唐代羁縻州数量众多，各州的实际情况都不相同，所以唐王朝屡次颁布的在诸州置寺观的政令，只能在一部分羁縻州得到执行。

（三）置寺观是治理蕃州的措施之一

以上我们探讨了唐代在诸州置寺观的规定在蕃州的执行情况，以下探讨唐在蕃州置寺观的性质、意义。

唐代蕃州名曰"羁縻"，而"羁縻"是一个多层面的概念，

---

① 《太平寰宇记》卷166《岭南道》，第3176页。
② 《旧唐书》卷185《韦仁寿传》，第4783页。
③ 《旧唐书》卷39《地理志》，第1520—1526页。
④ 《嘉庆重修一统志》卷500《贵州府·古迹》，第29册，《贵州府》十七、十八。
⑤ 参见本书第三章之五"中央派员出任蕃州官员、吏员"。

包括思想原则、形态或方式、制度等。春秋战国时期，华夏在形成过程中逐渐产生了以文化为最高标准将人类共同体区分为华夏与四夷的世界观，之后随着王权的逐渐加强，征服了许多四夷部落，产生了"率土皆臣"的思想。由于在现实中不可能将所知四夷都纳入中国的统治体制之下，中华天子面临着如何统治、管理四夷以及如何处理与未纳入其统治体制下的四夷之间的关系问题。在此过程中，逐渐产生了羁縻思想。"天子之于夷狄也，其义羁縻勿绝而已。"[①] 此即是说天子统治四夷不以统治华夏的方式来实现，而天子处理与四夷的关系不以处理与华夏内地臣民关系的思维方式来达成。因此，自西汉开始，"羁縻"成为华夏政权处理与四夷关系的思想原则。[②] 在此思想原则指导下，产生了以下几种不同的羁縻四夷的形态或方式。

朝贡，即先王将分封的诸侯应尽的义务推及四夷，即使要荒之外也"非上威服"，[③] 就是说非先王统治区域内的蛮夷也要朝贡。至唐代，朝贡体制日臻成熟，开元年间确定的朝贡七十余蕃，既有与唐交往的大食、日本等，又有唐羁縻州诸蕃，如东北地区的奚、契丹，安西四镇的龟兹、于阗、疏勒、焉耆等。[④] 朝贡作为羁縻四夷的形态之一，既施于唐境内诸蕃，又施于唐境外诸蕃。

册封，本来是指天子以举行典礼颁发册书的形式分封诸侯，西汉以来也推及四夷，授予四夷"侯王"称号，确定天子与四夷的君臣名分。[⑤] 这也是羁縻四夷的形态之一。唐代册封既施于归降后的吐谷浑和东突厥、占领后的西突厥及安西四镇诸蕃，又施于吐蕃、回纥等。唐代册封四夷作为羁縻四夷的形态施于境内外诸蕃。

① 《汉书》卷57《司马相如传》，第2583页。
② 堀敏一：《中华世界》，载谷川道雄主编《魏晋南北朝隋唐史学的基本问题》，第24—43页。
③ 《册府元龟》卷968《外臣部·朝贡·序论》，第11376页。
④ 《唐六典》卷4《尚书礼部》，第129—130页。
⑤ 《册府元龟》卷963《外臣部·封册·序论》，第11326页。

　　和亲，"汉高始纳奉春之计，建和亲之议，岁用絮缯酒食奉之，非惟解兵息民，亦欲渐而臣之，为羁縻长久之策耳"。① 自西汉以来和亲是处理与四夷关系的权谋之术，也属于羁縻的范畴。唐代将其施于境内外诸蕃，不仅先后与归降后成为唐羁縻州的吐谷浑、奚、契丹等部和亲，也与吐蕃、回纥和亲。

　　互市，这不仅仅是王朝与四夷经济交往的方式，其宗旨是怀柔羁縻四夷，"和戎之一术也"。② 唐代既与剑南道所属松、当、悉、维、翼诸州熟羌③及关内道所属六胡州诸蕃互市，也与吐蕃、后突厥诸蕃互市。今人发现，唐代与四夷之间的互市呈现出在不同地区有不同管理办法的特征，④ 推测这是由互市对象政治归属不同所致。这恰恰表明互市作为羁縻四夷的方式，既施于境内四夷，又施于境外四夷。

　　唐代设置的蕃州，通常又被称为羁縻州，固然属于羁縻四夷的范畴。⑤ 然而唐"羁縻"蕃州部落，与上述朝贡、册封、和亲、互市诸种羁縻境内外四夷的形态与方式是有区别的。宋人的论述有助于理解这一点。

　　　　王师既开西疆郡县，皆复名山大川，悉在封内。惟是人物之未阜，思所以繁庶之理；风俗之未复，求所以变革之道；诗书礼乐之外，盖有佛氏之道大矣……恭圣主之服远也，不以羁縻恍忽之道待其人，必全以中国法教驭之。故强之并弱，大之

---

　　① 《册府元龟》卷978《外臣部·和亲·序论》，第11486页。
　　② 《册府元龟》卷999《外臣部·互市·序论》，第11725页。
　　③ （唐）白居易：《白氏六帖事类集》卷24《市·羌互市格》，帖册五，文物出版社影印本1987年版。
　　④ 冻国栋：《唐代民族贸易与管理杂考》，载氏著《中国中古经济与社会史论稿》，湖北教育出版社2005年版，第340—356页。
　　⑤ 《旧唐书》卷195《回纥传》（第5215页）史臣云："自太宗平突厥，破薛延陀，而回纥兴焉。太宗幸灵武以降之，置州府以安之，以名爵玉帛以恩之。其义何哉？盖以狄不可尽，而以威惠羁縻之。"

凌小，则有甲兵，刑罚以威之；擅山泽，专障管，则或赋或禄以易之；鸟兽惊骇，则文告期会以束之；闲田沃壤，则置兵募士以耕之；书老告勤，则金帛爵命以宠之；争讼不决，则置吏案法以平之；知佛而不知戒，则塔庙尊严以示之；日计之不足，岁计之有余，必世而后仁，尽在于是矣。①

文中提出的"中国法教"，即通常所说的"声教"，包括军队、刑法、置吏、赋役、宗教、诗书等各方面。上述声教的内容在唐代均有实施。关于军队，陈寅恪认为唐前期军事力量由蕃将与府兵两类组成，② 而且唐以不同形式组织蕃兵并将其纳入军事建制。③ 针对将唐刑法加诸纳入其统治体制诸蕃，唐太宗有明确说明。东突厥突利可汗归唐，太宗向突利说明不再仿效隋立其祖父启民为可汗统领突厥部落的原委，并告诫突利"当须依国法，齐整所部，如违，当获重罪"。④ 开元九年，玄宗下诏告诫诸道所管部落，"既是王人，章程须依国法"。⑤ 唐依法绳治作奸犯科的部落或首领的事例并不鲜见。⑥ 关于置吏，唐代中央派员出任蕃州的官员有品官与流外两类。⑦ 关于赋役，包括蕃州部落在内，不同地区、不同时

---

① 张维、鸿汀编：《陇右金石录》卷 3《岷州广仁禅院碑》，第 37—38 页。碑立于宋元丰七年（1084）八月十八日，王钦臣撰，周璟书，张若纳立石，荔非恭刻字。

② 陈寅恪：《论唐代之蕃将与府兵》，载《金明馆丛稿初编》，第 296 页。相关论著参见章群《唐代蕃将研究》《唐代蕃将研究续编》；马驰《唐代蕃将》，第 34—50 页。

③ 参见张国刚《唐代的蕃部与蕃兵》，载氏著《唐代政治制度研究论集》，第 93—111 页；李锦绣《"城傍"与大唐帝国》，载朱雷主编《唐代的历史与社会》，第 198—235 页；王义康《唐代河朔移民及其社会文化变迁》，《民族研究》2007 年第 5 期；王义康《唐代边疆民族与对外交流》附录二"羁縻府州设置折冲府"，黑龙江教育出版社 2013 年版，第 288—291 页。

④ 《通典》卷 197《边防十三》，第 5412—5413 页。

⑤ 《册府元龟》卷 992《外臣部·备御》，第 11652 页。

⑥ 参见本书第三章之六"唐代在蕃州实施的监察制度"。

⑦ 参见本书第三章之五"中央派员出任蕃州官员、吏员"。

间归附、不同类型的内附民承担不同形式的赋税。① 至于诗书，则是在蕃州推行儒家典籍。《南诏德化碑》所说的南诏尊崇儒学无疑是唐在蕃州推行教化所及。乐史讲述剑南道茂州风俗，"一州本羌戎之人，好弓马，以勇悍相高，诗礼之训阙如也"。② 蕃人缺诗礼之训自不足奇，乐史将其作为特有风俗记述，从侧面说明唐原则上是要在境内部落中推行儒学教化的，只是种种客观因素的存在限制了文教深入四夷地区，以至于茂州蕃人诗礼之训付阙。除此之外，唐代也不乏一些具有汉文化修养的蕃人出身的官员。哥舒翰是西突厥突骑施哥舒部落首领子弟，祖、父为安西都护府属将，其人好读《春秋左氏传》《汉书》；③ 张孝忠出自奚部落，其子茂昭好儒书；④ 李宝臣出自范阳节度使所属的奚部落，其子惟诚"好儒书理道"。⑤ 这虽是个人行为，却应是唐在境内四夷中推及儒学影响所致。虽然上述讲的是宋在西部郡县蛮夷中推行的法教，但实为唐及前代治理境内蛮夷经验的总结。历代论及王朝对周边四夷的影响通常将其泛称为"声教所暨"，然而针对唐代羁縻州这个具体对象，声教所暨非论者所说仅为虚辞，⑥ 实际上唐政令、法令已推及羁縻州。显而易见，唐代蕃州虽然不同于内地行政制度而名曰羁縻，但事实上其仍是一种制度化管理。唐对境内四夷实行所谓"羁縻"政策，不同于上述朝贡、册封、和亲、互市诸种羁縻四夷的形态与方式，是伴随着管理制度以及政令、法令而实施的。唐代在蕃州置寺观是治理境内四夷的重要措施之一。

综上所述，唐代颁布的于诸州置寺观的规定不仅在经制州实

---

① 参见本书第三章之三"内附诸族的赋役规定"。
② 《太平寰宇记》卷78《剑南西道》，第1574页。
③ 《旧唐书》卷104《哥舒翰传》，第3211页。
④ 《旧唐书》卷141《张孝忠传附茂昭传》，第3858页。
⑤ 《旧唐书》卷142《李宝臣传附惟诚传》，第3870页。
⑥ 谭其骧：《唐代羁縻州述论》，载氏著《长水集续编》，第133页。

施，而且也推及至羁縻州。然而由于客观条件的限制，唐王朝屡次颁布在诸州置寺观的政令，并不能在羁縻州得到普遍落实，而是只能在一部分羁縻州实施。尽管如此，却说明虽然唐代羁縻州原则上因俗而治，但是仍为唐政令、法令所及地区，其与经制州具有同质的一面。寺观是传播佛教文化、道教文化的载体。唐在羁縻州推及置寺观的政令，说明唐代在羁縻州传播宗教文化、以教辅政的做法，不仅是治理境内四夷的措施之一，而且已经发展成为制度化的管理方式，影响及于后世。

以上针对进入唐王朝内部政治秩序中的四夷，唐王朝是如何施政的问题进行了探讨。现将上述内容概括如下。

唐代以周边内附诸族置羁縻州，实现了内地与非汉地区行政体制的一体化，原则上羁縻州与经制州同为唐推及政令、法令的区域，只不过与经制州不同，唐在羁縻州推及政令、法令是分层次进行的。唐代在经制州施政的方式也及于羁縻州。诸州朝集制度的宗旨在于中央与地方之间及时处理、传达政务信息，以有利于加强中央对地方的统治。羁縻州原则上也要执行这一制度，不仅要朝集京师、接受中央监督，也要朝集都督府、接受都督府的监督。羁縻州部落百姓作为唐王朝的臣民，原则上要与内地郡县百姓一样承担相应的赋役。内附诸族或以注籍编户身份承担额税，或以集体为单位承担赋役。总之，不同地区、不同时间归附、不同类型的内附民需承担不同形式的赋税，具有多样性的特点。与之相应的是，羁縻州的部落在原则上也负有向唐王朝提供兵源的义务。唐中央政府也要参与蕃州管理，派员出任蕃州官员。羁縻州的都督、刺史等官职原则上由部落首领世袭，但是部分蕃州的都督、刺史乃至县令也可由中朝官员担任。中央派遣品官担任羁縻州佐官僚属，也派遣流官参与羁縻州事务。蕃州作为唐统治区域内的郡县行政区划，毫无例外属于中央监察地方行政的范畴，地方监察体制与监察内容不仅适用于经制州，而且大多数情况下也适用于蕃州。唐代颁布的诸州置寺观规定不仅在经制州实施，而且推及至羁縻州。唐在内地郡县推行的政令与法令，以及刑法、置吏、赋役、兵役、监察、宗教等，原则上都要根据羁縻州的具体情况而不同程度地推行。

　　春秋战国时期，华夏在形成过程中逐渐产生了以文化为最高标准将人类共同体区分为华夏与四夷的世界观。随着王权的逐渐加强，华夏征服了许多四夷部落，产生了"率土皆臣"的思想。由于在现实中不可能将所知四夷都纳入中央王朝的统治体制之下，中华天子面临着如何统治四夷以及如何处理与未被纳入其统治序列四夷关系的问题，在此过程中，逐渐产生了羁縻思想。"天子之于夷狄也，其义羁縻勿绝而已。"① "昔王御世，怀柔远人，义在羁縻无取臣属。"② 此即是说天子统治四夷不以统治华夏的方式来实现，天子处理与四夷的关系不以处理与华夏内地臣民关系的思维方式来达成。因此，"羁縻"是一种王朝处理与四夷关系的思想原则。在此思想原则指导下，产生了朝贡③、册封④、

---

① 《汉书》卷57《司马相如传》，第2583页。

② 《唐大诏令集》卷128《蕃夷》，第689页。

③ 《册府元龟》卷968《外臣部·朝贡·序论》（第11376页）："若乃殊邻绝壤，蹈德咏仁，只奉国琛，宾于宰旅。先王所以赐异姓之国，分伯叔之邦，时庸展亲，谨其述职，唯服食器用之是供也。至于给耳目之华侈，违生物之性习，必斥之而不御，却之而不受，虑嗜好之无极，惧德志之或丧。美哉旅獒之篇，召公之训详矣。要荒之外，羁縻不绝。织皮昆仑，大禹以之即叙；越裳重译，姬文形于德让。亦以其忽略无常，非上威服而来其贡物。故肃慎之不贡楛矢，亦尝致诘焉。"从上述可知，朝贡是先王将分封的诸侯应尽的义务推及四夷，为羁縻形态之一。即使要荒之外，"非上威服"，即非先王统治区域内的蛮夷也要朝贡。

④ 《册府元龟》卷963《外臣部·封册·序论》（第11326页）："中国之于夷狄羁縻而已，若乃殊邻绝党之国，钦风慕化而至，琛赆维旅鞮译以通，解辫而习宾仪，保塞而请内属，由是推怀柔之道，开抚纳之意，优其礼遇，厚其赐予，以笃其好而厌其心焉。汉氏之后，乃复加以侯王之号，申之封拜之宠，备物典册，以极其名数，持节封建，以震乎威灵。至于告终称嗣，抚封世及，必俟文告之命，乃定君臣之位。自非人君之慎德，大邦之敦信，皇明遐烛而无间，仁风溥畅而胥泊，又曷能革彼犷悍，被之声教，使其奉王略，而为外臣者哉！"

和亲①、互市②等羁縻四夷的形态或方式。③ 这是施诸四夷的通则，以体现天下是以中央王朝的天子或皇帝为中心统于其下的领土，天子必须是包含四夷的整个世界的统治者，他不仅要统治华夏族居住的中央王朝的中心部分，而且必须使周边四夷臣服。唐代设置羁縻州是羁縻思想的具体体现，亦属于羁縻的形态。④ 但是，置羁縻州四夷作为被纳入唐王朝统治体制的境内四夷，即已属于唐王朝内部政治秩序中的四夷，与内地郡县同为唐王朝推及政令、法令的对象与范围。因此，唐与四夷建立的有层级的政治秩序，由于唐王朝与四夷关系性质不同、亲疏远近不同，相应地承担的义务与所受待遇也不同。

---

① 《册府元龟》卷 978《外臣部·和亲·序论》（第 11468 页）："戎狄之国，世为边患，礼义不能革其贪，干戈不能绝其类。故上自虞夏商周，固不程督。虽有穷兵追击，而亦亡失略等。所谓兽聚鸟散，从之如传景者也，是以圣人用权变之道远御，不绝而已。汉高始纳奉春之计，建和亲之议，岁用絮缯酒食奉之，非惟解兵息民，亦欲渐而臣之，为羁縻长久之策耳。高后、文帝至于宣元，皆用是道，故得呼韩朝于北阙之下。及魏道武读汉史，至欲以鲁元妻匈奴，为之掩卷太息，于是诸女皆厘降于宾附之国，此乃深识从权济时之略焉。（易）曰：惟几也。故能成天下之务，其是之谓乎。"

② 《册府元龟》卷 999《外臣部·互市·序论》（第 11725 页）："夫王者之牧四夷也，有怀柔之道焉，有羁縻之义焉，盖所以厎宁边鄙，休息中夏者也。则互市之设，其怀柔羁縻之旨与，爰自汉初。始建斯议，由是择走集之地，行关市之法，通彼货贿，敦其信义，历代遵守，斯亦和戎之一术也。"

③ 堀敏一：《中华世界》，载谷川道雄主编《魏晋南北朝隋唐史学的基本问题》，第 24—43 页。

④ 《旧唐书》卷 195《回纥传》（第 5215 页）史臣云："自太宗平突厥，破薛延陀，而回纥兴焉。太宗幸灵武以降，置州府以安之，以名爵玉帛以恩之。其义何哉？盖以狄不可尽，而以威惠羁縻之。"

第四章

唐代册封与授受四夷官爵

本章主要探讨唐与四夷建立政治秩序的基本途径。

册封是指中华天子以举行典礼、颁发册书的形式，授予四夷君主本蕃、本国君长称号或王位，承认四夷君主对本蕃或本国的统治。授受官爵则是授予四夷首领以王朝官爵。册封与授受官爵并无绝对区别。一般来说，中华天子册封四夷君主时往往也相应地授予其王朝官爵，只不过册封四夷君主礼仪更为隆重，比授予四夷首领官爵规格更高，而向四夷首领授予官爵一般多采用比较低级的任命方式。日本学术界通常将中国天子册封四夷君主及授予四夷君主、首领官爵的做法称为册封或者册封体制。①

唐代将中国古代社会和中央王朝推向一个新的高峰期，或认为唐王朝具有二元结构的性质，② 或认为唐王朝是一个世界性"帝国"。③ 因其影响力所在，唐曾频繁地册封四夷君主或者授予四夷

---

① 西嶋定生『中国古代国家と東アジア世界』、415—461 页。

② 参见谷霁光《唐代"皇帝天可汗"溯源》《〈唐代"皇帝天可汗"溯源〉后记》，载《谷霁光史学文集》第 4 卷，第 170—176 页；刘义棠《天可汗探源》，载《中国西域研究》，台北：正中书局 1997 年版，第 71—109 页；罗香林《唐代天可汗制度考》，载氏著《唐代文化史》，第 5487 页；章群《唐代蕃将研究》，第 342—363 页。

③ 谷川道雄：《世界帝国的形成》，第 166 页。

首领官爵。宋代学者王钦若认为册封、授官乃是中央王朝与四夷确定"君臣之位"，[①] 当然这是以"率土皆臣"观念看待册封与授受四夷官爵所得出的结论。当代学者或以唐代多民族国家形成为视角，认为册封与授受官爵是管理少数民族的一种方式，或者说是强化与少数民族上层之间关系的方式，[②] 用来确定唐与周边民族政治上的隶属关系；[③] 或透过册封与授受四夷官爵探讨以唐为中心的国际关系或国际秩序，[④] 将唐册封与授受四夷官爵视为处理国际关系、建立国际秩序的方式。然而清后期文人说得很清楚，乾隆五十年（1785）以前，中国人以上国（或天朝）自居，"率土皆臣"，无近现代法律意义上的外交，只是理藩而已。[⑤] 显然不能以近现代国家观念将唐代册封与授受四夷官爵单一地等同于处理内政或国际关系。堀敏一指出，唐代羁縻州体制盛行，由于四夷与唐现实力量对比不同，唐与四夷之间的关系呈现多样性，[⑥] 而因唐册封与授受四夷官爵的性质有别，又形成了不同的类型。然而当代关于册封与授受四夷官爵的研究往往忽视了这一点，仅对这一问题的一个侧面进行了探讨，缺乏分类考察与多层面分析，因而难以有整体性的认识。本章试图以唐周边四夷的政治归属为视角，

---

　　① 《册府元龟》卷 963《外臣部·封册》，第 11326 页。

　　② 马驰：《唐代蕃将》，第 55—64 页；彭建英：《中国古代羁縻政策的演变》，中国社会科学出版社 2004 年版，第 122—136 页。

　　③ 管彦波：《唐朝与边疆民族政治联系的两种主要途径：册封与和亲》，《黑龙江民族丛刊》2006 年第 2 期。

　　④ 日本学者习惯上将唐与四夷关系称为国际关系。这方面的主要论著有：石见清裕《关于唐朝的"蕃望"制度》，载中国唐史学会编《中国唐史学会论文集》，三秦出版社 1991 年版，第 162—176 页；石见清裕『唐の北方問題と国際秩序』；金子修一『隋唐の国家秩序と東アジア』；中村裕一『唐代制敕研究』汲古書院、1991、257—330 頁。

　　⑤ 刘锦藻：《清朝续文献通考》卷 337《外交》，商务印书馆 1936 年版，第 4 册，第 10781 页。

　　⑥ 高明士主编：《中国史研究指南Ⅱ：魏晋南北朝史·隋唐五代史》，台北：联经出版事业公司 1990 年版，第 366 页。

对册封四夷君长与授受四夷首领官爵的类型予以区分，并逐一
分析各类型的册封与授受官爵的基本情况，希望对唐代册封与
授受四夷官爵的性质、目的、意义有一个整体的认识，从而对
唐与四夷构建的政治秩序有更为深入的了解。

一　册封与授受四夷官爵的类型及区分标准

关于唐代册封四夷君长与授予四夷首领官爵类型如何划分，笔
者认为应该根据其政治属性，即性质的不同，划分为两种类型，第
一类是册封境内四夷君长及授予其首领官爵，第二类是册封唐境外
邻蕃君长及授予其首领官爵。（详见本书附录）

根据四夷政治归属区分册封、授受四夷官爵的类型是有充分根
据的，这体现在正史对不同归属的四夷记述方式有别。以两唐书为
例，根据四夷文化属性，"四夷传"将不同政治归属的四夷（近至
秦汉以来传统版图内蛮夷，远至从传闻中得知的西方世界蛮夷）
视为同类加以记述；《地理志》根据四夷的政治归属，将唐以周边
四夷设置的羁縻州与当时的正州视为同类加以记述。至宋代，乐史
不仅沿袭了传统记述四夷的方式，而且对不同属性四夷记述方式有
别的缘由进行了概括说明。乐史所著《太平寰宇记》"四夷传"总
序云："凡今地理之说，盖定其方域，表其山川，而四夷之居，本
在四表，虽猃狁之整居焦获，陆浑之处于伊川，其人则夷，其地则
夏，岂可以周原、洛邑谓之夷裔乎！昔唐开元、天宝之盛也，南至
越裳，北至云朔，东穷辽石，西及河湟，皆为郡县，覆于风教，既
编九州之记，岂可具之于四夷。两汉之制，县有蛮夷曰道，而其总
述皆九牧之所领矣。是以今四夷之所说，皆其裔荒之本土焉。"①

---

① 《太平寰宇记》卷172，第3296页。

乐史强调四夷归属中国、华夏，其人是夷，其地是夏，具有双重属性。唐强盛时，将周边四夷地辟为郡县、列于中国版图，又推及政令、法令，岂能视之为版图外四夷？两汉规定以蛮夷所置县为道，记述两汉行政区划都是将它们置于中国州郡统领的范围之内。所以作者（乐史本人）记载的四夷，只是根据四夷在四表八荒的属性记述其方域山川。乐史之所以如此强调，是因他已根据"其人则夷，其地则夏"的原则，将唐所置蕃州的名数、沿革在政区部分讲述，以示同一四夷既在政区部分讲述又在"四夷传"讲述，其意义、性质是不同的。换言之，乐史是根据四夷的文化属性，将汉唐以来所知不同政治归属的四夷同置于"四夷传"记载。在"率土皆臣"观念的背景下，乐史虽然沿袭了前代"四夷传"的编撰体例，但是他对于记述的四夷属性不同是有清醒认识的。

四夷归属的不同决定了唐册封与授受四夷官爵的性质不同。唐前期对纳入统治体制下的四夷主要以羁縻州形式进行安置，这些羁縻州隶属边州都督、都护，归属唐。尽管唐中后期大量羁縻州脱离了唐的统治，而且唐管理羁縻州的机制与机构屡有变化，但终唐一代羁縻州作为行政区划始终存在。唐代的化外与化内也是以政治归属为判断标准的，羁縻州与当时的正州同属化内。① 日本律令中也引入了化外与化内的概念，两者也以政治归属为区分标准，内涵也与唐律中化外、化内相同，而且日本律令中化外与境外为同义。② 据此可以推断，唐在统治版图内包括羁縻州范围内册封四夷君长、授予四夷首领官爵，属于对境内诸蕃的册封与授受官爵，在此之外，则属于对境外诸蕃的册封与授受官爵。需要说明的是，尽管境外诸蕃当中有的原为唐羁縻州地区，后来脱离唐统治，不再由都护府统领，也接受唐册封、授予的官爵，但是其时册封与授受官爵的

---

① 参见本书第二章"唐代的化外与化内"。
② 惟宗直本『令集解』卷 11「戶令」黑板勝美主编『新訂增補國史大系』吉川弘文館、1994、341 頁。

性质已发生变化，仍属于唐对境外邻蕃的册封与授受官爵。反之，前者当中有的原为唐邻蕃，在唐未征服占领前受唐册封、接受唐官爵，性质仍属唐对邻蕃的册封与授受官爵。

周边四夷归属王朝后，在政治上成为中国或华夏的一部分，但是在华夷世界观支配下，从文化视角上看，他们又为夷的世界的一部分。因此，王朝处理境内与境外四夷关系的方式往往呈现相同的一面。如唐对境内外四夷册封、授受官爵的礼仪相同，其官职的升迁途径也类似。

唐灭薛延陀后，在回纥部置府州，隶属燕然都护府。东突厥降户攻取漠北后，导致安北都护府南迁、回纥诸部役属于后突厥，其中回纥一部分南迁甘、凉二州。后突厥灭亡之际，天宝元年，回纥叶护骨力裴罗遣使入贡，唐赐爵奉义王。天宝三载，回纥与葛逻禄攻杀拔悉密可汗，骨力裴罗自立为骨咄禄毗伽阙可汗，玄宗又册封其为怀仁可汗。其他文献记载，"〔天宝〕四载三月戊寅，九姓首领回鹘思（骨）力裴罗及弟阿悉烂颉斤，杀斩白眉可汗，传首京师，授裴罗右骁卫员外将军，颉斤右武卫员外将军，策勋也"；①"拜裴罗左骁卫员外大将军"；②"加授〔回纥骨咄禄毗伽阙可汗〕特进"。③ 有人注意到唐初的回纥和天宝元年以后的回纥与唐关系不同，这是正确的，但认为直至天宝三载回纥仍为唐朝的羁縻州，④ 应该说是不妥当的。此时漠北回纥脱离了唐的统治，已非安北都护府时期的属蕃而成为唐邻蕃。然而唐不仅承认并册封骨力裴罗为回纥诸部可汗，加以徽号，而且根据其功业授予武职、爵位、散官，并以序进秩，册封授官爵的形式与唐境内的册封相同，官爵进秩也类似于唐中央系统官员。至于仪式，册封骨咄禄毗伽阙怀仁

---

① 《册府元龟》卷975《外臣部·褒异》，第11457页。
② 《新唐书》卷217《回鹘传》，第6114页。
③ 《唐会要》卷98《回纥》，第1744页。
④ 程溯洛：《回纥游牧封建汗国的兴衰（744—840）》《回纥汗国建立前后与唐朝的关系不同》，载氏著《唐宋回鹘史论集》，第62—109页。

可汗时，"前殿列仗，中书令内案授册使者，使者出门升辂，至皇城门降乘马，幡节导以行，凡册可汗率用此礼"。① 唐曾先后在归降属唐的吐谷浑、东突厥、西突厥中册封可汗，也不乏相关的礼仪规定。唐册封骨力裴罗因循先前册封可汗仪式成例说明，属于理蕃范畴的册封，无论是册封境内可汗还是册封境外可汗，仪式是一致的。尽管如此，唐对境内外四夷册封、授受官爵的性质截然不同，目的、意义迥异，这是不能忽视的。以下我们将对不同性质、类型的册封、授受官爵的基本情况及其目的、意义进行逐一剖析。

二　册封的类型与基本情况

我们首先分析两种不同性质、类型册封的基本情况及其目的、意义。

（一）唐对境内四夷的册封

唐对境内四夷的册封是唐对都督府、都护府所属诸蕃王的册封，范围主要限于唐羁縻州地区。东夷当中，河北道内有唐征服占领后隶属安东都护府的高句丽、百济；南蛮、西南蛮当中，有剑南道内姚州都督府属蛮南诏，保宁都护府与押近界蛮及西山八国使属蛮；西戎当中，陇右道有唐平定阿史那贺鲁后先后隶属安西、北庭都护府的西突厥，安西都护府统辖的于阗、疏勒、龟兹、焉耆与葱岭以西十六国都督府，小勃律、识匿与中亚昭武九姓诸国，以及初由凉州都督府监护、后迁入甘凉二州的吐谷浑；北狄当中，唐关内道有宁朔大使监护的归降东突厥，河北道有营州都督府统辖的奚、契丹等与宝历元年前以渤海所置的忽汗州都督府。

---

① 《新唐书》卷217《回鹘传》，第6114页。

唐册封境内诸蕃君长不同于一般的授予四夷首领官爵，其特征是保留诸蕃的政权形式而属唐，可分两种情况。一种是在征服、占领后，废除原来的君长及其政权机构，重新选择君长，确立其在本蕃的统治权力，以政权形式属唐。此类册封君长的权力来自唐天子的授予，而不是直接来自本蕃，这一形式先后在征服后的吐谷浑、归降的东突厥、占领后的西突厥以及高句丽、百济等地实施。另一种是唐将周边诸蕃纳入其统治体制内后，不改变原来君长的地位以及政权机构，君长的权力仍来自内部。此类册封除表达唐朝的统治在蕃部建立并授予君长管理的权力之外，还在于宣告唐天子承认其君长原来在本蕃权力的合法性。唐在安西四镇、葱岭以西十六国、粟特地区以及东北的奚、契丹诸蕃的册封即属此类。

1. 唐对吐谷浑的册封

隋大业四年（608），炀帝兴兵攻灭吐谷浑，可汗慕容伏允只身逃窜，客于党项，隋随即在吐谷浑地设郡县。隋末大乱，慕容伏允乘机恢复吐谷浑原有的疆域，吐谷浑再次成为西北地区一个重要的游牧政权。唐建立后，为了夺取河西地区而对吐谷浑采取怀柔政策。东突厥灭亡前，唐朝集中力量应对北方威胁，无力顾及冲突不断的吐谷浑。东突厥灭亡，党项部落陆续附唐，大大削弱了吐谷浑的实力，唐很快确立了对吐谷浑的优势地位。贞观九年，唐派军全面出击，致使吐谷浑政权土崩瓦解，可汗慕容伏允逃入大碛后，为部下所杀。唐平吐谷浑后一改隋代的做法，使其以保留政权机构的形式归属唐。唐太宗册封慕容顺为可汗，统领吐谷浑部落，又命凉州都督李大亮为其后援。唐虽未在吐谷浑建行政机构，但就近由凉州都督府监护。此后不久，吐谷浑国人杀慕容顺，唐又立慕容顺子诺曷钵为可汗。贞观十年，诺曷钵遣使入朝，"请颁历，行唐年号，遣子入侍"。[①] 唐遣使持节册拜诺曷钵为河源郡王、乌地也拔勤豆可汗，并赐以鼓纛，吐谷浑正式成为唐的属部。唐高宗时，吐

---

① 《新唐书》卷 221《吐谷浑传》，第 6226 页。

蕃攻取吐谷浑故地，余众迁往甘、凉，唐以其部落置府州，侨居内地。但唐依然册封慕容氏为可汗，可汗既为吐谷浑部落君主，又为唐羁縻州刺史。

2. 唐对归降东突厥的册封

贞观四年，东突厥政权灭亡后，唐以突厥酋长为都督、刺史设立府州管理突厥部落。贞观十三年，唐对突厥的政策发生变化，其转折由突厥突利部引发。突厥灭亡前夕，因突利可汗率先率部降唐，对唐朝取得战争的胜利起了关键作用。在安置突厥降部时，突利可汗得到唐太宗格外的信任和优宠，被任命为顺州都督，继续统领旧部，其所获待遇之优厚在归降的启民可汗后裔中实为罕见。[①] 贞观五年，突利应诏入朝，却中道病亡，官爵及职务由其子贺逻鹘继承。贞观十三年，在长安宿卫的突利之弟结社率因其官秩久不升迁，于是在随同唐太宗往九成宫后胁迫贺逻鹘谋反。计划败露，结社率等被杀，贺逻鹘免死罪后被流放岭南。

此次事件使唐太宗对以前管理突厥的方式产生顾虑。贞观十三年七月，唐太宗下诏迁突厥于黄河以北安置，命礼部尚书赵郡王孝恭赍册书，册封化州都督阿史那思摩为乙弥泥孰俟利苾可汗，以阿史那苏尼失子检校长州都督、左屯卫将军阿史那忠为左贤王、左武卫将军阿史那泥孰为右贤王，建立了突厥降部的政权机构。贞观十五年正月，唐令阿史那思摩率部落渡河，撤销在河南设置的突厥州县。于是，在唐安排下，阿史那思摩等建牙于黄河之北的定襄。随阿史那思摩渡河而北的突厥部落有帐户三万、兵四万、马九万余匹。唐太宗诏赐阿史那思摩封地的范围南至黄河、北至白道川，整个漠南地区成为突厥的牧地。唐册封阿史那

---

① 参见王义康《突厥世系新证——唐代墓志所见突厥世系》，《民族研究》2010年第5期。

思摩的同时，贞观十四年三月，又置宁朔大使，"以护突厥"。①魏晋以来有置护军统领蕃胡部族的传统，② 唐置宁朔大使监领突厥实际上是沿袭魏晋旧制。

阿史那思摩部署既定，上书唐太宗曰："臣非分蒙恩，为部落之长，愿子子孙孙为国家一犬，守吠北门，若薛延陀侵逼，请从家属入长城。"③ 唐太宗册封阿史那思摩为突厥可汗，使其部落驻牧河北，看似出于确保自身安全的考虑，深层里更有以突厥防范薛延陀南下的意图。东突厥灭亡后，漠南塞外之地空荒十余年，随时都有可能被薛延陀夺取。唐让阿史那思摩渡河而居既可充实空荒之地，又可防范薛延陀南下。

唐灭薛延陀、车鼻可汗后，统治了漠北，消除了来自北方的威胁后，便以郡县形式管理突厥。贞观二十三年十月，以突厥诸部置舍利等五州隶云中都督府，苏农等六州隶定襄都督府，④ 二都督府分别隶属单于都护府与夏州都督府。龙朔三年，突厥部众渐盛，阿史德氏至长安，"请如胡法立亲王为可汗以统之"，⑤ 希望唐再次册封可汗，使突厥以政权形式归属唐，但遭到唐高宗的拒绝。唐廷以可汗即古代单于为由，改云中都护府为单于都护府，以亲王遥领。

关于册封是否为羁縻统治的方式之一，有人提出疑问。⑥ 以归降东突厥为例，唐最初以郡县形式安置之，后转而册封可汗使其以政权形式归属唐，后废册封，降户又以郡县形式属唐。安置东突厥降户，选择郡县还是册封可汗完全是出于唐管理的需要。因此，就境内诸蕃而言，册封是唐统治、管理属部、属国的方式之一。

① 《旧唐书》卷 3《太宗纪》，第 52 页。
② 严耕望：《魏晋南北朝地方行政制度》下册，第 817—837 页。
③ 《资治通鉴》卷 196 "太宗贞观十五年"，第 6278 页。
④ 《资治通鉴》卷 199 "太宗贞观二十三年"，第 6269 页。
⑤ 《资治通鉴》卷 201 "高宗龙朔三年"，第 6339 页。
⑥ 刘统：《唐代羁縻府州研究》，第 47 页。

3. 唐对占领后的西突厥的册封

唐最初采取设立都督府并以其归降首领为都督的形式管理西突厥部落。

贞观二十二年四月，室点密可汗五世孙乙毗咄陆可汗的叶护阿史那贺鲁率众数千帐内附，唐将其安置在庭州莫贺城，授左骁卫将军。同年八月，阿史那贺鲁闻唐军讨龟兹，请为向导，太宗任命其为昆丘道行军总管。唐军平龟兹后，太宗以阿史那贺鲁为泥伏钵叶护，赐以鼓纛，使其招讨西突厥未归附者。贞观二十三年二月，唐在西域设置瑶池都督府，隶属安西都护府，以阿史那贺鲁为都督，唐通过他实现了在西突厥的统治。然而在太宗去世、高宗继位之际，阿史那贺鲁叛唐，拥众西走，击破乙毗射匮可汗后并其众，建牙于双河（今新疆博乐市西之博尔塔拉河）及千泉（今中亚塔什干北），自号沙钵罗可汗，处月、处密部及西域诸国多附于阿史那贺鲁，他基本上控制了西突厥全境，成为雄霸西域的大可汗。当然，阿史那贺鲁雄霸西域并非因其叛乱而据有西突厥，而是与唐当初支持他夺取西突厥故地、招降各部密切相关。[1] 永徽二年九月，阿史那贺鲁向东侵逼唐庭州，唐数次发兵讨伐。显庆二年，唐以苏定方为统帅，从南北两道分进，先后在伊犁河、楚河等地大破阿史那贺鲁。同年十二月，阿史那贺鲁被擒，叛乱被平定。

在如何管理西突厥部落的问题上，唐鉴于以阿史那贺鲁一人统领西突厥造成其势力坐大导致反叛的教训，采取了分而治之的办法。在西突厥故地设州县以安置诸部，置昆陵、濛池二都护府统领，昆陵、濛池二都护府俱隶属安西都护府。以突厥贵族阿史那弥射为左卫大将军、昆陵都护、兴昔亡可汗，管理五咄陆部落；以阿史那步真为右卫大将军、濛池都护、继往绝可汗，管理五弩失毕部落。此外又命弥射、步真根据部落大小、位望高下，分别授予归附

---

[1]　吴玉贵：《突厥汗国与隋唐关系史研究》，第396页。

部落首领都督、刺史以下官职。唐同时册立二可汗分治西突厥有两点值得注意。其一，早在唐太宗贞观年间，西突厥沙钵罗咥利失可汗分西突厥部落为十部，左厢五咄陆部居碎叶东，右厢五弩失毕部居碎叶西。唐置昆陵、濛池二都护分治是沿袭西突厥旧制。其二，在可汗人选上，并未选择现任部落首领，而是选择了早已内附入朝、脱离部落成为唐军将领的西突厥可汗子孙弥射、步真。唐如此安排除了形成两可汗在西突厥的均势外，自然是因二人的背景使其对唐更为依赖。

　　唐置昆陵、濛池都护府后数年，西突厥安定无事。龙朔二年十二月，继往绝可汗步真诬告兴昔亡可汗弥射谋反，唐将苏海政误杀弥射。不久（高宗乾封中），继往绝可汗步真去世，十姓部落陷入无主状态，开始散亡。是时吐蕃强大，屡侵唐边境。咸亨元年四月，吐蕃攻陷唐西域十八州，迫使唐罢安西四镇。咸亨二年四月，唐以阿史那都支为左骁卫大将军兼匐延都督，以安辑五咄陆部落。[1] 而都支竟自称十姓可汗，同别帅李遮匐与吐蕃统治者勾结。[2] 调露元年，裴行俭设计擒阿史那都支、李遮匐，留其副使王方翼于安西，使其筑碎叶城。裴行俭擒阿史那都支、李遮匐后，唐并未在西突厥册封可汗。吉尔吉斯斯坦境内出土的汉文碑铭题杜怀宝结衔为"安西副都护碎叶镇压十姓使"。调露元年，唐平阿史那都支、李遮匐，筑碎叶城后，安西都护府治所移至碎叶，碎叶镇守使在西突厥居地的中心直接押领十姓部落，此应是唐擒阿史

---

[1] 　《资治通鉴》卷201 "高宗咸亨二年"，第6366页。

[2] 　《资治通鉴》卷201 "高宗龙朔二年"（第6333页）云："继往绝卒，十姓无主，有阿史那都支及李遮匐收其余众附于吐蕃。"此条虽然系于高宗龙朔二年十二月兴昔亡可汗弥射被杀事件下，但是记述的是乾封中继往绝可汗卒后发生的事。司马光如此安排，是为了照顾记述事件的完整性，所以将相关联的、以后发生的事提前交代。不能据此认为阿史那都支等在龙朔二年已附于吐蕃，阿史那都支附吐蕃是咸亨二年以后的事。若之前附吐蕃，唐不会授以左骁卫大将军、匐延都督之职，以其安辑突厥部落。况且裴行俭至都支部落驻地时，阿史那都支竟不设防，依然率众出迎而被擒。说明此时阿史那都支尚是首鼠两端，阴附吐蕃，还未公开叛唐。

那都支后未及时册立突厥可汗的主要原因。

唐在西突厥的管理方式在垂拱元年后始发生变化。关于安西四镇，当时唐朝内部产生了争论，册封十姓部落可汗之事被提上日程。狄仁杰上书：

> 昔汉元纳贾捐之之谋而罢珠崖郡，宣帝用魏相之策而弃车师之田，岂不欲慕尚虚名，盖惮劳人力也。近贞观年中，克平九姓，册李思摩为可汗，使统诸部者，盖以夷狄叛则伐之，降则抚之，得推亡固存之义，无远戍劳人之役。此则近日之令典，经边之故事。窃见阿史那斛瑟罗，阴山贵种，代雄沙漠，若委之四镇，使统诸蕃，封为可汗，遣御寇患，则国家有继绝之美，荒外无转输之役。如臣所见，请捐四镇以肥中国，罢安东以实辽西，省军费于远方，并甲兵于塞上，则恒、代之镇重，而边州之备实矣。况绥抚夷狄，盖防其越逸，无侵侮之患则可矣，何必穷其窟穴，与蝼蚁计校长短哉！
>
> 且王者外宁必有内忧，盖为不勤修政故也。伏惟陛下弃之度外，无以绝域未平为念。但当敕边兵谨守备，蓄锐以待敌，待其自至，然后击之，此李牧所以制匈奴也。当今所要者，莫若令边城警守备，远斥候，聚军实，蓄威武，以逸待劳，则战士力倍，以主御客，则我得其便；坚壁清野，则寇无所得。自然贼深入必有颠踬之虑，浅入必无虏获之益。如此数年。可使二虏不击而服矣。①

狄仁杰援引贞观中册封阿史那思摩为可汗例，建议唐册封弥射、步真后裔，将安西四镇防务交由当地羁縻州首领来负责，撤出在安西四镇地区的戍守人员，以全力防守恒、代，备御后突厥，从

---

① 《旧唐书》卷89《狄仁杰传》，第2890—2891页。

而减轻朝廷的财政负担，减轻百姓的劳役之苦，使内地得以休养生息。① 因此，唐又重新册封西突厥可汗，借助他们来实现在西突厥的统治。

垂拱元年十一月，武后擢兴昔亡之子阿史那元庆为左玉钤卫将军兼昆陵都护，袭兴昔亡可汗，统领五咄陆部落；又以继往绝之子阿史那斛瑟罗为右玉钤卫将军兼濛池都护，袭继往绝可汗，统领五弩失毕部落，为唐军撤出四镇做准备工作。二可汗上任时正值东突厥叛众建立的后突厥政权强大之时，西突厥部落受到侵扰，陆续散亡，斛瑟罗无法维持在原地对部落的统治，乃于武周天授元年十月收其余众六七万人入居内地，武周授其为左卫大将军，又册号为竭忠事主可汗。久视元年，武周又以斛瑟罗为平西军大总管，出镇碎叶，然而此时原隶斛瑟罗的西突厥别部突骑施首领乌质勒势力坐大。因为斛瑟罗用刑严酷，诸部不服，而乌质勒能抚众，西突厥诸部皆倾向于乌质勒，斛瑟罗失去对部落的控制。乌质勒下置都督二十员，各统兵七千，徙牙帐于碎叶城。斛瑟罗失去部落，因而入朝，于是乌质勒占据了斛瑟罗的封地。

面对乌质勒在西突厥部落中的崛起，唐在册封弥射、步真后裔统领西突厥部落，还是承认现实册封西突厥内的实力派突骑施首领为可汗的问题上陷入矛盾。以弥射、步真子孙为可汗，是因为他们更为依赖朝廷，易于唐控制西突厥局势，但是弥射、步真子孙在西突厥部落中缺乏统治基础，难以有效地统领部落抵御后突厥的西侵；册封突骑施首领为西突厥可汗固然可以抵御后突厥，但是唐能否有效地控制突骑施仍存疑问。在突骑施崛起之初，武周、唐始终坚持册封弥射、步真子孙为可汗统领西突厥。圣历年间，乌质勒任嗢鹿州都督时，将牙帐徙于碎叶，武周授乌质勒瑶池都督，表示对其移

---

① 垂拱年间"拔四镇"或"捐四镇"之议并非放弃西域之地，而是让西域土著来管理四镇地区。此可参见吴玉贵《唐安西都护府史略》，《中亚学刊》第 2 辑，中华书局 1987 年版，第 76—135 页；王小甫《唐、吐蕃、大食政治关系史》，第 264 页。

镇碎叶的认可。但久视元年，武周又让斛瑟罗进驻碎叶，"令镇抚国人"，显然是将斛瑟罗置于乌质勒之上，不愿通过乌质勒统治西突厥地区。长安三年正月，武周又册封斛瑟罗之子右武卫将军阿史那怀道为十姓可汗。神龙二年正月，唐册封乌质勒为怀德郡王。乌质勒虽获封爵，但与十姓可汗仍为从属关系。同年十月，乌质勒死，其子娑葛袭爵，代其父统领部落，乌质勒故将阙啜忠节不服，二人数相攻击。忠节众弱，不能获胜，使人厚贿兵部尚书宗楚客请发安西兵以讨娑葛，并请求以阿史那献（元庆之子）为可汗招抚十姓部落，宗楚客遂发兵讨娑葛，娑葛随即叛乱。神龙二年十一月，娑葛自立为可汗，击败唐讨伐军，又攻陷安西（时安西都护府治所在龟兹）。宗楚客仍以阿史那献为十姓可汗，置军焉耆以讨娑葛。

娑葛之乱，直接起因为宰相宗楚客受贿，而实际上是由武周、唐一贯以弥射、步真子孙为可汗统领西突厥部落所导致。娑葛面临再次被讨伐，致书安西都护郭元振，表明无心叛唐，又表达了对阿史那献为可汗的担忧。郭元振主张承认现实，册封娑葛为可汗，利用其抵御后突厥的西侵。① 中宗采纳了郭元振的建议，遂赦娑葛，册封其为十姓可汗，② 突骑施在西突厥中的统治地位得到了唐的承认。景龙三年七月，唐又册封娑葛为归化可汗，赐名守忠。景云二年后突厥攻杀娑葛，唐又恢复了扶持西突厥可汗子孙的政策。同年十二月，唐册封兴昔亡可汗阿史那献为招慰十姓使、北庭大都护，③ 阿史那献为史书记载的第一任北庭大都护，从其结衔不难看出北庭都护府已成为唐招抚十姓部落的中心，唐更加倚重十姓可汗

---

① 关于此点参见王小甫《唐、吐蕃、大食政治关系史》附录陆《金山道行军与碎叶隶北庭》，第282—286页。

② 《旧唐书》卷97《郭元振传》与《通鉴》卷209作"十四姓可汗"，《册府元龟》卷366《将帅部·机略》作"十姓可汗"，后者是。参见余太山主编《西域通史》，第174页。

③ 《资治通鉴》卷210"睿宗景云二年"，第6669页；《新唐书》卷140《突厥传》，第6065页。

子孙。十姓酋长都担叛乱，开元二年三月，已为碛西节度使的阿史那献率军攻克碎叶，擒斩都担，收其部落二万余帐。开元三年，默啜发兵击葛逻禄、胡禄屋、鼠尼施等部，唐命北庭都护汤嘉惠发兵救援，又命其与葛逻禄、胡禄屋、鼠尼施及定边道大总管阿史那献互相应援。此时唐册封的十姓可汗不仅仅是西突厥君主，而且身兼唐西域军政要职。[①] 开元四年，唐又以阿史那献为十姓可汗兼濛池都护。很显然，默啜败亡后，来自后突厥的压力减缓，唐仍试图以十姓可汗子孙统领西突厥两厢部落。然而苏禄崛起，唐的计划再次受阻。娑葛被杀后，其部将苏禄拥众二十万，据有西突厥西方地。虽然苏禄接受了唐的册封，但是已脱离唐的控制，成为唐事实上的邻蕃。直至开元二十七年八月，唐发兵扫除苏禄余孽后，重新控制西突厥全境乃至乌浒水之北，[②] 即葱岭以西、中亚胡国部分地区。开元二十八年三月，唐玄宗从盖嘉运之请，立阿史那怀道之子昕为十姓可汗以镇抚西突厥，但遭到突骑施部落首领的反对。天宝元年，玄宗发兵护送阿史那昕赴任，行至碎叶西俱兰城时，阿史那昕被莫贺咄达干所杀。莫贺咄自称可汗，其后又被安西节度使诛杀。唐无法实现以西突厥可汗子孙统领部落，只能选择现任部落首领册封其为可汗。然而此后册封的突骑施可汗不同于苏禄，十姓故地仍然在唐军的严密控制之下。

总之，唐在西突厥置府州，以其隶属安西都护府后，无论是册封十姓可汗子孙，还是册封现任部落首领为可汗，都以实现在西突厥部落的统治为目的。

4. 唐对占领后的高句丽、百济的册封

唐征服高句丽、百济后，最初在其故地的管理方式基本相同。显庆五年，苏定方破百济，俘虏其国王扶余义慈及太子隆。唐将百

---

① 关于阿史那献为碛西节度使，参见伊瀬仙太郎『中国西域経営史研究』巌南堂書店、1968、283—314 页；薛宗正《中亚内陆——大唐帝国》，第 433 页。

② 沙畹：《西突厥史料》，第 271 页。

济地分置为熊津、马韩、东明、金连、德安五都督府，各领州县，以其酋长为都督、刺史及县令，命右卫郎将王文度为熊津都督，率军镇守，安抚百济民众。龙朔元年至二年，平定原百济王子扶余丰叛乱后，唐仍以刘仁轨镇守百济，以扶余隆为熊津都尉，① 招辑百济余众。总章元年，唐灭高句丽，在其地置九都督府、四十二州、一百县，又置安东都护府于平壤统辖。擢其酋长有功者授都督、刺史及县令，与汉官一同参理政务，派遣左武卫将军薛仁贵率军二万镇守。② 唐留军镇守，汉官参治，甚至在百济设置的一些都督府、州首长也由汉官担任，③ 这些措施都表明唐欲直接管理高句丽、百济地区。然而吐蕃在西方崛起，唐不得不从东方抽调兵力遏制吐蕃的扩张，于是只能选择借助高句丽、百济王室的影响力来弥补这一地区统治力量的不足，遂在东北采取消极手段维持现状。④ 仪凤二年，已为唐工部尚书的高句丽王高藏被任命为辽东州都督，封朝鲜王，遣归辽东，安辑高句丽余众。先前迁徙诸州的高句丽民众，皆遣归辽东由高藏管辖。同时，唐又任命身为司农卿的扶余隆为熊津都督，封带方王，遣归故地安辑百济余众，移安东都护府于新城统辖高藏、扶余隆。由于百济故地荒残，唐又命扶余隆寓居高句丽境内。高藏至辽东后谋反，唐将其流放于邛州后，又改派泉男生安抚辽东，并置州县。⑤ 高句丽部众一部分迁徙于河南、陇右诸州，一部分留居安东城旁，扶余隆也不敢回故地任职。所以《通鉴》说，"高氏、扶余氏遂亡"，⑥ 认为唐扶立的朝鲜王、百济王在其故地的统治至此结束。唐让高氏、扶余氏分担在高句丽、百济故地管理任务的企图落空，留在辽东的高句丽、百济余众仍由安东都护府管

---

① 《资治通鉴》卷 201 "高宗麟德元年"，第 6456 页。
② 《资治通鉴》卷 200 "高宗龙朔二年"，第 6471 页。
③ 参见本书第三章之五 "中央派员出任蕃州官员、吏员"。
④ 陈寅恪：《唐代政治史述论稿》，第 146 页。
⑤ 《新唐书》卷 110《泉男生传》，第 4124 页。
⑥ 《资治通鉴》卷 202 "高宗仪凤二年"，第 6383 页。

理。武则天时期，狄仁杰提出："捐四镇以肥中国，罢安东以实辽西，省军费于远方。"① 狄仁杰所说"捐四镇""罢安东"本意并非放弃西突厥和辽东地，而是撤回镇将防人，将这些地区的防务交由西突厥、高句丽、百济酋长负责，从而达到减轻一些财务和人力负担的目的。垂拱二年，唐朝册封高藏孙宝元为朝鲜郡王。圣历元年，进授其为左鹰扬卫大将军，又加封忠诚国王，委其统摄安东旧户。圣历二年，又授高藏子德武为安东都督，以领本蕃。此后，高句丽旧户在安东者渐寡少，分投突厥及靺鞨等，"高氏君长遂绝"。② 至于百济，武周时以扶余隆孙敬袭封带方郡王，授卫尉卿，然而其故地已为新罗及渤海靺鞨所分，③ 再次册封的带方郡王只能统领在安东的余众。

5. 对于阗、疏勒、龟兹、焉耆的册封

唐在四镇都督府地区的册封是承认其首领的固有王位、领地，保留其民政权力。焉耆，贞观十八年，郭孝恪攻破焉耆，俘其王龙突骑支及妻子至洛阳，以降唐的突骑支弟栗婆准摄国事。西突厥屈利啜囚栗婆准，使吐屯摄王，太宗不许，焉耆又立栗婆准为王，薛婆阿那支又自立，执栗婆准献龟兹，杀之。贞观二十二年，阿史那社尔再破焉耆，杀薛婆阿那支，立突骑支弟婆伽利为王。婆伽利死，国人请还前王突骑支，高宗许之，拜左卫大将军遣返归国。突骑支死，龙嫩突为王。开元七年，龙嫩突死，焉吐拂延之继位。④龟兹，贞观二十二年，阿史那社尔俘其王诃黎布失毕，社尔立王弟叶护为国王。永徽元年，高宗以诃黎布失毕为右卫大将军，依旧为龟兹王，统治龟兹，与同时被俘的大臣那利、羯猎颠还国。那利与诃黎布失毕妻私通，诃黎布失毕不能控制国内局势，再度入朝。唐

---

①　《旧唐书》卷 89《狄仁杰传》，第 2891 页。

②　《唐会要》卷 95《高句丽》，第 1709 页。

③　《旧唐书》卷 199《百济传》，第 5334 页。

④　《新唐书》卷 221《焉耆传》，第 6230 页；《旧唐书》卷 198《焉耆传》，第 5302 页。

又将那利召至京师囚禁，派兵护送诃黎布失毕回国，羯猎颠拒而不纳，致使诃黎布失毕抑郁而死。为此，唐发兵擒羯猎颠，诛其党羽，立诃黎布失毕子素稽为王，授右骁卫大将军，为都督。天授三年，王为延田跌。开元七年，王白莫苾死，子多币继位。① 疏勒，圣历元年，王裴夷健遣使朝贡，② 《新唐书》记开元十六年"始遣"乔梦松册其君安定为疏勒王。③ 关于疏勒王统，史书记载多有缺失。唐以疏勒为都督府时自是以王为都督，而疏勒王任都督之前理应先获唐册封承认其王位，之后为都督，所以《新唐书》所记是对继任王安定的册封，而不是唐初次册封疏勒王。于阗，阿史那社尔平龟兹，王伏阇信入朝。高宗即位，授左卫大将军，赐第京师，遣返回国执政。伏阇信卒，立其子璥。开元时，璥卒，立尉迟伏师为王，伏师卒，尉迟珪嗣，珪卒，子胜立。

以上四国，除疏勒情况不明确外，其他三国国王在高宗继位后均被放还本国执政，这是唐意识到土著效忠的重要性所致。西域地方行政事务更多地交给都督府，从此以后国王的人选由本国内部决定，唐只是册封承认，疏勒的情况也应如此。

6. 唐对葱岭以西十六国及中亚昭武九姓地区的册封

显庆二年十一月，唐平阿史那贺鲁叛乱，"尽收其所据之地，西域悉平"。④ 显庆三年，唐高宗遣使分别前往两地区建立羁縻府州，⑤ 取代了西突厥在葱岭以西十六国及中亚昭武九姓地区的统治。

（1）中亚昭武九姓地区。康国，唐以其地为康居都督府，授其王拂呼缦为都督。东安，唐以阿滥为安息州，以其王昭武杀为刺

---

① 《新唐书》卷221《龟兹传》，第6232页；《旧唐书》卷198《龟兹传》，第5303页。

② 《册府元龟》卷970《外臣部·朝贡》，第11403页。

③ 《新唐书》卷221《疏勒传》，第6233页；《旧唐书》卷198《疏勒传》，第5305页。

④ 《唐会要》卷73《安西都护府》，第1322—1323页。

⑤ "（显庆）三年五月，帝以西域尽平，遣使分往康国及吐火罗等国。访其风俗物产及古今废置，画图以进。"《册府元龟》卷560《国史部·地理》，第6732页。

史；以篌斤为木鹿州，以其王昭武闭息为刺史。石国，唐以瞰羯城为大宛都督府，授其王瞰土屯摄舍提于屈昭穆都督。米国，唐以其地为南谧州，授其君昭武开拙刺史。何国，唐以其地为贵霜州，授其君昭武婆达地刺史。史国，唐以其地为佉沙州，授其王昭武失阿喝刺史。拔汗那，唐以渴塞城为休循州都督，授其王阿了参刺史。①

（2）葱岭以西十六国地区。吐火罗，唐以其地为月氏都督府，领州二十四，授其王阿史那都督。帆延，唐以其地为写凤都督府，领州四，授其王葡写凤州都督、管内五州诸军事。护密，唐以其地为鸟飞州，领州一，授其王沙钵罗颉利发刺史。嚈哒，以其地置大汗都督府，领州十五。讹达罗支，以其地置条支都督府，领州九。解苏，以其地置天马都督府，领州二。骨咄，以其地置高附都督府，领州二。罽宾，以其地置修鲜都督府，领州十。石汗那，以其地置悦般州都督府，领州一。护时犍，以其地置奇沙州都督府，领州二。怛没，以其地置姑墨州都督府，领州一。乌拉喝国，以其地置旅獒州都督府。多勒建，以其地置昆墟州都督府。俱密，以其地置至拔州都督府。久越得犍，以其地置王庭州都督府。波斯，高宗龙朔元年时分置州县，以疾陵城为波斯都督府，拜王卑路斯为都督。②

唐承认中亚昭武九姓及葱岭以西十六国地区诸国首领王位，又以诸国大小范围置府州，授予都督、刺史，隶属安西都护府。然而葱岭以西十六国、中亚昭武九姓地区在唐高宗显庆以后便一直处在唐、大食、吐蕃几股势力的争夺之下，因此诸国政治上的归属关系极不稳定。唐在两地设置的羁縻府州就不断变化、时存时亡。开元十五年，慧超看到十六国地区吐火罗、骨咄、胡蜜已属大食。罽宾由建驮罗王管。谢䫻王及兵是突厥。犯引不属他国管辖。而在昭武

---

① 《新唐书》卷 221《西域传》，第 6244—6250 页。
② 《新唐书》卷 43《地理志》，第 1135—1137 页。

九姓诸国中，安、曹、史、石、米、何、康为大食所管；拔汗那以真珠河为界一分为二，一王即真珠河以南地区属大食，一王即真珠河以北地区属突厥（突骑施）。只有葱岭以南的小勃律属唐管辖；葱岭以西、护密以北的识匿两窟王投唐，"使命安西，往来〔不〕绝"，① 隶属安西都护府。唐在葱岭以西所置羁縻府州，因突骑施苏禄崛起与大食东侵的缘故而脱离唐的统治。至此，唐几乎丧失了在葱岭以西十六国、中亚昭武九姓地区的统治。但在苏禄后期，局势开始发生变化。开元二十三年，骨咄投唐，中亚何国拒绝苏禄节制，② 突骑施在两地区的统治趋于崩溃。

开元二十七年是唐重新实现统治的转折点。八月，唐将盖嘉运率唐军及石国、史国王扫荡苏禄余孽，兵锋直达怛罗斯。西突厥诸部又隶属安西都护府。唐不仅夺回了对西突厥本土的统治权，又将势力扩张至乌浒水之北。在葱岭以南对吐蕃的反击取得全面胜利后，唐在葱岭以西地区的势力达到了极盛。

苏禄政权崩溃前夕，唐已在葱岭以西十六国、中亚昭武九姓地区实施册封，之后册封活动更为频繁。开元二十六年，罽宾国王乌散勒洒以年老上表，请以其嫡子拂菻罽婆嗣位。唐依其请求，封拂菻罽婆为罽宾国王。开元二十七年，康国王乌勒卒，封其子咄喝为嗣。谢䫻国王誓䫻卒，其子如没拂达为嗣。曹国王没羡卒，诏封其弟苏都仆罗为嗣。史国王延屯死，封其子忽钵为嗣。"皆死在他年，今从赴也。"③ 即上述诸王卒时，不在唐控制范围内，王位继替未获唐认可，唐攻灭苏实禄余孽后，册封继位诸王，承认其王位的合法性。同年，拔汗那（宁远）王阿悉烂助平吐火仙，被册封为奉化王。开元二十八年，以石国蕃王莫贺咄吐屯有功，封为石国王，加特进，仍赐旌节，又册为顺义王。与此同时，唐加史国拓羯

---

① 《往五天竺国传笺释》，第 145 页。

② 《全唐文》卷 386《敕安西节度使王斛斯书》，第 2899 页。

③ 《册府元龟》卷 964《外臣部·封册》，第 11346 页。《册府元龟》失纪年，当为开元二十七年。

王斯谨鞬特进，赏平苏禄可汗之功。开元二十九年，葱岭南小勃律国王卒，册立其兄麻号来嗣位。天宝元年，石国遣使上表，乞授长男那居车鼻施官，诏拜大将军，赐一年俸禄。天宝三载，唐赐封曹国王为怀德王、米国王为恭顺王、康国王为钦化王。天宝四载，唐封安国王屈底波为归义王。天宝四载，唐命罽宾国王男勃匐准袭父位，遣使册命袭罽宾国王及乌苌国王，仍授左骁卫将军。天宝九载，册封褐师国王勃特没兄素迦为王。天宝十一载，册封骨咄王罗全节为叶护。

唐重新控制葱岭以西地区后，诸国与唐主要表现为朝贡、册封甚至是和亲的关系，而此前的羁縻州建制是否依旧存在不得而知。唐玄宗天宝后期，封常清继高仙芝之后任安西节度使，他给玄宗的表文述及此时中亚昭武九姓城邦拔汗那仍在唐安西四镇管辖范围内，并派人与拔汗那协办向中央进奉事宜。① 司马光所记长安城以西辖境有一万二千里，② 远过葱岭，这应该包括葱岭以西十六国、中亚昭武九姓部分地区。唐通过册封再次将上述部分地区纳入其统治体制。

7. 唐对奚、契丹的册封

贞观四年，颉利可汗败亡，东突厥政权瓦解，其在东北地区的影响力随之消失。"突厥既亡，营州都督薛万淑遣契丹酋长贪没折说谕东北诸夷，奚、霫、室韦等十余部皆内附"。③ 然而薛延陀的崛起，使东北诸族分属唐与薛延陀。贞观二十二年，薛延陀灭亡，漠北游牧政权的影响力在东北彻底消失，奚、契丹诸族一边倒地内附于唐。唐采取册封与在其本土置府州相结合的方式管理内附诸族。是年，契丹酋长窟哥举部请求内属，乃置松漠都督府，以窟哥

---

① 《全唐文》卷 375《进娑罗树枝状》，第 3806 页。

② 《资治通鉴》卷 216 "玄宗天宝十二载"，第 6919 页。唐西境类似里距，又见《三宝感应要略》卷中，《大正新修大藏经》第 51 册，第 846 页。

③ 《资治通鉴》卷 193 "太宗贞观四年"，第 6082 页。

为使持节十州诸军事①、松漠都督，封无极县男，赐姓李氏，以其八部为九州，并隶松漠都督府。同年，奚酋长可度者内附，太宗为其置饶乐都督府，拜可度者为使持节六州诸军事、饶乐都督，封楼烦县公，赐姓李氏，以其五部为五州，隶饶乐都督府。唐又置东夷都护府于营州，兼统松漠、饶乐地，又置东夷校尉管理奚、契丹东北诸族事务。窟哥、可度者死后，显庆五年，奚、契丹共同叛乱，唐擒斩松漠都督阿卜固、奚王匹帝。② 此后唐授窟哥孙枯莫离左武卫将军、弹汗州刺史，封归顺郡王；授尽忠武卫大将军、松漠都督。万岁通天中，奚、契丹反叛，武周虽然平定了叛乱，但是东北奚、契丹诸族降附后突厥默啜，武周失去了在东北的统治权。③

开元四年，后突厥默啜可汗败亡，部落离散，突厥政权濒临崩溃，失去了后援的奚、契丹二部内部陷入混乱。同年八月，契丹首领李失活、奚首领李大酺率所部内附。唐在契丹复置松漠府，以失活为都督，封松漠郡王，授左金吾卫大将军，并于松漠府置静析军以失活为经略大使，所统八部，皆擢其酋为刺史。以奚复置饶乐府，以大酺为都督，封饶乐郡王，授左金吾卫大将军，并于饶乐府置保塞军以大酺兼经略大使。唐复置营州都督府，松漠、饶乐府俱隶其下，又置押蕃落使，督军镇抚两蕃及其他北方部族。开元、天宝时期，奚、契丹内部变乱频发，废立事件屡有发生，但唐始终坚

---

①　关于松漠都督府十州，《辽史·营卫志》把玄州列入窟哥松漠都督府十州，松井以为十州就是七部外加弹汗州和玄州（松井等著，刘凤翥译，邢复礼校：《契丹勃兴史》，载中国社会科学院民族研究所历史研究室资料组编译《民族史译文集》第10期，1981年，第6页）。蔡美彪认为《辽史》修纂者是为了举足十州之数，实属强为附会。他认为契丹八部分置九州，并松漠都督府为十州，只是为了符合唐制，总十州才可授予大都督称号（蔡美彪：《契丹的部落组织和国家的产生》，《历史研究》1964年第Z1期）。蔡美彪的说法是正确的。奚可度者持节六州诸军事，恰是饶乐都督府及奚五部所置州。但蔡先生说十州是为了符合唐制不准确，奚部落所置州不足十，可度者却与窟哥同为都督。

②　《册府元龟》卷986《外臣部·征讨》，第11577页。

③　参见王义康《唐代边疆民族与对外交流》，第118—119页。

持前王亲属袭封，或是由其部落内部推举首领予以册封，使其统领部落。唐后期奚、契丹外附回鹘，唐中断对其册封。回鹘灭亡后，奚、契丹内附，唐又封授其官爵，赐印信。

综上所述，无论是重新选择首领册封为君长，还是册封原有君长，都是唐对隶属都督府、都护府诸蕃的册封，即出于因时、因地管理的需要对纳入唐统治体制内诸蕃的册封。因此，唐对属部、属国的册封，既是将周边诸蕃纳入王朝统治体制的重要途径，也是管理境内蕃部的方式之一。

（二）唐对境外邻蕃的册封

唐对邻蕃的册封，大体有两种情况。第一种，虽受唐册封，但不在唐统治范围内，始终是唐邻蕃或"与国"。如东夷当中亡国前的高句丽、百济与终唐一代受册封的新罗，南蛮当中的海南尸利佛誓，西戎当中贞观二十三年以前的西突厥及吐蕃、勃律、陀拔斯单国和北狄当中的薛延陀等。第二种，在唐扩张过程中被纳入版图，由唐都督府、都护府统领，但后来脱离唐统治，唐虽然对其册封，有君臣名分，但已是独立政权，事实上成为唐的邻蕃。如西戎当中开元五年至二十七年的突骑施，北狄中的后突厥，以及天宝三载后的回鹘、黠戛斯等。

1. 唐对薛延陀的册封

薛延陀部落分别由东、西突厥统治。贞观元年，西突厥内乱。翌年，金山西南薛延陀在其酋长夷男率领下东迁漠北。此后，夷男又加入了当时漠北薛延陀及其铁勒部落掀起的反抗东突厥颉利可汗统治的运动。因薛延陀在铁勒诸部中力量最为强大，酋长夷男被铁勒诸部立为可汗。夷男虽已成为可汗，但薛延陀在当时的铁勒诸部中还未拥有压倒一切的力量。夷男之所成为可汗，很大程度上是出于薛延陀与其他铁勒诸部结成联盟以便抵御颉利可汗可能发动的反扑行动的需要，并不表示薛延陀的实力及其地位在铁勒诸部中发生了实质性的变化。夷男很清楚只有以唐王朝为强援，才能消除铁勒诸部的离心倾向，保住自己的统治地位。这一点唐太宗也是很清楚的，① 所以夷男在称可汗以后，立即遣使向唐朝贡，希望得到唐的支持。而此时唐面临的最大威胁是东突厥势力。所以，出于尽快消灭东突厥的考虑，唐遣使赍册拜夷男为真珠毗伽可汗，对薛延陀表示全力支持。夷男受封后树牙于郁都军山，遣弟统特勤入朝谢恩。太宗亲赐统特勤宝刀、宝鞭，许其镇压国内不服从者。唐朝的支持，对刚刚建立的薛延陀政权及夷男汗位的巩固，起到了决定性作用。对唐而言，通过册封承认薛延陀在漠北诸部的统治权，确立了与薛延陀名义上的君臣关系，建立起薛延陀与唐之间的政治、军事联盟关系，使已经四分五裂的东突厥陷入南北夹击的境地。颉利可汗得知唐册封薛延陀后，"大惧，始遣使称臣，请尚公主"。② 可见薛延陀与唐结盟，确实给颉利可汗造成了致命的威胁，东突厥灭亡已成定局。

东突厥灭亡前夕，唐册封薛延陀，意在使铁勒诸部能够聚集在夷男的统治之下，从北方夹击颉利可汗。唐在东突厥灭亡及薛延陀独擅漠北之后，通过册封与薛延陀结成联盟的基础也开始消亡。在如何处置东突厥政权灭亡后的突厥余众以及获得西域控制权问题上，③ 很快唐与薛延陀成为战略竞争对手。唐与薛延陀都为遏制对方和扩大自己一方的势力范围而进行斗争，于是册封又成为唐削弱薛延陀势力的手段。薛延陀立国之后即面临突厥余众从南、西、北三方的威胁，因而将其辖区划分为南、中、北三个军事行政区，并

---

① 《资治通鉴》卷197"太宗贞观十七年"（第6201页）载："上曰：薛延陀所以匍匐稽颡，惟我所欲，不敢骄慢者，以新为君长，杂姓非其种族，欲假中国之势以威服之耳。彼同罗、仆骨、回纥等十余部，兵各数万，并力攻之，立可破灭，所以不敢发者，畏中国所立故也，今以女妻之，彼自恃大国之婿，杂姓谁敢不服！戎狄人而兽心，一旦微不得意，必反噬为害。今吾绝其昏，杀其礼，杂姓知我弃之，不日将瓜剖之矣，卿曹第志之！"
② 《唐会要》卷94《北突厥》，第1689页；《旧唐书》卷194《突厥传》，第5156页。
③ 段连勤：《丁零、高车与铁勒》，第334页。

派夷男之子大度设、突利失分别镇守南北区，以防突厥余众侵犯。贞观十二年，唐应夷男的请求册封突利失与肆叶护拔灼为可汗。夷男意在通过唐册封其子震慑国内与突厥余众，而唐则将其视为削弱薛延陀的大好机会，所以很快答应了夷男的请求。"太宗以其强盛，恐为后患。十二年，遣使备礼册命，拜其二子皆为小可汗。外示优崇，实欲分其势也。"① 太宗册封薛延陀小可汗的作用很快便显现出来。夷男死，少子肆叶护拔灼杀兄长突利失而自立为可汗，引起薛延陀内部政局震荡，加速其灭亡。薛延陀灭亡有多种原因，而唐通过册封削弱其内部凝聚力则是重要因素。

唐首次册封薛延陀，双方根据自己的意愿都达到了战略目的，而其后的册封，唐达到了削弱对手的目的。能够自如地运用册封达到自己的战略目的，是因为唐相对于薛延陀而言实力居于绝对优势的地位。

2. 唐对未占领前西突厥的册封

隋末内地战乱及唐初与东突厥的战争，为西突厥迅速强大创造了客观条件。武德二年，统叶护与唐交聘，统叶护可汗先是向唐许诺发兵东进漠北，后又答应东突厥无相征伐。② 西突厥在唐与东突厥之间周旋，不愿与任何一方为敌，置身于唐与东突厥战争之外。贞观初年，葛逻禄反抗西突厥的统治，盛极一时的西突厥国力开始被削弱。贞观二年，西突厥国内矛盾更趋激化，统叶护伯父莫贺咄将其杀害后自立为大可汗。莫贺咄篡位引起西突厥诸部的强烈反对，西突厥国内大乱。同时，薛延陀脱离西突厥后东迁漠北，更是动摇了西突厥的统治基础。西突厥弩失毕诸部共同推举泥熟莫贺设为大可汗，遭到泥熟拒绝后，迎立统叶护之子咥力特勤为肆叶护可汗，与莫贺咄对抗。西突厥分裂为莫贺咄与肆叶护两个派系，两派都希望得到外部援助，以摆脱困境，增强自身在派系斗争中的实

---

① 《旧唐书》卷199《铁勒传》，第5354页。
② 《通典》卷199《边防十五》，第5452页。

力。因此，唐成为两派争相结交的对象，他们希望能够通过联姻的方式得到唐的支持。对唐而言，如果说在统叶护时联姻，尚可起到牵制东突厥的作用。但此时东突厥败象已显露，最初提出联姻的基础已经不复存在。而且在西突厥分裂的情况下，与任何一方联姻都只会增加义务而不明智地卷入西突厥内乱。所以唐太宗选择置身于西突厥内战之外，持观望态度。① 内战中莫贺咄失败，贞观四年，肆叶护暂时统一了西突厥各部，成为西突厥大可汗。

然而肆叶护的统一并未消弭西突厥内部矛盾与外部压力。攻打铁勒失败与泥熟对汗位的觊觎，使肆叶护陷入内外交困的境地，最后他被迫逃往康居，西突厥诸部迎立泥熟为可汗。泥熟继位以后，唐对西突厥的态度发生变化。贞观六年，泥熟遣使至长安，请求得到唐的正式承认，以表明自己统治的合法性及增强对西突厥各部的号召力。同年八月，唐太宗派遣鸿胪少卿刘善因前往西域，册封泥熟为吞阿娄拔奚利邲咄陆可汗，泥熟成为唐册立承认的第一位西突厥可汗。相较于此前拒绝莫贺咄与肆叶护可汗联姻的请求，此时泥熟得到册封的主要原因在于他已经确立了在西突厥的统治地位。泥熟在接受册封的第二年去世，其弟沙钵罗咥利失继立。贞观八年十月，唐太宗遣使册立其为沙钵罗咥利失可汗，② 继续保持与泥熟系西突厥之间的宗藩关系。

咥利失继位不久，西突厥内部再次发生战乱，咥利失属下的统吐屯发兵袭击咥利失。咥利失兵败逃走，与其弟步利设共保焉耆，弩失毕诸部谋立欲谷设为大可汗，将咥利失降为小可汗，咥利失的地位岌岌可危。但是欲谷设派内部很快发生了内讧，统吐屯被人杀害，欲谷设为其俟斤所破。咥利失乘机收复故地，弩失毕、处月、处密诸部都归附咥利失可汗。贞观十二年，支持欲谷设的部落拥立

---

① 《新唐书》卷 215《突厥传》，第 6057 页。

② 《旧唐书》卷 185《良吏传》，第 4795 页；《新唐书》卷 100《韦弘机传》，第 3944 页；《旧唐书》卷 198《焉耆传》，第 5301 页。

其为乙毗咄陆可汗。经历了短暂统一的西突厥又分裂为互相对立的两派。随后，双方因大战难分胜负，便以伊犁河为界中分了原西突厥汗国。

伊犁河战后，受到唐支持的泥熟系日益衰微。贞观十三年，咥利失穷蹙无奈，逃奔钹汗而亡，部众立其子为乙屈利失乙毗可汗。贞观十四年，乙屈利失乙毗可汗卒，弩失毕诸部复迎立咥利失可汗之弟伽那设之子薄布特勤为乙毗沙钵罗叶护可汗。贞观十五年，唐太宗又令张大师册立薄布特勤，并赐以鼓纛。沙钵罗叶护可汗一度强盛，但是很快又复败于咄陆可汗。后来弩失毕诸部不服咄陆可汗的统治，请唐太宗另立可汗。贞观十七年，太宗再遣通事舍人温无隐持玺，与突厥贵族一起，"择突厥可汗子孙贤者授之，乃立乙屈利失乙毗可汗之子，是为乙毗射匮可汗"。[①]

唐从贞观六年册封泥熟可汗至贞观十七年册封乙毗射匮可汗，始终坚持册封西突厥泥熟一系，[②] 意在希望泥熟一系能够稳定西域局势，而泥熟一系西突厥也希望得到唐的册封，从而确立其在西突厥统治的合法性。因此，唐通过册封与西突厥建立的君臣关系双方都是出于战略考虑。贞观四年，东突厥灭亡后薛延陀在漠北崛起，成为唐有力的竞争对手，加之太宗征高句丽，无暇顾及西域。但当唐平薛延陀解决北方后顾之忧后，泥熟系与唐在西域的冲突便显现出来。在新形势下，唐朝最终放弃了自贞观六年以来册封西突厥泥熟系以稳定西域局势的做法，转而向战略对手发动进攻。

3. 唐对吐蕃的册封

唐册封吐蕃始于高宗时期。吐蕃兴起后，为了提高自己在诸蕃中的地位，赞普弃宗弄赞向唐太宗求婚，遭到拒绝后转而以军事胁迫，又遭到唐的打击。但此后太宗也改变了对吐蕃的态度，答应赞

---

① 《新唐书》卷 215《突厥传》，第 6060 页；《通典》卷 199《边防十五》，第 5452 页；《资治通鉴》卷 196 "太宗贞观十六年"，第 6179 页；《唐会要》卷 94《突厥》，第 1694 页。按：乙毗射匮可汗诸书记载其名号略异，但为同一人。

② 吴玉贵：《突厥汗国与隋唐关系史研究》，第 293—298 页。

普的请求，将文成公主嫁于赞普，吐蕃对唐执子婿礼。即使如此，太宗也未册封赞普。赞普给太宗上表称太宗为"天子"，以"奴""臣""子婿"自称。① 太宗与赞普个人关系虽为翁婿，但唐与吐蕃关系为君臣。吐蕃甘愿以唐臣、子婿的双重身份结援于唐。贞观二十二年，吐蕃发兵助王玄策击中天竺，高宗嗣位，授弄赞为驸马都尉，封西海郡王。因其公开支持高宗继位，高宗又晋封其为宾王，以示褒奖。随着吐蕃不断扩张势力，实力增强，高宗时吐蕃与唐的冲突加剧，直至玄宗开元初年，唐在军事上仍处于守势。双方关系发生改变，"吐蕃既自恃兵强，每通表疏，求敌国之礼，言词悖慢"，② 公开要求与唐的对等关系。开元初期，唐开始扭转军事上的被动，数次重创吐蕃。而吐蕃内部也因征役繁重而不堪重负，便遣使请和。唐虽获胜，但因战事造成陇右虚耗，也有休战之意。于是，唐同意与吐蕃讲和，但双方并未恢复到贞观时的主从关系。赞普上表曰：

外甥是先皇帝舅宿亲，又蒙降金城公主，遂和同为一家，天下百姓，普皆安乐。中间为张玄表、李知古等东西两处先动兵马，侵抄吐蕃，边将所以互相征讨，迄至今日，遂成衅隙。外甥以先代文成公主、今金城公主之故，深识尊卑，岂敢失礼。又缘年小，枉被边将谗构斗乱，令舅致怪。伏乞垂察追留，死将万足。前数度使人入朝，皆被边将不许，所以不敢自奏。去冬公主遣使人娄众失力将状专往，蒙降使看公主来，外甥不胜喜荷。谨遣谕名悉猎及副使押衙将军浪些纥夜悉猎入朝，奏取进止。两国事意，悉猎所知。外甥蕃中已处分边将，不许抄掠，若有汉人来投，便令却送。伏望皇帝舅远察赤心，

---

① 《旧唐书》卷196《吐蕃传》，第5222页；《新唐书》卷216《吐蕃传》，第6074页。

② 《旧唐书》卷196《吐蕃传》，第5229页。

许依旧好，长令百姓快乐。如蒙圣恩，千年万岁，外甥终不敢先违盟誓。谨奉金胡瓶一、金盘一、金碗一、马脑杯一、零羊衫段一，谨充微国之礼。①

赞普称玄宗为舅，自称外甥。赞普的表文具有法律效力，当时吐蕃与唐通聘虽执臣礼，但约定双方为舅甥关系。这不同于唐初唐与吐蕃的关系，其时太宗与赞普个人关系为翁婿，但双方关系为君臣，而此时以亲属关系代替了君臣关系。这种关系的确立是双方妥协达成的结果。双方在和谈之初，吐蕃要求与唐为"敌国"，即达成对等的国家关系，而这恰恰是玄宗不能接受的，为此玄宗宁愿与吐蕃持续战争，也不愿讲和。显然，如果双方各自坚持自己的立场是无法达成停战和议的。为了达成和解，唐放弃让吐蕃公开称臣，双方以舅甥关系相处。相应的，吐蕃确认双方为舅甥关系后，不再坚持与唐对等，虽不公开称臣，但与唐在通聘礼节上执臣礼以满足唐的要求。唐与吐蕃舅甥关系的建立，是出于内政需要而互相妥协的产物。

安史之乱后，唐国力转衰，吐蕃不仅占据唐河西、陇右，而且不断乘机掳掠，唐在双方的关系中处于被动，唐与吐蕃关系又发生了变化。《新唐书》卷216《吐蕃传》记载：

> 明年（建中二年），殿中少监崔汉衡往使，赞普猥曰："我与唐舅甥国，诏书乃用臣礼卑我。"又请云（灵）州西尽贺兰山为吐蕃境，邀汉衡奏天子。乃遣入蕃使判官常鲁与论悉诺罗入朝，道赞普语，且引景龙诏书曰"唐使至，甥先与盟，蕃使至，舅亦将亲盟"；赞普曰："其礼本均。"帝许之，以"献"为"进"，"赐"为"寄"，"领取"为"领之"。以前宰相杨炎不通故事为解，并约地于贺兰。其大相尚悉结嗜杀

---

① 《旧唐书》卷196《吐蕃传》，第5231页。

人，以剑南之败未报，不助和议，次相尚结赞有谋，固请休息边人，赞普卒用结赞为大相，乃讲好。①

建中二年，会盟唐使到吐蕃后，赞普首先要求看唐使携带的德宗的敕书，认为唐以臣下之礼对待吐蕃是为羞辱，强调唐与吐蕃只是舅甥关系，迫使唐使返回长安修改皇帝敕书后再前来会盟，唐套用景龙二年敕书格式书写盟文，赞普才认为对等，而唐将此前做法归咎为前宰相之过，为自己开脱。赞普所谓唐以臣礼对待自己，实际上是要求德宗依唐中宗时期的方式处理唐与吐蕃通聘的成例。而此时吐蕃强大，明确要求废除先前吐蕃执行的臣礼，确定双方仅为舅甥关系，只有长幼之分，而无君臣等级之分。

有唐一代，自弃宗弄赞娶文成公主，向太宗称臣、称奴，至玄宗时确定双方为舅甥关系而吐蕃执臣礼，并非以册封来体现。唐代文献记载唐册封吐蕃事极为有限。天宝十四载，"赞普乞黎苏笼猎赞死，大臣立其子婆悉笼猎赞为主，复为赞普"，玄宗遣使"赍国信册命"。顺宗永贞元年（805），吐蕃新立赞普遣使献助德宗山陵金银、衣服、牛马等，顺宗随即遣使入吐蕃册命。元和十五年，唐遣使入吐蕃告宪宗丧，并册立继位赞普。② 上述几次册封只是承认其新君继位事实而已，并非通过册封来实现唐和四夷之间的等级关系。

4. 唐对后突厥的册封

贞观四年，东突厥政权灭亡，唐以其部落置州县。贞观十三年，唐又以阿史那思摩为可汗，保留其东突厥部落政权形式予以安置。贞观二十三年，又以突厥部落置府州，隶云中、定襄都督府，放弃保留政权形式管理突厥的方式。

---

① 《新唐书》卷 216《吐蕃传》，第 6093 页。
② 《旧唐书》卷 196《吐蕃传》，第 5236 页；《旧唐书》卷 196《吐蕃传》，第 5261、5263 页。

尽管东突厥部落已长期归唐，但是一些首领复兴政权意识并未泯灭。[①] 调露元年十月，单于都护府管辖的突厥阿史德温傅、奉职二部反叛，立阿史那泥熟匍为可汗，苏农等二十四州突厥首领起而响应，众至数十万，不断侵扰缘边州县，又诱使奚、契丹等侵扰营州。高宗遣单于大都护府长史萧嗣业平叛，却反为其所败。高宗继以裴行俭为帅将兵讨伐。永隆二年，大破突厥叛众于黑山，擒奉职，伪可汗泥熟匍被杀。开耀元年正月，阿史那伏念又自立为可汗，与阿史德温傅连兵反叛。裴行俭行反间计，不久即平息叛乱。

突厥降户两次大规模的复国运动失败后，并未因此而止步。颉利可汗的族人骨咄禄世袭吐屯，东突厥降众内迁后为云中都督府舍利元英部首领。永淳三年，骨咄禄逃出云中府，纠合七百余人，占领了黑沙城（今内蒙古呼和浩特市北），招集亡散，聚众至五千，出掠九姓铁勒马畜，势力逐渐强大，遂自立为颉跌利施可汗，随后突厥部民归之约有数万人。经过东征西讨，最后占领了漠北的乌德健山（即郁都军山，亦称于都军山，今鄂尔浑河上游杭爱山之北山），建牙于此，并以黑沙城为南牙，派遣其弟突利设默啜驻守。至此，突厥降户建立的政权初具规模。

后突厥的建立者骨咄禄本为唐官员，却背叛朝廷，自立为可汗，所以他自立自然得不到唐的承认。骨咄禄建立政权后，不断侵扰唐缘边地区，唐以讨伐叛逆为名不断予以还击。此种局面给唐带来无尽的边患，同时后突厥政权得不到唐的承认，也不利于其内部的统治。

万岁通天元年五月，营州都督府所属契丹松漠府都督李尽忠、归诚州刺史孙万荣叛乱，给唐与后突厥关系的变化带来转机。武

① 李鸿宾：《唐前期东突厥复兴反映的族属意识与认同问题——从民族学的角度着眼》，载氏著《唐朝的北方边地与民族》，宁夏人民出版社 2011 年版，第 155—165 页。

则天平叛大军屡遭失利，正当武周一筹莫展之际，默啜遣使请求为武则天子，又为其女求婚，并请求得到安置在河曲六州的突厥降户，以此为条件帮助武周讨伐契丹。武周没有足够的兵力平叛，便答应了默啜的请求，册授默啜左卫大将军、迁善可汗。十月，默啜乘机袭击松漠，武则天册授默啜为颉跌利施大单于、立功报国可汗。[1] 在这场变乱中，默啜两次袭击契丹后方，掠取了大量财物和人口，从武周强行索取了六州突厥降户及大量谷种、缯帛、农器、铁等物资后，又借口嫁女未遂，入侵河北定、赵二州劫财虏人。获得这些人力财力后，默啜实力大增。

骨咄禄建立后突厥以来，唐、武周一直以叛逆视之。默啜乘机请求和亲自有其考虑，若武周允许和亲，意味着中央政权不以叛逆视之，而是承认突厥降户独立的事实和后突厥政权的合法性。唐册封默啜意在承认其独立，又予以物资，换取他出击契丹，助唐平叛。对默啜而言，接受册封虽有为武周藩臣之意，但自己既可获得统治后突厥的正当性，又可得到武周的物质报偿。骨咄禄建立的政权已脱离唐的统治，成为事实上的邻蕃。武周与默啜之间的册封与接受册封已是根据各自需要达成交易的途径，册封已失去将默啜突厥部众重新纳入王朝统治体制的作用，不再是管理突厥降户的一种方式，而变成处理与邻蕃关系的一种方式。

5. 唐对天宝元年后回纥的册封

唐灭薛延陀后，在回纥部置府州，隶属燕然都护府。东突厥降户攻取漠北后，唐安北都护府南迁，回纥诸部役属后突厥，一部分南迁甘、凉二州。天宝三载，后突厥大乱，回纥首领骨力裴罗攻取后突厥地，自立为骨咄禄阙毗伽可汗，置牙帐于乌德健山，遣使入唐上状。唐玄宗遣使册封骨力裴罗为怀仁可汗，赐爵奉义王。同时封骨力裴罗与其弟为将军，随后又进秩骨力裴罗为大将军，授特进，以为褒奖。骨力裴罗接受了唐的册封，获得了统治回纥本部及

---

① 《资治通鉴》卷 205 "则天后万岁通天元年"，第 6509—6510 页。

铁勒诸部的合法性。同时，唐册封骨力裴罗即承认了回纥政权的存在，并与之建立了君臣关系。

安史之乱爆发后，唐国力失坠，唐借兵平叛，有求于回纥。此时双方关系发生了微妙变化，唐册封回纥由主动变为被动。贾至《册回纥为英武威远可汗文》：

> 维至德二载，岁次丁酉，十一月某日，皇帝若曰：夫定祸乱者曰武，建功名者曰义，惟武与义，是谓明德。回纥毗伽可汗，生而英姿，迈越前古，代济威赫，主祀北天，与唐唇齿，累叶姻好。安禄山窃弄边兵，暴乱中夏，诱胁戎卒，毒蠹黎人。而可汗感激，义动天地，爰命叶护统率锐师，叶赞官军，驱除凶逆，或掎其足，或角其首，一旬之内，雍洛扫清，振古已来，义莫斯大。朕是用式遵典礼，封崇徽号，敬册可汗为英武威远可汗，每载赏绢五万匹。於戏！阴阳和而天地泰，四时和而万物阜。北土未靖，有唐封而固之；中原多难可汗义而助之。惠好和洽，与日月永，子孙百代，克享鸿休。钦哉，其无替朕命！①

唐此次册封的是骨力裴罗之子葛勒可汗，他在位时正值安史之乱爆发，应唐请求派长子叶护率兵助唐平叛。册文说得很清楚，当回纥未完全平定漠北时，唐册封回纥旨在支持巩固回纥在漠北的统治；当唐王朝有难时，回纥理应有助唐平叛之义。唐的册封给回纥可汗送上徽号，赞扬其功德，并以每年五万匹绢馈赠回纥可汗个人。此时，唐希望通过册封以物质利益换取回纥继续助其平叛；而回纥已无须唐承认其统治合法性。而接受册封，能够应唐请求是受到巨大的物质利益诱使。乾元元年，肃宗为了巩固与回纥之间的关系，将幼女宁国公主嫁给葛勒可汗。在唐使的要求下，葛勒可汗勉

---

① 《唐大诏令集》卷129，第696页。

强以肃宗子婿的身份接受肃宗的诏书，① 双方关系由名义上的君臣关系转变为翁婿关系，只有长幼之别，而无君臣之分，政治关系也转变为亲属关系。

乾元二年，葛勒可汗卒，少子移地健继位，为牟羽可汗（又为登里可汗）。代宗广德元年，册移地健为登里颉咄登密施含俱录英义建功毗伽可汗；又以重臣仆骨怀恩女妻之，册封为婆墨光亲丽华毗伽可敦，可汗、可敦及左右杀诸都督、内外宰相以下，共加实封二千户。册左杀为雄朔王、右杀为宁朔王、胡禄都督为金河王、拔览将军为静漠王，诸都督十一人并封国公。② 肃宗时，唐与葛勒可汗有长幼之分，且双方之间以唐为尊。此时，唐代宗与登里可汗约为兄弟，唐与回纥由翁婿关系转变为兄弟关系。册封与和亲只不过是唐继续拉拢回纥出兵助其平叛的手段，而接受册封与和亲成为回纥获得巨额财富的方式。这种关系一直维持至德宗继位初期。陆贽《与回纥可汗书》：

> 皇帝敬问可汗弟：两国和好，积有岁年，申之以昏姻，约之以兄弟，诚信至重，情义至深。顷因贼臣背恩，构成嫌衅，天不长恶，寻已诛夷，使我兄弟，恩好如旧。周皓及踏本啜、黑达干等至，得弟来书，省览久之，良以为慰。弟天资雄杰，智识通明，亲仁善邻，敦信明义。罢战争之患，宏礼让之风，保合太和，用宁区宇。惟兹盛美，何以加焉。朕之素怀，与弟叶契，为君之道，本务爱人，同日月之照临，体天地之覆育，其于广被，彼此何殊。况累代以来，继敦姻戚，与弟俱承先业，所宜遵奉令图。自兹以还，情契弥固，垂之百代，永远无穷，缅想至诚，当同此意。所附踏本啜奏，请降公主，姻不失旧，颇叶通规。待弟表到，即依所请，宣示百僚择日发遣。缘

---

① 《旧唐书》卷 195《回纥传》，第 5200—5201 页。
② 《旧唐书》卷 195《回纥传》，第 5204 页。

诸军兵马，收京破贼，频立功勋，赏给数多，府藏虚竭，其马价物，且付十二万匹，至来年三月，更发遣一般，余并绩续支付，弟宜悉也。安西北庭使人入奏，并却归本道，至彼宜差人送过，令其速达。弟所寄马并到，深愧厚意。[①]

尽管书中称回纥可汗与唐沟通的文书为表，看似有视回纥为臣的意味，但是具有法律功能的皇帝敕书却称回纥可汗为弟，从法律层面确定了双方之间的对等关系。而且回纥强势地向唐索取平叛报偿以及无节制地向唐输入马匹迫使唐与其贸易，给唐带来了沉重的财政负担，使唐国力大为削弱。史臣评论："肃宗诱回纥以复京畿，代宗诱回纥以平河朔。戡难中兴之功，大即大矣，然生灵之膏血已干，不能供其求取，朝廷之法令并弛，无以抑其凭陵，忍耻和亲，姑息不暇。"[②] 此时，唐的册封与和亲已是姑息之策。

登里可汗之后，唐与回纥的关系又发生了变化。登里可汗在位后期不断发兵侵扰唐缘边地区，破坏了双方的约定，赤裸裸的武力掠夺反而得不偿失，遂引发了回纥统治集团内部的矛盾。建中元年，唐代宗卒，唐遣使往回纥告丧，欲重修旧好。然而登里可汗骄倨，对唐使竟为不礼，且妄听九姓胡煽动，拟乘唐大丧之际发兵南下掳掠。其从父兄顿莫贺达干劝谏，登里可汗不听，一意孤行。此时一般士兵也不愿南下征战，顿莫贺乘机击杀登里可汗，并杀煽动南侵的九姓胡二千余人，自立号为合骨咄禄毗伽可汗后，遣使入唐，表示"原为藩臣，垂发不剪，以待诏命"。[③]

贞元三年九月，合骨咄禄毗伽可汗向唐请求和亲。唐正苦于吐蕃连年入侵，宰相李泌建议，"北和回鹘，南通云南，西结大食、天竺，以困吐蕃"。唐德宗接受李泌的建议，允许和亲，但是鉴于

---

① 《全唐文》卷464，第4739页。
② 《旧唐书》卷195《回纥传》，第5216页。
③ 《资治通鉴》卷226"德宗建中元年"，第7282页。

以往回纥统治者的反复与勒索，提出了约束回纥的五项条件：（1）回纥向唐称臣；（2）回纥可汗为唐天子之子；（3）回纥使者入唐不得超过二百人；（4）回纥来使携带互市马匹数不得超过千匹；（5）回纥使者不得携带唐人及胡商出塞。[①]

合骨咄禄毗伽可汗接受了唐的条件，遣使上表称"儿"、称"臣"，唐以咸安公主和亲，归还其马价绢五万匹，并许以互市。回纥履约，遣使前往吐蕃断交。十月，唐册封合骨咄禄毗伽可汗为长寿天亲可汗，并遣使送公主入回纥。

自天亲可汗开始，唐与回纥的关系便稳定下来，回纥历任可汗都接受唐册封。贞元五年十二月，天亲可汗卒，其子多逻斯立，唐德宗册命其为登里罗没密施俱录忠贞毗伽可汗。贞元六年，忠贞可汗为其弟所杀，其弟自立。同年四月，回纥次相杀忠贞之弟，更立忠贞可汗之子阿啜为可汗。贞元七年，唐德宗册阿啜为奉诚可汗。贞元十一年四月，奉诚可汗卒，族人立宰相骨吐禄为可汗，遣使至唐告哀。德宗册封骨吐禄为回纥腾里逻羽录没密施合禄胡毗伽怀信可汗。永贞元年冬十一月，怀信可汗卒，唐遣使吊唁，册其嗣为腾里野合俱录毗伽可汗。元和三年三月，腾里可汗卒；四月，册其嗣为爱登里啰汩密施合毗伽保义可汗。元和十五年二月，回纥遣使入唐求婚，宪宗许之。长庆元年（821）二月，保义可汗卒，唐册其嗣为登啰羽录没密施句主毗伽崇德可汗。穆宗以其妹太和公主嫁崇德可汗。长庆四年，崇德可汗卒，其弟曷萨特勤立。宝历元年三月，唐册拜为爱登里啰汩没密施合毗伽昭礼可汗，赐币十二车。太和初，又赐马价绢五十万匹。太和六年三月，昭礼可汗为部下所杀，从子胡特勤立，唐册拜其为爱登里啰汩没密施合句录毗伽彰信可汗。开成四年，彰信可汗平叛兵败自杀，族人立盫駆特勤为可汗。开成五年，回纥别将句录莫贺招引黠戛斯攻回纥汗廷，大破可汗之众，回纥政权瓦解，从此退出漠北历史舞台。

---

① 《资治通鉴》卷 232 "德宗贞元三年"，第 7501—7506 页。

此段时间唐册封回纥才具有了册封藩臣的意义。白居易《册新回鹘可汗文》：

> 维长庆元年岁次辛丑，四月丙寅朔，二十一日丙戌，皇帝若曰：唐有天下，垂一百载。列圣垂拱，八荒即叙。舟车之所及，日月之所照，威绥仁量，罔不向化。惟此之气，积厚而灵。灵发象生，生象豪杰。义信武烈，代为名王。南西东方，亦有君长。其雄图斗智，莫之与京。国朝已来，浸清风泽，或效功伐，或申昏媾，同和协比，以讫于今。今朕不德，继嗣大统。推义布信，以初为常。矧乎柔远申恩，睦邻典礼，兹惟旧典，垂自祖宗，虔奉恭行，安敢失坠。咨尔九姓回鹘君登里罗羽录没密施句主录毗伽可汗，地生奇特，天赐勇智，英姿所莅，雄略所加，诸戎杂虏，爰畏率服，风靡山立，清宁一方，宜人有土，受天百禄，时惟代嗣，实来告予，曰予一人，实降册命。是用遣使朝议大夫、检校左散骑常侍、兼少府监、御史大夫、云骑尉、赐紫金鱼袋裴通，副使朝议大夫、守少府少监、兼御史中丞、袭卫国公、食邑三千户、赐紫金鱼袋贾璘等，持节备物，册为登里罗羽录没密施句主录毗伽可汗。於戏！善必有邻，德无不答。此崇恩礼，则彼竭信诚。克保大义，永藩中夏。昭昭天地，实闻斯言。[1]

如果将上述陆贽《与回纥可汗书》与白居易此文相比较，前者称唐与回纥为兄弟，后者称回纥"永藩中夏"。

天亲可汗以后，唐册封回纥君主，与之和亲，重新建立君臣关系，有效地约束了回纥的掳掠行为及单方面的互市需求，实现了以回纥牵制吐蕃的战略目的。对天亲可汗而言，向唐称臣，为唐天子之子，受唐册封，娶唐公主，使其获得了在内部统治的合法性。同

---

① 《唐大诏令集》卷129，第697页。

时，除如期得到因助唐平叛而许诺的岁赐马价绢外，还能顺利与唐
互市，通过联姻也可得到额外大量的物质赏赐。李德裕评论，"近
则回鹘结大国之援，雄长北蕃，诸部率从，莫敢不服。一隅安乐，
百有余年"①，可谓中肯至极。②

　　总之，自天宝四载后，唐与回纥之间的册封与接受册封，都
是根据各自的需要而决定的。至于建立君臣关系，抑或兄弟对等
的国家关系及父子兼君臣关系，则由当时具体环境下双方实力的
强弱、各自于对方的需求程度而决定。堀敏一认为中原王朝通过
册封形成的东亚秩序是中原王朝与东亚各国基于切身利益而共同
构建的，③ 此说同样适用于唐对漠北游牧政权的册封。

　　6. 唐对黠戛斯的册封

　　黠戛斯即坚昆。贞观二十二年，其酋长俟利发失钵屈阿栈身入
朝，唐太宗以其地为坚昆都督府，授俟利发左屯卫大将军、坚昆府
都督，隶属燕然都护府，黠戛斯进入唐统治体制。圣历三年六月六
日，"敕东至高丽国，南至真腊国，西至波斯、吐蕃及坚昆都督
府，北至契丹、突厥、靺鞨并为入番，以外为绝域，其使应给料，
各依式"。④ 由此可以看出，即使后突厥攻取漠北，安北都护府撤
出漠北后，唐依然保留着坚昆都督府号。乾元中，坚昆为回纥所
破，回纥授其君长阿热官毗伽顿颉斤，役属于回纥。

　　唐动议册封黠戛斯可汗，是在回鹘灭亡之后。会昌三年，黠戛

　　① （唐）李德裕：《与黠戛斯可汗书》，《李德裕文集校笺》卷 6，第 84 页。
　　② 刘义棠以为回鹘与唐和、战取决于中原君主权力的盛衰、唐廷的外交政策、
经济行为、民族性四因素。笔者认为回鹘与唐和、战取决于内部可汗权力的盛衰及内
政是否稳定。参见刘义棠《回鹘与李唐和战之研究》，载 "中国唐代学会" 编《唐代
研究论集》第 2 辑，台北：新文丰出版公司 1992 年版，第 513—561 页。
　　③ 韩昇：《堀敏一〈中国と古代東アジア世界——中華的世界と諸民族〉书评》，
《唐研究》第 2 卷，北京大学出版社 1996 年版，第 506—516 页；堀敏一：《隋唐帝国
与东亚》，第 33—62 页；堀敏一：『中国と古代東アジア世界—中華の世界と諸民族
—』岩波書店、1993。
　　④ 《唐会要》卷 100《杂录》，第 1798 页。

斯遣使至唐献名马，请求册封。① 对于这次遣使交聘，武宗给黠戛斯可汗的敕书只是一般礼仪性答复，并未明确提及册封之事。由于敕书泛称黠戛斯君长为王，岑仲勉怀疑为后人篡改的文字，但今人证明原文如此，未经点窜。② 此说甚是。敕书不称黠戛斯君长自称的北蕃君长名号"可汗"，表明其时唐未立即承认黠戛斯君长在北蕃中的统治地位。对于黠戛斯请求册封，唐是有顾虑的。鉴于借回纥兵平叛后给唐带来的沉重负担，唐武宗担心邀黠戛斯破回纥后又会遭到无休止的索取，因而在是否册封黠戛斯问题上犹豫不决。宰臣打消了武宗的顾虑后，武宗才决定册封黠戛斯。③

如何实现册封，双方的意愿与态度在唐武宗给黠戛斯可汗的三件敕书中有具体反映。

《与纥扢斯可汗书》：

> 皇帝敬问纥扢斯可汗：时属载阳，想彼休泰。朕抚临万寓，子育群生，思致洽和，用臻至理。将军踏布合祖等至，览表具知。可汗生戴斗之乡，居寒露之野，智谋精果，材志沉雄，威动龙荒，声驰象魏，眷言丕绩，深用注怀。我太宗文皇帝圣德高于百王，英材轶于千古，内定诸夏，外服百蛮。贞观四年，西北蕃君长诣阙顿颡，请上尊号为天可汗。是后降玺书西北蕃君长，皆称皇帝为天可汗，临统四夷，实自兹始。暨贞观六年，太宗遣使臣王义宏至可汗本国，将命镇抚。贞观二十一年，可汗本国君长身自入朝，太宗授左屯卫将军、坚昆都督。至天宝末年，朝贡不绝。则可汗祖先，已受我国家恩德，计可汗中国遗老，必自流传。
>
> 朕缵奉丕图，思申旧好。比闻天宝以后，为回鹘所隔，久

---

① 《资治通鉴》卷247"武宗会昌三年"，第7973—7974页。

② （唐）李德裕：《与黠戛王书》，《李德裕文集校笺》附录《李卫公集补》，第713—714页。

③ 《册府元龟》卷980《外臣部·通好》，第11518页。

阻诚款。回鹘自谓天骄，罔修仁义，肆行残忍，凌虐诸蕃。知可汗代为仇雠，果能报复，灭其国邑，皆已丘墟，驱彼酋渠，尽逾沙漠，茂功壮节，近代无俦。回鹘当中国伐叛之时，尝展勋力，列圣嘉其大顺，累降姻亲。今失国逃亡，寄于塞上，只合早归穷款，受朕抚循，而乃转自鸱张，益怀狼顾。在阴山之外，诱惑小蕃，乘我无虞，即来侵掠，恣为边患，今已四年。朕大征甲兵，久欲除剪，比令幽州、太原两道节度使皆充招抚，以示绥怀，望其悛心，犹务含育。而凌蔑公主，频拟伤残，驰突边城，敢谋盗窃。近太原节度使刘沔不胜其忿，潜出偏师，乘其诪张，便袭牙帐，虏众大溃，穹庐尽焚，元恶伤残，脱身潜窜，已取得太和公主，即至阙庭。回鹘残兵，不满千人，散投山谷，旬日之内，必合枭擒。朕再见公主，良用欣慰。可汗既为仇怨，须尽歼夷；倘留余烬，必生后患，想远闻庆快，当惬素心。

闻可汗受氏之源，与我同族。汉北平太守材气天下无双，结发事边，控弦贯石。自后子孙，多习武略，代为将门。至嫡孙都尉，提精卒五千，深入大漠，单于举国来敌，莫敢抗威，身虽陷没，名震蛮貊。我国家承北平太守之后，可汗又是都尉苗裔，以此合族，尊卑可知。昨闻太和公主为可汗兵众所得，可汗以同姓之国，使遣归还，有以见可汗秉礼义之心，重亲邻之好，朕深用感叹，至于涕零。公主寻为回鹘劫夺，久不归国，可汗所遣使臣，皆被诛戮，朕言念伤痛，至今不忘。昨见可汗表求访公主，使公主上天入地，必须觅得。今边将愤惋，已立奇功，回鹘罪人，计日可致，即当显戮，以谢可汗。况回鹘夷灭，种族必尽，与可汗便为邻国，各保旧疆，继好息人，事同一体。从此连陲罢警，弓矢载櫜，必当诸部服从，皆怀健羡，知我两国，永为宗盟。想可汗明智，自有良算。故令太仆卿兼御史中丞赵蕃持节充使，以答深诚，质于神明，用存大信。朕言不贰，可不勉钦！又自古外蕃，皆须因中国册命，然后可弹压一方。今欲册命可汗，特加美号，缘未知可汗之意，且遣谕怀，待赵蕃回日，别命使展礼，以申和好。彼间将相，并存问之，遣书指不多及。①

第一件敕书强调了四点：追述唐太宗置坚昆都督府的历史，希望黠戛斯尽快扫除回鹘余孽；叙同宗之谊，强调两者有尊卑之别；黠戛斯灭回鹘后为唐邻蕃，唐愿与其"永为宗盟"；"自古外蕃，皆须因中国册命，然后可弹压一方"。敕书说明册封对于黠戛斯巩固在诸蕃中统治地位的重要性，表示愿意册封黠戛斯可汗，并征求其意愿，希望与邻蕃建立以唐为尊的君臣等级关系。

《与黠戛斯可汗书》：

皇帝敬问黠戛斯可汗：温仵合将军至，览书及所献马百匹、鹘十联，具悉。可汗特禀英姿，生知雄略，奋扬威武，底定龙荒，扫回鹘之穹居，报怨以直，护公主之閟幕，事大以诚。又遣贵族信臣，载驰朔漠，名马鸷鸟，远涉流沙，既展同姓之亲，克副怀柔之意，眷言勋绩，深慰予衷。朕护奉丕图，抚宁万国，岂望化乎有截，致殷汤来享之明，实恐德未遍覆，愧汉宣兼临之盛。况与彼国壤隔内外，非正朔所加，礼既不施，政岂宜及？但以惜可汗宗盟之国，顾保先名，为可汗弘远之谋，须除后患，所以具古今祸福，往谕至怀。昔呼韩邪单于以郅支尚存，国难未靖，称蕃事汉，福及子孙；至后汉，单于比以大父，依汉而安，继袭其号，上书款塞，永愿藩蔽漠南，遂致朔塞底宁，烽燧永息；近则回鹘结大国援，雄长北蕃，诸部率从，莫敢不服，一隅安乐，百有余年。此事昭然，可汗所睹。况今回鹘种类未尽，介居蕃汉之间，爰及黑车子，久畏其威，素服其信，虑彼再振，常

①　（唐）李德裕：《与纥扢斯可汗书》，《李德裕文集校笺》卷6，第79—81页。

持两端。须令小蕃，知朕亲厚可汗，弃绝回鹘。实在和好分定，内附约盟，则邪计奸谋，无由而入，故欲显加册命，昭示万方。况登里可汗，回鹘旧号，是国家顷年所赐，非回鹘自制此名。今回鹘国已破亡，理当嫌避。朕以可汗先祖，往在贞观，身自入朝，太宗授以左卫将军、坚昆都督。朕思欲继太宗之旧典，彼亦宜遵先祖明诚，便以坚昆为国，施于册命，更加美号，以表懿亲。况坚者不朽之名，昆者有后之称，示不忘本，岂不美欤！朕昨令礼部尚书郑肃等，与彼使臣面陈大计，温仵合将军等皆谕朕旨，愿言结成。岂必契径路之金，举留犁之酒，保兹诚信，固在厥初。

顷者回鹘至塞上，请国家精兵十万，送至漠北，渐归本蕃，又请借汉界一城，养育疲羸，以图兴复，朕以可汗之故，尽不听从。今回鹘是国家叛臣，为可汗仇敌，须去根本，方保永安，是天亡之时，易于攻取。古人云："天与不取，反受其咎。"可汗须乘此机便，早务芟夷。回鹘未灭以前，可汗勿以饮食为甘，弋猎为乐，励兵秣马，不可暂闲。所恨隔在诸蕃，国家难于同力，倘更近塞，岂复稽诛？又恐余孽归降，可汗未能尽戮，纳有罪之众，受逋逃之臣，倘收吾憎，必开边隙，此则蕃养虺毒，自生厉阶。前年回鹘宰相等向汉使云："李靖擒颉利后，国中只有三二十人，便却兴复。"虽在危困，尚尔张皇，可汗深察此言，岂得不虑？又闻合罗川回鹘牙帐，未尽毁除，想其怀土之心，必有思归之志，速要平其区落，无使孑遗，既表成功，彼当绝望。可汗已摅积年之愤，自为一代之雄，至于居处服章，皆宜变革，焉得安于所习？姑务因循，则何以震耀北方，弹压诸部？朕抚有中夏，爱育生灵，常恐百姓未安，一物失所，岂愿更广威略，遥制要荒？但缘与可汗方保和盟，义同忧乐，纤微之事，皆欲备言。想可汗与将相筹谋，副兹诚意。此使到日，必谅朕心，即宜速遣报章，此当遣重臣册命。夏热，想可汗休泰。将相以下，并存问之，遣书指不多及。①

　　第二件敕书委婉地表达了两个意愿：援引贞观中太宗在坚昆置都督府授官爵成例，示意黠戛斯接受册封；彻底消灭回鹘余众，防止其死灰复燃。回鹘政权灭亡后，余众涌入唐缘边地区，给唐带来了军事上的压力。唐以册封为前提，敦促黠戛斯进攻回鹘余众，以减轻军事上的压力，提出"速平回鹘、黑车子，乃遣使行册命"，②以册封换取黠戛斯讨击回鹘。

　　《赐黠戛斯书》：

　　　皇帝敬问黠戛斯可汗：将军谛德伊斯难殊至，览书并白马二匹，具悉。可汗降精斗极，雄朔漠以称君；禀耀旄头，分天街而建国。特负英豪之气，夙推统御之才。眷想嘉猷，载深寤叹。来书云："温仵合将军归国后，汉使不来。"温仵合去日，朕书具云："速遣报章，此当遣重臣册命。"自是可汗未谕此意，报答稍迟，此则寻欲遣使，只自延望来信。又云："金石路已隔绝。"盖为山川悠远，未得自与可汗封壤接连，非是两国之情，犹有阻隔。想可汗明识，无复致疑。又云："两地遣书，彼此不会。"且书不可以尽言，言不可以尽意，况蕃汉文字，传译不同，只在共推赤心，永保盟好，岂必缘饰词语，以此交欢。每欲思惟先恩好意，不更疑惑，便是明诚。又云："欲除却两楹间恶刺。"此一事实是嘉言。缘回鹘雄据北方，代为君长，诸蕃臣伏，百有余年，今可汗扫其穹庐，大雪仇耻，功业既高于前古，威声已振于北荒，固当深务远图，岂可更留余烬？黑车子不度德量力，敢保寇仇，则是轻侮可汗，独不向化。此而可忍，孰不可容？况可汗前来云求访公主，使上

①　（唐）李德裕：《与黠戛斯可汗书》，《李德裕文集校笺》卷6，第83—85页。
②　《资治通鉴》卷247"武宗会昌三年"，第7985页。

天入地必须觅得；今若舍而不问，何以取信朕怀？想可汗乘彼盛秋，长驱精骑，问回鹘逋逃之罪，行黑车后服之诛，取若拾遗，役无再举，从兹荡定，岂不美欤！

来书又云："送公主到彼，无一语来。"缘公主才离可汗五日，便被回鹘劫夺，所遣来使，尽被杀伤，公主二年之中，流离沙漠，事已隔远，所以不再叙言。然赵蕃去日，已具感悦之心，足表殷勤之意。又闻今秋欲移就回鹘牙帐，灭其大国，便保旧居。足使诸蕃畏威，回鹘绝望，稍近汉境，颇谓良图。所云请发兵马期集去处，缘黑车子犹去汉界一千余里，在沙漠之中，从前汉兵未尝到彼，比闻回鹘深意，常欲投窜安西，待至今秋，朕当令幽州、太原、振武、天德缘边四镇要路出兵。料可汗攻讨之时，回鹘必当潜遁，各令邀截，便可枭擒。此是军期，须合符契，想可汗必全大信，用叶一心。谛德伊斯难殊朕已于三殿面对，兼赐宴乐，并依来表，不更滞留。朕续遣重臣，便申册命。故先达此旨，令彼国明知册命之礼，并依回鹘故事。可汗爰始立国，临长诸蕃，须示邻壤情深，宗盟义重，以此镇抚，谁敢不从？宜体至怀，共弘远略。春暖，想可汗休泰，将相以下，并存问之，遣书指不多及。①

第三件敕书是唐武宗收到黠戛斯可汗书信后所作，说明了唐未立刻遣使册封的理由。针对黠戛斯约唐出兵攻击回鹘余众及黑车子之事，唐以路途遥远而唐军不便奔袭为由婉拒，要求黠戛斯主攻回鹘余众，唐军辅助，于要路邀击逃窜之众，并答应在此之后行册封之礼。唐武宗时，册封并未成行，直至唐宣宗才实现册封。唐与黠戛斯之间的册封与接受册封，都是根据各自处理双方关系的需要而决定的。

由上述分析可以明确以下几点认识。

---

① （唐）李德裕：《赐黠戛斯书》，《李德裕文集校笺》卷 6，第 88—90 页。

第一，册封在"率土皆臣"的观念中是王朝与四夷定君臣之分，建立了以华夏为中心的等级秩序关系，但是现实中唐册封邻蕃与其结成多重关系，包括君臣关系、舅甥关系、兄弟关系、父子关系乃至父子兼君臣关系，并非只有君臣关系。所以，册封是唐与邻蕃交往的政治途径。

第二，唐册封邻蕃，并与其结成的多重关系，不是唐单方面强制的产物，而是唐与邻蕃基于各自内政需要、对外战略需求等多方面的切身利益而共同构建的。

第三，唐册封邻蕃，能否与其建立君臣关系，即在双方关系中唐能否将对方置于从属地位，而接受册封的领蕃在双方关系中处于何种地位，完全是建立在双方实力基础之上的。

三　授受官爵的类型与基本情况

如上所述，唐代授予四夷首领官爵根据四夷政治属性不同可划分为两种类型。

其一，授予境内四夷首领官爵。主要对象为都督府、都护府所属诸蕃首领，范围极其广泛。东夷当中，唐于显庆五年灭百济，又于总章元年灭高句丽，在占领区域置府州，授以归降首领官职；在南蛮、西南蛮当中，有剑南道松州、雅州、黎州、戎州、姚州、泸州都督府属蛮，保宁都护府与押近界及西山八国使属蛮，江南道有黔州都督府属蛮；西戎当中，陇右道有先后隶属安西、北庭的西突厥、葛逻禄、沙陀诸部，安西四镇所在地于阗、疏勒、龟兹、焉耆，葱岭以西吐火罗等十六国地区、粟特地区，以及凉州都督府的吐谷浑；北狄当中，则包括关内道单于都护府的东突厥降户，燕然（瀚海、安北）都护府所属铁勒诸部、坚昆、车鼻突厥、乌德健山附近葛逻禄、拔悉密，河北道营州都督府所属奚、契丹、室韦、靺鞨等，以及肃宗宝应元年前的渤海。

其二，授予境外邻蕃首领官爵。授予对象包括不定期入唐的邻蕃使者、受唐册封国前来朝贡的贺正使、入唐的邻蕃宿卫质子，以及于唐有功的邻蕃首领，如安史之乱后助唐平叛的回纥首领、军将等，涉及的邻蕃众多。东夷当中，有新罗、日本、流鬼；南蛮、西南蛮当中，有尸利佛誓、文单、诃陵；西戎当中，有吐蕃、天竺诸国、大食、勃律、陀跋斯单等，及开元五年至二十七年之间脱离唐统治的突骑施；北狄当中，有后突厥、天宝元年后的回纥和宝应元年后的渤海。

以下对两种不同性质的授受四夷官爵及其意义、作用做进一步分析。

（一）授受官爵的依据

以上两种类型中，前一种授受官爵的对象包括随着唐疆域扩展，在部落本土归降或迁入唐内地被纳入唐统治体制的诸蕃部落首领，以及汉唐旧疆西南、南方地区的蛮夷首领，授受的官爵包括最初唐授受的官爵以及后来因升迁授予的官爵；后一种授受官爵的对象包括邻蕃入唐使者及首领或宿卫质子。根据本书附录"唐代册封授受四夷官爵表"，唐授予官职品级不一。关于上述不同情况下授受官爵的依据，有人指出贞观四年东突厥归降唐是根据蕃望授予相应品级的官职。[①] 需要说明的是，蕃望是一个相对的概念，有两层含义，一层是指蕃夷首领在本蕃内部等级秩序中的地位等级，一层是指蕃夷相对邻蕃而言的地位。无论是对境内四夷首领还是对邻蕃首领，唐均以两种蕃望为依据授予官爵。

1. 授予境内四夷首领官职的依据

一般情况下，对归降蕃夷首领初次授官职主要依据其在本蕃的

---

① 石见清裕：《关于唐朝的"蕃望"制度》，载中国唐史学会编《中国唐史学会论文集》，第162—176页。

蕃望。"自突厥颉利破后，诸部落首领来降者，皆拜将军、中郎将，步列朝廷，五品以上百余人，殆与朝士相半。"① 《册府元龟》记载："先是，帝击破突厥，其蕃望子弟，多授以侍卫之官。"② 此后，唐平定阿史那贺鲁叛乱，又诏命弥射、步真与卢承庆等，"准其部落大小，位望高下，节级授刺史以下官"。③ 前后两次授官均以东、西突厥首领所属的部落大小、实力强弱以及其首领在东、西突厥中的地位高低、官职大小为依据，即唐认可的蕃望是四夷首领在本蕃的地位及官阶。石见清裕认为唐授予归降蕃人散官的品级由蕃望决定，这是正确的。然而唐在东、西突厥归降后，授予其首领都督、刺史等官职的目的却在于通过此种方式将其纳入唐统治体制，以便于管理。归降蕃人类多如此。如圣历二年，吐蕃重臣论赞婆率所部千余人来降，武周以赞婆为特进、归德王。赞婆兄钦陵子弓仁以所统吐谷浑七千帐来降，拜左玉钤卫将军、酒泉郡公。同年，武周又以赞婆为右卫大将军，使其率众守洪源谷。④ 武周授赞婆官职，不仅使其管理部落，而且使其防御吐蕃。因此，唐对归降蕃人授官，不仅据蕃望授予散官，更重要的是据蕃望授予相应的实际职事官。

如果说对归降蕃人的初次授官是纵向根据其在本蕃地位高低、官职大小确定的蕃望，那么唐境内诸蕃朝贡、朝集以及首领授官则需与邻蕃（或羁縻州）横向比较确定蕃望。贞元十三年，黔州都督府所管蛮州与牂州，德宗"以其国小"为由取消了进京朝贺的资格，黔中观察使上奏朝廷说明蛮、牂二州，"户繁力强，为邻蕃所惮"，请准许"三年一朝"。⑤ 同时，观察使请求"以才干位望为

---

① 《贞观政要集校》卷9《议安边》，第503页。
② 《册府元龟》卷170《帝王部·来远》，第2051页。
③ 《旧唐书》卷194《突厥传》，第5188—5189页。
④ 《资治通鉴》卷206"则天后圣历二年"，第6542页。
⑤ 《新唐书》卷222《南蛮传》，第6320页。

众推者充"，敕旨曰："宋鼎等已改官乞，余依旧。"① 所谓朝贡是理念上四夷臣服于中华天子的象征，但是朝贡一词本有地方服从中央政府及地方与中央政府保持联系的含义，如史书就将安西、北庭节度使与中央的联系称为朝贡。② 所以唐代所谓羁縻州朝贡、朝贺，实际上与正州朝集内涵相同，只不过是另一种叫法。截至唐开元二十七年，唐有三百一十五个正州和大约八百个羁縻州。羁縻州遣使朝集产生的负面影响相当突出，因而朝廷不得不做出一些限定。先天二年，唐限定羁縻州朝集使及随从的人数，并规定羁縻州贡物均交付都督府，由都督府统一进上。出于节省开支的考虑，一些羁縻州已不在上京朝集之列，直至唐后期，仍严格限制羁縻州上京朝集的名额。③ 在上述事件中，德宗取消蛮、羿二州朝集资格是因为二州与相邻羁縻州横向相比规模较小，观察使请求准许二州朝集又是以二州与相邻羁縻州横向相比规模较大为由，而且朝廷最终也是比照其相邻羁縻州官职而授予二州首领官职的。唐代经制州县根据户口多寡有上、中、下三等之分，而且根据其地位重要性又有"紧、望"之分，④ 守、令的级别也不同。经制州尚且如此，唐对境内诸蕃羁縻州根据横向比定的所谓位望、蕃望，决定其是否有资格朝集以及其首领被授予何种官职也是在情理当中。

2. 授予邻蕃各类人员官职的依据

至于与唐通聘的邻蕃各类人员，唐授予其官职首先是根据他们在本蕃的蕃望。天宝十二载，"黑衣大食遣大酋望等二十五人来朝，并授中郎将，赐紫袍金带鱼袋，放还蕃"。⑤ 酋望即蕃望。所谓大酋望是指在大食国内地位高的首领，唐据此授予中郎将衔。"长安三年，其（日本）大臣朝臣真人来贡方物。朝臣真人者，犹

①《旧唐书》卷197《西南蛮传》，第5275页。

②《新唐书》卷217《回鹘传》，第6124页。

③ 参见本书第三章之二"蕃州朝集制度"。

④《唐会要》卷70《州县分望道》，第1231—1242页。

⑤《册府元龟》卷975《外臣部·褒异》，第3881页。

中国户部尚书。冠进德冠，其顶为花，分而四散。身服紫袍，以帛为腰带。真人好读经史，解属文，容止温雅。则天宴之于麟德殿，授司膳卿，放还本国。"① 户部尚书为正三品。唐代光禄寺曾改为司膳寺，其主官为司膳卿，从三品。朝臣真人在日本的官职相当于唐户部尚书，鸿胪寺以此为参照授予他司膳卿一职，正是据蕃望授予邻蕃朝聘人员官职。

其次，对与唐通聘的邻蕃各类人员授官，蕃国的大小也决定了蕃望的高低、授官的级别。开元六年，吐火罗特勤仆罗上诉："仆罗至此，为不解汉法，鸿胪寺不委蕃望大小，有不比类流例，高下相悬，即奏拟授官。窃见石国、龟兹并余小国，王子、首领等入朝。元无功效。并缘蕃望授三品将军。况仆罗身特勤，本蕃位望与亲王一种。比类大小，与诸国王子悬殊，却授仆罗四品中郎。但在蕃王子娑罗门瞿昙金刚、龟兹王子白孝顺等，皆数改转，位至诸卫将军。唯仆罗最是大蕃，去神龙元年蒙恩敕授左领军卫翊府中郎将，至今经一十四年，久被沦屈，不蒙准例授职，不胜苦屈之甚。敕鸿胪卿准例定品秩，勿令称屈。"②

从仆罗上诉的内容可得出以下认识。

其一，吐火罗相对于谢颱、罽宾等蕃国"蕃望尊重"，即蕃望指蕃国之间由实力决定的地位高低。尽管鸿胪寺没有按仆罗的实际蕃望授予其相应的官职，但是据蕃望高低授官是"汉法"，是唐的规定。唐认定的蕃望中包含蕃国之间地位高低的横向对比。

其二，仆罗为吐火罗特勤，在本蕃位望属于亲王一级，其蕃望远远高于其他诸国王子。虽然此非同一蕃国内的比较，然而仆罗如此强调，说明在同一蕃国内亲王比王子蕃望高，这应是当时的普遍认识。蕃望由蕃国内部的政治等级秩序决定。

其三，石国、龟兹王子并据蕃望授官，而且蕃王子弟娑罗门瞿

---

① 《旧唐书》卷199《日本传》，第5340—5341页。

② 《册府元龟》卷999《外臣部·请求》，第11722页。

昙金刚、龟兹王子白孝顺等，官职都已数次改转。这涉及不同政治归属诸蕃质子授官问题。唐平定阿史那贺鲁叛乱后，在吐火罗置月氏都督府，在石国置大宛都督府，神龙元年至开元六年其地是否属唐则有待考察。龟兹在贞观末年时已归唐统治，高宗继位后为安西都护府治所，虽曾因吐蕃入侵而一度弃置，但此后一直在唐统治之下。婆罗门即天竺，为唐邻蕃。石国、龟兹、婆罗门诸国宿卫王子都是据蕃望授官。无论是唐境内四夷质子宿卫还是邻蕃质子宿卫，都是据蕃望授予相应的官职。

（二）授受官爵的意义、作用

唐代授予四夷首领官爵因性质、类型不同其意义、作用也不尽相同。

1. 授予境内四夷首领官爵的意义、作用

第一，唐授予归降四夷首领官爵意味着将其纳入唐统治体制内，成为唐王朝官僚机构的有机组成部分。关于此点，唐太宗有很好的说明。东突厥颉利可汗败亡后，"诸部落悉归化，我略其旧过，嘉其从善，并授官爵，同我百僚，所有部落，爱之如子，与我百姓不异"。[1] 被授予官爵的突厥首领即为唐官员，部落百姓即为唐百姓。被授予官爵的首领听命于唐，或在本蕃任职，或在唐任职宿卫，或流动性更强，因不同需要而在唐境内不同地方担任不同职位。典型的有唐初期的阿史那忠、阿史那社尔、李谨行、黑齿常之等人，他们虽身为部落首领，但其履职类似汉官。

第二，唐在蕃部本土置府州，以其首领为都督、刺史，隶属边州都督府、都护府，使其成为边州都督府、都护府的辖区，继而成为唐疆域的一部分。天宝元年，"天下声教所被之州三百三十一，羁縻之州八百"。[2] 唐官方认定羁縻州为唐统治区域的一部分，而

---

① 《旧唐书》卷194《突厥传》，第5164页。
② 《资治通鉴》卷215"玄宗天宝元年"，第6847页。

蕃部首领也自认如此。天宝十载，南诏王阁罗凤面临剑南节度使的讨伐，遣使谢罪，许诺归还所掠、修复姚州都督府城，并说明利害。"今吐蕃大兵压境，若不许我，我将归命吐蕃，云南非唐有也。"① 说明了阁罗凤叛唐前，云南为唐所有。随着周边诸蕃被并入版图，成为政治共同体概念的华夏、中国的一部分，德宗在建中二年诏云："二庭四镇，统任西夏五十七蕃、十姓部落，国朝以来，相奉率职。自关、陇失守，东西阻绝，忠义之徒，泣血相守，慎固封略，奉遵礼教，皆侯伯守将交修共理之所致也。伊西北庭节度观察使李元忠可北庭大都护，四镇节度留后郭昕可安西大都护、四镇节度观察使。"② 从诏书上可以看出，二庭四镇是指伊西北庭节度使、北庭都护府与四镇节度使、安西大都护府。西夏是指华夏西部。十姓部落是指西突厥五弩失毕与五咄陆部落。五十七蕃是指吐火罗地区诸蕃部落。③ 唐在西域的军政机构北庭节度使、北庭都护府与四镇节度使、安西大都护府统辖的华夏西部或中国西部，包括了西突厥故地和吐火罗地区在内的西域地区。

第三，唐授予部落首领都督、刺史，在蕃部所置羁縻州成为唐一级地方政府。贞观二十二年，薛延陀灭亡后，铁勒诸部渠帅各率所部归附，唐列其地为州，授其酋长为都督、刺史，并给玄金鱼为信符，④ 置燕然都护府统领。平定阿史那贺鲁叛乱后，唐以西突厥诸部置府州。显庆四年，西突厥府州"各给印契，以为征发符信"。⑤ 所谓符信，即府州印，是唐中央政府授予各道羁縻府州的府州印。⑥ 在敦煌发现的数件内容有联系的公文书中，其中两件张

---

① 《资治通鉴》卷216"玄宗天宝十载"，第6907页。
② 《旧唐书》卷12《德宗纪》，第329页。
③ 陈国灿：《安史乱后的唐二庭四镇》，载荣新江主编《唐研究》第2卷，第415—436页。
④ 《册府元龟》卷170《帝王部·来远》，第2051页。
⑤ 《唐会要》卷73《安西都护府》，第1313页。
⑥ 刘统：《唐代羁縻府州研究》，第37页。

君义等人立功公验上分别钤有"盐泊都督府之印""黎渠州之印"。
盐泊都督府以西突厥胡禄屋阙部置，黎渠州或以为乃龟兹都督府下
辖州。[①] 唐代军中将士作战立功之后，在尚未得到兵部郎中发给勋
告之前，要发给"公验"以作为日后凭证。两羁縻州印盖在立功
公验上，起着保证公验法律效力的作用，说明唐在法律上赋予了羁
縻州地方政府的职能，也说明其在唐行政系统中发挥着实际作用。
同时，蕃州作为唐统治区域内行政区划，任职蕃官作为唐朝地方官
员亦属于中央监察地方行政的范畴，接受从中央到地方不同层级机
构的监察，[②] 确保蕃州正常运转。

　　第四，唐通常授予蕃部首领都督、刺史的同时也要授予其武官
军职，此类官职的授予等于唐公开承认蕃酋国王有合法统领蕃部兵
马的权力。西突厥十姓部落的统治权后来转移至突骑施乌质勒部
落，乌质勒死后，又授其长子娑葛左骁卫大将军，封金河郡王。阿
史那氏也欲恢复在"十姓"中的统治地位。世袭盐泊州都督的阙
啜忠节，就曾屡请旧主入蕃主政，他甚忌"娑葛代父统兵"，二人
交恶，互相攻伐，娑葛讼忠节罪，"请纳之京师"，忠节则贿赂当
朝宰相宗楚客，请停"娑葛统兵"。[③] 此事说明部落首领的统兵权
受唐节制。唐通过授予军阶，将蕃部之兵纳入王朝军事体制。

　　第五，接受唐的官爵对于周边四夷自身来说极为重要。宋祁评
论："唐之德大矣！际天所覆，悉臣而属之，薄海内外无不州县，
遂尊天子曰'天可汗'。三王以来，未有以过之。至荒区君长，待
唐玺纛乃能国，一为不宾，随辄夷缚，故蛮琛夷宾，踵相逮于廷。
极炽而衰，厥祸内移，天宝之后，区夏痍破，王官之戍，北不逾
河，西止秦、邠，凌夷百年，逮于亡，顾不痛哉！故曰：治己治

　　① 刘安志：《敦煌所出张君义文书与唐中宗景龙年间西域政局之变化》，载《魏
晋南北朝隋唐史资料》第 21 辑，第 280 页。
　　② 参见本书第三章之六"唐代在蕃州实施的监察制度"。
　　③ 《通典》卷 199《边防十五》，第 5462 页。

人，惟圣人能之。"① 宋祁所说臣属唐的区域是置府州的地区，进而他讲述了天宝以后版图变化情况。在此区域内，君长受唐玺纛乃是唐对境内四夷的册封与授予官爵。宋祁强调接受唐的册封与授予的官爵，周边四夷首领的领袖地位及权力具有了合法性。宋祁的评论是正确的。"奚有五部，每部置俟斤一人为其帅。其后部有刺史，县有令长，其大首领号奚王。唐置饶乐府，以其王为都督。"② 这种节级授官，不仅压倒了四夷部族的内部权力，使唐官僚体制及中央权力渗透到四夷部落内部，而且因其首领在部落内部权力的大小、地位的高低形成了有序的等级制度，强化了君长的权力与统治地位。进入唐统治体制的四夷君长借唐授予的官爵实现了在部落内部的统治，而唐也通过四夷君长实现了间接统治属部的目的。

综上所述，授予境内四夷首领以官爵是唐将周边四夷纳入统治体制的重要途径，也是管理境内四夷的一种重要方式。

2. 授予邻蕃首领官职的意义、作用

至于唐授予邻蕃首领官职的功能，则体现在唐与其交聘活动中。这首先要从唐代制度规定说起。

《唐六典》记载：

> 典客令掌二王后介公酅公之版籍，及东夷、西戎、南蛮、北狄归化在蕃者之名数，丞为之贰。凡朝贡、宴享、送迎预焉，皆辨其等位而供其职事。凡酋渠首领朝见者，则馆而以礼供之（三品已上准第三等，四品、五品准第四等，六品已下准第五等，其无官品者，大酋渠首领准第四等，小酋渠首领准第五等。所乘私畜抽换客舍放牧，仍量给刍粟。若诸蕃献药物，滋味之属，入境州县与蕃使苞匦封印，付客及使，具其名

---

① 《新唐书》卷 219《北狄传》，第 6183 页。
② 《册府元龟》卷 962《外臣部·官号》，第 11320 页。

数牒寺。寺司勘讫，牒少府监及市，各一官领识物人定价，量事奏送；仍牒中书，具客所将献物。应须引见、宴劳，别听进止）。若疾病，所司遣医人给以汤药。若身亡，使主、副及第三等已上官奏闻。其丧事所须，所司量给，欲还蕃者，则给舆递至境（首领第四等已下不奏闻，但差车、牛送至墓所）。诸蕃使主、副五品已上给帐、毡、席，六品已下给幕及食料。丞一人判厨事，季终则会之。若还蕃，其赐各有差，给于朝堂，典客佐其受领，教其拜谢之节焉。①

《新唐书》记载：

> 主客郎中、员外郎各一人，掌二王后、诸蕃朝见之事。二王后子孙，视正三品。酅公岁赐绢三百，米粟亦如之。介公减三之一。殊俗入朝者，始至之州给牒，覆其人数，谓之边牒。蕃州都督、刺史朝集日，视品给以衣冠、袴褶。乘传者日四驿，乘驿者六驿。供客食料，以四时输鸿胪，季终句会之。客初至及辞设会，第一等视三品，第二等视四品，第三等视五品。蕃望非高者，视散官而减半，参日设食。路由大海者，给祈羊豕皆一。西南蕃使还者，给入海程粮。西北诸蕃，则给度碛程粮。蕃客请宿卫者，奏状貌年齿。突厥使置市坊，有贸易，录奏，为质其轻重，太府丞一人莅之。蕃王首领死，子孙袭初授官，兄弟子降一品，兄弟子代摄者，嫡年十五还以政。使绝域者还，上闻见及风俗之宜，供馈赠贶之数。②

唐代鸿胪寺典客署的职能之一是统计"东夷、西戎、南蛮、

---

① 《唐六典》卷18《鸿胪寺》，第506—507页。
② 《新唐书》卷46《百官志》，第1195—1196页。

北狄归化在蕃者之名数"，负责蕃客朝贡的接待、迎送等事务之余，还有分辨蕃客等位并提供相应的待遇的职责。即蕃客在京期间根据唐授予的官职级别比定等位，给予相应的待遇，没有授予官职的蕃客则根据在本蕃的地位高低比定等位，若蕃客身亡则以等位处理安葬事宜，蕃客食宿所需也以其官职级别提供。唐代尚书省主客司的职能主要有以下几项：负责蕃使入境时的审核批准事宜，"殊俗入朝者，始至之州给牒，覆其人数，谓之边牒"；蕃州都督、刺史朝集日按品级供给以相应的衣冠服饰审批；蕃使赴京途中所享交通待遇的审批；供应蕃客的食料，根据蕃客的等级拟定食料数量；负责蕃客朝见、宴享、辞别等方面的政策管理，依据蕃望将蕃客分为四等，第一等按照唐职事官第三品的待遇，以下类推，三等之外者，"视散官而减半"；负责蕃客返回途中程粮、蕃客宿卫、蕃客市易、蕃王继袭授受官爵等事宜。由此不难看出，唐对诸蕃人员朝贡、宴享、送迎等席次、顺序都要根据等位来安排，等位与官品又是对应的，[1] 唐授予四夷首领的官爵在处理四夷朝觐事务中起着重要作用。

至于上述制度条文是否适用于唐邻蕃交聘人员，还需要斟酌。在华夷世界观支配下，王朝统治体内的四夷与境外四夷均被归类为蕃夷的范畴，因而处理蕃夷事务呈现出两个特点。

一是体现在制度上，境内蕃夷服从中央，向中央述职，同境外蕃夷一样与唐交聘事务均由相同的机构管理。如唐境内四夷，以及邻蕃都向唐派遣子弟宿卫，论钦陵、阿史德元珍、孙万荣等都曾充当过质子。[2] 论钦陵为吐蕃贵族子弟，后两者一为归降突厥贵族子弟，一为营州都督府统辖的契丹首领子弟。僧智严，姓尉迟氏，本于阗质子，神龙二年，"隶鸿胪寺，授右领军卫大将军上柱国，封

① 石见清裕：《关于唐朝的"蕃望"制度》，载中国唐史学会编《中国唐史学会论文集》，第162—176页。

② 《册府元龟》卷544《谏净部·直谏》，第6522页。

金满郡公"。① 新罗质子也为"鸿胪寺籍"。② 唐境内四夷君长质子，与境外蕃国质子均由鸿胪寺管理。

二是同一规定适用于不同性质的蕃夷。如开元十三年，封禅礼毕，玄宗除诏命文武百官加官赐阶外，"诸蕃侯王酋长来会礼者，各加一官"。③ 随行诸蕃人员有："戎狄夷蛮羌胡朝献之国，突厥颉利发，契丹、奚等王，大食、谢䫻、五天十姓，昆仑、日本、新罗、靺鞨之侍子及使，内臣之番高句丽朝鲜王、百济带方王、十姓摩阿史那兴昔〔亡〕可汗、三十姓左右贤王，日南、西竺、凿齿、雕题、牂柯、乌浒之酋长。"④ "戎狄夷蛮羌胡朝献之国"中，大食、日本、天竺等为唐邻蕃；新罗则为册封朝贡国，其时唐与后突厥为父子关系，二者属于唐藩臣，也是邻蕃；奚、契丹等为唐羁縻州。虽然它们与唐关系不同，政治归属有别，但《唐六典》仍将其作为朝贡国归为一类。⑤ "内臣之蕃"，即内臣或内蕃。唐征服高句丽、百济之后，为了安辑其遗民，重新册立高句丽亡国之君、百济王族成员为王。高句丽朝鲜王、百济带方王即是其后裔。十姓阿史那兴昔亡可汗是唐征服西突厥后册立的西突厥五咄陆部落可汗。相对而言，奚、契丹等自治性更强。至于三十姓左右贤王，其宠号为唐所授，结合墓志可知他们是归降内迁的后突厥贵族，⑥ 在管理方面属于对唐依附性最强的一类。日南、西竺、凿齿、雕题、牂柯、乌浒酋长，则是唐岭南、西南境内蛮夷。无论是唐境内诸蕃酋长，还是境外邻蕃随行使臣、酋长都在加官之列。

---

① 《宋高僧传》卷 3《唐京师奉恩寺智严传》，《大正新修大藏经》第 50 册，第 720 页。

② 《新唐书》卷 220《新罗传》，第 6206 页。

③ 《册府元龟》卷 80《帝王部·庆赐》，第 932 页。

④ 《旧唐书》卷 23《礼仪志》，第 900 页。

⑤ 《唐六典》卷 4《尚书礼部》，第 129 页。

⑥ 羽田亨「唐故三十姓可汗貴女阿那氏之墓誌」『羽田博士史學論文集』下卷（言語·宗教篇）、株式會社、1975、365—384 頁。

　　结合以上两点可以推出，上述制度条文中的对象"东夷西戎南蛮北狄""诸蕃""殊俗"泛指四夷，包括唐境内四夷及邻蕃。在上述条文中，除蕃州都督、刺史朝集日按官品提供衣冠服饰是专门为唐境内四夷制定的条文外，其他既适用于唐境内诸蕃首领，也适用于唐邻蕃交聘人员及首领、君长。从以上诸多条文规定中可以看出，一方面，唐授予四夷首领官职后，将其自然而然地纳入唐的官僚等级序列，建立起以华夏为中心的等级秩序，体现四夷臣属中华的理念。这也是古人将册封四夷、授予官职笼统归结为定"君臣之位"的缘故。另一方面，只有授予境外诸蕃使、首领官职，诸蕃进京朝觐或交聘才能有序进行。换言之，授予境外蕃使或首领官职是唐与邻蕃交聘有序进行的保障。在今人统计的唐代蕃将中，[1] 邻蕃来使、留学生、各类专业人员被授予不同的军阶或散官头衔后放还者，占有很大的比重。这类人员无唐官员之实，而唐通常却要授予其官职，原因也在于此。

　　综上所述，唐授予四夷首领官爵无疑是"率土皆臣"观念的体现，但是在现实中唐授予邻蕃首领官爵，却是唐与邻蕃交聘活动能够顺利进行的一种方式。

　　根据四夷政治归属，可将唐代册封四夷君长与授予四夷首领官爵分为两类，一为唐对境内四夷即都督府、都护府统辖的四夷君长、首领的册封与授受官爵；二为对境外邻蕃四夷君长、首领的册封与授受官爵。两者性质不同，前者是针对唐统治体制内四夷君长、首领，后者是针对唐统治体制外四夷君长、首领。由于性质不同，作用也各不相同。前者无论是唐册封四夷君长还是授予四夷首领官爵，既是将其纳入唐统治体制的重要途径，又是唐管理境内蕃部的方式之一。后者在现实中则是唐处理与邻蕃关系的方式，或者说是唐与邻蕃交往的政治途径，而授予邻蕃首领官爵，却是唐与邻

---

　　① 章群：《唐代蕃将研究》，第38—95、394—707页。

蕃交聘活动能够顺利进行的保障。概括地讲，册封与授受官爵是唐与四夷建立政治关系的一种表现形式，但是因册封与授受官爵对象的属性、类型不同，册封与授受官爵的性质、作用也各不相同。

自西周始，在华夏国家形成过程中，逐渐产生了"溥天之下，莫非王土；率土之滨，莫非王臣"的思想观念。[①] 对于如何构建以华夏为中心的华夷秩序的问题，两汉时期公羊学派明确提出了"夷狄进至于爵，天下远近大小若一"的思想主张。[②] 册封与授受官爵成为建立以华夏为中心的华夷秩序的方式与形态。唐代册封与授受四夷官爵是以华夏为中心的思想观念和儒家强调以礼为运作形式的主张在实践中的具体运用。唐既用这一思想来构建王朝这一华夷政治共同体，从而建立内部政治秩序，同时将这种国内政治关系推及于外，用以处理与周边国家之间的关系，或发展与邻蕃之间的战略关系，或建立由唐主导的国家之间的秩序，从中心至外围建立对外关系体制。册封与授受官爵是唐与四夷建立政治秩序的基本途径，但是由于册封与授受官爵对象的类型不同，形成了以华夏为中心的不同性质的政治圈层，唐王朝以册封与授受官爵为途径与四夷建立的是有层级的政治秩序。

---

① （汉）毛亨传，（汉）郑玄笺，（唐）孔颖达疏：《毛诗正义》卷13《小雅·北山》，（清）阮元校刻《十三经注疏》（一），中华书局影印本2015年版，第994页。

② （汉）何休注，（唐）徐彦疏：《春秋公羊传注疏》卷1"隐公元年"，（清）阮元校刻《十三经注疏》（五），第4774页。

结　论

中华天子与四夷的天下秩序，是中国古代王朝重要的政治文化内容，也是了解中国古代国家体制与对外关系体制的重要途径。通过唐王朝与四夷关系的研究，可以对唐王朝与四夷的政治秩序获得以下认识。

第一，唐与四夷政治秩序是一个有层级的结构，而非单一的结构。

秦汉以来，王朝与四夷的政治秩序就是一个有层级的结构。睡虎地出土秦简中记载了两种性质不同的蛮夷，已经在政治上归附华夏政权的臣邦（或内臣邦），与之相对的是华夏之外并且尚未归附华夏政权的外臣邦（或他邦）。① 秦的天下秩序为华夏（秦与诸侯）；臣邦（或内臣邦）；外臣邦（或他邦）。秦为西周以来所要实现的以华夏为中心的天下秩序建立了一个前提框架，西汉王朝建立后又将其进一步发展。汉魏时期与王朝建立关系的四夷也分为性质不同的两种。华夏的邻蕃与邻国，其中一类是受华夏册封、向华夏朝贡，有明确君臣等级关系的四夷，如秦王朝灭亡后各自独立、西

---

① 罗新：《“真吏”新解》，《中华文史论丛》2009 年第 1 辑。

汉初年册封的南越、闽越、东海、朝鲜等藩臣，东汉授印绶的西南
郡县徼外夷，以及在东方受到册封进行朝贡的倭；另一类是与华夏
同时代但没有册封关系的邻蕃、邻国，如"临敌之国"匈奴，西
域、南海的"与国"。归附并且进入华夏统治体制内四夷，包括郡
县内四夷，隶属郡县的徼外夷（如夫余王国，沃沮、濊的县侯，
韩地的邑君，西南郡县徼外部落），隶属乌桓校尉的乌桓、鲜卑，
隶属西域都护的西域诸部，以部落联盟政权形式并入西汉的匈奴与
以部落联盟政权形式迁入东汉境内的南匈奴。[①] 汉魏时期的天下秩
序为华夏本土；归附并且进入华夏统治体制内四夷；华夏的邻蕃与
邻国。秦汉王朝与四夷建立的政治秩序，存在着建立王朝内部政治
秩序与建立对外关系体制的区别。

　　唐王朝建立后，与四夷建立了多种多样的关系，根据四夷的政
治归属，诸种关系可分为性质不同的两种类型。一类是唐王朝与四
夷建立的通贡、亲属或兼君臣、册封朝贡关系，是唐与邻蕃之间的
关系，属于唐与统治体制外四夷结成的关系。此类四夷与唐王朝建
立的诸种关系构成了唐王朝的对外关系体制。一类是唐王朝与归附
的四夷，即与羁縻州地区、设置正州或迁入内地安置的四夷之间的
关系，属于唐王朝与其统治体制内四夷之间的关系，唐与其建立的
关系形成了唐王朝内部政治秩序，此类四夷与华夏本土构成了唐王
朝的国家体制。唐王朝的天下秩序为华夏本土；唐王朝在扩张过程
中那些主动或被动投归华夏、进入唐王朝统治体制的非华夏族群或
政治体；在此之外，则是与唐有册封朝贡、亲属或兼君臣、通贡关
系的邻蕃。

　　唐统治体制内四夷，进入唐统治体制的背景不一，针对不同类
型的部族，唐统治方式不同，呈现不同形态。（1）内迁诸蕃。是
指脱离本土进入唐普通州县境内的周边部族。唐对这类部族的安置
方式大多数情况下是照其部落设置府州管理，即以侨治蕃州的形式

---

①　王义康：《中国古代的外国与外臣考》，载周伟洲主编《西北民族论丛》第 12 辑。

管理，但也不乏将其纳入普通州县进行管理的情况。内迁部落因进入唐王朝直辖领土范围之内，所以唐对其的管理最为有效，它们是与唐关系最为密切的一类，也是对唐政治、军事、文化影响最为直接的一类。（2）漠北分治的铁勒诸部。唐以其部落置府州，分而治之，置都护府监临其上，平衡各部力量，防止兼并，确保北疆安全。（3）唐为其扶立君主诸蕃。唐在征服、占领一地后，废除原来的君长及其政权机构，重新选择君长建立政权机构，以属国形式进行管理，君长的权力来自唐天子的授予，而不是直接来自本蕃。（4）羁縻州兼朝贡国诸蕃。即既是唐羁縻州，同时又给予朝贡国地位的四夷。这类四夷，由于地理位置或唐监管方式的不同，与唐的关系呈现不同的形态。（5）内迁前西北边地内附的党项。唐初，党项州多为正州，唐能够进行有效管理。（6）西南捍边的生羌、党项。它们是以剑南道西部郡县缘边的生羌、党项部落所置的十州。虽为正州，但是以部落首领世为刺史、司马。诸州与吐蕃相邻，唐以诸州部落作为军事力量防御吐蕃入侵。（7）从边郡到边州、羁縻州的云南地区。汉晋的边郡体制，中经北周时期任命土长为刺史，至唐最终确立为羁縻州县体制。（8）剑南、江南、岭南恢复统治及持续开拓的蛮夷。唐剑南、江南、岭南地区是中原王朝的传统版图，唐建立后，或以其地置正州或羁縻州，以延续战国秦汉以来对郡县内蛮夷的统治。以上诸蕃由于唐实施统治、管理的方式不同，与唐政治关系呈现的形态相较于唐与其统治体制之外诸蕃政治关系表现形式有趋同的一面，但是两者性质不同，前者隶属唐边州都督府、都护府，为唐王朝国家体制的组成部分。后者当中即使有的受唐册封、向唐朝贡，与唐有着明确的君臣等级关系，但仍属于唐对外关系体制中的成员。总之，唐与四夷关系，因四夷政治归属不同，关系的基本性质不同，形成了不同性质的政治圈层，即进入以唐王朝为中心的天下秩序的四夷分属不同的政治圈层，唐与四夷建立的政治秩序结构是性质不同的层级结构。这种情况秦汉以来即是如此。

第二，唐王朝的国家体制与对外体制、境内与境外，在法律制度上是有界定的。

中国古代王朝没有现代民族国家意义上的边界判定王朝的境内、境外，因而通常认为中国古代传统思想中缺乏国家与主权意识，但是这并不意味着王朝就没有统治体制内外或境内境外之分，或者说王朝与四夷的政治秩序可以简单对应于现代国际秩序。唐王朝的国家体制与对外体制、境内与境外，在法律制度上是有界定的。唐律引入了化内、化外的概念。唐永徽律以不在唐版图的藩属国为区分化外的界线，依此类推，界线外其他如与唐结成亲属或兼君臣以及有通贡关系的邻蕃均属化外。化内是指唐统治区域，包括内地与纳入唐统治体制的周边诸族地区。唐律的化内、化外是以政治归属为判断标准的，为唐王朝的境内与境外。然而随着王朝的盛衰、版图的盈缩，化内、化外的范围随之变动，这是唐律未明确化内具体范围的原因。虽然终唐一代无固定不变之化内，但是不能否认当周边诸族属唐后即为化内。唐将内地与属唐四夷地区同视为化内，在于周边地区纳入唐统治体制后诸族属地的性质发生变化，成为唐境域，原则上视其为政治共同体的中国的一部分，周边诸族与内地百姓同为唐朝百姓。周边诸族属唐后因俗而治，有别于内地行政制度，但为唐政令、法令所及地区。属唐四夷地区具有二重性，在国家主权意义上，纳入唐统治体制的周边诸族为唐王朝或政治共同体中国的一部分；在文化分野上，它们属于夷的世界的一部分。然而将周边诸族列为化内由政治归属而非文化因素决定。

唐律出现的化内、化外，在古代华夷世界观发展史以及多民族国家体制的发展史上具有重要意义。首先，春秋战国时期产生华夷世界观之际，王权的加强征服了周边四夷后，在思想上产生"率土皆臣"的观念。但是思想理念上的疆域是无限的，而现实中包括四夷在内的政治疆域是有限的。唐律引入化外概念，以版图外藩属为界线，在法律上划定了唐王朝与藩属、邻蕃之间的疆界，将文化版图与政治版图做出区分，明确了王朝的境内与境外。其次，早在战国后期，秦律从文化与政治、民族与国家的意义上赋予夏或华夏以一个具体的范畴。华夏为秦国内地与隶属秦国的周边臣邦的政治共同体；从文化分野上来看，华夏为秦国内地及秦国内地秦人，而归属秦国的臣邦为夷。唐继承了秦开启的多民族国家体制，中国为唐内地与归属唐的周边诸族的政治共同体；从文化分野上看，中国为拥有华夏文化的内地与华夏民，归属唐的周边诸族为夷。同时，唐律又引入化内概念，从国家主权意义上赋予拥有中华文化的华夏族、内地及与其文化相异的非华夏民族、边地的多民族国家——唐王朝或中国以一个具体的范畴。唐王朝由华夏本土和属唐四夷构成的国家体制与外部世界在法律上是有明确区分的。

第三，唐王朝统治体制内四夷是唐王朝推及政令、法令的对象与范围。

唐王朝对归附四夷主要是以设置羁縻州的形式进行管理，羁縻州虽有其特殊性，但其性质仍然属于郡县。羁縻州的设置实现了内地与非汉地区行政体制的一体化，原则上羁縻州与经制州同为唐推及政令、法令的区域，只不过唐在羁縻州推及政令、法令是分层次进行的。可以看到，在经制州施政的方式也及于羁縻州。诸州朝集制度的宗旨在于中央与地方之间及时处理、传达政务信息，有利于加强中央对地方的统治。羁縻州原则上也要执行这一制度，不仅要朝集京师，接受中央监督，也要朝集都督府，接受都督府的监督。羁縻州部落作为唐王朝的臣民，原则上要与内地郡县百姓一样承担相应的赋役，只不过不同地区、不同时间、不同类型的内附民承担不同形式的赋税，具有多样性的特点。与之相应的是，羁縻州部落在原则上也负有向唐王朝提供兵役的义务。唐中央政府参与蕃州管理，派员出任蕃州官员。羁縻州的都督、刺史原则上由部落首领世袭，但是部分蕃州都督、刺史乃至县令也可由中朝官员担任。中央派遣品官担任羁縻州佐官僚属，也派遣流外官参与羁縻州事务。蕃州作为唐统治区域内的郡县行政区划，毫无例外属于中央监察地方行政的范畴，地方监察体制与监察内容不仅适用于经制州，而且大多数情况下也适用于蕃州。唐代颁布的诸州置寺观规定不仅在经制州实施，而且也推及羁縻州。唐在内地郡县推行的政令与法令，包括刑法、置吏、赋役、兵役、监察、宗教等，原则上都要根据具体情况不同程度地在羁縻州推行。"羁縻"是王朝处理与四夷关系的一种思想宗旨。在此思想指导下，产生了朝贡、册封、和亲、互市诸多羁縻四夷的形态或方式。这是施诸四夷的通则，以体现天下是以中国的天子或皇帝为中心统于其下的领土，天子必须是包含四夷的整个世界的统治者，它不仅要统治华夏族居住的中国中心部分，还必须使周边四夷臣服。唐代设置羁縻州是羁縻思想的体现，亦属于羁縻的形态，然而羁縻州作为纳入唐王朝统治体制的境内四夷，即唐王朝内部政治秩序中四夷，与内地郡县同为唐王朝推及政令、法令的对象与范围。因此，唐与四夷建立的有层级的政治秩序中，因唐王朝与四夷关系的性质不同、亲疏远近不同，相应地四夷承担的义务与所受待遇也不同。

第四，册封与授受官爵是唐王朝与四夷建立政治秩序的基本途径。

根据四夷政治归属不同，唐王朝册封四夷君长与授受四夷首领官爵分为两类，一为唐对境内四夷，即都督府、都护府统辖的四夷君长、首领的册封与授受官爵；二为对境外邻蕃四夷君长、首领的册封。两者性质不同，前者是针对唐统治体制内四夷君长、首领，后者是针对唐统治体制外四夷君长、首领。由于基本性质不同，作用也各不相同。前者无论是唐册封四夷君长还是授予四夷首领官爵，既是将其纳入唐统治体制的途径，又是唐管理境内蕃部的方式之一。后者在现实中则是唐处理与邻蕃关系的方式，或者说是唐与邻蕃交往的政治途径，而授予邻蕃首领官爵，是保证唐与邻蕃交聘能够顺利进行的一种方式。概括地讲，册封与授受官爵是唐与四夷建立政治关系的一种表现形式，但是由于册封与授受官爵对象的属性、类型不同，册封与授受官爵的性质、作用也各不相同。唐代册封与授受四夷官爵是以华夏为中心的思想观念、儒家强调以礼为运作形式的主张在实践中的具体运用。唐既用来构建王朝这一华夷政治共同体，建立内部政治秩序，同时又将这种内部政治关系推及于外，用以处理与邻蕃之间的关系，或发展与邻蕃之间的战略关系，或建立由唐主导的国家之间秩序，从中心至外围建立对外关系体制。由于册封与授受官爵对象的类型不同，形成了以华夏为中心的不同性质的政治圈层，唐王朝以册封和授受官爵为途径与四夷建立的是有层级的政治秩序。总之，唐王朝推动的与四夷建立的政治秩序，既是建立内部政治秩序，又是建立对外关系体制，是性质不同的层级结构。

参考文献

一　古籍文献

1. 纪传、编年史

（汉）司马迁：《史记》，中华书局 1982 年版。

（汉）班固：《汉书》，中华书局 1962 年版。

（晋）陈寿：《三国志》，中华书局 1982 年版。

（宋）范晔：《后汉书》，中华书局 1987 年版。

（梁）沈约：《宋书》，中华书局 1983 年版。

（北齐）魏收：《魏书》，中华书局 1987 年版。

（唐）房玄龄：《晋书》，中华书局 1987 年版。

（唐）李延寿：《南史》，中华书局 1987 年版。

（唐）李延寿：《北史》，中华书局 1987 年版。

（唐）李百药：《北齐书》，中华书局 1992 年版。

（唐）令狐德棻：《周书》，中华书局 1987 年版。

（唐）魏征：《隋书》，中华书局 1996 年版。

（后晋）刘昫：《旧唐书》，中华书局 1975 年版。

（宋）欧阳修等：《新唐书》，中华书局 1991 年版。

（宋）薛居正：《旧五代史》，中华书局 1976 年版。

（宋）欧阳修：《新五代史》，中华书局 2002 年版。

（元）脱脱：《宋史》，中华书局 1987 年版。

二十五史刊行委员会编：《二十五史补编》，中华书局 1998 年版。

（宋）司马光：《资治通鉴》，中华书局 1992 年版。

2. 典章、职官、法令、诏令

（唐）杜佑：《通典》，王文锦等点校，中华书局 2003 年版。

（宋）王溥：《唐会要》，中华书局 1998 年版。

（宋）王溥：《五代会要》，中华书局 1998 年版。

（元）马端临：《文献通考》，中华书局 2003 年版。

刘锦藻：《清朝续文献通考》，商务印书馆 1936 年版。

（唐）李林甫等：《唐六典》，陈仲夫点校，中华书局 2005 年版。

（唐）长孙无忌等：《唐律疏议》，刘俊文点校，中华书局 1983 年版。

天一阁博物馆、中国社会科学院历史研究所《天圣令》整理课题组校证：《天一阁藏明钞本天圣令校证》，中华书局 2006 年版。

（宋）宋敏求编：《唐大诏令集》，中华书局 2008 年版。

3. 地理志

（晋）常璩：《华阳国志》，任乃强校注，上海古籍出版社 2011 年版。

（唐）李吉甫：《元和郡县图志》，贺次君点校，中华书局 2005 年版。

（唐）樊绰撰，赵吕甫校释：《云南志校释》，中国社会科学出版社 1985 年版。

（宋）王存：《元丰九域志》，王文楚、魏嵩山点校，中华书局 2005 年版。

（宋）乐史：《太平寰宇记》，王文楚点校，中华书局 2007 年版。

4. 类书

（宋）李昉等：《太平御览》，中华书局影印本 2006 年版。

（宋）王钦若等：《册府元龟》，中华书局明本影印本 2005 年版。

5. 杂史小说与诗文

（唐）吴兢撰，谢保成集校：《贞观政要集校》，中华书局 2009 年版。

（唐）姚汝能：《安禄山事迹》，曾贻芬校，上海古籍出版社 1983 年版。

（唐）张鹭：《朝野金载》，赵守俨点校，中华书局 1997 年版。

（宋）王谠撰，周勋初校证：《唐语林校证》，中华书局 1997 年版。

（唐）许敬宗编，罗国威整理：《日藏弘仁本文馆词林校证》，中华书局 2001 年版。

（唐）李德裕撰，傅璇琮、周建国校笺：《李德裕文集校笺》，河北教育出版社 2000 年版。

（宋）李昉等编：《文苑英华》，中华书局影印本 2011 年版。

（元）王恽：《秋涧集》，《景印摛藻堂四库全书荟要》集部第 54 册 "别集类"，台北：世界书局 1990 年版。

（清）董诰等编：《全唐文》，中华书局影印本 1983 年版。

（清）彭定求等编：《全唐诗》，中华书局 2005 年版。

《龚自珍全集》，上海人民出版社 1975 年版。

6. 佛教文献

（唐）惠立、彦悰：《大慈恩寺三藏法师传》，孙毓棠、谢方点校，中华书局 2008 年版。

（唐）道宣：《释迦方志》，范祥雍点校，中华书局 2008 年版。

（唐）义静撰，王邦维校注：《大唐西域求法高僧传》，中华书局 2004 年版。

（唐）慧超撰，张毅笺释：《往五天竺国传笺释》，中华书局 2006 年版。

真人元开：《唐大和上东征传》，汪向荣校注，中华书局 2000 年版。

（唐）道宣：《广弘明集》，《四部丛刊初编》缩印明刊本。

高楠顺次郎等编：《大正新修大藏经》，台北：新文丰出版公司 2001 年版。

7. 石刻

北京图书馆金石组、中国佛教图书文物馆石经组编：《房山石经题记汇编》，书目文献出版社 1987 年版。

岑仲勉：《金石论丛》，中华书局 2004 年版。

（清）毛凤枝：《关中金石文字存逸考》，上海古籍出版社 1995 年版。

石永士、王素芳、裴淑兰：《河北金石辑录》，河北人民出版社 1993 年版。

（清）王昶辑：《金石萃编》，中国书店 1991 年版。

王仁波主编：《隋唐五代墓志汇编·陕西卷》，天津古籍出版社 1991 年版。

吴钢主编：《全唐文补遗》第 1 辑，三秦出版社 1994 年版。
吴钢主编：《全唐文补遗》第 2 辑，三秦出版社 1995 年版。
吴钢主编：《全唐文补遗》第 3 辑，三秦出版社 1996 年版。
吴钢主编：《全唐文补遗》第 4 辑，三秦出版社 1997 年版。
吴钢主编：《全唐文补遗》第 5 辑，三秦出版社 1998 年版。
吴钢主编：《全唐文补遗》第 6 辑，三秦出版社 1999 年版。
吴钢主编：《全唐文补遗》第 7 辑，三秦出版社 2000 年版。
吴钢主编：《全唐文补遗》第 8 辑，三秦出版社 2005 年版。

吴钢主编：《全唐文补遗·千唐志斋新藏专辑》，三秦出版社 2006 年版。

新文丰出版公司编辑部编：《石刻史料新编》，台北：新文丰出版公司 2000 年版。

张维、鸿汀纂：《陇右金石录》，甘肃省文献征集委员会校印，

1943 年。

周绍良主编：《唐代墓志汇编》，上海古籍出版社 1992 年版。

周绍良、赵超主编：《唐代墓志汇编续集》，上海古籍出版社 2001 年版。

8. 出土文书

国家文物局古文献研究室、新疆维吾尔自治区博物馆、武汉大学历史系编：《吐鲁番出土文书》第 7 册，文物出版社 1986 年版。

罗振玉辑：《敦煌石室遗书百廿种》，《敦煌丛刊初集》第 8 辑，台北：新文丰出版公司 1985 年版。

荣新江、李肖、孟宪实主编：《新获吐鲁番出土文书》，中华书局 2008 年版。

睡虎地秦墓竹简整理小组编：《睡虎地秦墓竹简》，文物出版社 1990 年版。

唐耕耦、陆宏基编：《敦煌社会经济文献真迹释录》第 1 辑，书目文献出版社 1986 年版。

唐耕耦、陆宏基编：《敦煌社会经济文献真迹释录》第 2 辑，全国图书馆文献缩微复制中心 1990 年版。

王尧、陈践译注：《敦煌本吐蕃历史文书》，民族出版社 1992 年版。

二　中文论著

1. 著作

蔡墩铭：《唐律与近世刑事立法政策之比较研究》，台北："中国学术著作奖助委员会" 1968 年版。

蔡鸿生：《唐代九姓胡与突厥文化》，中华书局 1998 年版。

岑仲勉：《突厥集史》，中华书局 1958 年版。

岑仲勉：《唐史余沈（外一种）》，中华书局 2004 年版。

岑仲勉：《西突厥史料补阙及考证》，中华书局 2004 年版。

陈寅恪：《隋唐制度渊源略论稿》，三联书店 1954 年版。

陈寅恪：《唐代政治史述论稿》，上海古籍出版社 1997 年版。

段连勤：《丁零、高车与铁勒》，广西师范大学出版社 2006 年版。

方国瑜：《中国西南历史地理考释》，中华书局 1987 年版。

冯承钧：《中国南洋交通史》，上海书店 1984 年版。

高明士：《东亚古代的政治与教育》，台北：喜玛拉雅基金会 2003 年版。

顾颉刚：《史林杂识初编》，中华书局 2005 年版。

胡宝华：《唐代监察制度研究》，商务印书馆 2005 年版。

金毓黻：《东北通史》，五十年代出版社 1944 年版。

黎虎：《汉唐外交制度史》，兰州大学出版社 1998 年版。

李鸿宾：《唐朝朔方军研究》，吉林人民出版社 2000 年版。

李锦绣：《唐代财政史稿》上卷，北京大学出版社 1995 年版。

林幹：《突厥史》，内蒙古人民出版社 1988 年版。

刘俊文：《敦煌吐鲁番唐代法制文书考释》，中华书局 1989 年版。

刘俊文：《唐律疏议笺解》，中华书局 1996 年版。

刘美崧：《两唐书回纥传回鹘传疏证》，中央民族学院出版社 1989 年版。

刘统：《唐代羁縻府州研究》，西北大学出版社 1998 年版。

刘义棠：《中国西域研究》，台北：正中书局 1997 年版。

马长寿：《突厥人和突厥汗国》，广西师范大学出版社 2006 年版。

马驰：《唐代蕃将》，三秦出版社 1990 年版。

彭建英：《中国古代羁縻政策的演变》，中国社会科学出版社 2004 年版。

钱大群：《唐律与唐代法律体系研究》，南京大学出版社 1996 年版。

钱穆：《中国文化史导论》，商务印书馆 1994 年版。

钱穆：《中国历代政治得失》，三联书店 2007 年版。

唐长孺：《魏晋南北朝隋唐史三论》，武汉大学出版社 1993 年版。

童书业：《童书业历史地理论集》，中华书局 2004 年版。

王国维：《观堂集林（外一种）》，河北教育出版社 2003 年版。

王吉林：《唐代南诏与李唐关系之研究》，台北：黎明文化事业股份有限公司 1992 年版。

王小甫：《唐、吐蕃、大食政治关系史》，北京大学出版社 1992 年版。

王仲荦著，郑宜秀整理：《敦煌石室地志残卷考释》，中华书局 2007 年版。

魏良弢：《哈喇汗王朝史稿》，新疆人民出版社 1983 年版。

吴玉贵：《突厥汗国与隋唐关系史研究》，中国社会科学出版社 1998 年版。

吴玉贵：《突厥第二汗国汉文史料编年辑考》，中华书局 2009 年版。

薛宗正：《突厥史》，中国社会科学出版社 1992 年版。

薛宗正：《中亚内陆——大唐帝国》，新疆人民出版社 2005 年版。

严耕望：《唐代交通图考》第 1 卷，上海古籍出版社 2007 年版。

严耕望：《中国地方行政制度史：魏晋南北朝地方行政制度》，上海古籍出版社 2007 年版。

杨联陞：《国史探微》，辽宁教育出版社 1998 年版。

尤中：《中国西南民族史》，云南人民出版社 1985 年版。

尤中：《中国西南边疆变迁史》，云南教育出版社 1987 年版。

张弓：《汉唐佛寺文化史》，中国社会科学出版社 1997 年版。

张国刚：《唐代官制》，三秦出版社 1987 年版。

张国刚：《唐代藩镇研究》，湖南教育出版社 1987 年版。

张沛：《唐折冲府汇考》，三秦出版社 2003 年版。

张泽咸：《唐五代赋役史草》，中华书局 1986 年版。

章群：《唐代蕃将研究》，台北：联经出版事业公司 1986 年版。

章群：《唐代蕃将研究续编》，台北：联经出版事业公司 1990 年版。

周伟洲：《唐代党项》，广西师范大学出版社 2006 年版。

周伟洲：《吐谷浑史》，广西师范大学出版社 2006 年版。

费孝通主编：《中华民族多元一体格局》，中央民族大学出版社 2003 年版。

《傅斯年全集》，湖南教育出版社 2003 年版。

谭其骧主编：《中国历史地图集》，中国地图出版社 1982 年版。

翁独健主编：《中国民族关系史纲要》，中国社会科学出版社 2001 年版。

余太山主编：《西域通史》，中州古籍出版社 1996 年版。

2. 论文

白寿彝：《从怛逻斯战役说到伊斯兰教之最早的华文记录》，载氏著《中国伊斯兰史存稿》，宁夏人民出版社 1983 年版。

岑仲勉：《六诏所在及南诏通道一段之今地》，载氏著《中外史地考证》上册，中华书局 2004 年版。

岑仲勉：《唐代十六国羁縻府州数》，载氏著《西突厥史料补阙及考证》，中华书局 2004 年版。

陈寅恪：《论唐代之蕃将与府兵》，载氏著《金明馆丛稿初编》，上海古籍出版社 1992 年版。

陈寅恪：《论李栖筠自赵徙卫事》，载氏著《陈寅恪史学论文选集》，上海古籍出版社 1992 年版。

程溯洛：《回纥汗国建立前后与唐朝的关系不同》，载氏著《唐宋回鹘史论集》，人民出版社 1994 年版。

方国瑜：《唐代前期洱海区域的部族》，载林超民编《方国瑜文集》第 2 辑，云南教育出版社 2001 年版。

谷霁光：《唐代"皇帝天可汗"溯源》，载谷霁光史学文集编辑委员会编《谷霁光史学文集》第 4 卷，江西人民出版社、江西教育出版社 1996 年版。

谷霁光：《安史乱前之河北道》，载谷霁光史学文集编辑委员会编《谷霁光史学文集》第 4 卷，江西人民出版社、江西教育出版社 1996 年版。

胡厚宣：《论殷代五方观念及"中国"称谓之起源》，载氏著《甲骨学商史论丛初集》上册，哈佛燕京学社 1943 年版。

李鸿宾：《唐前期东突厥复兴反映的族属意识与认同问题——从民族学的角度着眼》，载氏著《唐朝的北方边地与民族》，宁夏人民出版社 2011 年版。

林冠群：《唐代前期唐蕃竞逐青海地区之研究》，载氏著《唐代吐蕃史论集》，中国藏学出版社 2006 年版。

谭其骧：《唐代羁縻州述论》，载氏著《长水集续编》，人民出版社 1994 年版。

夏鼐：《武威唐代吐谷浑慕容氏墓志》，载氏著《考古学论文集（外一种）》上册，河北教育出版社 2000 年版。

严耕望：《括地志序略都督府管州考》，载氏著《严耕望史学论文集》，上海古籍出版社 2009 年版。

于豪亮：《秦王朝关于少数民族的法律及其历史作用》，载氏著《于豪亮学术文存》，中华书局 1985 年版。

张广达：《碎叶城今地考》，载氏著《西域史地丛稿初编》，上海古籍出版社 1995 年版。

张广达：《唐代六胡州等地的昭武九姓》，载氏著《西域史地丛稿初编》，上海古籍出版社 1995 年版。

张广达：《关于马合木·喀什噶里的〈突厥语词汇〉与见于此书的圆形地图》，载氏著《西域史地丛稿初编》，上海古籍出版社 1995 年版。

张广达、荣新江：《〈唐大历三年三月典成铣牒〉跋》，载张广达、荣新江《于阗史丛考》，上海书店 1993 年版。

张国刚：《唐代的蕃部与蕃兵》，载氏著《唐代政治制度研究论集》，台北：文津出版社 1994 年版。

朱雷：《跋敦煌所出〈唐景云二年张君义勋告〉——兼论"勋告"制度渊源》，载氏著《敦煌吐鲁番文书论丛》，甘肃人民出版社 2000 年版。

陈国灿：《唐乾陵石人像及其衔名的研究》，载林幹编《突厥与回纥历史论文选集》，中华书局 1987 年版。

陈惠馨：《唐律"化外人相犯"条及化内人与化外人间的法律关系》，载高明士主编《唐代身分法制研究——以唐律名例律为中心》，台北：五南图书出版股份有限公司 2003 年版。

樊文礼：《唐代羁縻府州的类别划分及其与藩属国的区别》，载杜文玉主编《唐史论丛》第 8 辑，三秦出版社 2006 年版。

冯承钧：《新唐书西域羁縻府州考》，载冯承钧译《西域南海史地考证译丛七编》，中华书局 1957 年版。

郭声波：《党项发祥地——唐初"河曲十六州"研究》，载中国地理学会历史地理专业委员会《历史地理》编辑委员会编《历史地理》第 11 辑，上海人民出版社 1993 年版。

郭声波：《唐朝南宁州都督府建置沿革新考》，载中国地理学会历史地理专业委员会《历史地理》编辑委员会编《历史地理》第 19 辑，上海人民出版社 2003 年版。

郭声波：《唐代姚州都督府建置沿革再研究》，载方铁主编《西南边疆民族研究》（二），云南大学出版社 2003 年版。

黄清连：《说"保辜"——唐代法制史料试释》，载"中国唐代学会"主编《第二届国际唐代学术会议论文集》，台北：文津出版社 1993 年版。

金子修一：《册封体制论与北亚细亚·中亚细亚》，载杜文玉主编《唐史论丛》第 10 辑，三秦出版社 2008 年版。

李锦绣：《"城傍"与大唐帝国》，载朱雷主编《唐代的历史与社会》，武汉大学出版社 1997 年版。

刘安志：《敦煌所出张君义文书与唐中宗景龙年间西域政局之变化》，载《魏晋南北朝隋唐史资料》第 21 辑，武汉大学文科学报编辑部 2004 年版。

刘义棠：《回鹘与李唐和战之研究》，载"中国唐代学会"编《唐代研究论集》第 2 辑，台北：新文丰出版公司 1992 年版。

罗新：《"真吏"新解》，《中华文史论丛》2009 年第 1 辑，上海古籍出版社 2009 年版。

马驰：《试论唐代蕃州的管理体制》，载黄永年等编《中国古代史论集》，陕西师范大学出版社 1999 年版。

孟凡人：《简论唐代"热海道"上的凌山与勃达岭——别迭里达坂调查札记》，载中国地理学会历史地理专业委员会《历史地理》编辑委员会编《历史地理》第 8 辑，上海人民出版社 1990 年版。

荣新江：《新出吐鲁番文书所见唐龙朔年间哥逻禄部落破散问题》，载沈卫荣主编《西域历史语言研究集刊》第 1 辑，科学出版社 2007 年版。

石见清裕：《关于唐朝的"蕃望"制度》，载中国唐史学会编《中国唐史学会论文集》，三秦出版社 1991 年版。

史念海：《隋唐时期黄河上中游的农牧业地区》，载史念海主编《唐史论丛》第 2 辑，陕西人民出版社 1987 年版。

王小甫：《唐五代北边的内外之际与国家认同》，载荣新江主编《唐研究》第 16 卷，北京大学出版社 2010 年版。

西嶋定生：《遣唐使与国书》，载"中央研究院"编《中央研究院第二届国际汉学会议论文集（历史与考古组）》下册，台北：文津出版社 1989 年版。

杨晓燕：《唐代平卢军与环渤海地域》，载王小甫主编《盛唐时代与东北亚政局》，上海辞书出版社 2003 年版。

张广达、荣新江：《圣彼得堡藏和田出土汉文文书考释》，载季羡林等主编《敦煌吐鲁番研究》第 6 卷，北京大学出版社 2002 年版。

朱延辉笔记：《唐二元帝国——雷海宗先生讲授的"中国通史"片段》，载南开大学历史学院编《雷海宗与二十世纪中国史学——雷海宗先生百年诞辰纪念文集》，中华书局 2005 年版。

蔡鸿生：《突厥法初探》，《历史研究》1965 年第 5 期。

蔡美彪：《契丹的部落组织和国家的产生》，《历史研究》1964 年第 Z1 期。

陈力：《试论秦国之"属邦"与"臣邦"》，《民族研究》1997 年第 4 期。

都兴智：《唐政权与朝鲜半岛的关系述论》，《史学集刊》2001 年第 3 期。

方国瑜：《南北朝时期爨氏对南中诸郡的统治》，《思想战线》1982 年第 5 期。

方国瑜：《云南地方史导论》，《云南社会科学》1984 年第 2 期。

甘怀真：《从〈唐律〉化外人规定看唐代国籍制度》，（台北）《早期中国史研究》第 3 卷第 2 期，2011 年。

龚荫：《"羁縻政策"述论》，《贵州民族研究》1991 年第 3 期。

郭声波：《唐贞观十三年政区考辨（续）——儒、淳二州考》，《中国历史地理论丛》1989 年第 4 期。

郭声波：《"积石雪山十一州"考——唐贞观十三年政区考辨（四）》，《中国历史地理论丛》1998 年第 1 期。

郭声波：《"岷江西山九州"考——唐贞观十三年政区考辨（五）》，《中国历史地理论丛》1998 年第 2 期。

胡耀华：《对"中国"概念演变及地缘内涵的分析》，《江西师范大学学报》2004 年第 5 期。

华涛：《唐代西突厥都曼起兵史事考》，《新疆社会科学》1989 年第 3 期。

姜野、苗家生：《朝阳市发现大规模唐墓葬群》，《光明日报》2003 年 11 月 12 日。

蒋蓓妮：《关于唐王朝化外人涵义的探讨》，《现代商贸工业》2008 年第 8 期。

李鸿宾：《唐末的形势与党项势力的崛起》，《宁夏社会科学》

2009 年第 2 期。

李裕民：《折氏家族研究》，《陕西师范大学学报》1998 年第 2 期。

林超民：《〈西洱河风土记〉及其史料价值》，《云南社会科学》1982 年第 3 期。

林超民：《唐前期云南羁縻州县述略》，《云南社会科学》1986 年第 4 期。

刘安志、陈国灿：《唐代安西都护府对龟兹的治理》，《历史研究》2006 年第 1 期。

沈寿文：《〈唐律疏议〉"化外人"辨析》，《云南大学学报》2006 年第 3 期。

史继忠：《试论西南边疆的羁縻州》，《思想战线》1989 年第 5 期。

史睿：《唐代前期铨选制度的演进》，《历史研究》2007 年第 2 期。

苏钦：《明律"化外人"条辨析——兼论中国古代各民族法律文化的冲突和融合》，《法学研究》1996 年第 5 期。

孙慧庆：《唐代治理北东边疆的重要机构平卢节度使》，《北方文物》1991 年第 4 期。

谭其骧：《关于隋南宁州总管府唐剑南道的南界问题——答云南大学来件〈隋代初唐南诏三幅图在爨地南部的边界线〉》，《复旦学报》1996 年第 2 期。

王承文：《论唐代岭南地区的金银生产及其影响》，《中国史研究》2008 年第 3 期。

王连龙：《百济人〈祢军墓志〉考论》，《社会科学战线》2007 年第 7 期。

王小甫：《论安西四镇焉耆与碎叶的交替》，《北京大学学报》1991 年第 6 期。

王义康：《后唐、后晋、后汉王朝的昭武九姓胡》，《西北民族研究》1997 年第 2 期。

王义康：《唐代城傍辨析》，《中国边疆史地研究》2002 年第 1 期。

王义康：《唐代"蕃族"赋役制度试探》，《民族研究》2004

年第 4 期。

王义康：《唐代东北经营与突厥》，《陕西师范大学学报》2011 年第 6 期。

吴玉贵：《唐代西域羁縻府州建置年代及其与唐朝的关系》，《新疆大学学报》1986 年第 1 期。

寻丽琴：《浅谈"化外人"》，《法制与社会》2010 年第 10 期。

尤中：《汉晋时期的"西南夷"》，《历史研究》1957 年第 12 期。

张广达：《论唐代的吏》，《北京大学学报》1989 年第 2 期。

张国刚：《唐代府兵渊源及番役》，《历史研究》1989 年第 6 期。

张国刚：《唐代的健儿制》，《中国史研究》1990 年第 4 期。

张国刚：《唐代团结兵问题辨析》，《历史研究》1996 年第 4 期。

赵君：《〈唐律疏议〉"化外人"再探讨》，《法制与社会》2010 年第 22 期。

周伟洲：《唐代六胡州与"康待宾之乱"》，《民族研究》1988 年第 3 期。

邹敏：《关于唐律"化外人相犯"条的再思考》，《贵州民族研究》2006 年第 5 期。

3. 译著及译文

爱宕松男：《契丹古代史研究》，邢复礼译，内蒙古人民出版社 1988 年版。

白鸟库吉：《东胡民族考》，方壮猷译，商务印书馆 1934 年版。

查尔斯·巴克斯：《南诏国与唐代的西南边疆》，林超民译，云南人民出版社 1988 年版。

池田温：《中国古代籍帐研究》，龚泽铣译，中华书局 2007 年版。

谷川道雄：《世界帝国的形成》，耿立群译，台北：稻乡出版社 1987 年版。

堀敏一：《隋唐帝国与东亚》，韩昇、刘建英译，云南人民出版社 2002 年版。

沙畹：《西突厥史料》，冯承钧译，商务印书馆 1934 年版。

松田寿男：《古代天山历史地理学研究》，陈俊谋译，中央民族学院出版社 1987 年版。

伊本·胡尔达兹比赫：《道里邦国志》，宋岘译注，中华书局 2001 年版。

余英时：《汉代贸易与扩张》，邬文玲等译，上海古籍出版社 2005 年版。

羽田亨：《西域文化史》，耿世民译，新疆人民出版社 1981 年版。

王柯：《民族与国家——中国多民族统一国家思想的系谱》，冯谊光译，中国社会科学出版社 2001 年版。

大津透：《唐律令制国家的预算》，宋金文、马雷译，载刘俊文主编《日本中青年学者论中国史（六朝隋唐卷）》，上海古籍出版社 1995 年版。

池田温：《唐令与日本令——〈唐令拾遗补〉编纂集议》，霍存福、丁相顺译，《比较法研究》1994 年第 1 期。

金子修一：《中国皇帝与周边诸国的秩序》，载沟口雄三、小岛毅主编《中国的思维世界》，孙歌等译，江苏人民出版社 2006 年版。

堀敏一：《中华世界》，载谷川道雄主编《魏晋南北朝隋唐史学的基本问题》，李凭等译，中华书局 2010 年版。

松田寿男：《绢马交易研究札记》，辛德勇译，载刘俊文主编《日本学者研究中国史论著选译》第 9 卷，中华书局 1993 年版。

三　外文论著

1. 日文

堀敏一『中国と古代東アジア世界—中華的世界と諸民族—』岩波書店、1993。

金子修一『隋唐の国際秩序と東アジア』名著刊行会、2001。

仁井田陞『唐令拾遺』東京大学出版会、1993。

『日野開三郎東洋史学論集』第 1 巻、三一書房、1980。

『日野開三郎東洋史学論集』第 8 巻、三一書房、1984。

石見清裕『唐の北方問題と国際秩序』汲古書院、1998。

西嶋定生『中国古代国家と東アジア世界』東京大学出版会、1983。

羽田亨『羽田博士史学論文集』同朋舎、1983。

伊瀬仙太郎『中国西域経営史研究』巌南堂書店、1968。

中村裕一『唐代官文書研究』中文出版社、1991。

中村裕一『唐代制勅研究』汲古書院、1991。

中田薫「唐代法に於ける外國人の地位」『法制史論集』第 3 巻下、岩波書店、1943。

工藤元男「睡虎地秦墓竹簡の屬邦律をめぐって」『東洋史研究』第 43 巻 1 號。

2. 英文

Wang Yuankang, "Explaining the Tribute System: Power, Confucianism, and War in Medieval East Asia," *Journal of East Asian Studies*, Vol. 13, No. 2, 2013.

Wang Zhenping, "Speaking with a Forked Tongue: Diplomatic Correspondence between China and Japan, 238–608 A. D. ," *Journal of the American Oriental Society*, Vol. 114, No. 1, 1994.

附录

唐代册封授受四夷官爵表

一 东夷

（一）河北道

安东都护府诸蕃

唐灭高句丽、百济后，酋长、部众部分迁入内地，不尽隶属安东都护府，为了系统了解唐对高句丽、百济首领及部众的安置情况，姑且将所见册授官爵人员人员列入安东都护府下。

附表1　册封接受百济官爵

（1）百济

姓名	族属	年代	官爵	品级	重要事迹	出处	备考
扶余义慈 西渠	百济	显庆五年（660）	赠金紫光禄大夫 卫尉卿 都督剌史及县令	正三品 从三品	（苏定方）大破其国……至是乃以其地分置熊津、马韩、东明等五都督府，各统州县，立其酋渠为都督剌史及县令。命右卫郎将王文度为熊津都督，总兵以镇之。义慈……及至京，数日而卒。赠金紫光禄大夫、卫尉卿。	《旧唐书》卷199上	
扶余隆	百济	龙朔二年（662）	熊津都督		诏刘仁轨代仁愿，率兵镇守，乃授扶余隆熊津都督，遣还本国，共新罗和亲，以招辑其余众。	《旧唐书》卷199上	
扶余隆	百济	仪凤二年（677）	光禄大夫 大常员外卿 熊津都督 带方郡王	从二品	仪凤二年，拜光禄大夫、大常员外卿兼熊津都督、带方郡王，令归本蕃安辑余众。	《旧唐书》卷199上	
扶余敬	百济	则天时期	带方郡王 卫尉卿	从三品	其孙敬则天朝袭封带方郡王，授卫尉卿。	《旧唐书》卷199上	

（2）　高句丽

附表 2　册封授受高句丽官爵

姓名	族属	年代	官爵	品级	重要事迹	出处	备考
孙伐音 高延寿 高惠真	高句丽	贞观十九年(645)	岩州刺史 鸿胪卿 司农卿	从三品 从三品	师次白崖城,命改之……以其城置岩州,授孙伐音为岩州刺史,高惠真司农卿。授高延寿鸿胪卿,高惠真司农卿。	《旧唐书》卷199上	
泉男生	高句丽	乾封元年(666)	特进 辽东大都督 平壤道安抚大使 玄菟郡公	正二品 正二品	乾封元年,男生脱身来奔,诏授特进,辽东大都督兼平壤道安抚大使,封玄菟郡公。	《旧唐书》卷199上	
高藏 泉男产 泉男生 高渠	高句丽	总章元年(668)	司平太常伯 司宰少卿 右卫大将军 汴国公 特进 都督刺史及县令	正三品 从一品 正二品	十一月拔平壤城,房高藏,男建等。十二月至京师,献俘于含元宫。诏以高藏政不由己,授司平太常伯。男产先降,授司宰少卿。男建配流黔州,男生以乡导有功,特进如故……乃分其地置安东都护府九州四十一县一百,又置安东都护府以统之,擢其酋渠有功者授都督刺史及县令。	《旧唐书》卷199上	

续表

姓名	族属	年代	官爵	品级	重要事迹	出处	备考
高藏		仪凤二年（667）	开府仪同三司 辽东都督	从一品	高宗授高藏开府仪同三司、辽东都督，封朝鲜王，居安东镇本蕃为主。高藏至安东，潜与靺鞨相通谋叛，事觉召还配流邛州，并分徙其人散向河南、陇右诸州，其贫弱者留在安东城傍。高藏以永淳初卒。	《旧唐书》卷199 上	
高藏	高句丽	永淳元年（682）	朝鲜王 赠卫尉卿	从一品 从三品	赠卫尉卿。		
高宝元		垂拱二年（686）	朝鲜郡王	从一品	垂拱二年，又封高藏孙宝元为朝鲜郡王。		
高宝元		圣历元年（698）	左鹰扬卫大将军 忠诚国王	正三品	圣历元年进授左鹰扬卫大将军，封为忠诚国王，委其统摄安东旧户。二年又授高藏男德武为安东都督，以领本蕃。		
高德武		圣历二年（699）	安东都督				
高定傅	高句丽	先天二年（712）	特进	正二品	先天二年二月，拜高丽大首领高定傅为特进。	《册府元龟》卷964	
高文简	高句丽	开元三年（715）	辽西郡王 行左卫大将军员外置同正员	从一品 正三品	高丽、吐浑等诸蕃降附……文简可封辽西郡王，食邑三千户，行左卫大将军员外置同正员，赐宅一区，马四匹，物六百段。	《册府元龟》卷964	高文简叛逃是后突厥的高句丽部落，故附安东都护府下。

（二）东夷诸国

1. 亡国前之高句丽、百济

附表 3　册封授受亡国前之高句丽、百济官爵

姓名	族属	年代	官爵	品级	重要事迹	出处	备考
高建武	高句丽	武德七年（624）	上柱国 辽东郡王 高句丽王	视正二品 从一品	遣前刑部尚书沈叔安往册建武为上柱国、辽东郡王、高句丽王。	《旧唐书》卷199 上	
扶余璋	百济	武德七年（624）	带方郡王 百济王	从一品	（高祖）遣使就册为带方郡王、百济王。	《旧唐书》卷199 上	
扶余璋 扶余义慈	百济	贞观十五年（641）	赠光禄大夫 柱国 带方郡王 百济王	从二品 视从二品 从一品	诏曰……故柱国、带方郡王、百济王扶余璋……可赠光禄大夫，令其嫡子义慈嗣位，授柱国，封带方郡王、百济王……持节备礼册命。	《册府元龟》卷965，《旧唐书》卷199 上	
高藏	高句丽	贞观十七年（643）	上柱国 辽东郡王 高句丽王	视正二品 从一品	诏曰……高丽王嗣子藏（高藏）……可上柱国，封辽东郡王、高丽王，遣使持节册命。	《册府元龟》卷965	

附表 4　册封授受新罗官爵

2. 新罗

姓名	族属	年代	官爵	品级	重要事迹	出处	备考
金真平	新罗	武德七年（624）	乐浪郡王	从一品	新罗王金真平为乐浪郡王。	《册府元龟》卷964	
金善德	新罗	贞观九年（635）	柱国 乐浪郡公 新罗王	视从二品 从一品	是年遣使持节册命新罗金善德柱国，封乐浪郡公，新罗王。	《册府元龟》卷964	
金善德 金真德	新罗	贞观二十二年（648）	赠光禄大夫 柱国 乐浪郡王	从二品 视从二品 从一品	新罗王金善德卒，赠光禄大夫，以善德妹真德为柱国，封乐浪郡王，遣使持节册命。	《册府元龟》卷964	
金文王	新罗	贞观二十二年（648）	左武卫将军	从三品	十二月，其相伊赞干（子）及其子文王来朝，以文王为左武卫将军。	《册府元龟》卷974	
金春秋		贞观二十二年（648）	特进	正二品	二十一年，善德死，妹真德袭王。明年遣子文王及弟伊赞子春秋来朝，拜文王左武卫将军，春秋特进。	《新唐书》卷220	
金春秋	新罗	永徽五年（654）	开府仪同三司 乐浪郡王	从一品 从一品	五年闰五月，新罗国相金春秋为新罗王，以其弟金真德卒，继真德之位，仍拜开府仪同三司，封乐浪郡王，遣使持节，备礼册命。	《册府元龟》卷964	

续表

姓名	族属	年代	官爵	品级	重要事迹	出处	备考
金春秋	新罗	显庆五年（660）	嵎夷道行军总管		百济恃高句丽之援，数侵新罗……以春秋为嵎夷道行军总管，将新罗之众，与之合势。	《资治通鉴》卷200	
金法敏	新罗	龙朔元年（661）	新罗王		新罗王金春秋薨……便册其嗣子法敏为新罗王。	《册府元龟》卷964	
金法敏	新罗	龙朔三年（663）	鸡林州大都督	从二品	以新罗国为鸡林大都督府，以新罗王金法敏为鸡林州大都督。	《册府元龟》卷964，《唐会要》卷95	
金仁问	新罗	上元元年（674）	右骁卫员外大将军	正三品	帝大怒，下诏削夺法敏官爵，仍以其弟右骁卫员外大将军、临海郡公金仁问为新罗王。	《册府元龟》卷986	
金政明	新罗	开耀元年（681）	鸡林州大都督	从二品	开耀元年十月新罗王金法敏薨，遣册立其子政明为新罗王，仍袭父官爵。	《唐会要》卷95	
金理洪	新罗	长寿二年（693）	新罗王　辅国大将军　行左豹韬大将军鸡林州都督	正三品　正三品　从二品	长寿二年，新罗王金政明卒……册其子理洪为新罗王，仍令袭父辅国大将军，行左豹韬卫大将军，鸡林州都督。	《册府元龟》卷964	

续表

姓名	族属	年代	官爵	品级	重要事迹	出处	备考
金兴光	新罗	长安二年（702）	新罗王将军都督	从二品	长安二年新罗王金理洪卒，则天遣使立其弟兴光为兄袭王，都督之号。	《册府元龟》卷964	《唐会要》记继袭为崇基日纪年不详（见《唐会要》卷95）
金崇基	新罗	延载元年（694）	辅国大将军行左豹韬大将军鸡林州都督	正二品 正三品 从二品	其年，理洪卒，册立其弟崇基为王，仍令袭兄大将军，左豹韬大将军，鸡林州都督。	《唐会要》卷95	
金元济	新罗	神功元年（697）	左玉钤卫长上	从五品下，或正六品上，从六品下	而契丹凶丑……徙以借居远郡渐化平时，田牧混乎四甿，冒迁通于三市……左玉钤卫长上，借绯金元济……	《全唐文》卷225	
金兴光	新罗	长安二年（702）	辅国大将军行左豹韬大将军鸡林州都督	正二品 正三品 从二品	新罗王金理洪卒，遣使立其弟兴光为新罗王，仍袭兄将军，都督之职。	《册府元龟》卷964	
金守忠	新罗	开元二年（714）	宿卫		二月壬寅，新罗王子守忠来朝，留宿卫。	《册府元龟》卷996	
新罗等使者	新罗	开元六年（718）	中郎将	四品下	二月戊午，新罗……蕃守并遣使来朝，各授中郎将，放还蕃。	《册府元龟》卷974	

续表

姓名	族属	年代	官爵	品级	重要事迹	出处	备考
金武勋	新罗	开元十二年（724）	游击将军	从五品下	二月……新罗遣其臣金武勋来贺正。	《册府元龟》卷975	
金嗣宗	新罗	开元十六年（728）	果毅	从五品下或正六品上、从六品下	七月丙辰，新罗金兴光使从弟金嗣宗来朝，授果毅，留宿卫。	《册府元龟》卷75	
金志满	新罗	开元十八年（730）	太仆卿员外置正员	从三品	二月甲戌……乃授志满太仆卿员外置正员，（赐）绢一百匹、紫袍、银钿带、鱼袋，留宿卫。	《册府元龟》卷975	
金思兰	新罗	开元二十一年（733）	太仆卿员外置正员	从三品	正月庚申，命太仆卿员外置员金思兰使于新罗。思兰本新罗员人。	《册府元龟》卷975	
金兴光	新罗	开元二十一年（733）	开府仪同三司宁海军使	从一品	仍加授兴光开府仪同三司、宁海军使。	《册府元龟》卷964	
金兴光			赠太子太保	从一品	新罗王金兴光卒。其子承庆嗣位……赠太子太保，命赞善大夫	《册府元龟》卷964	
金承庆	新罗	开元二十五年（737）	都督、鸡林州刺史、兼持节宁海军事		邢璹摄鸿胪少卿往其国，行吊祭册立之礼。		

续表

姓名	族属	年代	官爵	品级	重要事迹	出处	备考
金宪英	新罗	天宝二载（743）	新罗国王 开府仪同三司 使持节大都督鸡林州诸军事兼充持节宁海军使	从一品 从二品	二年五月，新罗王金承庆卒，弟宪英袭位。制曰……可袭兄新罗国王，开府仪同三司，鸡林州大都督，兼充持节宁海军使。	《册府元龟》卷965	
宪英弟	新罗		左清道率府员外长史	正七品上	十二月乙巳，新罗王遣弟来贺正，授左清道率府员外长史，故还蕃。	《册府元龟》卷975	
金巍	新罗	上元二年（761）	宿卫		二月戊辰，新罗王金巍疑入朝，因请宿卫。	《资治通鉴》卷222	
金乾运 乾运母	新罗	大历二年	新罗王 开府仪同三司 太妃	从一品	大历二年二月，以新罗王金宪英卒，国人立其子乾运为王，遣其臣金隐居请加册命……以乾运为开府仪同三司，仍册乾运母为太妃。	《册府元龟》卷965	
金良相	新罗	贞元元年（785）	检校太尉 鸡林州都督 宁海军使	正一品 从二品	建中四年，新罗王金乾运卒，无子，国人立上相金良相为王。至是，诏授良相检校太尉，都督鸡林州刺史、宁海军使，遣昌源吊册之。	《册府元龟》卷965，《唐会要》卷95	
金敬信	新罗		新罗王		是年，新罗王金良相卒，其上相金敬信为王，诏令袭其官爵，敬信即从兄弟也。		

续表

姓名	族属	年代	官爵	品级	重要事迹	出处	备考
金俊邕	新罗	贞元十六年(800)	开府仪同三司 检校太尉 鸡林州大都督 新罗国王	从一品 正一品 从二品	四月,以故开府仪同三司,检校大尉,使持节充宁海军使,上柱国新罗国王金敬则嫡孙权知国事俊邕,可袭祖开府,检校太尉,鸡林州大都督等,新罗国王……闻俊邕卒……诏丹还。	《册府元龟》卷965	
金重熙	新罗	永贞元年(806)	开府仪同三司 检校太尉 使持节大都督 鸡林州刺史 宁海军使 上柱国	从一品 正一品 从二品 视从一品	三月,立新罗嗣王金重熙为开府仪同三司,检校太尉,使持节大都督,鸡林州诸军事,鸡林州刺史,兼持节充宁海军使,上柱国,其母和氏为大妃,其妻朴氏为妃。	《册府元龟》卷965	
金献忠	新罗	元和元年(805)	试秘书监	从三品	十一月庚子朔,己亥,归宿卫新罗王子金献忠于其国,加试秘书监。	《册府元龟》卷976	
金彦升	新罗	元和七年(812)	开府仪同三司 检校太尉 使持节大都督 鸡林州诸军事 宁海军使 上柱国	从一品 正一品 从二品 视从一品	七年七月,以新罗王金熙卒,立其相金彦升,遣使来告。诏以彦升为开府仪同三司,检校太尉,兼持节充宁海军事,鸡林州诸军事,兼持节充宁海军使,上柱国,封新罗国王,妻贞氏册为妃。仍令有司准式,兼命职方员外郎摄御史中丞崔廷充使。	《册府元龟》卷965	

续表

姓名	族属	年代	官爵	品级	重要事迹	出处	备考
金士信	新罗	元和十五年(820)	试太子中允（宿卫）	正五品下	新罗质子试太子中允金士信奏……今在城宿卫质子。	《册府元龟》卷996	
金昕	新罗	宝历元年(825)	宿卫		其王子金昕来朝，兼充宿卫。	《唐会要》卷95	
金允夫金立之朴亮之	新罗	宝历元年(825)	宿卫		五月庚辰，新罗王金彦升奏……其新赴朝贡金允夫等一十二人，请留宿卫，仍配国子监习业，鸿胪寺给资粮。从之。	《册府元龟》卷999	
金云卿	新罗	宝历元年(825)	兵曹参军		敬宗初即位，鸡林人前右监门卫率府兵曹参军金云卿进状，请充人本国宣慰副使。从之。	《册府元龟》卷980	
金景徽	新罗	太和五年(831)	开府仪同三司检校太尉鸡林州大都督宁海军使上柱国	从一品正一品从二品	四月以新罗王金彦升卒，诏其子景升嗣为开府仪同三司，检校太尉，充鸡林州诸军事，持节鸡林州大都督，宁海军等使，仍赐上柱国，复为新罗王。复封其母朴氏为新	《册府元龟》卷965	
朴氏真氏			太妃王妃	视从一品	罗太妃，妻真氏为王妃。		
金义琮	新罗	开成元年(836)	宿卫		新罗王子金义琮来谢恩，兼宿卫。	《唐会要》卷95	

3.　日本

附表 5　册封授受日本官爵

姓名	族属	年代	官爵	品级	重要事迹	出处	备考
朝臣真人	日本	长安三年（703）	司膳卿	从三品	长安三年，其大臣朝臣真人来贡方物……则天宴之于麟德殿，授司膳卿，放还本国。	《旧唐书》卷 199 上	
井真成	日本	开元二十二年（734）	赠尚衣奉御	从五品上	志盖：赠尚衣奉御井府君墓志之铭 志文：赠尚衣奉御井公墓志文并序		

4.　流鬼

附表 6　册封授受流鬼官爵

姓名	族属	年代	官爵	品级	重要事迹	出处	备考
余志	流鬼	贞观十四年（640）	骑都尉	正五品	流鬼国遣使朝贡……以其使余志为骑都尉。	《册府元龟》卷 170	

二　南蛮、西南蛮

（一）剑南道

1. 姚州都督府属蛮

附表 7　册封授受姚州都督府属蛮官爵

姓名	族属	年代	官爵	品级	重要事迹	出处	备考
杨同外杨敛蒙羽	西洱河蛮东洱河松外	贞观二十二年（648）	官秩未详		西洱河蛮亦曰河蛮……二十二年西洱河大首领杨敛、松外首领蒙羽等皆入朝，授官秩。	《新唐书》卷 222 下	
蒙崇先	南诏	开元二十年（732）	郎将	正五品上	三月壬戌，西南蛮蒙崇先来朝，授郎将，放还番。	《册府元龟》卷 975	
蒙归义	南诏	开元二十六年（738）	云南王		二十六年九月，封西南大酋帅蒙归义为云南王。	《册府元龟》卷 964	

续表

姓名	族属	年代	官爵	品级	重要事迹	出处	备考
阁罗凤	南诏	天宝七载（748）	云南王		七载，云南王蒙归义卒，诏立其子阁罗凤袭云南王。	《册府元龟》卷965	
异牟寻	南诏	贞元十年（794）	云南王		是月，加工部员外郎袁滋兼御史中丞，赐紫金鱼袋，持节册南诏使，即云南王阁罗凤之孙。天宝中阁罗凤卒吐蕃，命为赞普钟，号曰东帝。异牟寻嗣金印，大历十四年卒。异牟寻请复南诏旧名，赐以金印，至是乃去吐蕃所立帝，号嘉之，帝赐银窠之，赐以金印南诏印。其文曰贞元册南诏印。	《册府元龟》卷965	
尹求宽	南诏	贞元十四年（798）	高溪郡王	从一品	十二月，封南诏清平官检校左散骑常侍尹求宽为高溪郡王。	《册府元龟》卷965	
骠信	南诏	元和元年（806）	云南王		十二月，以南诏异牟卒，册其子骠信……并铸元和册南诏印。	《册府元龟》卷965	
劝利	南诏	元和十一年（816）	云南王		十一年五月南诏龙蒙盛卒，遣使诸册立其君长。	《册府元龟》卷965	

2. 保宁都护府与押近界蛮及西山八国使属蛮

附表 8　册封授受保宁都护府与押近界蛮及西山八国使属蛮官爵

姓名	族属	年代	官爵	品级	重要事迹	出处	备考
三户	东女	显庆元年(656)	右监门中郎将	正四品下	正月，东女国遣女使高霸黎文王子三户来朝，授右监门卫中郎将。	《新唐书》卷221上	
敛臂	女国	垂拱二年(686)	左玉铃卫员外将军	从三品	是月，东女国王敛臂遣大臣汤剑左来朝，仍请官号，乃册拜敛臂为左玉铃卫员外将军，仍以端锦制蕃服以赐之。	《册府元龟》卷964	
赵曳夫 杨多过	女国 嶲国	天宝元年(742)	左金吾卫大将军 左羽林军大将军	正三品 正三品	天宝元年正月，封女国王赵曳夫为归昌王，授左金吾卫大将军……嶲国王杨多过为怀宁王，授左羽林军大将军，并员外置。	《册府元龟》卷965	
女国大首领 南国大首领 白狗大首领	女国 南国 白狗	天宝十三载(754)	员外中郎将 员外中郎将 员外中郎将	正四品下	二月，剑南节度使奏：女国、南王国及白狗，并率部落内属。其大首领皆授员外中郎将以安慰。	《册府元龟》卷977 《册府元龟》卷170	
董占庭等二十一人	白兰	天宝十三载(754)	左武卫员外大将军	正三品	闰十一月，吐蕃白兰占庭等二十一人来降，并授左武卫大将军。	《册府元龟》卷977	

续表

姓名	族属	年代	官爵	品级	重要事迹	出处	备考
骠旁 苴梦冲 苴乌星	东蛮	贞元四年 （788）	和义郡王 怀化郡王 顺政郡王	从一品	四年四月，封东蛮鬼主骠旁、苴梦 冲、苴乌星等王为和义、[怀][化]、 顺政郡王。骠旁自吐蕃，臣政自陷巂州 及是剑南节度韦皋招诱之，绝朝贡者二十余年，始弃 吐蕃内附来朝，特封为郡王，且衣 以冠带，仍给两林、勿邓等落印 而遣之。	《册府元龟》 卷965	《册府元龟》 221下《新唐书》据《南蛮传下》 化"，脱"怀" 朴。"苴乌星"作"苴那时"，《新 唐书"作"苴那时"。
汤立悉	女国	贞元九年 （794）	银青光禄大夫 归化州刺史	从三品	各率其种落诣南西川内附…… 旧皆分隶边郡，祖，父例授将军、	《旧唐书》 卷197	
邓吉知	通租		试太府少卿 丹州长史	从三品	中郎、果毅等官，自中原多故，皆 为吐蕃所役属。立悉等数国王		
薛尚悉襄	南水		试少府少监 霸州长史	从三品	自来朝，召见于麟德殿。授立悉 银青光禄大夫，归化州刺史，邓吉		
董卧庭 董利啰	哥邻 哥邻		知试太府少卿兼丹州长史，薛 赠武德州刺史 保宁都督府长史	从三品	悉襄试少府少监兼霸州长史、董 卧庭行至绵州会卒，赠武德州刺史。董 利啰为保宁都督府长史，		
乞悉漫 汤厥	女国 女国		袭哥邻王 和义郡夫人 银青光禄大夫 试太府卿	从三品 从三品	命其子利啰为保宁都督府长史， 袭哥邻王。立悉妹乞悉漫颇有才 智，从其兄来朝，封和义郡夫人。俄		
苏历颠	清远		银青光禄大夫 试卫尉卿	从三品	又授女国王兄汤厥银青光禄大夫， 其大首领董卧卿等授以官。俄		

续表

姓名	族属	年代	官爵	品级	重要事迹	出处	备考
薛莫庭	南水		银青光禄大夫	从三品	试太府卿；清远王弟苏历历颜青光禄大夫，试卫尉卿；南水国王薛莫庭及汤息嫛、董貌蓬，女国唱后汤佛庭，美玉钵、南郎唐，并授银青光禄大夫，试太仆卿。		
汤息嫛	南水		试太仆卿	从三品			
董貌蓬	南水		银青光禄大夫	从三品			
汤佛庭	女国	贞元九年（793）	试太仆卿	从三品			
美玉钵	女国		银青光禄大夫	从三品			
南郎唐	女国		试太仆卿	从三品			
董梦葱	黏信	贞元九年（793）	试卫尉卿	从三品	其年，西山松州生羌等二万余户相继内附，其黏信部落主董梦葱、龙诺部落主董辟忿，皆授试卫尉卿。	《旧唐书》卷197	
董辟忿	龙诺		试卫尉卿	从三品			
悉嗟	蛮	贞元十年（794）	左骁卫将军同正	从三品	五月，以西川归化蛮悉嗟为左骁卫将军同正。	《册府元龟》卷965	
刘志辽	黎州蛮	贞元十九年（803）	试太常卿	从三品	十九年正月，授黎州麻黐清道蛮首领袭恭化郡王刘志辽试太常卿。	《册府元龟》卷965	

（二）江南道

黔州都督府诸蛮

附表 9　册封授受黔州都督府诸蛮官爵

姓名	族属	年代	官爵	品级	重要事迹	出处	备考
谢龙羽	牂州蛮	武德三年（620）	牂州刺史、夜郎郡公	正二品	三年三月，牂州蛮首领谢龙羽遣使朝贡，授龙羽牂州刺史，封夜郎郡公。	《册府元龟》卷 964	
谢元深谢强	东谢蛮南谢蛮	贞观三年（629）	应州刺史庄州刺史		贞观三年，其首谢元深入朝……帝以地为应州，即拜元深刺史。南谢首谢元深谢强为黔州都督府。又有南谢谢强亦来朝，以其地为庄州授强刺史。	《新唐书》卷 222 下	
赵南摩	西赵蛮	贞观二十一年（647）	明州刺史		西赵首领赵南摩率所部万余内附，以其地为明州，授南摩刺史。	《新唐书》卷 222 下，《通典》卷 187	
昆明诸部首领	昆明	龙朔三年（663）总章三年（669）咸亨三年（672）	禄州、汤望州刺史殷州、总州、敦州刺史盘、麻等四十一州刺史		龙朔三年，矩州刺史谢法成招慰比楼等七千户内附。总章三年置禄州、汤望州。咸亨三年，昆明十四姓率户二万内附，析其地为殷州、总州、敦州以安辑之。殷州居南，敦州居西北，总州居西南，敦州居南，远不过五百余里，近三百里。其后又置盘、麻等四十一州，皆以首领为刺史。	《新唐书》卷 222 下	

续表

姓名	族属	年代	官爵	品级	重要事迹	出处	备考
洪光乘等五人	蛮	开元四年(716)	员外郎将	正五品上	九月甲戌，蛮大首领洪光乘等五人来朝，并授员外郎将，特留宿卫。	《册府元龟》卷974	
谢嘉艺	牂州蛮	开元十年(722)	牂州刺史 夜郎郡公	正二品	五月牂州刺史、夜郎郡公谢元齐死，诏立其嫡孙嘉艺袭官封。	《册府元龟》卷964	
张化诚 杨大充	蛮	开元十年(722)	左领军卫员外将军 右骁卫瓯府员外中郎将	从三品 四品下	蛮大酋长张化诚、大酋望杨大充并来朝，以化诚为左领军卫员外将军，放还蕃，以大充为右骁卫瓯府员外中郎将，留宿卫。	《册府元龟》卷975	
邓封奖 董芳檐	管州蛮 白州蛮	开元十五年(727)	折冲 折冲	正四品上、从四品下 正五品下	正月壬午，管州大首领邓封奖、白州大首领董芳檐来朝，咸授折冲，放还蕃。	《册府元龟》卷975	
洪充垂	蛮	开元十六年(728)	中郎将	四品下	四月壬申，蛮大首领洪充垂来朝，授中郎将，留宿卫。	《册府元龟》卷975	

续表

姓名	族属	年代	官爵	品级	重要事迹	出处	备考
赵国珍	牂柯蛮	天宝（742—755）	工部尚书	正三品	开元中牂柯首长元齐死，孙嘉艺袭官封，其后乃以赵氏为首长。二十五年赵君道来朝。其裔有赵国珍，天宝中战有功。阁罗凤叛，以国忠相杨国忠授剑南节度，以国珍有方略授黔中都督，屡败南诏，护五溪十余年，天下方乱，其部独宁，终工部尚书。	《新唐书》卷 222 下	
张伯靖	辰溆蛮	元和八年（813）	右威卫翊府中郎将 归州司马	正四品	伯靖率家属诣江陵降，授右威卫翊府中郎将。丁未辰溆贼帅张伯靖降，辛亥，以伯靖为归州司马委荆南军前驱使。	《新唐书》卷 222 下 《资治通鉴》卷 239	张伯靖降，《通鉴》系于元和八年。
牂柯蛮别帅 牂柯蛮别帅	牂柯蛮	会昌（841—846）	罗殿王 滇王		开成元年，鬼主阿珮内属。会昌中，封其别帅为罗殿王，世袭爵，其后又封别帅为滇王，皆牂柯蛮。	《新唐书》卷 222 下	

（三）岭南道

桂州都督府

附表 10　册封授受桂州都督府官爵

姓名	族属	年代	官爵	品级	重要事迹	出处	备考
董芳檐	白州蛮	开元十五年（727）	折冲	正四品上、从四品下、正五品下	正月壬午，牂州大首领邓封奖、白州大首领董芳檐来朝，咸授折冲，放还蕃。	《册府元龟》卷975	

（四）海南诸国

附表 11　册封授受海南诸国官爵

姓名	族属	年代	官爵	品级	重要事迹	出处	备考
卢伽逸多	乌荼	总章元年（668）	怀化大将军	正三品	十月戊午，以乌荼国婆罗门卢伽逸多为怀化大将军。	《资治通鉴》卷201	
俱摩罗	尸利佛誓	开元十二年（724）	折冲	正四品上、从四品下、正五品下	七月丁丑，尸利佛誓国王遣使俱摩罗献佛儞二人，授俱摩罗折冲，放还。	《册府元龟》卷975	

续表

姓名	族属	年代	官爵	品级	重要事迹	出处	备考
三尸利陀罗拔摩	尸利佛誓	开元十二年(724)	左威卫大将军	正三品	十二年八月,制曰:尸利佛誓国王三尸利施罗拔摩,远修职贡,载勤忠款,嘉其乃诚,宜有褒锡,可遥授左威卫大将军,赐紫袍金细带。	《册府元龟》卷964	
刘滕末恭	尸利佛誓	天宝元年(742)	宾义王 右金吾卫大将军	正三品	天宝元年正月……佛誓国王刘滕末恭为宾义王,授右金吾卫大将军。	《册府元龟》卷965,《新唐书》卷222下	
文单王子共属二十六人	文单	天宝十二载(753)	果毅都尉	从五品下或正六品上、从六品下	九月辛亥,文单国王来朝,十六人来朝,并授其属果毅都尉,随向履光于云南征讨,事讫听还蕃。	《册府元龟》卷975	
婆弥	文单	大历六年(771)	开府仪同三司 试殿中监	从一品 从三品	六年十一月,文单国来朝……可开府仪同三司,试殿中监。	《册府元龟》卷965	
道勿礼	弥臣	贞元二十一年(805)	弥臣国王		四月,封弥臣嗣王道勿礼为弥臣国王。	《册府元龟》卷965	
诃陵使	诃陵	元和八年(813)	四门府左果毅	从五品下或正六品上、从六品下	元和八年……宪宗拜肉四门府左果毅,使者让其弟,帝嘉美之。	《新唐书》卷222下	
蒲诃栗	尸利佛誓	天祐元年(904)	宁远将军	正五品下	天祐元年六月,佛齐国人朝使蒲诃栗,可宁远将军。	《册府元龟》卷976	

三 西戎

(一) 陇右道

1. 北庭都护府属下诸蕃

(1) 西突厥诸部

唐灭阿史那贺鲁后，西突厥本部与其属国，属部均属安西都护府所属，后置北庭都护府分领安西都护府所属，然二都护府所属范围屡有变化，以下表中安西、北庭都护府所属，以《新唐书》卷43下《地理志七下》为据。

附表 12 册封授受西突厥诸部官爵

姓名	族属	年代	官爵	品级	重要事迹	出处	备考
阿史那贺鲁	西突厥	贞观二十二年(648)	左骁卫将军 昆丘道行军总管 泥伏沙钵罗叶护	从三品	乙亥贺鲁帅其余众数千帐内属……拜左骁卫将军昆丘道行军总管。(十二月)戊寅……阿史那贺鲁为泥伏沙钵罗叶护，赐以鼓纛，使招讨西突厥之未服者。	《资治通鉴》卷199	

续表

姓名	族属	年代	官爵	品级	重要事迹	出处	备考
阿史那贺鲁	西突厥	贞观二十三年（649）	瑶池都督		二月丙戌，置瑶池都督府，隶安西都护。戊子，以左卫将军阿史那贺鲁为瑶池都督。	《资治通鉴》卷199	
阿史那咥运	西突厥	永徽元年（650）	右骁卫中郎将	四品下	（贺鲁）令长子咥运入为宿卫，授中郎将，寻遣归，咥运说其父西走。	《新唐书》卷215上	
颉苾达度度设	西突厥	永徽六年（655）	可汗		六年，遣礼臣往西突厥册拜颉苾达度设为可汗……礼臣至碎叶城西，贺鲁兵拒之不得前。又真珠叶护部下庐帐并被贺鲁兼并，人众募弱，不为群夷所附，礼臣遂不册而归。	《册府元龟》卷964	
阿史那弥射	西突厥	显庆二年（657）	骠骑大将军昆陵都护兴昔亡可汗	从一品	贺鲁已灭，裂其地为州县，以处诸部。木昆部为匐廷都督府，突骑施索葛莫贺部为嘓鹿都督府，突骑施阿利施部为洁山都督府，胡禄屋阙部为盐泊都督府，摄舍提暾部为双河都督府，鼠尼施处半部为鹰娑都督府，又置昆陵、蒙池二都护府以统之。其所役属国皆置州，西尽波斯并隶安西都护	《新唐书》卷215下；《册府元龟》卷964	
阿史那步真	西突厥木昆部		骠骑大将军行右卫大将军蒙池都护继往绝可汗匐廷都督	从一品		《旧唐书》卷194下；陈国灿：《唐乾陵石人像及其衔名》	

续表

姓名	族属	年代	官爵	品级	重要事迹	出处	备考
	突骑施索葛莫施贺部 突骑施阿利施部 胡禄屋阙部 摄舍提暾部 鼠尼施处半部	显庆二年（657）	嗢鹿都督 洁山都督 盐泊都督 双河都督 鹰娑都督		府。以阿史那弥射为兴昔亡可汗，兼领陆部。阿史那步真为继往绝可汗，兼领五咄陆部，兼骠骑大将军。阿史那弥射为兴昔亡可汗，昆陵都护，领五咄陆，各赐失毕部。阿史那步真为继往绝可汗，兼蒙池都护领五弩失毕，各赐帛十万，以光禄卿卢承庆持册命之。	的研究》，载林梓编《突厥与回纥历史论文选集》	
阿史那都支	西突厥	咸亨元年（670）	左骁卫大将军 匐延都督	正三品	四月，以西突厥首领阿史那都支为左骁卫大将军兼匐延都督，以安辑五咄陆及啜面之众。	《册府元龟》卷964，《新唐书》卷215上	
阿史那元庆	西突厥	垂拱元年（685）	左玉钤卫将军 昆陵都护 兴昔亡可汗 左卫大将军	从三品 正三品	垂拱初，遂擢授弥射子左豹韬卫翊府中郎将元庆为左玉钤卫将军，兼昆陵都护，令袭兴昔亡可汗，押五咄陆六部落……寻进授元庆左卫大将军。	《旧唐书》卷194下	

续表

姓名	族属	年代	官爵	品级	重要事迹	出处	备考
阿史那斛瑟罗	西突厥	垂拱二年(686)	右玉钤卫将军濛池都护继往绝可汗	从三品	步真子斛瑟罗为右玉钤卫将军,兼濛池都护,押五咄陆毕部落。	《旧唐书》卷194下,《册府元龟》卷964	
阿史那斛瑟罗	西突厥	圣历三年(700)	左卫大将军平西军大总管	正三品	三年腊月,司礼卿兼濛池大都护竭忠事上可汗阿史那斛瑟罗为左卫大将军,仍充平西军大总管,镇抚碎叶。	《册府元龟》卷964	"池州"为"濛池"之误。
乌质勒	突骑施	圣历中(698—699)	瑶池都督		圣历中,突骑施首领嗢鹿州都督乌质勒移简于碎叶,则天授以瑶池都督。	《册府元龟》卷967	
阿史那怀道	西突厥	长安四年(704)	右武威卫大将军十姓可汗	正三品	四年正月,册拜右武威卫大将军阿史那怀道为十姓可汗。	《册府元龟》卷964	
毒勤德	鼠尼施处半		左威卫大将军鹰娑都督	正三品	左威卫大将军鹰娑都督鼠尼施处半毒勤德	《唐乾陵石人像及其衔名的研究》	乾陵石人像衔名是唐高宗武则天时期所授官职,故附记于神龙元年之前。

续表

姓名	族属	年代	官爵	品级	重要事迹	出处	备考
傍斯	突骑施		右威卫将军 洁山都督	从正三品	故右威卫将军兼洁山都督突骑施 傍斯	《唐乾陵石 人像及其衔 名的研究》	
护斯	摄舍提暾		左武卫将军 双河都督	从三品	故左武卫将军兼双河都督摄舍提 暾护斯	《唐乾陵石 人像及其衔 名的研究》	
阿史那盎 路	处木昆		左威卫大将军 匐延都督	正三品	故左威卫大将军兼匐延都督处木 昆匐延律啜阿史那盎路	《唐乾陵石 人像及其衔 名的研究》	
度悉波	阿悉吉		右领军将军 千泉都督	从三品	右领军将军兼千泉都督泥孰俟斤阿 悉吉度悉波	《唐乾陵石 人像及其衔 名的研究》	

续表

姓名	族属	年代	官爵	品级	重要事迹	出处	备考
蓝裳	拔塞干		右卫将军颉利都督	从三品	故左威卫大将军兼颉利都督塞干蓝裳	《唐乾陵石人像及其衔名的研究》	
安车鼻施	西突厥		碎叶州刺史		碎叶州刺史安车鼻施	《唐乾陵石人像及其衔名的研究》	
杜利	西突厥		左武威大将军	正三品	故左武卫大将军突厥十姓衙官大首领吐屯杜利	《唐乾陵石人像及其衔名的研究》	
那靳	阿悉吉阙		右金吾卫将军俱兰都督	从三品	故右金吾卫大将军兼俱兰都督阙斤阿悉吉那靳	《唐乾陵石人像及其衔名的研究》	
乌质勒婆葛	突骑施	神龙二年(706)	怀德郡王 怀德郡王 嗢唱鹿州都督 左骁卫大将军卫尉卿	从一品 从一品 正三品 从一品	中宗神龙二年二月,封突骑施乌质勒为怀德郡王。十二月戊戌,命唱(嗢)鹿州都督突骑施婆(娑)葛袭父乌质勒卫尉卿,怀德郡王,仍令右骁卫大将军屯卫大将军,十姓可汗阿史那怀道使道充册命。	《册府元龟》卷964	

续表

姓名	族属	年代	官爵	品级	重要事迹	出处	备考
突骑施守忠	突骑施	景龙三年(709)	归化可汗 左骁卫[大]将军 卫尉卿 金河王	 正三品 从三品 从一品	景龙三年七月，遣使持节策授左骁卫[大]将军兼卫尉卿、金河王突骑施守忠为归化可汗。	《册府元龟》卷964，《资治通鉴》卷209	
阿史那守节	突骑施	景云元年(710)	右监卫将军	从三品	金山道前军大使，突骑施守忠……兼遣钦化可汗弟右监卫将军守节，长驱沙漠，直指金微。	《唐大诏令集》卷130	
阿史那献	西突厥	开元二年(714)	招慰十姓兼四镇经略大使 定远道行军大总管 北庭大都护 瀚海军使 节度已西诸蕃国 左骁卫大将军 摄鸿胪卿 上柱国 兴昔可汗 特进	 从二品 正三品 从三品 视正二品 正二品		《文苑英华》卷417《授阿史那献特进制》	岑仲勉以为此制开元二年发。《全唐文》卷250"阿史那献"衍为"阿史那献"，讹"已西""兴昔"下夺"亡"。(参见《西突厥史料补阙及其考证》)

续表

姓名	族属	年代	官爵	品级	重要事迹	出处	备考
支匐忌	西突厥	开元三年(715)	领军卫将军员外置	从三品	胡禄屋大首领，(领)军卫将军员外支匐忌，卿两庭种落。	《册府元龟》卷974	
阙律啜	处木昆		右骁卫员外大将军	正三品	三月辛酉，以突骑施部落处木昆阙律啜为右骁卫员外大将军，阿史那洪达为太仆员外卿。	《册府元龟》卷975	《册府元龟》记唐玄宗授吐火仙循义王，《新唐书》为修义王。
阿史那洪达	处木昆		大仆员外卿	从三品			
吐火仙骨啜	突骑施	开元二十八年(740)	左金吾卫员外大将军　循义王	正三品	明年(案:唐军改灭突骑施后)，册右骁卫大将军，册石为顺义王，加拜吐火仙史大将军为特进，显酬其功。嘉运停吐火仙骨啜献太庙，天子赦以为左金吾卫员外大将军，修义王，顿阿波为右武卫员外将军。	《新唐书》卷215下　《册府元龟》卷964	《册府元龟》记唐玄宗授顿阿波右武卫员外大将军，《新唐书》载为右武卫将军，今从《新唐书》。
顿阿波	突骑施		右武卫员外将军	从正三品			
阿史那昕	西突厥	开元二十八年(740)	十姓可汗　开府仪同三司　蒙池都护	从一品	吐火仙之败，始以怀道子昕为十姓可汗，开府仪同三司、蒙池都护，册其妻凉国夫人李为交河公主，遣兵以护送。昕至碎叶西俱兰城，为突骑施莫贺达干所杀，交河公主与其子忠孝亡归，授左领军卫员外将军，西突厥遂亡。	《新唐书》卷215下	
阿史那忠孝	突骑施		左领军卫员外将军	从三品			
都磨度阙	突骑施	天宝元年(742)	三姓叶护　左羽林军大将军	正三品	六月，册突骑施大㰤官磨度阙颉斤为三姓叶护，仍授左羽林军大将军。	《册府元龟》卷965、卷975	

续表

姓名	族属	年代	官爵	品级	重要事迹	出处	备考
伊里底密施骨咄禄毗伽	突骑施	天宝三载(744)	十姓可汗		六月,封突骑施伊里底密施骨咄禄毗伽为十姓可汗。	《册府元龟》卷965	
骨咄禄毗伽俱支	突骑施	天宝八载(749)	十姓突骑施移拨为可汗		八载七月,册十姓突骑施移拨为可汗。	《册府元龟》卷956	
突骑施使者	突骑施	天宝八载(749)	中郎将	正四品下	八月景(丙)子,十姓突骑施遣使来朝,授中郎将,放还蕃。	《册府元龟》卷975	
骨咄禄伊难如三姓毗施方伽颉利发	突骑施	天宝十二载(753)	左羽林军大将军员外置同正员突骑施可汗	正三品	今授卿左羽林军大将军员外置同正员,兼赐册书铁券,永执蕃礼,无替华风,克终令名,常保禄位。可汗不慎状!	《全唐文》卷39《册骨咄禄三姓毗施颉利发文》	十二载九月,以骨咄禄三姓方伽颉利发为左羽林军大将军员外置同正员,又以突骑施骨咄禄毗伽为突骑施可汗。(见《册府元龟》卷965)案:据《册府元龟》三姓毗施方伽颉利发与骨咄禄三姓毗施伽为同一人,或即下文黑姓可汗。

续表

姓名	族属	年代	官爵	品级	重要事迹	出处	备考
登里伊罗密施	突骑施	天宝十二载(753)	特进 突骑施可汗	正二品	咨尔骨咄禄毗伽突骑施黑姓施登里伊罗密里施……今授卿特进,册为突骑施可汗。	《唐大诏令集》卷64	
顿啜护波支	突骑施	贞元二年(786)	骠骑大将军 行左金吾卫大将军 试太常卿	从一品 正三品 从三品	维贞元二年……姓蘘官骠骑大将军、行左金吾卫大将军试太常卿顿啜护波支……是用稽今典,锡以券书。	《唐大诏令集》卷64	

(2) 葛逻禄、沙陀诸蕃

附表 13 册封授受葛逻禄、沙陀诸蕃官爵

姓名	族属	年代	官爵	品级	重要事迹	出处	备考
昆职	咽面		右金吾卫大将军兼大漠都督	正三品		《唐乾陵石人像及其衔名的研究》	
金山	沙陀	长安二年(702)	金满州都督 张掖郡公	正二品	龙朔初,以处月首沙陀金山从武卫将军薛仁贵讨铁勒,授墨离军讨击使。长安二年,进为金满州都督,累封张掖郡公。	《新唐书》卷218	

续表

姓名	族属	年代	官爵	品级	重要事迹	出处	备考
辅国	沙陀	开元二年(714)	金满洲都督		开元二年,复领金满洲都督,封其母鼠尼施为鄅国夫人。	《新唐书》卷218	
葛逻昆池等八人	突骑施	开元十年(722)	将军	从三品	突厥突骑施大首领葛逻昆池等八人来朝,并授将军,放还蕃。	《册府元龟》卷975	
沙罗乌苹	西突厥	开元十一年(723)	郎将	正五品上	三月,北庭十姓大首领沙罗乌苹来朝,授郎将,放还蕃。	《册府元龟》卷975	
顿阿波移健啜	葛逻禄	天宝五载(746)	左武卫大将军员外置	正三品	五载十月癸巳,三[姓]葛逻禄顿叶护顿阿波健啜遣使朝贡,授叶护为左武卫大将军员外置,依旧在蕃。	《册府元龟》卷975	
顿毗伽	葛逻禄	天宝十二载(753)	开府仪同三司金山王	从一品	是月,葛逻叶护顿毗伽擒阿布思。制曰……可开府仪同三司,封金山王,依旧充叶护。禄俸于北庭给,其叶护妻及母,并封为国夫人。	《册府元龟》卷965	
胄啜支	沙陀	至德二载(757)	特进骁卫上将军	正二品 正三品	天宝初,回纥内附,以胄啜支兼回纥副都护,从肃宗平安禄山,拜特进,骁卫上将军。	《新唐书》卷218	

2. 安西都护府属下诸蕃

(1) 安西节度使所辖塔里木盆地内诸蕃

安西节度使所辖塔里木盆地内包括四镇都督府与其他蕃州，在此将两者同列一表。

附表 14　册封授受安西节度使所辖塔里木盆地内诸蕃

姓名	族属	年代	官爵	品级	重要事迹	出处	备考
突骑支	焉耆	武德六年(622)	咥利失可汗		是年，遣中郎将桑孝彦册立焉耆国王突支为咥利失可汗。	《册府元龟》卷 964	
裴纠	疏勒	武德(618—626)	鹰扬大将军 天山郡公	正三品 正二品	裴纠，五世祖纠，本王疏勒中来朝，拜鹰扬大将军，武德，天山郡公，留不去，遂籍京兆。	《新唐书》卷 110	
布失毕	龟兹	贞观二十三年(649)	左武卫中郎将	四品下	正月辛亥，龟兹王布失毕及其相那利等至京师，上责让而释之，以布失毕为左武卫中郎将。	《资治通鉴》卷 199 上	
尉迟伏阇信 尉迟玷	于阗	贞观二十三年(649)	右卫大将军 右骁卫将军	正三品 从三品	太宗贞观二十三年六月即位，七月，于阗国王伏阇信来朝，拜右卫大将军，又授其子叶护玷为右骁卫将军。	《新唐书》卷 221 上	

续表

姓名	族属	年代	官爵	品级	重要事迹	出处	备考
诃黎布失毕	龟兹	永徽元年（650）	右骁卫大将军龟兹王	正三品	永徽元年，以故龟兹王左武卫中郎将诃黎布失毕为右骁卫大将军……依旧为龟兹王。	《册府元龟》卷964	
突骑支	焉耆	永徽三年（652）	右武卫将军	从三品	永徽三年，（焉耆国王）龙婆伽利死，国人请立前王龙突支为王，高宗许之，加授右武卫将军，令还本蕃。	《册府元龟》卷966，《新唐书》卷221上	
白素稽	龟兹	显庆三年（658）	龟兹王右骁卫大将军	正三品	三年正月，立龟兹王嗣子白素稽为龟兹王，授右骁卫大将军，使就加册命。	《册府元龟》卷964，卷991	
尉迟伏阇雄	于阗	上元二年（675）	毗沙府都督		上元二年正月，以于阗国为毗沙都督府，分其境内为十州，以于阗王尉迟伏阇雄为毗沙都督，击吐蕃有功故也。	《册府元龟》卷964	
尉迟璥（或瑕）	于阗	天授二年（691）	于阗王		天授二年腊月，以于阗王尉迟雄卒，册立其子璥，为于阗王。	《册府元龟》卷964	璥一作瑕。

续表

姓名	族属	年代	官爵	品级	重要事迹	出处	备考
白回地罗繖	龟兹		右武卫将军 都督 龟兹王	从三品	故右武卫将军龟兹都督龟兹王白回地罗繖	《唐乾陵石人像及其衔名的研究》	
那利白阿力	龟兹				龟兹大首领那利白阿力	《唐乾陵石人像及其衔名的研究》	
裴夷健密施	疏勒		疏勒王		疏勒王裴夷健密施	《唐乾陵石人像及其衔名的研究》	
斯陀勒	朱俱半		国王		朱俱半国王斯陀勒	《唐乾陵石人像及其衔名的研究》	
何伏帝延	播仙城		播仙城		播仙城主何伏帝延	《唐乾陵石人像及其衔名的研究》	
白孝德	龟兹	开元六年（718）	卫将军	从三品	（开元）六年十一月丁未……但在蕃王子弟婆罗门罽金刚、龟兹王子白孝德等，皆官数改转，位至诸卫将军。	《册府元龟》卷999	

续表

姓名	族属	年代	官爵	品级	重要事迹	出处	备考
尉迟乐受（释智严）	于阗	神龙二年（706）	左领军卫大将军上柱国金满郡公	正三品正二品正二品	释智严，姓尉迟氏，本于阗国质子也。名乐，受性聪利。表鸿胪寺，封金满郡公。授左领军卫大将军，上柱国，脱屣凡荣，唯思肆赦。而深患尘劳，奏乞以所居宅为寺。神龙二年五月，敕允，题榜日奉恩是也。	《宋高僧传》卷3《智严传》	
裴支裴达裴沙	疏勒	中宗时期（705—709）	宣威将军云麾将军忠武将军	从四品上从三品上正四品上	又有裴沙者，字钵罗，亦疏勒人。宣威将军，父达，云麾将军。沙于中宗时，以破突厥功，授忠武将军，行左领军卫郎将。	向达：《唐代长安与西域文明》	沙，两《唐书》无传。其墓志出土。
尉迟瑰	于阗	开元二年（714）	左骁卫郎将	正五品上	十月乙酉，命左骁卫郎将尉迟瑰使于蕃，宣慰金城公主。	《资治通鉴》卷211	
白孝节	龟兹	开元八年（720）	本国王		七月，龟兹国王白莫苾卒，以其嫡子孝节嗣位。	《册府元龟》卷964	
白道恭	龟兹	开元九年（721）	左武卫大将军	正三品	左武卫大将军，清凉县侯白道恭，进封清凉县公……赏破吐蕃之功也。	《册府元龟》卷128	

续表

姓名	族属	年代	官爵	品级	重要事迹	出处	备考
尉迟伏师	于阗	开元十六年(728)	右武卫大将军员外置同正员 上柱国 于阗王	正三品 视正二品	十六年正月,封于阗阿摩支知王事,右武卫大将军员外置同正员,上柱国尉迟伏师为于阗王。	《册府元龟》卷964	
裴安定	疏勒	开元十六年(728)	左武卫将军员外置 疏勒王	从三品	又封勒[勒]阿摩支裴安定为疏勒王。	《册府元龟》卷964	《册府元龟》《新唐书》均作开元十六年,《唐大诏令集》作十年,应是脱文。
裴索	疏勒	开元中(713—741)	冠军大将军 行左右豹卫郎中郎将 右骁卫大将军 上柱国 金河郡开国公	正三品上 正四品 正三品 视正二品 正三品	公讳索,字逻,天山沙勒人也……授冠军大将军,行左右豹卫中郎将……上嘉其功,授右骁卫大将军,上柱国,金河郡开国公。	《全唐文》卷272 《裴索墓志铭》	
裴国良	疏勒	天宝十二载(753)	折冲都尉	正四品上、从四品下、正五品下	天宝十二载,首领裴国良来朝,授折冲都尉。	《新唐书》卷221 上	

续表

姓名	族属	年代	官爵	品级	重要事迹	出处	备考
尉迟胜	于阗	天宝十二载（753）	右威卫将军	从三品	天宝中入朝，授右威卫将军，安禄山反，使弟曜摄国事，身率五千兵赴难，拜特进，广德中进骠骑大将军。	《新唐书》卷110	
尉迟曜	于阗	上元元年（760）	太仆员外卿同四镇节度副使权知本国事	从三品	乾元三年，以其弟左监门卫率、叶护太仆员外卿为大仆员外卿，同四镇节度副使，权知本国事。	《新唐书》卷221上，《资治通鉴》卷221	

（2）安西都护府葱岭以西十六国都督府诸蕃

附表 15　册封授受安西都护府葱岭以西十六国都督府诸蕃官爵

姓名	族属	年代	官爵	品级	重要事迹	出处	备考
卑路斯	波斯	龙朔二年（662）	波斯都督波斯王		二年正月立波斯都督卑路斯为波斯王。	《册府元龟》卷964	

续表

姓名	族属	年代	官爵	品级	重要事迹	出处	备考
卑路斯	波斯	上元元年（674）	右武卫将军	正四品	十二月辛卯，波斯王卑路斯来朝。俄为大食所灭，虽不能国，咸亨中抚入朝，授右武卫将军，死。	《册府元龟》卷999 《新唐书》卷221下	
仆罗	吐火罗	神龙元年（705）	左领军卫翊府中郎将	正四品下	阿史特勒（勤）仆罗上书诉曰……去神龙元年蒙恩敕授左领军卫翊府中郎将，至今经一十四年。	《册府元龟》卷999	
吐火罗叶护	吐火罗	神功元年（697）	柔远府长上果毅	从五品下或正六品上、从六品下	而契丹凶丑……右豹韬柔远府长上果毅吐火罗叶护。	《全唐文》卷225	
泥涅师	波斯	景龙初	左威卫将军	从三品	卑路斯卒，唐遣裴行俭将兵护送其子泥涅师还国，道远不果，泥涅师因客吐火罗二十年，景龙初来朝，授左威卫将军。	《新唐书》卷221下	
达靡萨尔	护密	开元八年（720）	护密王		八年三月，封护密国王罗伊具骨咄禄多比勒莫贺咄达靡萨尔为护密王。	《册府元龟》卷964	

续表

姓名	族属	年代	官爵	品级	重要事迹	出处	备考
骨咄国王	骨咄	开元八年(720)	骨咄王		四月，遣使册立……骨咄国王……并降册文，皆赐彩二百段。三国在安西之西，与大食邻境，大食煽诱为患，俱守节不从潜布款诚于朝廷，帝深嘉之。	《册府元龟》卷964	
颉利发誓屈尔特勒(勤)	葛达罗支(谢颶)	开元八年(720)	谢颶国王 罽宾国王		九月，遣使册葛达罗支颉利发誓屈尔为谢颶国王，葛达罗支特勒为罽宾国王。	《册府元龟》卷964	
骨都施	骨咄	开元十六年(728)	郎将	正五品上	正月丙戌，骨咄俟斤遣男骨都施来朝，献马二匹，授郎将，放还蕃。	《册府元龟》卷975	
骨咄禄颉达度	吐火罗	开元十七年(729)	吐火罗叶护 悒怛王		十七年正月册吐火罗叶护为吐火罗叶护，悒怛王。	《册府元龟》卷964	
罗真檀	护密	开元十八年(730)	宿卫		十月甲寅，护密国罗真檀来朝，留宿卫。	《册府元龟》卷975	
潘那蜜	波斯	开元二十年(732)	果毅	从五品下或正六品上、从六品下	八月庚戌，波斯王遣首领潘那蜜与大德僧及烈来朝，授首领为果毅，放还蕃。	《册府元龟》卷975	

续表

姓名	族属	年代	官爵	品级	重要事迹	出处	备考
护真檀	护密	开元二十年(732)	护密国王		二十年九月,护密王发卒,封其弟护真檀为护密国王。	《册府元龟》卷964	
真檀	护密	开元二十一年(733)	左金吾卫将军员外置	正三品	九月,护密国王真檀来朝,宴于内殿,授左金吾卫将军员外置,赐紫袍金带鱼袋等七事,及帛百匹,放还蕃。	《册府元龟》卷964	
如达干	骨咄	开元二十一年(733)	郎将	正五品上	八月甲辰,骨咄王遣大首领如达干来朝,授郎将,放还蕃。	《册府元龟》卷975	
婆延达干	石汗那	开元二十一年(733)	中郎将	四品下	十二月,石汗那王易莫施遣大首领婆延达干来朝,授中郎将,放还蕃。	《册府元龟》卷975	
继忽娑	波斯	开元二十五年(737)	中郎将	四品下	正月,波斯王子继忽娑来朝,授中郎将,放还蕃。	《册府元龟》卷975	
罗底琛	吐火罗	开元二十六年(738)	果毅	从五品下或正六品上,从六品下	二月癸丑,吐火罗遣大首领伊难如达干罗底琛来献方物,授果毅,放还蕃。	《册府元龟》卷975	

续表

姓名	族属	年代	官爵	品级	重要事迹	出处	备考
如没拂达	谢颶	开元二十六年(738)	谢颶王		十月……谢颶国王誓颶卒，封其子如没拂达为嗣。	《册府元龟》卷964	
拂菻罽婆	罽宾	开元二十六年(738)	罽宾国王		是月，罽宾国王乌散勤洒以年老上表，请立其嫡子拂菻罽婆。从之乃封拂菻罽婆为罽宾国王。自康国已下，皆降书宣慰册封。	《册府元龟》卷964	
弥揭搓	胄咄	开元二十八年(740)	果毅	从五品下或正六品上、从六品下	正月，胄吐(咄)国大首领多览达干弥揭搓来朝，授果毅，放还番。	《册府元龟》卷975	
罗顿毅等二十人	解苏	天宝二载(743)	中郎将	四品下	二月己丑，解苏国阿悉德，遣大首领车鼻施等罗顿毅等二十八人来朝，各授中郎将，放还蕃。	《册府元龟》卷975	
勃匐准	罽宾	天宝四载(745)	罽宾王右骁卫将军	从三品	九月，命罽宾国男勃匐准袭父位。册曰……是用册命勃匐准为罽宾国王及乌苌国王，仍授右骁卫将军，往钦哉。	《册府元龟》卷965	

续表

姓名	族属	年代	官爵	品级	重要事迹	出处	备考
俱怛使者	俱怛	天宝七载（748）	将军		七载八月庚戌，俱怛国遣使朝贡，授将军，放还蕃。	《册府元龟》卷975	
罗全节	骨咄	天宝十一载（752）	叶护 骠骑大将军	从一品	十一载正月壬寅，册骨咄国王罗全节为叶护。册曰……是用授尔骠骑大将军，仍册为叶护。	《册府元龟》卷965	
罗友文	护密	乾元元年（758）	左武卫大将军	正三品	三年正月，护密国王使大首领罗友文来朝，授左武卫大将军，仍听还蕃。	《册府元龟》卷976	
三藏山那达摩	吐火罗	乾元元年（758）	光禄少卿 折冲都尉	从三品 正四品上、从四品下	五月，吐火罗三藏山那及弟子达摩，首领安延师等来诣少卿，诏以三藏为光禄少卿，达摩为折冲都尉，延师为左清道率，并员外置，放还蕃。	《册府元龟》卷976	
安延师			左清道率	正五品下 正四品上			

（3）小勃律、识匿

开元十五年，慧超经小勃律时指其由唐管辖（《往五天竺国传》），为唐"边土"（《新唐书》卷53）。识匿、慧超经行此地时其王"投于汉国"。小勃律，唐在其地置军戍守，从其唐授都督来看，识匿似应有行政设施。虽唐在两地是否有行政设施史书记载不详，但表属安西都护府是明确的，故列表附于安西都护府属下。

附表 16　册封授受小勃律、识匿官爵

姓名	族属	年代	官爵	品级	重要事迹	出处	备考
布遮波资	识匿	开元十二年(724)	金吾卫大将军	正三品	开元十二年，授王布遮波资金吾卫大将军。	《新唐书》卷221下	
难泥	小勃律	开元十九年(731)	本国王		十九年四月……册小勃律国王难泥为其国王。降书谓之曰……今册尔为本国王，王宜领取。	《册府元龟》卷964	
麻号来	小勃律	开元二十九年(741)	本国王		二十九年二月，小勃律国王卒，册立其兄麻号来嗣位。	《册府元龟》卷964	

续表

姓名	族属	年代	官爵	品级	重要事迹	出处	备考
伽罗密多	小勃律	天宝四载（745）	右金吾卫员外中郎将	四品下	七月乙酉，小勃律遣僧三藏伽罗密多来朝，授右金吾卫员外中郎将，放还蕃。	《册府元龟》卷975	
跌失伽延	识匿	天宝六载（747）	左武卫将军	从三品	天宝六载，王跌失伽延战死，擢其子都督，左武卫将军，给禄居蕃。	《新唐书》卷221下	
苏失利之	小勃律	天宝七载（748）	右威卫将军	从三品	七载八月戊午，勃律国王苏失利芝及三藏大德僧伽罗密多鸿胪员外卿并来朝。授伽罗僧伽罗密多鸿胪员外卿，放还蕃，赐苏失利芝紫袍金带，留宿卫，给宫宅。	《册府元龟》卷975，《新唐书》卷221下	"苏失利芝"，《新唐书》作"苏失利之"。又《册府元龟》未记授子官职，《新唐书》记授官为左威卫将军。
使者	小勃律	天宝十一载（752）	中郎将	正四品下	九月壬戌，归仁国遣使来朝贡，授中郎将，放还蕃。	《册府元龟》卷975	

（4）中亚昭武九姓地区

附表 17　册封授受中亚昭武九姓地区官爵

姓名	族属	年代	官爵	品级	重要事迹	出处	备考
拂呼缦	康国	显庆三年（658）	康居府都督		高宗永徽时，以其地为康居都督府，即以其王拂呼缦为都督。	《新唐书》卷 221 下	唐在昭武九姓地区所置羁縻府州两《唐书·西域传》阙载，《唐会要》《唐府元龟》虽有记载，但设置时间不一。据上一证，（参《新唐书》《册府元龟》《唐会要》《唐府元龟》虽有记载，但设置时间不一。据考证，（参见吴玉贵《突厥汗国与隋唐关系史研究》，第 416 页。）
昭武杀　昭武闭息	安国	显庆三年（658）	安息州刺史　木鹿州刺史		显庆时，以阿滥为安息州，王昭武杀为刺史；豳斥为木鹿州，以其王昭武闭息为刺史。	《新唐书》卷 221 下	
瞰土屯摄舍提于屈昭穆	石国	显庆三年（658）	大宛府都督		显庆三年，以瞰羯城为大宛都督府，授其王瞰土屯摄舍提于屈昭穆都督。	《新唐书》卷 221 下	
昭武开拙	米国	显庆三年（658）	南谧州刺史		显庆三年，以其地为南谧州，昭武开拙为刺史，自是朝贡不绝。	《新唐书》卷 221 下	
昭武婆达地	何国	显庆三年（658）	贵霜州刺史		永徽时，上言：闻唐出师西讨，愿输粮于军。俄以其地为贵霜州，授其君昭武婆达地刺史。	《新唐书》卷 221 下	
昭武失阿喝	史国	显庆三年（658）	佉沙州刺史		显庆时，以其地为佉沙州，授君昭武失阿喝刺史。	《新唐书》卷 221 下	

续表

姓名	族属	年代	官爵	品级	重要事迹	出处	备考
阿丁参	拔汗那（宁远）	显庆三年（658）	休循州刺史		三年，以渴塞城为休循州都督，授阿丁参刺史，自是朝贡。	《新唐书》卷221下	
笃婆钵提	康国	万岁通天元年（696）	左骁卫大将军	正三品	是月（九月），封康国大首领左玉铃卫将军笃婆钵提为康国王。万岁通天年，则天封其大首领笃婆钵提为康国王，仍拜左骁卫大将军。钵提寻卒，又册其子泥涅师师为康国王。	《册府元龟》卷964　《旧唐书》卷198	《册府元龟》所记官职有误，当依《旧唐书》。
泥涅师师	康国	圣历元年（698）	康国王		圣历元年七月，册立泥涅师师为康国王。	《册府元龟》卷964	《旧唐书》为"泥涅师师"，此依《册府元龟》。
莫贺咄吐屯	石国	开元元年（713）	石国王		开元初，封其君莫贺咄吐屯有功为石国王。	《新唐书》卷221下	
使者使者	米国石国	开元六年（718）	中郎将中郎将	四品下四品下	二月戊午……米国、石国……蕃守芊遣使来朝，各授中郎将，放还蕃。	《册府元龟》卷974	
米忽汗	米国	开元十六年（728）	将军		四月己巳，护密国王遣米国大首领米忽汗来朝，授将军，放还蕃。	《册府元龟》卷975	

续表

姓名	族属	年代	官爵	品级	重要事迹	出处	备考
咄曷 啜默	康国	开元二十年(732)	曹王 米王		是月，康国王乌勒遣使上表请封其子咄曷为曹王，啜默为米王，并许之。	《册府元龟》卷964	
咄喝 如没拂达 苏都仆罗	康国 谢颺 曹国	开元二十七年(739)	康国王 谢颺王 曹国王		十月，诏康国王乌勒卒封其子咄喝为嗣，谢颺国王如没拂达为嗣，曹国王誓颺卒，封其弟苏都仆罗为嗣。	《册府元龟》卷964	
忽钵	史国		史国王		史国王没卒延他死，封其子忽钵为嗣，今从祗也。		
阿悉烂	宁远	开元二十七年(739)	奉化王		玄宗开元二十七年，王阿悉烂助平吐火罗，册拜奉化王。	《新唐书》卷221下	
莫贺咄吐屯	石国	开元二十八年(740)	石国王 特进 顺义王	正二品	二十八年三月，以石国蕃王莫贺咄吐屯有功封，为石国王，加特进，仍赐庭节。翌日又册为顺义王。	《册府元龟》卷964	
斯谨褆	史国		特进	正二品	是月，加拓羯羯王斯谨褆特进，赏平苏禄可汗之功。		

续表

姓名	族属	年代	官爵	品级	重要事迹	出处	备考
那居车鼻施	石国		大将军 怀化王	正三品	正月丁巳,石国遣使上表,乞授长男那居车鼻施为怀化王,诏拜大将军,赐一年俸禄。	《册府元龟》卷975	
哥逻仆罗	西曹	天宝元年(742)	怀德王		天宝初,封王子那俱车鼻施为怀化王。 天宝元年,王哥逻仆罗遣使者献方物,诏封怀德王。	《新唐书》卷221下 《新唐书》卷221下	
君王 君母	米国		恭顺王 可敦郡夫人		天宝初,封其君为恭顺王,母可敦郡夫人。	《新唐书》卷221下	
曹国王 米国王 康国王	曹国 米国 康国	天宝三载(744)	怀德王 恭顺王 钦化王		是月赐曹国王号为怀德王,米国王为恭顺王,康国王为钦化王,	《册府元龟》卷964	曹、米受封时间,应以《册府元龟》为是。
屈底波	安国王	天宝四载(745)	归义王		四载七月,安国王屈底波遣使朝贡,遂封屈底波为归义王。	《册府元龟》卷964	

续表

姓名	族属	年代	官爵	品级	重要事迹	出处	备考
康国使	康国	天宝十三载(753)	折冲都尉	正四品上、从四品下	三月,康国王、石国副王,并遣使朝贡,各授折冲都尉,放还蕃。	《册府元龟》卷975	
石国使	石国		折冲都尉	正五品下		《册府元龟》卷975	
窦宝裕	宁远		左武卫员外将军	从三品	六月壬子,以宁远国王子窦宝裕为左武卫员外将军,放还蕃。	《册府元龟》卷975	
邦车俱鼻施	石国		怀化王	从三品	十月,封石国王男邦车俱鼻施为怀化王。	《册府元龟》卷964	
薛裕	宁远	天宝十三载(754)	左武卫将军	从三品	十三载,王忠节遣子薛裕朝,请留宿卫,习华礼,听之,授左武卫将军。	《新唐书》卷221下	

3. 凉州都督府所属吐谷浑

贞观九年,唐灭吐谷浑后以保留政权的形式表属唐，由凉州都督府监护。吐蕃改取青海、诸曷钵出走凉州，部落也迁至凉州、甘等州，其后王族及部落落至关内道。为了便于浏览，以《新唐书》凉州都督辖府吐谷浑州，故将册封授官的吐谷浑均附于凉州都督府下。

附表 18　册封授受凉州都督府所属吐谷浑官爵

姓名	族属	年代	官爵	品级	重要事迹	出处	备考
慕容顺	吐谷浑	贞观九年(636)	西平郡王 趄胡昌乌其豆可汗		九年闰四月,李靖平吐谷浑,帝复建其国。下诏曰……允归令子,封顺西平郡王,食邑四千户,仍授趄胡昌乌其豆可汗。所司置量遣使人,备礼册命。	《册府元龟》卷 964	
诺曷钵	吐谷浑	贞观十年(637)	河源郡王 乌地也勤豆可汗		十年三月,诏曰……可封河源郡王,食邑四千户,仍授乌地也勤(勤)豆可汗。即遣使人,备礼册命。	《册府元龟》卷 964	
诺曷钵	吐谷浑	乾封元年(666)	青海王	正三品	乾封元年五月,封河源王慕容诺曷钵为青海王。	《册府元龟》卷 964	
慕容宣超	吐谷浑	圣历三年(700)	左豹韬卫员外大将军 乌地也拔勤豆可汗	从三品	三月以吐谷浑慕容宣超为左豹韬卫员外大将军,仍袭父乌地也拔勤(勤)豆可汗。	《册府元龟》卷 964	《资治通鉴》卷 206 作"乌地也拔勤忠可汗"。
慕容道奴	吐谷浑	开元三年(715)	左威卫将军员外置 刺史 云中郡开国公	正二品	开元三年八月,高丽、吐浑等诸蕃降附。制曰……(慕容)道奴可左威卫将军员外置,兼刺史,封云中郡开国公,食邑二千户,赐宅一区,物四百段,马两匹。	《册府元龟》卷 964	

续表

姓名	族属	年代	官爵	品级	重要事迹	出处	备考
慕容复	吐谷浑	贞元十五年（799）	长乐府都督、青海国王、乌地野拔勒（勤）豆可汗		十一月以朔方灵州节度副使、左金吾卫大将军同正，兼试太常卿袭容复袭长乐府都督、青海国王、乌地野拔勒（勤）豆可汗。	《册府元龟》卷965	

（二）西域诸蕃国

1. 贞观二十三年前之西突厥

附表 19　册封授受贞观二十三年前之西突厥官爵

姓名	族属	年代	官爵	品级	重要事迹	出处	备考
䴙可汗	西突厥	武德元年（618）	吐乌过拔䴙可汗		唐高祖武德元年七月，奚厥葛萨那可汗弟䴙可汗遣使过拔䴙可汗加慰拖拜为吐乌过拔䴙可汗。	《册府元龟》卷964	
葛萨那可汗	西突厥	武德元年（618）	归义王		十二月奚厥葛萨那可汗自字文化及所来降封为归义王。	《册府元龟》卷964	

续表

姓名	族属	年代	官爵	品级	重要事迹	出处	备考
泥孰	西突厥	贞观七年(633)	吞阿娄奚利邲咄陆可汗		贞观七年,遣鸿胪少卿刘善因至其国,册授吞阿娄奚利邲咄陆可汗。	《旧唐书》卷194下	《册府元龟》卷964,"武德"为"贞观"之误。又误将册封对象记为"莫贺设"。
同娥设	西突厥	贞观八年(634)	咥利失可汗		六年,遣使言状并贡名马。时西突厥国乱,太宗遣中郎将桑孝彦、领左右骁卫宏机往安抚之,仍册立咥利失可汗。	《旧唐书》卷198	
贺咄叶护	西突厥弩失毕	贞观十五年(641)	乙毗沙钵罗叶护可汗		贞观十五年七月,命左领军将军张大师持节立西突厥弩失毕贺咄叶护为乙毗沙钵罗叶护可汗,赐以鼓纛。	《册府元龟》卷964	
射匮	西突厥	贞观十七年(643)	乙毗射匮可汗		贞观十五年,部下屈利啜等谋欲废咄陆,各遣使诣阙,请立可汗。太宗遣使赍玺书立莫贺咄乙毗可汗之子,是为乙毗射匮可汗。	《资治通鉴》卷199,《旧唐书》卷194下,《新唐书》卷215下	册立时间诸书记载不一。似应为贞观十七年。(参见吴玉贵《突厥汗国与隋唐关系史研究》)

2. 开元五年至二十七年之突骑施

突骑施苏禄崛起后至开元二十七年唐灭苏禄余孽前，西突厥部众大多脱离唐控制，故将此期间的突骑施视为唐在西域的与国。

附表20　册封授受开元五年至二十七年之突骑施官爵

姓名	族属	年代	官爵	品级	重要事迹	出处	备考
苏禄	突骑施	开元五年(717)	右武卫大将军突骑施都督 左羽林大将军顺国公 金方道经略大使 特进	正三品 正三品 从一品 正二品	苏禄善抚循其下,部种稍合,众至二十万,于是复雄西域。开元五年始来朝,授右武卫大将军,突骑施都督,以武卫中郎将王惠持节拜苏禄左羽林大将军,顺国公。	《新唐书》卷215下,《册府元龟》卷964、卷979	诸书记唐册拜苏禄在开元五年,而《册府元龟》在六年。上列官爵应在开元五年至六年册封。
苏禄	突骑施	开元七年(719)	忠顺可汗		十月,册金方道经略大使突骑施苏禄为忠顺可汗。	《册府元龟》卷964	
阿句支	突骑施	开元十四年(726)	郎将	正五品上	正月,突骑施遣首领阿句支来献马,授郎将,放还蕃。	《册府元龟》卷975	
叶支阿布思	突骑施	开元十七年(729)	郎将	正五品上	六月癸丑,突骑施大首领叶支阿布思来朝,授郎将。	《册府元龟》卷975	

续表

姓名	族属	年代	官爵	品级	重要事迹	出处	备考
何羯达	突骑施	开元二十二年（734）	镇副		六月乙卯，突骑施遣其大首领何羯达来朝，授镇副，留宿卫。	《册府元龟》卷975	
胡禄达干	突骑施	开元二十四年（736）	右金吾将军员外置	从三品	突骑施遣大首领胡禄达干来求和，许之，授右金吾将军员外置，放还蕃。	《册府元龟》卷975	

3. 吐蕃

附表 21　册封授受吐蕃官爵

姓名	族属	年代	官爵	品级	重要事迹	出处	备考
禄东赞	吐蕃	贞观十五年（641）	右卫大将军	正三品	春，正月，甲戌，以吐蕃禄东赞为右卫大将军。	《资治通鉴》卷196	

续表

姓名	族属	年代	官爵	品级	重要事迹	出处	备考
赞府弄赞	吐蕃	贞观二十三年（649）	驸马都尉 海西郡王 宾王	从一品	高宗以贞观二十三年即位，拜吐蕃赞普弄赞为驸马都尉（臣钦若等曰以尚文成公主故也），封海西郡王……于是进封宾王，赐杂彩三千段，乃刻其形像列于昭陵玄阙之下。	《册府元龟》卷964	
婆悉笼猎赞	吐蕃	天宝十载年（755）	赞普		赞普乞黎苏笼猎赞死，大臣立其子婆悉笼猎赞为主，复为赞普，玄宗遣京兆少尹崔光远兼御史中丞，持节赞国信册命，吊祭之。	《旧唐书》卷196上	
赞普（缺名）	吐蕃	永贞元年（805）	赞普		永贞元年十月，赞普使论乞缕勃藏来贡，助德宗山陵……十一月，以卫尉少卿兼御史中丞幼平充入蕃告册立等使。	《旧唐书》卷196下	
赞普（缺名）	吐蕃	元和十五年（820）	赞普		十五年二月，以秘书少监兼御史中丞田洎入吐蕃，告哀并告册立。	《旧唐书》卷196下	

4. 西域天竺、大食诸国

附表 22　册封授受西域天竺、大食诸国官爵

姓名	族属	年代	官爵	品级	重要事迹	出处	备考
卢伽逸多	乌荼	总章元年(668)	怀化大将军	正三品	十月戊午,以乌荼国婆罗门卢伽逸多为怀化大将军,逸多自言能合不死药,上将饵之,郝处俊谏,乃止。总章元年十月,东天竺乌荼国长年婆罗门卢迦逸多特拜怀化大将军,産奇术也,时逸多受诏合金丹。	《资治通鉴》卷 201　《册府元龟》卷 964	
僧伽杖摩	东天竺	神功元年(697)	左玉铃卫长上	从五品下或正六品、从六品下	而契丹凶丑……左玉铃卫长上、借绯金元济,东天竺国王子僧伽杖摩。	《全唐文》卷 225	
瞿昙金刚	天竺	神龙元年(705)	卫将军	从三品	但在番王子弟婆罗门瞿昙金刚,龟兹王子白孝德等,曾数改转,位至诸卫将军。	《册府元龟》卷 999	
伽叶志忠	天竺	神龙(705—706)	右骁卫将军	从三品	神龙中,尝因谷贵,中宗召处利来同其故,武三思讽知太史令志忠,右骁卫将军伽叶志忠,大史令傅孝忠。	《旧唐书》卷 92	

续表

姓名	族属	年代	官爵	品级	重要事迹	出处	备考
李释迦	中天竺		右骁卫翊府中郎将员外置	四品下	景龙四年，译出根本说一切有部毘陀耶，中天竺国右骁卫翊府中郎将李释迦弥读梵本；	缩刷《大藏经第帙》卷5	
瞿金刚	东天竺	景云元年（710）	左屯卫翊府中郎将员外置正同	四品下	东天竺国左屯卫翊府中郎将员外置正同瞿金刚证义；右领军卫中郎将何顺证义，		
何顺 颇具	迦湿弥罗 东天竺		右领军卫中郎将 右领军右执戟	四品下 正九品下	迦湿弥罗王子右领军右执戟，直中书省颇具读梵本。		
大食国使者	大食	开元四年（716）	员外中郎将	四品下	七月戊子，大食国黑密牟尼苏子漫遣使献方物，授其使员外中郎将，放还蕃。	《册府元龟》卷974	
大野迷地罗梵摩寺	中天竺	开元五年（717）	果毅都尉	从五品下或正六品上、从六品下	五月壬子，天竺国遣大首领大野迷地罗梵摩寺、重译来朝，诏曰：中天竺国大首领大野迷地罗梵摩寺、珠邦慕慇，重译来朝，是用加褒奖，用益诚心，可（果）毅部（都）尉，放还蕃。	《册府元龟》卷974	
苏弗舍利支离泥	勃律	开元五年（717）	勃律王		五年五月，册命勃律国王苏弗舍利支离泥为勃律王。	《册府元龟》卷964	

续表

姓名	族属	年代	官爵	品级	重要事迹	出处	备考
国王国王	乌苌俱立	开元八年(720)	乌苌王俱立王		四月,遣使册立乌苌国王、骨咄国王、俱立国王,并降册文,皆赐彩二百段。	《册府元龟》卷964	
苏麟陀逸之	勃律	开元八年(720)	勃律王		六月,遣使册勃律国王苏麟陀逸之为勃律国王。	《册府元龟》卷964	
真陀罗秘利	箇失密	开元八年(720)	箇失密国王		八月遣使册箇失密国王真陀罗秘利为箇失密国王。	《册府元龟》卷964	
尸利那罗	南天竺	开元八年(720)	南天竺国王		十一月,遣使册南天竺国王尸利那罗僧伽宝多拔摩为南天竺国王。	《册府元龟》卷964	
提卑多等八人	大食	开元十六年(728)	郎将	正五品上	三月辛亥,大食首领提卑多等八人来朝,并授郎将,放还蕃。	《册府元龟》卷975	
吐毛檐没师	勃律	开元十六年(728)	折冲	正四品上或从四品下、正五品下	十一月丁丑,勃律大首领大毛檐没师来朝,授折冲,放还蕃。	《册府元龟》卷975	

续表

姓名	族属	年代	官爵	品级	重要事迹	出处	备考
木多笔	箇失密	开元二十一年（733）	本国王		二十一年四月，册箇失密国王木多笔为本国王。	《册府元龟》卷964	
摩思览达干等七人	大食	开元二十一年（733）	果毅	从五品下或正六品上、从六品下	十二月癸丑，大食王遣其首领摩思览达干等七人来朝，并授果毅，放还蕃。	《册府元龟》卷975	
拔含伽	勃律	开元二十三年（735）	郎将	正五品上	四月甲申，勃律国大首领拔含伽来朝，授郎将，放还蕃。	《册府元龟》卷975	
承恩	中天竺	开元二十九年（741）	游击将军	从五品下	二月乙未，波婆罗门申（中）天竺国王子成恩来朝，授游击将军，放还蕃。	《册府元龟》卷975、《唐会要》卷100	
和萨	大食	开元二十九年（741）	左金吾卫将军	从三品	十二月丙申，大食首领和萨来朝，授左金吾卫将军，放还蕃。	《册府元龟》卷975	
阿鲁施多（陀拔斯单）	陀拔萨惮（陀拔斯单）	天宝三载（744）	恭化王		三年闰二月，封陀拔萨惮国王为恭化王。	《册府元龟》卷965	

续表

姓名	族属	年代	官爵	品级	重要事迹	出处	备考
忽鲁汗	陀拔斯单	天宝五载(749)	归仁王		陀拔斯单者……其国三面阻山，北濒小海。居波斯东大将。波斯灭，不肯臣大食。天宝五载，王忽鲁汗遣使入朝，封为归仁王。八年后，遣子自会罗来朝，拜右武卫员外中郎将，赐紫袍、金鱼，留宿卫。	《新唐书》卷221下	
忽鲁汗 伊薛思俱习 卢薛 谢没 摩俱满思 谋思健摩诃延 俱殷般胡没 卓略斯斯威	陀拔斯单 罗利支 岐兰 涅浦 渤达 都盘 阿没 沙兰	天宝六载(747)	归信王 义宁王 义宾王 奉顺王 守义王 顺德王 恭信王 顺礼王		六载二月，封陀拔斯单国王忽鲁俱汗为归信王，罗利支国王伊薛思俱习为义宁王，岐兰国王卢薛为义宾王，涅浦国王谢没为奉顺王，渤达国王摩俱满思为守义王，都盘国王谋思健摩诃延为顺德王，阿没国王俱殷般胡没为恭信王，沙兰国王卓略斯威为顺礼王。	《册府元龟》卷965	
素迦	羯帅	天宝九载(750)	本国王		三月，册羯帅国王勃特没兄素迦为王。	《册府元龟》卷965	
密利稽	米越	天宝十一载(752)	右卫将军	从三品	正月甲申，米越长史密利稽来朝，授右卫将军，放还番。	《册府元龟》卷75	

续表

姓名	族属	年代	官爵	品级	重要事迹	出处	备考
大食使者	大食	天宝十一载（752）	左金吾卫员外大将军	正三品	十二月己卯，黑衣大食谢多诃密遣使来朝，授左金吾卫员外大将军，放还蕃。	《册府元龟》卷975	
大酋望等二十五人	大食	天宝十二载（753）	中郎将	四品	七月辛亥，黑衣大食遣大酋望等二十五人来朝，并授中郎将，放还蕃。	《册府元龟》卷975	
自会罗	陀拔斯单	天宝十二载（753）	右武卫员外中郎将	正四品下	三月丁卯，陀拔斯单国遣其王子自会罗来朝，授右武卫员外中郎将，留宿卫。	《册府元龟》卷975	
车鼻施	乾陀罗	乾元元年（758）	将军	从三品	五月，乾陀罗国王使大首领中郎将踏蹄勤车鼻施远干（达干）来朝，授将军，放还蕃。	《册府元龟》卷976	"远干"当作"达干"，误。
含嗟乌鸡莎比	大食	贞元十四年（798）	中郎将中郎将中郎将	正四品下	九月丁卯，以黑衣大食使含嗟、乌鸡、莎比三人并为中郎将，放还蕃。	《册府元龟》卷976	

四　北狄

（一）关内道

1. 单于都护府诸蕃

东突厥灭亡之后，唐安置北部缘边诸州，以东突厥降户所置州主要隶属定襄、云中都督府，而二都督府又隶属单于都护府，为表述之便，姑且将归降东突厥册封授官事迹均列于单于都护府下。

附表 23　册封授受单于都护府诸蕃官爵

姓名	族属	年代	官爵	品级	重要事迹	出处	备考
阿史那思摩	突厥	贞观四年（630）	和顺郡公 右武候大将军 化州都督	正二品 正三品	四年三月，以东突厥夹毕特勒和顺郡公阿史那思摩为右武候大将军、化州都督。	《册府元龟》卷 964	贞观四年，分颉利之地为六州，左置定襄都督，右置云中都督，以统降房。（见《唐会要》卷 73）突厥初降由二都督府统领。

续表

姓名	族属	年代	官爵	品级	重要事迹	出处	备考
阿史那什钵苾	突厥	贞观四年（630）	右卫大将军北平郡王	正三品从一品	是月，诏：突利可汗阿史那什钵苾……可右卫大将军，封北平郡王，食邑千户。	《册府元龟》卷964	
阿史那苏尼失	突厥	贞观四年（630）	北宁州都督右卫大将军怀德郡王	正三品从一品	及颉利为李靖所破，独骑而投之，苏尼失率众归国，因令子忠擒颉利以献。太宗赏赐优厚，拜北宁州都督，右卫大将军，封怀德郡王。	《旧唐书》卷109	
阿史那思摩			怀化郡王	从一品	五月，封突厥阿史那苏尼失为怀德郡王，阿史那思摩怀化郡王。	《册府元龟》卷964	
阿史那忠	突厥	贞观四年（630）	左屯卫将军	从三品	忠以擒颉利功，拜左屯卫将军，妻以宗女定襄公主，赐名为忠，单称史氏。	《旧唐书》卷109	

续表

姓名	族属	年代	官爵	品级	重要事迹	出处	备考
李思摩 阿史那忠 阿史那泥执	突厥	贞观十三年(639)	乙弥泥敦俟利苾可汗 左贤王 右贤王		十三年七月,诏曰……李思摩,并赐之鼓纛,仍令乙弥泥敦俟就其部,备礼册命……又以左屯卫将军阿史那忠为左贤王,左武卫将军阿史那泥执为右贤王。	《册府元龟》卷964	唐立思摩为突厥可汗后,置宁朔大使护突厥(见《旧唐书》卷3),即又突厥隶属于宁朔大使。
归化突厥诸部	突厥	贞观二十三年(649)	刺史或都督		二十三年十月三日,诸突厥归化,以舍利部置利州,阿史那部置绁州,绰部置绁州,葛逻禄部置贺鲁州,葛逻禄部置葛逻州,悒怛二部置逻州。以苏农部置云中都督府,阿史德部落执失州,阿史德部落置苏农州,执失部落置失州,卑失部落置卑失州,郁射部落置郁射州,多地之失部置乞失州并录定襄都督。	《唐会要》卷73	

2. 燕然（瀚海、安北）都护府诸蕃

附表24　册封授受燕然（瀚海、安北）都护府诸蕃官爵

姓名	族属	年代	官爵	品级	重要事迹	出处	备考
何力	契苾	贞观六年（632）	左领军将军	从三品	莫贺咄死，子何力与纽，率其部来归，时贞观六年也。诏处之甘、凉间，以其地为榆溪州。永徽四年，以其部为贺兰都督府隶燕然都护。	《新唐书》卷217下	
		贞观二十一年（647）			丙申，诏以回纥部为瀚海府，仆骨为金微府，多滥葛为燕然府，拔野古为幽陵府，同罗为龟林府，思结为卢山府，浑为臬兰州，斛薛为高阙州，奚结为鸡鹿州，阿跌为鸡田州，契苾为榆溪州，思结别部为蹛林州，白霫为寘颜州，以其酋长为都督、刺史，各赐金银缯帛及锦袍。于故单于台置燕然都护统之，以导宾贡。	《资治通鉴》卷198	
吐迷度	回纥		怀化大将军 瀚海府都督	正三品上	乃以回纥为瀚海都督府，拜吐迷度为怀化大将军、瀚海都督。	《旧唐书》卷195《新唐书》卷217上	
屈利失	拔野古		右武卫大将军 幽陵府都督	正三品	大俟力发屈利失举部内属，置幽陵都督府，拜屈利失为右武卫大将军、都督。	《新唐书》卷217下	

续表

姓名	族属	年代	官爵	品级	重要事迹	出处	备考
歌滥拔延	仆骨		右武卫大将军金微州都督	正三品	陀延陀灭,其酋姿匐俟利发歌滥拔延始内属,以其地为金微州,拜歌滥拔延为右武卫大将军,州都督。	《新唐书》卷217下	
时健啜	同罗		左领军大将军龟林都督	正三品	久之,请内属,置龟林都督府,拜酋俟利发时健啜为左领军大将军,即授都督。		
阿贪支	浑	贞观二十一年(647)	右领军卫大将军刺史	正三品	薛延陀之灭,大俟利发浑汪举部内向,以其地为皋兰都督府,后分东西州。太宗以阿贪支于汪属尊,遣泽者讽汪,汪欣然避位。帝嘉其让,以阿贪支为右领军卫大将军兼俟利发为之副。		
汪	浑		云麾将军	从三品上	延陀已灭,其酋俟斤多滥葛末与回纥皆官,以其地为燕然都督府,		
多滥葛末	多览葛		右卫大将军燕然府都督	正三品	授右卫大将军,即为府都督。		
贺之	阿跌		银青光禄大夫鸡田州刺史	从三品	阿跌亦曰诃咥或诃跌始与拔野古等皆朝以其地为鸡田州。贺之……拜为银青光禄大夫,鸡田州刺史。	《金石萃编》卷107	
俟斤	骨利干		玄阙州刺史		辛未骨利干遣使入贡。丙戌,以骨利干为玄阙州,拜其俟斤为玄阙州刺史。	《资治通鉴》卷198	

续表

姓名	族属	年代	官爵	品级	重要事迹	出处	备考
失钵屈阿栈	坚昆	贞观二十二年(648)	左屯卫将军 坚昆府都督	从三品	坚昆……贞观二十二年,闻铁勒等已入臣,即遣使者献方物,其酋长俟利发失地为坚昆府……帝以其地为坚昆府,拜俟利发左屯卫将军,即为都督,隶燕然都护。	《新唐书》卷 217 下	
俱罗勃	回纥	贞观二十二年(648)	忠武将军 右武卫大将军	正四品 正三品	八月,以回鹘忠武将军大俟斤俱罗勃莫贺咄拔固折为右武卫大将军。	《册府元龟》卷 947	
婆闰	回纥	贞观二十二年(648)	左骁卫大将军	正三品	吐迷度兄子乌纥蒸吐迷度之妻,遂与俱陆莫贺达干俱罗勃谋乱,而归车鼻可汗,二人皆车鼻婿。乌纥领领夜劫吐迷度杀之。帝恐诸部携离,命兵部尚书崔敦礼持节临抚,赠吐迷度左卫大将军,擢其子婆闰左骁卫大将军,袭父所领。俱罗勃既入朝,帝不遣。	《新唐书》卷 217 上	
庵铄	突厥	贞观二十三年(649)	左屯卫将军	从三品	车鼻长子羯漫陀先统拔悉密部,车鼻未败前,遣其子庵铄入朝,大宗嘉之,拜左屯卫将军,更置新黎州以统其众。	《旧唐书》卷 194 上	

续表

姓名	族属	年代	官爵	品级	重要事迹	出处	备考
吐屯肥罗察	拔悉密	贞观二十三年（649）	刺史或都督		上以突厥车鼻可汗不入朝,遣右骁卫郎将高侃发回纥、仆骨等兵袭击之,兵入其境诸部落相继来降。拔悉密吐屯肥罗察降,以其地置新黎州。	《资治通鉴》卷199	新黎州以拔悉密置。《通鉴》从《太宗实录》（见《资治通鉴》卷199）
车鼻	突厥	永徽元年（650）	左武卫将军	从三品	九月庚子,高侃执车鼻可汗至京师,释之,拜左武卫将军,处其余众于郁督军山,置狼山都督府以统之,以高侃为卫将军。于是突厥尽为封内之臣,分置单于、瀚海二都护府。单于领狼山、云中、(二)十四州,瀚海领瀚海、金微、新黎等七都督,仙萼等八州,各以其酋长为刺史、都督。	《资治通鉴》卷199	苏农等一十四州为二十四州之误。（见《资治通鉴》卷199胡注）
婆闰 多览葛塞匐	回纥	显庆三年（635）	左卫大将军 右卫大将军	正三品 正三品	十二月,以左骁卫大将军劼（瀚）海都督回纥婆闰为右骁卫大将军,燕然都督多览葛塞匐为右卫大将军。	《册府元龟》卷964	

续表

姓名	族属	年代	官爵	品级	重要事迹	出处	备考
延陀梯真	薛延陀	显庆五年（660）	左武侯将军	从三品	五月，以定襄都督阿史德枢宾，左武卫将军延陀梯真……各领本蕃兵以讨叛奚。	《册府元龟》卷986	延陀梯真应为梯真达干。薛延陀亡时，大首领梯真达干率众降唐。（见《旧唐书》卷67）
仆固乙（乙）突	仆固	嗣圣元年（684）	左威卫大将军金徽州都督	正三品	故左威卫大将军兼金徽州都督仆固乙（乙）突	《唐乾陵石人像及其衔名的研究》	乾陵石人像名为乙突，蒙古国出土墓志做"乙突"，应以后者为是。（参见本书第三章）

续表

姓名	族属	年代	官爵	品级	重要事迹	出处	备考
结黄蚕匐肤莫贺咄	坚昆		左威卫大将军坚昆都督	正三品	左威卫大将军兼昆都督结黄蚕匐肤莫贺咄	《唐乾陵石人像及其衔的研究》	
处木昆执米啜骨笃禄毗伽可汗	拔悉密 坚昆	开元六年（718）	右骁卫大将军金山道总管 右武卫大将军坚昆都督	正三品 正三品	二月，大举蕃汉兵北伐突厥，下制曰：……拔悉密右骁卫大将军，金山道总管处木昆执米啜，右武卫大将军骨笃禄毗伽可汗……	《册府元龟》卷986，《全唐文》卷21	
伊悉钵舍友者毕施颉斤	坚昆	开元十年（722）	中郎将	四品下	九月，坚昆大首领伊悉钵舍友者毕施颉斤来朝，授中郎将，放还蕃。	《册府元龟》卷975	
俱力贺贺忠忠颉斤	坚昆	开元十一年（723）	郎将	正五品上	十一月，坚昆大首领力贺贺忠颉斤来朝，授郎将，放还。	《册府元龟》卷975	

续表

姓名	族属	年代	官爵	品级	重要事迹	出处	备考
阿史那施眤（贺猎施眤伽可汗）	拔悉蜜	天宝四载（745）	左武卫将军	从三品	天宝初，与回纥叶护击杀突厥可汗，立拔悉蜜阿史那施伽为贺猎眤伽可汗，不三岁，为葛逻禄、回纥所破，奔北庭，拜左武卫将军，地与众归回纥。	《新唐书》卷217下	

（二）河北道

1. 营州都督府诸蕃

（1）奚、契丹

附表 25　册封接受奚、契丹官爵

姓名	族属	年代	官爵	品级	重要事迹	出处	备考
曲据	契丹	贞观二十二年（648）	玄州刺史		己未，契丹辱纥主曲据帅众内附，以其地置玄州，以曲据为刺史表营州都督府。	《资治通鉴》卷199	

续表

姓名	族属	年代	官爵	品级	重要事迹	出处	备考
窟哥	契丹		持节十州诸军事 松漠都督		十一月，契丹帅窟哥、奚帅可度者，并率其部内属，以契丹部为松漠都督府，拜窟哥为使持节十州诸军事、松漠都督，又以其部置弹汗州、独活部落置无逢州、芬问部置羽陵州、突便部置日连州、芮奚部置徒何州、遂斤部置万丹州、伏部置匹黎、赤山二州，各以其酋长辱纥主为刺史，俱隶松漠焉。以奚部置饶乐都督府，拜可度者为使持节六州诸军事、饶乐都督，又以别帅阿会部置弱水[州]，处和部置祶黎州，奥失部置洛瑰州，度稽部置鲁州，元俟折部置渴野州，各以其酋长辱纥主为刺史，俱隶于饶乐焉。于营州置东夷校尉。	《册府元龟》卷977	
可度者	奚	贞观二十二年(648)	持节六州诸军事 饶乐都督				
阿卜固	契丹	显庆五年(660)	松漠都督		改枢宾为沙砖道行军总管以讨契丹松漠都督阿卜固。	《册府元龟》卷986	
李诘莫离	契丹	神功元年(697)	左玉铃卫员外将军兼检校 汴州刺史归义王	从三品	十月，左玉铃卫员外将军李诘莫离汴州刺史兼松漠都督莫离为归义王。	《册府元龟》卷964	

续表

姓名	族属	年代	官爵	品级	重要事迹	出处	备考
李失活	契丹	开元二年（714）	松漠郡王 松漠都督 左金吾卫大将军 静析军经略大使	从一品 正三品	开元二年，尽忠弟从弟都督失活以默啜政衰，率部落与颉利发伊健啜来归。玄宗赐丹书铁券后二年，与奚长李大酺皆来，诏复置松漠都，以失活为都督，封松漠郡王，授左金吾卫大将军，仍其府置静析军，以失活为经略大使，诏将军薛八部皆擢蕃酋为刺史，督军镇抚。	《新唐书》卷 219，《全唐文》卷 21	
李大酺	奚		饶乐郡王 饶乐都督 右金吾卫大将军	从一品 正三品	玄宗开元二年（李大酺）使奥苏梅落乞降，封饶乐郡王，饶乐都督，右金吾卫大将军。	《新唐书》卷 219	
契丹使者	契丹	开元六年（718）	中郎将	四品下	二月，遣使来朝，授其使中郎将，放还蕃。	《册府元龟》卷 974	
孙骨讷等十八人	契丹	开元六年（718）	游击将军	从五品下	五月，契丹部落孙骨讷等十八人内属，并授游击将军，留宿卫。	《册府元龟》卷 974	

续表

姓名	族属	年代	官爵	品级	重要事迹	出处	备考
娑固	契丹	开元六年(718)	左金吾卫大员将军员外置同正员　松漠郡王　静析军经略大使	正三品　从一品	六月,以故松漠郡王李失活弟李娑(娑)固为松漠都督,左金吾卫大将军员外置同正员,袭封松漠郡王,静析军经略大使,析封邑二千户。	《册府元龟》卷964	
张少免等三百五十四人	契丹	开元八年(720)	游击将军　果毅都尉	从五品下　从五品下或正六品上,从六品下	正月己巳,契丹遣蕃中郎将张少免等三百五十四人来朝,并授游击将军,果毅都尉,放还蕃。	《册府元龟》卷974	
郁干	契丹		松漠郡督　率更令	从四品上	契丹牙官可突干骁勇得众心,李娑固猜畏,欲去之,是岁,可突干举兵击娑固,娑固败奔营州,营州都督许钦儋遣安东都护薛泰帅骁勇五百与奚王李大酺奉娑固以讨之,战败,娑固、李大酺皆为可突干所杀,生擒薛泰……可突干立娑固从父弟郁干为主,遣使请罪,上赦可突干之罪,以郁干为松漠都督。	《资治通鉴》卷212	
苏鲁	奚	开元八年(720)	饶乐都督　饶乐郡王　保塞军经略大使	从一品	以大酺之弟苏鲁镇其部,袭王,诏兼保塞军经略大使。	《新唐书》卷219	
可突干	契丹		左羽林卫将军	从三品	(大酺)死,弟鲁苏更令,授左羽林卫将军,郁干来朝,授……可突干亦来朝,擢左羽林卫将军。	《新唐书》卷219	

续表

姓名	族属	年代	官爵	品级	重要事迹	出处	备考
蕃郎将	契丹	开元九年(721)	折冲	正四品上、从四品下、正五品下	十一月己酉……契丹蕃郎将俱来朝，并拜拜折冲，放还蕃。	《册府元龟》卷971	
楷落	契丹	开元十年(722)	郎将	正五品上	七月甲戌，契丹遣使大首领楷落来朝，丙子，奚遣其兄楷落及巩锁高来朝，授楷落郎将……授奴默俱及巩锁高将军，留宿卫。	《册府元龟》卷975	
奴默俱 巩锁高	奚 奚		将军 将军	从三品 从三品			
李奚大等十一人 涅礼	奚 契丹	开元十二年(724)	游击将军 将军	从五品下 从三品	二月，奚大首领李奚大等十一人来贺正……契丹遣使涅礼来贺正，授将军。放还。	《册府元龟》卷975	
李吐干	契丹	开元十三年(725)	辽阳郡王 宿卫	从一品	郁干死，弟吐干嗣，与可突干有隙，不能定其下，封辽阳郡王，统众，诏许袭王。天子封其王，与诸蕃长皆从行在。明年，拜左羽林卫大将军，徙王广化郡。(十一月)	《新唐书》卷219	
李郡固	契丹		左羽林卫大将军 静析军经略大使	正三品	先是，契丹王李吐干与奚王复相猜忌，携公主来奔，不敢复还，更封辽王，留宿卫，可突干立李尽忠之弟郡固为主，郡固尽收之弟部固为主，郡固东巡，车驾东巡，郡	《资治通鉴》卷212	

续表

姓名	族属	年代	官爵	品级	重要事迹	出处	备考
使者	契丹	开元十三年(725)	中郎将	四品下	固诣行在,因从至泰山,拜左羽林卫大将军,静析军经略大使。		
使者	奚		中郎将	四品下	五月,契丹、奚遣使来贺正旦,献方物,并授中郎将,放还蕃。	《册府元龟》卷975	
李绶	奚		右武卫员外大将军	正三品	正月丙午,奚衙史郡王父李绶,进位右武卫员外大将军,及奚弱水州刺史李高,进阶镇军(大将军),大首领李日走等二百余人并授郎将。及契丹衙官熟苏,进阶镇军大将军,契丹县令属固家,进位右领军员外大将军,契丹部落冤离等百余人,并授郎将,修行赏之典也。		
李高	奚		镇军大将军	从二品			
李日走等二百余人	奚		郎将	正五品上			
熟苏	契丹		镇军大将军	从二品			
属固家	契丹		右领军员外大将军	正三品			
冤离等百余人	契丹		郎将	正五品上			契丹县令今属固家进位右领军外大将军与下文苏固多固多郎将授郎将当为一事误记。契丹郡王与契丹郡王不能授子与契丹郡王同样的官阶。
邵固		开元十四年(726)	郎将	正五品上	三月,契丹遣其首领固来朝,授郎将,放还。四月癸丑,遣大首领李阇池等六人来朝,皆授折冲,留宿卫。五月乙未部落剌史普固都及将军颙歌,颙奇(歌)郎将,授固都将军。七月癸卯,(契)丹部落剌史出利,县令苏固多郎将,授出利将军,固多郎将,放还蕃。	《册府元龟》卷975	
李阇池等六人			折冲	正四品上、从四品下			
颙歌			郎将	正五品下			
普固都			将军	正五品上			
出利			将军	从三品			
苏固多			郎将	正五品上			

续表

姓名	族属	年代	官爵	品级	重要事迹	出处	备考
诺括	契丹	开元十五年（727）	郎将	正五品上	三月丁酉，契丹首领诺括来送质子，并献方物，授郎将，放还蕃。	《册府元龟》卷975	
承嗣	契丹		中郎将	四品下	十一月己酉，契丹大首领承嗣来朝，授中郎将，放还蕃。		
李如越	奚	开元十六年（728）	右领军卫将军	从三品	二月庚午，奚质子右领军卫将军李如越卒，制赠左骁卫大将军，给递还奚。	《册府元龟》卷975	
特没干李眉问	奚	开元十六年（728）	中郎将左威卫将军	四品下从三品	八月，奚大首领特没干来朝，授中郎将，放还蕃。十月奚首领李眉问来朝，授左威卫将军，放还蕃。	《册府元龟》卷975	
粹	契丹	开元十七年（729）	怀化大将军	正三品	五月壬寅，契丹遣衙前将军粹来朝，授怀化大将军。	《册府元龟》卷975	
佃苏等	奚	开元二十年（732）	将军	从三品	正月壬子，奚归义王遣其首领佃苏等来朝，并授将军，放还蕃。	《册府元龟》卷975	
铺都	奚		将军	从三品	十月辛未，奚首领铺都来朝，授将军，放还蕃。		

续表

姓名	族属	年代	官爵	品级	重要事迹	出处	备考
属鹘留	奚	开元二十一年(733)	果毅	从五品下或正六品上、从六品下	四月壬戌，奚首领属鹘留来朝，授果毅……留宿卫。	《册府元龟》卷975	
李过折	契丹	开元二十三年(735)	北平郡王同幽州节度副大使	从一品	二十三年正月，封契丹知兵马官李过折为北平郡王同幽州节度副大使。	《册府元龟》卷964	
渴胡	契丹	开元二十三年(735)	果毅	从五品下或正六品上、从六品下	契丹遣渴胡来朝，授果毅，留宿卫。	《册府元龟》卷975	
泥礼	契丹	开元二十三年(735)	右金吾卫大将军松漠都督	正三品	敕松漠都督右金吾卫大将军泥礼。	《全唐文》卷285《敕松漠都督泥礼书》	
李归国	奚	开元二十三年(735)	右金吾卫大将军饶乐都督	正三品	敕奚都督右金吾卫大将军、归诚王李归国，朕比闻奚羿，欲灭两蕃，先敕守珪严为防护。	《全唐文》卷285《敕奚都督李归国书》	

姓名	族属	年代	官爵	品级	重要事迹	出处	备考
匐从之等一百二十人	契丹	天宝二年（743）	中郎将	四品下	正月丁卯，契丹剌史匐从之等一百二十人，奚剌史达利胡朗等一百八十人并来朝，册、勋，皆授中郎将，放还蕃。	《册府元龟》卷975	
达利胡朗等一百八十人	奚		中郎将	四品下			
李怀秀	契丹	天宝四载（745）	松漠都督崇顺王		天宝四载，契丹大酋李怀秀降，拜松漠都督，封崇顺王，以宗室女独孤为静乐公主妻之。是岁，杀公主叛去，范阳节度使安禄山讨破之，更封其酋楷落为恭仁王，代松漠都督。	《新唐书》卷219	
楷落	契丹		代松漠都督恭仁王				
李延宠	奚		饶乐都督怀信王		李诗（颈高）死，子延宠嗣，与契丹又叛，为幽州张守珪所困。延宠降，复拜饶乐都督、怀信王，以宗室女杨为宜芳公主妻之。延宠杀公主复叛，诏立它酋婆（娑）固为昭信王、饶乐都督，以定其部。		
婆（娑）固	奚		饶乐都督昭信王				

续表

姓名	族属	年代	官爵	品级	重要事迹	出处	备考
梅落河	契丹		果毅都尉	从五品下或正六品上、从六品下	二月壬戌……契丹大首领梅落河、奚大首领梅落监都都等,皆授果毅都尉,令归国。	《册府元龟》卷976	
梅落监都	奚	贞元十年(794)	果毅都尉	从五品下或正六品上、从六品下			
活薛干君等十六人	契丹		别将		其年二月敕,幽州道入朝契丹大首领梅落拽等五人,并可授果毅,次首领活薛干君等一十六人,并可别将,放还国。	《唐会要》卷967	
达干只枕等二十九人	契丹	长庆二年(822)	果毅	从五品下或正六品上、从六品下		《全唐文》卷647《授入朝契丹首领达干只枕等二十九人果毅别将制》	

（2）室韦、靺鞨诸蕃

附表 26　册封授受室韦、靺鞨诸蕃官爵

姓名	族属	年代	官爵	品级	重要事迹	出处	备考
铁利、拂涅等使者	铁利拂涅	开元六年（718）	中郎将	四品下	二月戊午……靺鞨、铁利、靺（拂）涅蕃守遣使并遣来朝，各授中郎将，放还蕃。	《册府元龟》卷974	
铁利、拂涅首领	铁利拂涅	开元九年（721）	折冲	正四品上、从四品下、正五品下	十一月己酉……铁利大首领、拂涅大首领、契丹蕃郎将来朝，并拜折冲，放还蕃。	《册府元龟》卷971	
如你、买取利等六十八人	拂涅铁利		折冲	正四品上、从四品下、正五品下	九月，大拂涅涅靺（拂）如你及铁利大拂涅买取利等六十八人来朝，并授折冲。	《册府元龟》卷975	
可娄计	铁利	开元十年（722）	郎将	正五品上	十月，铁利靺鞨可娄计来朝，授郎将。	《册府元龟》卷975	
倪属利稽等十八人	黑水靺鞨		中郎将勃利州刺史	四品下	十二月，黑水靺鞨大酋长倪属利稽等十八人来朝，并授中郎将，放还蕃。开元十年，其酋倪属利稽来朝，玄宗拜为勃利州刺史。	《册府元龟》卷975《新唐书》卷219	

续表

姓名	族属	年代	官爵	品级	重要事迹	出处	备考
勃施计朱施蒙倪处梨	越喜 拂涅 铁利	开元十一年（723）	郎将 郎将 郎将	正五品上	十一月，越喜稣鞨勃施计、拂涅稣鞨末施蒙，铁利稣鞨倪处梨俱来朝，并授郎将，放还蕃。	《册府元龟》卷975	
误池蒙奴布利等十二人	铁利 越喜		郎将 郎将	正五品上，正五品上	二月，铁利稣鞨误池蒙、越喜稣鞨奴布利等十二人来朝，并授郎将，放还。		
佐破等十一人	兀部落	开元十二年（724）	果毅	从五品下或正六品上，从六品下	十一人来朝，并授果毅，放还。部落佐破等十一人来朝，并授果毅，放还。	《册府元龟》卷975	
鱼可蒙	拂涅		郎将	正五品上	拂涅稣鞨大首领鱼可蒙来朝，授郎将，放还。		
屋作个	黑水稣鞨		折冲	正四品上，从四品下	黑水稣鞨大首领屋作个来朝，达莫娄大首领诺皆诺来朝，并授折冲，放还。	《册府元龟》卷975	
诸皆诺	达莫娄		折冲	正五品下，从五品下			
李献诚	黑水稣鞨	开元十二年（724）	黑水府都督 云麾将军 黑水经略使	从三品上	于是，安东都护薛泰请置黑水府，以部落长为都督、刺史，朝廷置长史监之，赐云麾将军，名曰献诚，以云麾将军姓李氏，领黑水经略使、领黑水府都督幽州都督。	《新唐书》卷219	《旧唐书》卷199下记黑水置府为开元十三年。

续表

姓名	族属	年代	官爵	品级	重要事迹	出处	备考
五郎子乌素可蒙	黑水靺鞨	开元十三年(725)	将军 折冲	从三品 正四品上、从四品下	五月，黑水靺鞨遣其将五郎子来贺正，且献方物，授将军，放还。	《册府元龟》卷975	
诺个蒙			果毅	正五品下或从五品下	三月，黑水靺鞨大首领乌素可蒙来朝，授折冲。四月，黑水靺鞨诺个蒙来朝，授果毅，放还蕃。		
职纥蒙等二人			中郎将	正六品上、从六品下 四品下	五月，黑水部落职纥蒙等二人来朝，并授中郎将，放还蕃。		
封阿利等十七人	铁利	开元十三年(725)	折冲	正四品上、从四品下	三月丙申，铁利靺鞨大首领封阿利等十七人来朝，越喜靺鞨拂涅薛利施等十七人及芯利阿利靺鞨施、薛利蒙，并授折冲，放还蕃。	《册府元龟》卷975	
芯利施 薛利蒙	越喜 拂涅		折冲 折冲	正五品下			
米象	铁利	开元十五年(727)	郎将	正五品上	二月辛亥，铁利靺鞨米象来朝，授郎将，放还蕃。	《册府元龟》卷975	
失伊蒙	铁利		果毅	从五品下或正六品上、从六品下	十一月丙辰，铁利靺鞨首领失伊蒙来朝，授果毅，放还蕃。		

续表

姓名	族属	年代	官爵	品级	重要事迹	出处	备考
兀昇	拂涅	开元十七年（729）	左武卫折冲	正四品上或从四品下、正五品下	正月壬子，大拂涅靺鞨兀昇来朝，授左武卫折冲，留宿卫。	《册府元龟》卷975	
薛勃海恍	室韦	开元二十年（732）	郎将	正五品上	三月，室韦大首领薛勃海恍来朝，授郎将，放还蕃。	《册府元龟》卷975	
聿养计	靺鞨	开元二十四年（736）	折冲	正四品上或从四品下、正五品下	十一月癸酉，靺鞨首领聿养计来朝，授折冲，放还蕃。	《册府元龟》卷975	
乌舍利阿布利稽	越喜靺鞨黑水靺鞨	开元二十九年（741）	郎将郎将	正五品上	二月己巳……越喜靺鞨遣其部落乌舍利来贺正，黑水靺鞨遣其臣阿布利稽来贺正，皆授郎将，放还蕃。	《册府元龟》卷975	

（3）宝历元年前之渤海

渤海与唐前后期关系不同，所以性质有别。唐前期渤海隶属营州都督府，营州都督为其经略使，平卢节度使镇抚。安史乱后，平卢节度使迁居山东失去镇抚渤海的功能，只负责渤海朝贡事宜。《新唐书》卷219《渤海传》记载："宝应元年，诏以渤海为国。"唐承认无法统领渤海的事实，渤海成为类同新罗的册封朝贡邻国。渤海唐前期为唐境内蕃，后期为境外蕃。故仍据《新唐书》所载羁縻州，将唐前期的渤海列入营州都督府下，而唐后期的渤海列表入东夷邻国。

附表 27　册封授受宝历元年前之渤海官爵

姓名	族属	年代	官爵	品级	重要事迹	出处	备考
大祚荣	渤海	开元元年（713）	左骁卫大将军渤海郡王忽汗州都督	正三品从一品	中宗遣使招慰之。至是，以祚荣为左骁卫大将军、渤海郡王，以其所部为忽汗州，令祚荣兼都督	《资治通鉴》卷 210	"忽汗州"，《新唐书》卷 43 下《地理志七》作"渤海都督府"，误。
大述艺	渤海	开元六年（718）	怀化大将军行左卫大将军员外置	正三品上正三品	二月乙酉，靺鞨渤海郡王大祚荣遣其男述艺来朝，授怀化大将军，行左卫大将军员外置，留宿卫。	《册府元龟》卷 974	
大武艺	渤海	开元七年（719）	左骁卫大将军渤海郡王忽汗州都督	正三品从一品	七年三月，忽汗州都督、渤海郡王大祚荣卒，遣使吊其嗣子桂娄郡王大武艺袭为左骁卫大将军、渤海郡王、忽汗州都督。	《册府元龟》卷 964	

续表

姓名	族属	年代	官爵	品级	重要事迹	出处	备考
首领	渤海	开元九年(721)	折冲	正四品上、从四品下、正五品下	十一月己酉，渤海郡鞨都首领……并拜折冲，放还蕃。	《册府元龟》卷971	
味勃计	渤海	开元十年(722)	大将军	正三品	十一月，渤海遣使其大臣味勃计来朝，授大将军，放还蕃。	《册府元龟》卷975	
贺祚庆	渤海	开元十二年(724)	游击将军	从五品下	二月……渤海靺鞨遣其臣贺祚庆来贺新正……并进阶游击将军，放还。	《册府元龟》卷975	
谒德	渤海	开元十三年(725)	果毅	从五品下或正六品上、从六品下	四月甲子渤海首领谒德黑水靺鞨诸首蒙来朝，并授果毅，放还蕃。	《册府元龟》卷975	
大昌勃价	渤海	开元十三年(725)	左威卫员外将军	从三品	五月渤海大武艺之弟大昌勃价来朝，授左威卫员外将军，赐紫袍金带鱼袋，留宿卫。	《册府元龟》卷975	
大都利行	渤海	开元十四年(726)	左武卫大将军员外置	正三品	二月乙酉，渤海靺鞨王大武艺遣大都利行来朝。四月乙丑，授大都利行左武卫大将军员外置，留宿卫。	《册府元龟》卷975	
大昌勃价	渤海	开元十五年(727)	襄平县开国男	从五品上	庚申封大昌勃价襄平县开国男，赐帛五十匹，首领已下各有差。	《册府元龟》卷975	

续表

姓名	族属	年代	官爵	品级	重要事迹	出处	备考
菸夫须计	渤海	开元十六年(728)	果毅	从五品下或正六品上、从六品下	九月，渤海菸夫须计来朝，授果毅，放还蕃。	《册府元龟》卷975	
大胡雅	渤海	开元十七年(729)	游击将军	从五品上	三月甲子，渤海靺鞨王大武艺使其弟大胡雅来朝，授游击将军，留宿卫。	《册府元龟》卷975	
大琳			中郎将	四品下	八月丁卯，渤海靺鞨王遣其弟大琳来朝，授中郎将，留宿卫。		
智蒙		开元十八年(730)	中郎将	四品下	二月，渤海靺鞨遣使智蒙来朝，授中郎将，放还蕃。	《册府元龟》卷975	
乌那达利	渤海		果毅	从五品下或正六品上、从六品下	五月己酉，渤海靺鞨遣使乌那达利来朝，授以果毅，放还蕃。		
公伯计		开元二十五年(737)	将军	从三品	四月丁未，渤海遣其臣公伯计来献鹰鹘，授将军，放还蕃。	《册府元龟》卷975	
多蒙固	渤海		左武卫将军	从三品	八月戊申，渤海靺鞨大首领多蒙固来朝，授左武卫将军，放还蕃。		

续表

姓名	族属	年代	官爵	品级	重要事迹	出处	备考
大钦茂	渤海	开元二十六年(738)	忽汗州都督 渤海郡王 左金吾大将军	从一品 正三品	大嵩璘父钦茂,以开元二十六年袭其父武艺忽汗州都督,渤海郡王,左金吾大将军。	《册府元龟》卷964、卷975	《册府元龟》系册封大钦茂在开元二十九年,误。
大勖进	渤海	开元二十七年(739)	左武卫大将军员外置同正	正三品	二月丁未,渤海王弟大勖进来朝,授左武卫大将军员外置同正,留宿卫。		
优福子	渤海		果毅	从五品下或正六品上、从六品下	十月己亥,渤海遣其臣优福子来谢恩,授果毅,放还番。	《册府元龟》卷975	
失阿利	渤海	开元二十九年(741)	郎将	正五品上	二月己巳,渤海靺鞨遣其大臣失阿利来贺正……皆授郎将,放还番。	《册府元龟》卷975	
大蕃	渤海	天宝二载(743)	左领军卫员外大将军	正三品	七月癸亥,渤海王遣其弟蕃来朝,授左领军卫员外大将军,留宿卫。	《册府元龟》卷975	

（三）北狄诸国

1. 薛延陀

附表 28　册封授受薛延陀官爵

姓名	族属	年代	官爵	品级	重要事迹	出处	备考
夷男	薛延陀	贞观三年（629）	毗伽可汗		太宗贞观三年八月，薛延陀遣男朝贡，诏游击将军乔利咄男拜夷男为毗伽可汗，师望赍册书拜夷男为毗伽可汗。	《册府元龟》卷964	
拔酌达度莫贺咄设颉利苾	薛延陀	贞观十二年（638）	肆叶护可汗 颉利苾达可汗达莫 贺咄叶护		十二年九月，诏曰……其子沙钵略叶护拔酌，达度莫贺咄设颉利苾……拔酌可肆叶护可汗，仍赐狼头纛贺咄叶护，赐狼头纛，鼓二。颉利苾为左领军大将军梁方师持节备册命。	《册府元龟》卷964	
曳莽拔灼	薛延陀	贞观十九年（645）	突利失可汗 西叶护可汗		十九年九月……初立曳莽为突利失可汗卒……莽为突利失可汗，居东方，所统皆其庶长子曳莽为突利失可汗，居西方。嫡子拔灼为西叶护可汗，所统皆延陀。诏许之，并以礼册命。	《册府元龟》卷964	

2. 后突厥

附表 29　册封授受后突厥官爵

姓名	族属	年代	官爵	品级	重要事迹	出处	备考
阿史那默啜	突厥	万岁通天元年(696)	左卫大将军 上柱国 特进 颉跌利施大单于 立功报国可汗	正三品 视正二品 正二品	九月,则天……册(默啜)骠骑(左卫)大将军,上柱国,(归国)公,遣善可汗。 则天……册授左卫大将军,封归国公,赐物五千段。明年……又加授迁善可汗。万岁通天元年……则天寻遣使册立默啜为特进,颉跌利施大单于,立功报国可汗。	《册府元龟》卷 964 《旧唐书》194 上	
杨我支	突厥	开元元年(713)	右骁卫员外大将军	正三品	玄宗立,默啜遣子杨我支特勒(勤)入宿卫。 默啜乃遣其男杨我支特勤来朝,授右骁卫员外大将军。	《新唐书》卷 215 上 《旧唐书》卷 194 上	
使者	突厥	开元五年(717)	郎将	正五品上	七月己亥,突厥遣使者献马,授其使郎将。	《册府元龟》卷 974	
阿史德暾泥执	突厥	开元十年(722)	右骁卫大将军员外置	正三品	五月戊午,突厥遣大首领阿史德暾泥执来求和,授右骁卫大将军员外置。	《册府元龟》卷 975	

续表

姓名	族属	年代	官爵	品级	重要事迹	出处	备考
可还拔护他满	突厥	开元十年（722）	将军		九月……突厥大首领可还拔护他满达干来朝，授将军。	《册府元龟》卷975	
阿史那瑟钵达干其属	突厥	开元十一年（723）	大将郎将	正三品　正五品上	七月戊辰，突厥大首领阿史那瑟钵达干等三十二人来朝，授瑟钵达干大将，其属并郎将。	《册府元龟》卷975	
裴啜罗	突厥	开元十二年（724）	郎将	正五品上	十二月，突厥遣郎将裴啜罗来朝，授郎将。	《册府元龟》卷975	
采施裴罗	突厥	开元十三年（725）	折冲	正四品上、从四品下、正五品下	七月，突厥首领采施裴罗来朝，授折冲。	《册府元龟》卷975	
康思琮	突厥	开元十四年（726）	将军	从三品	正月壬申，突厥遣其大臣河大干（干）康思琮来朝，授将军。	《册府元龟》卷726	
跌跌裴啜等七十余人	突厥（映跌）	开元十四年（726）	折冲	正四品上、从四品下、正五品下	正月，突厥遣首领跌跌裴啜等七干（十）余人来朝，俱授折冲。	《册府元龟》卷726	

续表

姓名	族属	年代	官爵	品级	重要事迹	出处	备考
执失颉利发等三百余人	突厥	开元十四年（726）	果毅	从五品下或正六品上、从六品下	二月，突厥遣执失颉利发等三百余人来贺封山，俱授果毅。	《册府元龟》卷726	
梅录啜	突厥	开元十四年（726）	将军	从三品	十一月己亥，突厥遣其大臣梅录啜来朝，授将军。	《册府元龟》卷726	
屈达干			将军	从三品	八月己卯，突厥大首领屈达干来朝，授将军。	《册府元龟》卷975	
伊难如裴等	突厥	开元十六年（728）	中郎将	四品下	九月壬寅，突厥大首领葛逻禄伊难如裴等来朝，并授中郎将。	《册府元龟》卷975	
米旅裴罗	突厥	开元十八年（730）	折冲	正四品上或从四品下、正五品下	十一月丁卯，突厥首领米旅裴罗来朝，授折冲。	《册府元龟》卷975	
阿支监榛	突厥	开元二十年（732）	将军	从三品	七月庚子，突厥可汗堂弟阿支监榛来朝，授将军。	《册府元龟》卷975	

续表

姓名	族属	年代	官爵	品级	重要事迹	出处	备考
斯壁纡斯斯鲜、胸等十六人乌鹘达干	突厥	开元二十一年(733)	郎将	正五品上	三月乙卯,突厥遣使斯壁纡斯斯鲜、胸等十六人来朝,并授郎将。	《册府元龟》卷975	
乌鹘达干			将军	从三品	四月,突厥大使乌鹘达干来朝,授将军。		
牟伽难达干等十二人			郎将	正五品上	九月戊寅,突厥遣其大臣牟伽难达干等十二人来朝,并授郎将。		
莫贺咄颉斤	突厥	开元二十六年(738)	左金吾大将军员外置	正三品	七月庚寅,突厥首领莫贺咄颉斤来朝,授左金吾大将军员外置。	《册府元龟》卷975	
延陀俱末啜鹘达干	突厥	开元二十七年(739)	将军	从三品	二月丙子突厥大首领延陀俱末啜鹘达干来朝,授将军。	《册府元龟》卷975	
苾伽骨咄禄	后突厥	开元二十八年(740)	登利可汗		是年遣右金吾将军李质质玺书人突厥册立登利为可汗。	《册府元龟》卷964	
铁跌末思颉斤	突厥	开元二十九年(741)	果毅	从五品下或正六品上、从六品下	四月丙寅,突厥铁跌末思颉斤领斤来朝,遣首果毅,放还番。	《册府元龟》卷975	
自贺兰等十二人	突厥	永泰元年(765)	宿卫		六月癸亥,突厥自贺兰等十二人来朝,并留宿卫。	《册府元龟》卷976	

3. 回纥（鹘）

附表 30　册封授受回纥（鹘）官爵

姓名	族属	年代	官爵	品级	重要事迹	出处	备考
骨咄禄毗伽阙可汗（骨力裴罗）	回纥	天宝三载（744）	奉义王 怀仁可汗		《唐历》：天宝三载回纥又为回纥可汗之，立回纥为主是，为骨咄禄毗伽阙可汗，遣使立为奉义王，又加怀仁可汗。可汗为回纥葛逻禄等部落袭杀密	《资治通鉴》卷 215	唐册封怀仁可汗，《唐会要》卷 98《回纥》入五年。
骨力裴罗 阿悉烂	回纥	天宝四载（745）	右骁卫员外将军 右武卫员外将军	从三品 从三品	三月戊寅，九姓首领回鹘骨力裴罗及弟首领颉斤斩白眉可汗，传首京师，授裴罗右骁卫员外将军，颉斤右武卫员外将军，册勋也。	《册府元龟》卷 975	
亥阿波	回纥	乾元元年（758）	开府仪同三司	从一品	六月遣达亥阿波刺史来迎公主，拜开府仪同三司。	《唐会要》卷 98	
葛勒可汗	回纥	乾元元年（758）	英武威毗伽可汗		七月，册命葛勒可汗为英武威毗伽可汗，封幼女为宁国公主以降焉。	《唐会要》卷 98	

续表

姓名	族属	年代	官爵	品级	重要事迹	出处	备考
骨啜特勒（勤）	回纥	乾元二年（759）	右羽林大将军 银青光禄大夫 鸿胪卿员外置	正三品 从三品	乙未，以回纥王子新除右羽林大将军员外置骨啜特勒（勤）为银青光禄大夫、鸿胪卿员外置。	《册府元龟》卷976	
骨禄俟斤	回纥	宝应元年（762）	特进 崇义王 宿卫	正二品	以回纥达啜骄子骨禄俟斤袭父爵进，崇义王，留宿卫，孙阙达干为员外羽林将军。	《册府元龟》卷973	
阙达干			员外羽林将军	从三品			
登里可汗	回纥	宝应二年（763）	登里颉咄登密施合俱录英义建功毗伽可汗 婆墨光亲丽华毗伽可敦		加册回纥可汗为登里颉咄登密施合俱录英义建功毗伽可汗，加册可敦为婆墨光亲丽华毗伽可敦。	《册府元龟》卷996	
可敦							
左右杀、胡禄都督一十一人			王 国公	从一品 从一品	可汗、可敦及左右内外宰相已下，共加实封二千户。令御史大夫王翊持节就册左右杀，胡禄都督等就封为王，诸都督二十一人并封国公。	《册府元龟》卷965	

续表

姓名	族属	年代	官爵	品级	重要事迹	出处	备考
李秉义	回纥	大历八年(772)	左武卫员外大将军 赠天水郡王	正三品 从一品	四月甲寅，回纥王子左武卫员外大将军奢秉义卒，赠天水郡王，葬事官给，令京兆尹充使监护，秉义归国宿卫，因以赐姓。	《册府元龟》卷976	
顿莫贺	回纥	建中元年(780)	武义成功可汗		六月……册回纥顿莫贺为武义成功可汗。	《册府元龟》卷965	
多罗斯	回纥	建中五年(784)	忠贞可汗		十二月，回纥汩咄禄长寿天亲毗伽可汗薨，诏以鸿胪卿郭锋充册回纥忠贞可汗使。	《册府元龟》卷965	
阿啜	回纥	建中七年(786)	奉诚可汗		七年三月，以鸿胪少卿康諲兼御史大夫册回纥可汗及吊祭使。	《册府元龟》卷956	
药罗葛昊	回鹘	贞元八年(792)	检校尚书右仆射	从二品	八年七月甲子，以回鹘使药罗葛昊检校尚书右仆射。	《册府元龟》卷956	"昊"，《新唐书·回鹘传》作"灵"。
骨咄禄	回鹘	贞元十年(794)	怀信可汗		五月，册拜回纥腾里逻羽录没密施合胡禄毗伽怀信可汗。	《册府元龟》卷956	《册府》以为建中十一年，据《会要》卷98改。

续表

姓名	族属	年代	官爵	品级	重要事迹	出处	备考
毗伽可汗	回鹘	永贞元年（805）	爱登里逻汩没密施俱录毗伽可汗		十一月，册命可汗为爱登里逻汩德没密施俱录毗伽可汗，以鸿胪少卿兼御史中丞孙杲充吊祭册立使。	《册府元龟》卷956	
保义可汗	回鹘	元和三年（808）	爱登里啰汩没密施合毗伽保义可汗		五月，以回鹘腾里野合俱录毗伽可汗卒，命使册回鹘汩没密九姓爱登里啰汩没密施合毗伽保义可汗。	《册府元龟》卷965	
崇德可汗	回鹘	长庆元年（821）	登罗羽录没密施合句录毗伽崇德可汗		四月，以回鹘毗伽保义可汗卒，正衙册回鹘君长为登罗羽录没密施合句录毗伽可汗。	《册府元龟》卷956，《新唐书》卷217下	
葛萨特勤	回鹘	宝历元年（825）	爱登里啰胃没密施合毗伽昭礼可汗		敬宗宝历元年五月，命使册立九姓回鹘爱登里啰胃没密施合毗伽昭礼可汗，遣品官田务丰领国主（信）。	《册府元龟》卷965	

续表

姓名	族属	年代	官爵	品级	重要事迹	出处	备考
胡特勤	回鹘	太和七年（833）	爱登里啰汨没密施合句录毗伽彰信可汗		太和六年，可汗为其下所杀，从子胡特勤（勤）立，使者来告。明年……册为爱登里啰汨没密施合句录毗伽彰信可汗。	《新唐书》卷217下，《册府元龟》卷965	
颉干伽思	回鹘	会昌六年（846）	云麾将军守左骁卫大将军	从三品上正三品	西州牧首颉干伽思……可云麾将军，守左骁卫大将军外置同正员。	《全唐文》卷750《西州回鹘授骁卫大将军制》	

4. 宝历元年后之渤海

附表 31　册封授受宝历元年后之渤海官爵

姓名	族属	年代	官爵	品级	重要事迹	出处	备考
大英俊	渤海	大历九年（774）	宿卫		二月辛卯，渤海质子大英俊还蕃。	《册府元龟》卷996	
大贞翰	渤海	贞元七年（791）	宿卫		八月，渤海王遣其子大贞翰来朝，请备宿卫。	《册府元龟》卷996	

续表

姓名	族属	年代	官爵	品级	重要事迹	出处	备考
大清允	渤海	贞元十年（794）	右卫将军同正	从三品	二月壬戌，以来朝渤海王子大（大）清允为右卫将军同正，其下拜官三十余人。	《册府元龟》卷976	
大嵩璘	渤海	贞元十一年（795）	渤海郡王忽汗州都督	从一品从二品	十一年二月……册大嵩璘为渤海〔郡〕王、忽汗州都督。嵩璘渤海大钦茂之子，袭父位也。	《册府元龟》卷964	
大嵩璘	渤海	贞元十四年（798）	渤海国王忽汗州都督左骁卫大将军银青光禄大夫检校司空	从一品正三品从三品正一品	十四年三月，加渤海郡王卫大将军、忽汗州都督大嵩璘银青光禄大夫、检校司空，册为渤海国王，依前忽汗州都督。	《册府元龟》卷964	
大能信	渤海	贞元十四年（798）	左骁卫中郎将	正四品下	十一月戊申，以渤海国王大嵩璘侄能信为左骁卫中郎将，虞候娄蕃长都督茹富仇为右武卫将军，并放还蕃。	《册府元龟》卷976	
大嵩璘	渤海	永贞元年（805）	金紫光禄大夫检校司徒	正三品正一品	贞元二十一年……五月加忽汗州都督、渤海王大嵩璘金紫光禄大夫、检校司徒。	《册府元龟》卷965	

续表

姓名	族属	年代	官爵	品级	重要事迹	出处	备考
大嵩璘	渤海	元和元年(806)	检校太尉	正一品	十月，加忽汗州都督、渤海国王大嵩璘检校太尉。	《册府元龟》卷965	
大元瑜	渤海	元和四年(809)	银青光禄大夫 检校秘书监 忽汗州都督 渤海国王	从三品 从三品	四年正月，以故渤海国王大嵩璘男元瑜为银青光禄大夫、检校秘书监，充忽汗州都督，册为渤海国王。	《册府元龟》卷965、《唐会要》卷96	《旧唐书》卷149下、《册府元龟》卷965系元和四年，当是，《唐会要》误。
大言义	渤海	元和八年(813)	银青光禄大夫 检校秘书监 忽汗州都督 渤海国王	从三品 从三品	八年正月，以故渤海国王大元瑜弟权知国务言义为银青光禄大夫、检校秘书监，忽汗州都督，册为渤海国王。遣内侍李重旻充使。	《册府元龟》卷965	
大仁秀	渤海	元和十三年(818)	银青光禄大夫 检校秘书监 忽汗州都督	从三品 从三品	十三年四月，以知渤海国务大仁秀为银青光禄大夫、检校秘书监，忽汗州都督，册为渤海国王。	《册府元龟》卷965	
大仁秀	渤海	元和十五年(820)	金紫光禄大夫 检校司空	正三品 正一品	十五年，闰正月，加忽汗州都督、渤海国王大仁秀金紫光禄大夫、检校司空。	《册府元龟》卷965	

续表

姓名	族属	年代	官爵	品级	重要事迹	出处	备考
大公则等	渤海	长庆二年（822）	金吾将军	从三品		《全唐文》卷647《青州道渤海节度使王公则等授金吾将军放还蕃制》	
大多英等	渤海	长庆二年（822）	诸卫将军	从三品		《全唐文》卷647《青州道渤海节度使大多英等授诸卫将军放还蕃制》	
大彝震	渤海	太和五年（831）	银青光禄大夫检校秘书监忽汗州都督渤海国王	从三品从三品	五年正月，以权知渤海国王务大彝震为银青光禄大夫、检校秘书监、兼忽汗州都督，册为渤海国王。	《册府元龟》卷965	

5. 黠戛斯

附表 32 册封授受黠戛斯官爵

姓名	族属	年代	官爵	品级	重要事迹	出处	备考
阿热	黠戛斯	大中元年（847）	英武诚明可汗		宣宗嗣位，欲如先帝意……至大中元年，卒诏鸿胪卿李业业持节册黠戛斯为英武诚明可汗。	《新唐书》卷 217 下	

图书在版编目（CIP）数据

覆于风教：唐王朝的政治秩序／王义康著．－－北
京：社会科学文献出版社，2020.3（2021.6重印）
中国历史研究院学术出版资助项目
ISBN 978 - 7 - 5201 - 6407 - 8

Ⅰ.①覆…　Ⅱ.①王…　Ⅲ.①政治制度－研究－中国
－唐代　Ⅳ.①D691.21

中国版本图书馆 CIP 数据核字（2020）第 046388 号

中国历史研究院学术出版资助项目
覆于风教：唐王朝的政治秩序

著　　者／王义康

出 版 人／王利民
责任编辑／赵　晨
文稿编辑／梁　赟

出　　版／社会科学文献出版社·历史学分社（010）59367256
　　　　　　地址：北京市北三环中路甲 29 号院华龙大厦　邮编：100029
　　　　　　网址：www.ssap.com.cn
发　　行／市场营销中心（010）59367081　59367083
印　　装／三河市东方印刷有限公司

规　　格／开　本：787mm × 1092mm　1/16
　　　　　　印　张：25.5　字　数：353 千字
版　　次／2020 年 3 月第 1 版　2021 年 6 月第 2 次印刷
书　　号／ISBN 978 - 7 - 5201 - 6407 - 8
定　　价／98.00 元

本书如有印装质量问题，请与读者服务中心（010 - 59367028）联系